哈佛百年经典

古希腊罗马名人传

[古希腊]普鲁塔克◎著
[美]查尔斯·艾略特◎主编
冉明志 / 吴　庸◎译

北京理工大学出版社
BEIJING INSTITUTE OF TECHNOLOGY PRESS

图书在版编目（CIP）数据

古希腊罗马名人传 /（古希腊）普鲁塔克著；冉明志，吴庸译.
—北京：北京理工大学出版社，2013.12（2019.9重印）
（哈佛百年经典）
ISBN 978-7-5640-8332-8

Ⅰ.①古… Ⅱ.①普… ②冉… ③吴… Ⅲ.①历史人物—列传—古希腊 ②历史人物—列传—古罗马 Ⅳ.①K812.2

中国版本图书馆CIP数据核字(2013)第214940号

出版发行 / 北京理工大学出版社有限责任公司
社　　址 / 北京市海淀区中关村南大街 5 号
邮　　编 / 100081
电　　话 /（010）68914775（总编室）
82562903（教材售后服务热线）
68948351（其他图书服务热线）
网　　址 / http://www.bitpress.com.cn
经　　销 / 全国各地新华书店
印　　刷 / 三河市金元印装有限公司
开　　本 / 700 毫米 × 1000 毫米　1/16
印　　张 / 22.25
字　　数 / 320千字
版　　次 / 2013 年 12 月第 1 版　2019 年 9 月第 3 次印刷
定　　价 / 59.00元

责任编辑 / 钟　博
文案编辑 / 钟　博
责任校对 / 周瑞红
责任印制 / 边心超

出版前言

人类对知识的追求是永无止境的，从苏格拉底到亚里士多德，从孔子到释迦摩尼，人类先哲的思想闪烁着智慧的光芒。将这些优秀的文明汇编成书奉献给大家，是一件多么功德无量、造福人类的事情！1901年，哈佛大学第二任校长查尔斯·艾略特，联合哈佛大学及美国其他名校一百多位享誉全球的教授，历时四年整理推出了一系列这样的书——《Harvard Classics》。这套丛书一经推出即引起了西方教育界、文化界的广泛关注和热烈赞扬，并因其庞大的规模，被文化界人士称为The Five-foot Shelf of Books——五尺丛书。

关于这套丛书的出版，我们不得不谈一下与哈佛的渊源。当然，《Harvard Classics》与哈佛的渊源并不仅仅限于主编是哈佛大学的校长，《Harvard Classics》其实是哈佛精神传承的载体，是哈佛学子之所以优秀的底层基因。

哈佛，早已成为一个璀璨夺目的文化名词。就像两千多年前的雅典学院，或者山东曲阜的“杏坛”，哈佛大学已经取得了人类文化史上的“经典”地位。哈佛人以“先有哈佛，后有美国”而自豪。在1775—1783年美国独立战争中，几乎所有著名的革命者都是哈佛大学的毕业生。从1636年建校至今，哈佛大学已培养出了7位美国总统、40位诺贝尔奖得主和30位普利策奖获奖者。这是一个高不可攀的记录。它还培养了数不清的社会精英，其中包括政治家、科学家、企业家、作家、学者和卓有成就的新闻记者。哈佛是美国精神的代表，同时也是世界人文的奇迹。

而将哈佛的魅力承载起来的，正是这套《Harvard Classics》。在本丛书里，你会看到精英文化的本质：崇尚真理。正如哈佛大学的校训："与柏拉图为友，与亚里士多德为友，更与真理为友。"这种求真、求实的精神，正代表了现代文明的本质和方向。

哈佛人相信以柏拉图、亚里士多德为代表的希腊人文传统，相信在伟大的传统中有永恒的智慧，所以哈佛人从来不全盘反传统、反历史。哈佛人强调，追求真理是最高的原则，无论是世俗的权贵，还是神圣的权威都不能代替真理，都不能阻碍人对真理的追求。

对于这套承载着哈佛精神的丛书，丛书主编查尔斯·艾略特说："我选编《Harvard Classics》，旨在为认真、执著的读者提供文学养分，他们将可以从中大致了解人类从古代直至19世纪末观察、记录、发明以及想象的进程。"

"在这50卷书、约22000页的篇幅内，我试图为一个20世纪的文化人提供获取古代和现代知识的手段。"

"作为一个20世纪的文化人，他不仅理所当然的要有开明的理念或思维方法，而且还必须拥有一座人类从蛮荒发展到文明的进程中所积累起来的、有文字记载的关于发现、经历以及思索的宝藏。"

可以说，50卷的《Harvard Classics》忠实记录了人类文明的发展历程，传承了人类探索和发现的精神和勇气。而对于这类书籍的阅读，是每一个时代的人都不可错过的。

这套丛书内容极其丰富。从学科领域来看，涵盖了历史、传记、哲学、宗教、游记、自然科学、政府与政治、教育、评论、戏剧、叙事和抒情诗、散文等各大学科领域。从文化的代表性来看，既展现了希腊、罗马、法国、意大利、西班牙、英国、德国、美国等西方国家古代和近代文明的最优秀成果，也撷取了中国、印度、希伯来、阿拉伯、斯堪的纳维亚、爱尔兰文明最有代表性的作品。从年代来看，从最古老的宗教经典和作为西方文明起源的古希腊和罗马文化，到东方、意大利、法国、斯堪的纳维亚、爱尔兰、英国、德国、拉丁美洲的中世纪文化，其中包括意大利、法国、德国、英国、西班牙等国文艺复兴时期的思想，再到意大利、法国三个世纪、德国两个世纪、英格兰三个世纪和美国两个多世纪的现代文明。从特色来看，纳入了17、18、19世纪科学发展的最权威文献，收集了近代以来最有影响的随笔、历史文献、前言、后记，可为读者进入某一学科领域起到引导的作用。

这套丛书自1901年开始推出至今，已经影响西方百余年。然而，遗憾的是中文版本却因为各种各样的原因，始终未能面市。

2006年，万卷出版公司推出了《Harvard Classics》全套英文版本，这套经典著作才得以和国人见面。但是能够阅读英文著作的中国读者毕竟有限，于是2010年，我社开始酝酿推出这套经典著作的中文版本。

在确定这套丛书的中文出版系列名时，我们考虑到这套丛书已经诞生并畅销百余年，故选用了“哈佛百年经典”这个系列名，以向国内读者传达这套丛书的不朽地位。

同时，根据国情以及国人的阅读习惯，本次出版的中文版做了如下变动：

第一，因这套丛书的工程浩大，考虑到翻译、制作、印刷等各种环节的不可掌控因素，中文版的序号没有按照英文原书的序号排列。

第二，这套丛书原有50卷，由于种种原因，以下几卷暂不能出版：

英文原书第4卷：《弥尔顿诗集》

英文原书第6卷：《彭斯诗集》

英文原书第7卷：《圣奥古斯丁忏悔录 效法基督》

英文原书第27卷：《英国名家随笔》

英文原书第40卷：《英文诗集1：从乔叟到格雷》

英文原书第41卷：《英文诗集2：从科林斯到费兹杰拉德》

英文原书第42卷：《英文诗集3：从丁尼生到惠特曼》

英文原书第44卷：《圣书（卷Ⅰ）：孔子；希伯来书；基督圣经（Ⅰ）》

英文原书第45卷：《圣书（卷Ⅱ）：基督圣经（Ⅱ）；佛陀；印度教；穆罕默德》

英文原书第48卷：《帕斯卡尔文集》

这套丛书的出版，耗费了我社众多工作人员的心血。首先，翻译的工作就非常困难。为了保证译文的质量，我们向全国各大院校的数百位教授发出翻译邀请，从中择优选出了最能体现原书风范的译文。之后，我们又对译文进行了大量的勘校，以确保译文的准确和精炼。

由于这套丛书所使用的英语年代相对比较早，丛书中收录的作品很多还是由其他文字翻译成英文的，翻译的难度非常大。所以，我们的译文还可能存在艰涩、不准确等问题。感谢读者的谅解，同时也欢迎各界人士批评和指正。

我们期待这套丛书能为读者提供一个相对完善的中文读本，也期待这套承载着哈佛精神、影响西方百年的经典图书，可以拨动中国读者的心灵，影响人们的情感、性格、精神与灵魂。

主编序言

普鲁塔克，伟大的历史传记家，他不曾为后人留下关于他本人的传记或自述材料。关于普鲁塔克的生平，我们今天所知道的基本上是从他的著作的插叙片语中推断出来的。尽管如此，我们仍能从这些支离破碎的片段中寻觅到这样一位大师及他一生的卓绝风姿。从这些片段中，我们大致可以了解到，普鲁塔克生于公元46—51年，出生于希腊中部贝奥提亚地区一个名叫凯罗涅亚的小镇，其家族是在当地有名望且历史悠久的世家。以孝悌、友爱为立身之本的普鲁塔克，有一个幸福美满的家庭。他对妻子提摩泽娜恩爱有加，其女儿早年夭折，普鲁塔克曾给爱妻写过一封悼念亡女的安慰信。普鲁塔克有四个儿子，他曾将自己的哲学论文赠给其中的两个。他早年游学雅典学习哲学，曾游历埃及亚历山大及意大利的众多城市，后又旅居罗马相当长一段时间，但是这位哲人依旧将凯罗涅亚作为自己的故里。在这里，他潜心创作完成了著作的大部分内容；也是在这里，他曾将自己的股份用于公益服务事业。作为一名哲学讲师和导师，他取得了卓越的成就。他所推崇的神性（本性）主义教义，今天我们仍然可以从许多被保存下来的讲演论说文集中收集到。普鲁塔克卒于公元120—130年。

“伦理道德”是普鲁塔克的精神支柱。他各式各样的著作大体上都可以归为“道德论集”之类。这些作品表现不同的主题及当时盛极一时的主导性社会思潮和世俗兴趣，这使得该著作更加贴近历史和生活。普鲁塔克传记里的主人翁几乎都可以看作美德的模范标兵或者恶行的惩罚警诫，这是普鲁塔克经过深思熟虑得出的结论，也是他编撰名人传记的指导原则。因此，他更多地关注对人物角色的描绘而不纠缠于那些错综复杂的政治历史。

《古希腊罗马名人传》的得名源于本书作者的创作思路，作者先将当时希腊有名的政治家、军人或演说者，一一列传叙述；再用同样的方法描述当时罗马的显赫人士；再运用对比的手法使得人物的特点更加鲜明、更具时代感。作者匠心独运，用这种方法为我们呈现了作者所生活的那个时代，几乎囊括整个希腊和罗马的传奇历史。普鲁塔克虽然亲自搜集了大人物们的传闻轶事，但是仍有许多时期仅仅是概要甚至有些仅仅是一个比较模糊的人物信息史料。大体上来说，作为一个希腊人，普鲁塔克撰写的希腊的名人传记是很成功的；相较之下，罗马名人的传记写得则差强人意。毫无疑问，在一定程度上这是因为当时作者在希腊执笔，要搜集罗马的名人轶事是比较困难的，尽管他在罗马生活过相当长的时间，但是他对罗马的历史、制度和习俗仍然比较生疏；另外，正如普鲁塔克本人所说，他对拉丁文的驾驭能力有限，这也影响了他的发挥。

传记与史料典籍的编写目的截然不同，因此二者的创作手法也不可能完全相同。正如普鲁塔克在《英勇的亚历山大》一文的开头中提出的“我编写的是人物传记而不是历史典籍”。那些彪炳千古的功绩并不总能向我们展示人类本身的美与丑、善与恶，而有时候往往一个微不足道的瞬间、一个平淡无奇的表情、一个不着边际的笑话，都可能比一场著名的围城突袭战、一场大规模的两军交锋、一场惊心动魄的战斗更能清晰地诠释人物的性格和喜好。因此，正如一位肖像画家通过准确地捕捉人物的面部轮廓与特征而非身体的其他部位就能使人物跃然纸上一样。“亲爱的读者，我必须得到你们的许可，才能专心致力于人类灵魂的特征及其表现，并借此描绘名人们的生平事迹。与此同时，我又不由自主地省去了一些较为严肃的事件和一些被其他人视作‘圣战’的战役，而将它们的丰功伟绩留给别人去书写。”大多数针对“传记”所作的批判性鉴定或评述，只不过是持有这些观点的作者苦心经营出来的罢了。政治事件在整个传记中所占的比例和影响力通常都被作者隐匿，但是作者通过对人物的记述和描写，把这个世界放置于永无止境的罪恶之中。

要说《名人传》引起了社会的轰动，这一点也不夸张。无论哪个阶层的人，上至王公贵族下至平民百姓，都对此书爱不释手并从中体会到了快乐。甚至我们可以毫不避讳地说，《名人传》创造了传记体产生以来的一部神话。人们对它给予了很高的评价。《名人传》不仅提供了世界历史上那个伟大时代的英雄人物的海量信息，并使那些英雄人物得到惟妙惟肖的呈现，而且详细地提供了那个古老世界里一切鼓舞人心的人类理想在那些英雄人物身上的烙印。

现行《名人传》译本起初由17世纪末期的英国大文豪德莱顿译著，并以《普鲁塔克传记》为名出版。其通常被称作“德莱顿翻译本”。1859年，著名作家亚瑟·休·克劳从现代文学研究的角度对原译本进行了修正和校对，并借此一举摘得“最佳译文”桂冠，而且亚瑟·休·克劳的译本因为满足了广大读者的需求至今仍被印刷出版。

查尔斯·艾略特

目录 Contents

提米斯托克利传

提米斯托克利是一位家喻户晓的传奇人物，然而出身卑微的他的家族背景远不足以提升他的名望。他的父亲尼奥克勒斯并不是什么显赫之辈，只是弗瑞阿利亚的一个平民百姓，属于勒昂提斯族；对于他的母亲而言，他是个异族人。正如他母亲的墓志铭上所记载的那样：

> 我不是高贵的希腊一族，
> 吾辈卑微的阿布罗托农，生于色雷斯。
> 高贵的希腊妇人如果你们高兴，就尽管嘲笑我吧！
> 我养育了伟大的英雄——那就是威名远扬的
> 提米斯托克利！

然而，法尼亚斯这样写道，提米斯托克利的母亲并不是什么色雷斯人而是卡里亚人；她的本名也不是阿布罗托农而是欧特尔佩。尼安特斯竟将她所在的“卡里亚”城名加了上去，成了哈利卡拉索斯。作为一个有着一半血统或父母双方仅有一方是希腊血统的异族孩子，他只好前往库勒萨克斯（坐落于城门外的赫拉克勒斯竞技场；赫拉克勒斯有一半神族的血统，有个凡人母亲，是血统不纯的大力神，所以他有与神相异的地方）。为此，提米斯托克利设法笼络了一些出身较好的青年一起出城到库勒萨克斯去，和他一起竞技。他的这个小花招成功地摧毁了烙印在人们心中的异族与同族、纯希腊血统与半希腊血统之间的差别。不过，正如西摩尼德斯所述，值得肯定的是他曾与吕科弥代家族联姻；因此，他曾出资重修弗吕亚地方寺院神殿，并用壁画和其他装饰对神殿加以美化。而这座神庙正归吕科弥代家族所有，后被野蛮的波斯人焚毁。

提米斯托克利在少年时就表现出天性刚烈、聪慧过人的特点，对建功立勋表现出不同寻常的渴求，在公众生活中大显身手的志向是当时人们都承认的。每当闲暇之余，他既不像其他孩子那样玩耍，也不满足于无所事事的闲散安逸，人们常能发现他别出心裁地自编自导一些演讲或朗诵，其主题常常不是指控他的某个伙伴或其他人就是为他们申辩。因此，他的老师常对他说："孩子啊！好也罢，坏也罢，你一定不会是微不足道的人物。"与此同时，他对那些旨在塑造人物性格的学科和关乎上层人的喜怒哀乐或闲暇典雅的学科，学起来总是勉勉强强、慵慵懒懒；但一说到如何培养聪明才智或讲究实效地管理公共事务，他便会全神贯注，而且在这些学科上表现出远超其年龄之才能。他有些自傲地相信这是他与生俱来的天分。这样，在以后的社交生活中、在所谓不拘小节但彬彬有礼的宴会上，当他被有名的博学之士嘲笑责难时，他便出于无奈而颇为粗鲁地为自己辩护，说他的才艺并不在于丝竹管弦、竖琴横笛，而志在振兴一个湮没无闻的小城，使它焕然一新、欣欣向荣、繁荣兴盛。尽管斯特幸布罗特声称提米斯托克利是阿那克萨戈拉斯的门徒，也曾师学于自然科学家墨里索斯，但却与年代不符，因为伯里克利围攻萨摩斯的时候，麦里苏斯指挥众人进行抵抗，伯里克利比提米斯托克利年轻许多。再者，安那克萨戈拉斯与伯里克利是至交好友，因此，另一种说法更为可信，就是提米斯托克利是弗瑞阿里亚人姆涅西菲洛斯的门徒。姆涅西菲洛斯，这个人既不是一个雄辩家，也不是一个所谓的自然科学家，而是当时被称作"诡辩术"或"智慧"的修行者，只不过在政治上稍显机智灵活，在实践中精明能干罢了。姆涅西菲洛斯学习了"诡辩术"这一学科，并代代相传，仿佛使其成了一门学科流派，一门由梭伦传下来而没有中断过的学术。后继者又将它与辩论术融合起来，由公共事务上的实践运用转移到语言上的研究应用，从而被冠以“诡辩派”这个称号。起初提米斯托克利涉足政治正是借助此人。提米斯托克利在青年时期的几次尝试都不顺利。他任自己莽撞冲动的坏脾气发展而不加约束，因此缺少适当的绅士风度和文学修养，在追求目标时极容易走入极端并常常失误，正如在晚年他本人所说的一样。他在晚年时曾谈到，只要经过驾驭和正规的训练，最野的小驹也能被驯成良马。可是有些编造轶事野史的学者对此又补充道：父亲剥夺他的继承权，母亲由于儿子的坏名声陷入极度悲伤而死。这无疑是对提米斯托克利的污蔑。恰恰相反，有些人却说，他的父亲曾试图劝导他不再插手政治事务，曾把停靠在海岸上的破旧不堪、无人问津的三层桨座的战舰指给他看，让他明白人们会像对待这些退役的战舰那样去对待他们曾经的领袖。

早在风华正茂之年，提米斯托克利就对公众事务表现出了极浓的兴趣。而急功近利、要赢得荣耀的强烈冲动完全占据了他的心。因此，从一开始他就处于要出人头地的欲望之中，他积极大胆地迎战那些早已拥有权势并已成为城中风云人物的敌对势力，尤其敢于向吕西马克斯的儿子阿里斯泰德宣战，这个人是他的冤家对头。但也有些人认为他们二人的恩怨全然出于年轻莽撞与无知。按照哲学家阿里斯同的记述，他们俩同时倾心于美丽的斯特西劳斯，以至于后来二人在政治上各持己见、互不相让。二人性情迥异，这也大大加剧了二人的矛盾。阿里斯泰德性情温和、聪慧沉稳，在公众事务中处事不苛求名望功利，只求安妥和正直的最佳利益。因此，提米斯托克利经常以一些奇谈怪论挑动人们去反对他，向他的经典挑战，这使得阿里斯泰德不得不与之抗争来抵制这种愈加糟糕的影响。正如有些人说的那样，提米斯托克利醉心于功名利禄、名望地位，雄心勃勃地想成就一番大事业。尽管希腊人与波斯蛮族在马拉松作战的时候他还是个小青年，听着人们讨论那个因战术精湛而受到嘉奖并广为称颂的米太亚德将军，他开始缄默沉思，常常通宵达旦，他避免参加往常的娱乐消遣活动并为此倾注了绝大部分精力。对于那些想知道他为什么会一反常态的人，他给出的答案是：“米太亚德将军创下的战绩让我夜不能寐。”这时候其他人都认为马拉松一战便是战争的结束，然而只有提米斯托克利认为这只是更大规模的战斗的开始。他使自己处于持续的高度警惕之中，并使全城投入了有序的训练之中，这可以使希腊在可能爆发的战争当中抢占优势。

首先，雅典人按照自己的惯例要把来自劳里昂地区的银矿收入拿来放入私囊的时候，只有他——提米斯托克利，敢来到这些人的面前终止这场分钱行动，提出把这部分钱用于打造战舰来抗击埃吉娜人。这是当时让全体希腊人最头疼的一场战争，岛上的居民仗着他们船只的数量拥有了绝对的制海权。因此，提米斯托克利更容易劝服市民，也用不着拿大流士（公元前558—公元前486年）或波斯人事迹来吓唬他们，因为这些故事毕竟有些年代久远而且他们是否到来尚没有定论，或许他们真到来也不一定会引起极大的恐慌。他只需恰当地利用市民对于埃吉娜的极大恐惧和猜忌，就可以获得他所需的一切武装力量。结果他们果真用这些钱建造了一百艘战舰，而后他们用这些战舰在萨拉米斯抵抗薛西斯（公元前480年）。自此以后，这个城市不断发展壮大，逐步将发展的目标投向了海洋。与此同时，他坚称如果仅凭陆军力量，希腊的势力不敌他们的邻邦，但是借助于战舰的力量他们不但可以击溃波斯蛮族，还能在全希腊居于领导地位。正如柏拉图所说，提米斯托克利不是把希腊人训练成了“脚跟稳妥的盔甲战士”，而是将他们训练成了翻腾活跃的大海水手和船夫。结果这给他自己带来了不必要的责难：提米斯托克利带走了同胞的长矛与盾牌，使他们退缩到划桨摇橹的地步。至于他是否会因为这一点而损害公共生活的纯洁或破坏政府权力的制衡，这就让哲学家们张罗去吧！不过当时希腊人获得的拯救的确源自海洋，也正是那些战舰再一次收复了雅典的失地。而且，薛西斯本人就是最有利、最充分的证明。薛西斯的步兵依然完整无损，但他的战舰被打败之后他就仓皇脱逃了，自认为不是希腊人的对手。他将马尔多尼奥斯留下殿后，依我所看，这并不是因为他认为还有反败为胜的希望而是为了阻止追兵的追击。

提米斯托克斯曾一度被认为求才若渴。据称他喜欢盛邀四方来客，对其设宴款待，并且出手大方毫不吝啬。从这些传闻可知提米斯托克利可算得一个慷慨大方之徒。但这还有另一种说法——他曾被指为人极度吝啬，且利欲熏心到把别人当作礼物赠送给他的生活必需品拿去换钱的地步。有一次他向饲马员菲利德斯索要一匹小马驹，但被拒绝了。提米斯托克利立即威胁菲利德斯并扬言他将拆了他的房子并用房屋的屋檐、梁等做成大木马（就像特洛伊木马一样）。提米斯托克利此举无疑是在挑起菲利德斯的家人与菲利德斯之间的矛盾。

可以说，提米斯托克利对荣誉的执着超越了所有人。当他还是个不谙世事的无名小辈时，他曾说服奥尔弥奥涅——一位备受雅典人喜爱和崇拜的竖琴家，到他家演奏，并借此吸引众人询问他的宅邸并经常拜访他。一次他出游奥林匹亚时，曾借随从和出行的浩大排场、盛宴佳乐、华屋凤鸾与各种精美装饰与西蒙一决高下，结果招致希腊人的不满。因为人们认为西蒙是青年才俊且出身名门，他理当有如此奢华的排场。而提米斯托克利孤傲自居，既无官衔，又非名门之后，而且尚未成名，不应该招摇过市，虚炫浮夸，大讲排场。另一次，早年的提米斯托克利积极地投身于戏剧事业，在一次戏剧竞赛中，由他投资指导的戏剧获得了大奖，他便为此竖立了一块牌匾，题词的内容是：赞助者是弗瑞阿利亚人提米斯托克利，编剧为弗律尼克斯，演出者是阿德曼托斯。

不过，他受到普通百姓的拥戴，一方面因为他总能随时随地记住每个市民的名字，并用他们的称谓向他们打招呼（在西方国家，记住别人的名字非常重要）；另一方面因为他通常在处理经济纠纷等其他私人纠纷时充当公正的调解人。有一次提米斯托克利向西摩尼德斯（克奥斯著名的诗人，曾在提米斯托克利任地方行政长官时向他提出过无理要求）说道：“如果你胡编乱造，违反诗歌韵律格调，你就不是个好诗人，正如我如果不依法办事就不是个好长官一样。”还有一次他嘲笑西摩尼德斯道：“你对科林斯人的判断欠妥且存在偏见。人家科林斯人虽然长相逊色了些，但是他们用自己的本领和辛勤劳动为自己树立了美好的形象。”

势力日益增大加之人们的普遍拥戴，提米斯托克利终于熬出了头。他运用贝壳放逐法撤换了阿里斯泰德。当波斯人大举进军雅典时，雅典人还在商议谁应当来做这个抗战前锋。许多人都不敢贸然自荐，因为这场战争必定是一场殊死恶战，这让他们大多数人恐惧。但是唯有一人——埃皮库德斯，欧斐弥德斯之子，一个能言善辩但优柔寡断、内心懦弱、嗜金爱财之徒，正在谋求此次保卫战的指挥官一职，而且极有可能在民主投票选举中胜出。提米斯托克利异常地焦虑：如果军政统领权落入此人之手，一切就将化为乌有。于是他采取贿赂和笼络其他人的办法打破了埃皮库德斯争取指挥官的计划。

波斯国王遣信使到希腊，有一位随行翻译，他们提出对领土和海域的要求，并提出希腊人必须居于臣属地位。提米斯托克利在获得市民大会授权以后，命人抓住那个翻译并以专门的法律将其处死，因为他滥用希腊语来为波斯蛮族卖命，这玷污了高尚的希腊语。这仅是他为人称道的事迹之一，另一次是处理泽勒亚的阿特弥奥斯事件——他从波斯国王手里带回黄金并借此贿赂希腊朝臣，经提米斯托克利倡议依法剥夺其本人及其家人的选举权并没收其财产。而他最值得称颂的功绩在于制止了希腊内战，平息了国人的纷争，说服他们在抗击波斯的战争期间把所有的恩怨放置一边，同仇敌忾、团结一心、抵抗外敌。据说，为了完成这一伟大的事业，阿卡狄亚客勒奥斯给予了他极大的支持和帮助。

他一担任希腊统帅就极力劝说市民离开这座城市，并亲驾大木船（即中世纪时航行在地中海的军舰、商船所用的大木船）到远离希腊城市的海上主动抗击波斯蛮族，但一开始有很多人反对。他自己统领一只大军，跟斯巴达人一同前往滕培山谷，准备以此为据点保卫色萨利，然而色萨利国王并没有对外公布此事。不久，部队就由驻地返回，毫无所获。众所周知的是不仅色萨利还有几乎所有的贝奥提亚都将沦为薛西斯（波斯国王）的囊中之物。这时提米斯托克利的海上战术才被雅典人关注和采用，于是这使得提米斯托克利被迫带领一支舰队到阿特弥西乌姆去守卫海峡。

正当此时，希腊人极力主张由欧律比亚德斯作为此次的率军统帅，由斯巴达人担任海军上将。然而作为在海军战舰的数量上拥有绝对优势的雅典人，当然不愿意屈从他人。提米斯托克利立即认识到这件事情的危险性。他只好将自己的军队统帅大权让给欧律比亚德斯，一边承诺雅典人绝对服从指挥，在战争中他们一定全力以赴、视死如归、英勇抗敌；一边宣称他会对此事负责，而希腊人也将会如他们所愿，绝对听从命令。他以此来极力安抚雅典人在此次军队指挥权争夺中挫败的失落心情。显而易见的是，他是拯救希腊的首要人物，同时他也是带领广大雅典人赢得民族荣誉的“灵魂人物”。他感到雅典人在战略战术上，比他们的敌人更骁勇善战；在气度上，比他们的同盟者更机智果敢。

当波斯蛮族的舰队抵达阿斐泰时，欧律比亚德斯立即被眼前敌军的战舰数量给镇住了。当被告知大约有超过200艘敌舰正越过斯基亚托斯岛逼近他们时，他立即决定撤回希腊，之后返航进入伯罗奔尼撒，让那里的陆军和步兵加入他的舰队，因为他料定波斯王的海上总兵力无懈可击。但是由于优卑亚人害怕希腊人会抛弃他们，把他们留给敌军祈求怜悯，因此他们派普拉贡携带巨款前去和提米斯托克利密约。此事如希罗多德所述，提米斯托克利收下这部分钱并将它转交给了欧律比亚德斯。这件事遭到了阿基特勒斯的极力反对。阿基特勒斯——这个伟大国家的海军舰长，正由于没钱来支付海军军饷而急于回国。于是提米斯托克利极力煽动雅典人对阿基特勒斯的愤怒，鼓动他们进一步反对他。于是他们袭击了阿基特勒斯甚至连晚饭也没有给他留下。正当这事让阿基特勒斯大为震惊而且沮丧愤慨之时，提米斯托克利派人送来一箱子的食物，并在箱底放了一块银条，从而使他不仅当晚能有食物，还可翌日便偿清拖欠的军饷。如若不然，提米斯托克利就会栽赃他胡乱收受敌人的钱财，并将此事公之于众。这便是勒斯波斯人法尼亚斯讲的故事。

尽管优卑亚海峡之战并没有在希腊与波斯战争中起到一决胜负的重要作用，但希腊人从中获取的经验教训却对后来的战役提供了极大的帮助。在他们经过亲身面临战争危险的历练之后，他们发现对于那些懂得如何战斗，敢于与敌人近身肉搏的战士来说，不论敌军的战舰有多么多、雕饰得多么精美辉煌，也不论敌军的肆意叫嚣或波斯蛮族的胜利凯歌多么虚张声势，他们只会勇往直前，冲向敌人，与敌人殊死搏斗。品达对阿特弥西乌姆一战的生动贴切的描述仿佛他亲眼见过一样：

> 英勇的雅典子孙们，
> 用青春和热血，

为自由树立起了不朽的丰碑！

的确，决定战争胜利的前提就是勇气。阿特弥西乌姆位于优卑亚境内，一边紧邻赫斯提艾亚城，一边伸向北部的海滩——正对面就是奥利宗，先前一度受制于菲洛克特提的一个地区。这里还有一座用来供奉月之女神雅典娜的小庙，林荫环抱并围有白色大理石柱，环境清幽肃静。当你用手去摩擦石柱时，它就会显现出番红花的颜色和散发出番红花（番红花又称藏红花、西红花，是一种常见的香料）的香气。其中一块石柱上刻着这样一首挽歌：

从亚洲地区远道而来的部族们，
他们是雅典人的子孙，在这片海湾里，
在一次海战中，他们打败了米底军队，
在这里建立起这场战争的纪念物——月之女神庙！

在海岸线标志处的一块地方，在海沙堆积之中，在厚厚的黄沙深处，那像被大火焚烧过的尸体或其他东西残留的黑色粉末，依然清晰可见。人们通常被认为他们曾在这里焚烧过沉船和尸体。

但是当来自温泉关的消息传到阿特弥西乌姆，通告他们国王勒奥尼达斯已被杀，薛西斯自封为王并控制了交通要道时，他们就撤回希腊境内，由于雅典人生性勇猛好战，就由他们留下来断后。这是荣誉与使命的任务，当他们圆满完成任务后，他们觉得异常高兴和自豪。

当提米斯托克利沿海岸行驶时，凡见到敌人用来停靠战舰和提供给养的地方，他就在石块上刻下引人注目的标记，这些石块是他沿路偶然发现的，有些是由他写了让人安放在靠近行人的停泊处和上水的地方的。在这些话中，他严肃地告诫伊奥尼亚人，如果可能的话就投奔雅典人这边，因为雅典人是他们的祖先，曾为他们谋取自由而尝尽艰辛；但如果他们做不到这点，就在战争中不遗余力地破坏波斯蛮族的进军步伐和利益，使他们陷入混乱自顾不暇。提米斯托克利这样做是希望把伊奥尼亚人争取到自己这边来，同时也能使波斯蛮族人对他们产生并疑虑和猜忌而使其陷入困境。

虽然薛西斯通过多利斯袭击了福基斯城，福基斯的大多数城市也正处于焚烧和摧毁之中，但是希腊人也没有给予其任何帮助，尽管雅典人确实急切希望能在他们进入阿提卡时希腊人进入贝奥提亚抗敌，正如他们曾经由海路到阿特弥西乌姆抗击外敌一样。他们不仅对其请求充耳不闻，而且集中大部分兵力挺进伯罗奔尼撒，然后断然将所有兵力集中在地峡里，为了在这地峡咽喉处修筑一道跨海堤堰。这种背叛之举在激怒希腊人的同时，希腊人也因自己处于如此窘迫不堪的境地而懊悔沮丧和苦恼万分。但是与如此强大的敌人孤军奋战毫无胜算也非兵家良策，当下的权宜之计是他们只能弃城登船。此计一出，很多人不愿跟从，因为他们无法想象弃城而逃对赢得战争的胜利还有什么作用，也无法理解抛弃日夜参拜的众神庙宇，把祖先的陵墓暴露给穷凶极恶的敌人之后，活着对于他们来说还有什么意义。

此次提米斯托克利深刻地感受到要靠人文劝说的方法使众人同意他的观点看来已毫无希望了，于是他便像剧院的负责人为一出悲剧安排的场面一样，精心安排了一个计谋——仿佛要把神灵引见给大家，把众神的旨意传达给大家一样，通过天神的神谕显灵和征兆启示而施压于众人。他以密涅瓦女神庙一条毒蛇的行径为例。刚开始这条蛇憩居在雅典卫城神庙中的神匣之中，后来突然消失了。有一天神父们发现像往常一样敬献的食物未被动过之后，他们将提米斯托克利事先交代好的话，公之于众——女神已经放弃了她的城市，并为他们指引出了通向海上的道路。因此提米斯托克利经常用神谶催促人们，使众人再次对“木制的墙”的说法深信不疑。“木制的墙”指的正是他的舰队。此外，他还宣称神谶[1]

① 神谶说道：当世间万物都被带走之后，众神之首宙斯单独授予了雅典娜女神“木制之墙”神器。该神器将确保他们不被俘获。我们要坚持，并不畏那些来自辽远大陆的骑士或脚夫，反而我们还应该卸下原来的装备，帮助他们一起改变。我们坚持，因为坚信有一天我们一定会大显身手。而且在这次神谕中，上帝称，神圣的“萨拉米”不会再残杀妇女儿童，或是驱逐女神和聚集的人们。“萨拉米”是神圣的，既不“可怕”，也不“残忍”，而且这个岛的名字终有一天会给希腊人带来极大的福运。

显示的内容。

最后提米斯托克利的主张奏效了，他发出通告称："城市的安全完全交托'雅典的庇护女神雅典娜'，凡是达到入伍年龄的成年男子都应该尽最大可能将自己的父母妻小和奴仆妥善安置之后，登上战舰出海抗敌。"在执行这个通告时，大部分人将自己的父母妻小安顿在特罗曾。因为特罗曾人很愿意接收他们，还进行公众投票决定募集公费帮扶他们的生活。当地执行的帮扶政策包括：每天每家给两块小银币，而且允许小孩到各处采摘酿酒的葡萄，为新迁入的小孩聘请老师授课等。该通告是由一个名叫尼卡格拉斯的人提出的。

这时候雅典还没有设置国家金库，依照亚里士多德的说法，阿里奥帕古斯会议发给每位服役人员8德拉克马，这为船只的人员配备带来极大帮助。但克勒德摩斯认为这是提米斯托克利的一个计谋，他说正当希腊人前往皮赖乌斯（希腊的港市），而放弃他们的城市时，戈尔贡[①]却不见了。于是提米斯托克利假装找寻，各处搜查，结果发现了藏在行李中的一笔巨款，而这笔钱只有拿来充公了，这样便给船员发足了粮饷。

于是众人倾城而出，奔向海岸，准备扬帆起航。而这种情形不免使有的人黯然神伤，也有的人对这残酷的做法惊愕不已。他们要把亲人送到遥远的地方，而自己面对亲人离别既悲恸、不舍又万分无奈，因为为了亲人们的安全，他们要跨过海峡到遥远的地方与敌人殊死拼杀。此外，一些因为年老体迈而被留在后方的人也着实让人怜悯，更触动人心弦的是那些平日里与人相依相伴的家畜。人们登船以后，它们沿着海岸奔跑着，歇斯底里地吼叫着，追着自己的主人不愿离去。其中有一段故事不禁使人潸然泪下：伯里克利的父亲克桑提波斯家的狗，不堪忍受主人的遗弃，跳下海去，不停地追逐载有主人的船舰，一路跟随船舰游过了海峡，摇摇晃晃地在萨拉米登陆之后，因过度劳累而精疲力竭倒地而死。据说，现在这个岛上仍有一个地方被称作"狗冢"，这里就是当年埋葬这只英勇忠心的烈狗之地。

---

① 在希腊神话中，三个蛇发女妖之一，人一见她便立即化为石头。

毫无疑问，提米斯托克利在此次危急中立下了汗马功劳，但紧接着他还有更大的功劳。人们开始怀念阿里斯泰德——这个在战争开始之前，被提米斯托克利所主持的地方法庭依照贝壳放逐法流放充军的人仍在放逐之中。提米斯托克利开始注意到人们因为阿里斯泰德的缺席而处于遗憾和懊悔之中。与此同时他也开始担心阿里斯泰德会因为仇恨而投靠波斯蛮族，这样希腊的江山社稷定将毁于一旦。于是他立即颁布了一项法令：一度迁往外地的人都可重返家园，并与其他市民一起为保卫国家建言献策，贡献自己的聪敏才智，不遗余力地为国家的建设和生死存亡贡献终身。由于斯巴达人生性骁勇善战，所以欧律比亚德斯成为了舰队的指挥官。但在危难时刻他意志不坚，试图扬帆驶向地峡，在那里集结步兵安营扎寨。这个提议遭到了提米斯托克利的强烈反对。此时提米斯托克利说了几句后来家喻户晓的话。欧律比亚德斯没有耐心地说道："提米斯托克利，比赛中起步晚了是要挨鞭子的啊！""是的！"提米斯托克利说道，"落后的人永远也得不到荣誉。"这时欧律比亚德斯举起权杖欲打他。提米斯托克利镇定地说道："打吧！但请听我把话讲完！"此时欧律比亚德斯也因提米斯托克利的镇定而缓和了许多，于是让他继续说下去。此时提米斯托克利试图将欧律比亚德斯争取到自己这边来。曾经有个人说，失去自己城市的人没有资格去劝说还据有城市的人去放弃和出卖自己。对此，提米斯托克利语重心长地对他讲："你这个坏蛋，不错！我们是放弃了家室、城池，那是因为我们不应当因为这些没有生命的东西而屈服。但我们仍有一座城市，希腊最大的城市：我们的200艘战舰。如果您愿意让这200艘战舰来保护你们，现在这些战舰正候命待发，可是如果你们再有抛弃我们、出卖我们的行径，那么大多数希腊人马上就会知道雅典人已经为自己赢得了一座城市、一片领地，这比他们抛弃的那块领土好得多。"提米斯托克利说这番话时，欧律比亚德斯也在仔细地寻思、琢磨着，如果提米斯托克利撤退的话，那么雅典人毫无疑问也会跟从他的步伐撤退的。此时一个埃雷特里亚人反对他，他说道："关于战争你们有什么可争论的呢？人人都像乌贼，在原本长心脏的地方，他却长出了长长的墨囊！[①]人心隔肚皮啊，谁都打着自己的如意算盘！”

但也有人这样说，正当提米斯托克利站在甲板上讲话时，一只矫健的雄鹰利剑般划过右边的船舰，威严地停在那艘船舰的桅杆上，这是一个惊动人心的预兆。于是听他讲话的人都同意他的提议，准备以战舰与敌军抗战。然而不久，敌军便突然降临阿提卡海岸下游的法勒隆港口，一时间战舰云集，遮天蔽日，几乎把临近的海滩都遮蔽了。国王亲率海陆大军，两军整装待发，可谓声势浩大，威武之风远近可见。此时提米斯托克利刚才的一番豪言壮语早已被希腊人抛之脑后，而伯罗奔尼撒人把怅然的目光转向地峡的另一方，恐怕此时此刻任何人反对他们逃命归途，他们都会极其厌恶甚至大打出手。事实上，他们已经决定在夜间撤退，而且该命令已经下达给水手了。在这千钧一发的时刻，提米斯托克利一想到希腊人竟然要放弃地峡这易守难攻的有利地理条件和大家数日联合固防的海峡而把众人分散成各个城邦小支队就非常恼怒，于是他策划了有名的西金洛斯事件。

西金洛斯是一名波斯囚犯，但他忠于提米斯托克利，并且是提米斯托克利的女儿的老师。因此这个人被秘密派到薛西斯那里去，将提米斯托克利的意思转达给薛西斯国王。他说道：“雅典将军提米斯托克利拥护国王的江山社稷，也是第一个向国王报告雅典人企图逃跑的人，并恳请国王不能容许他们撤退逃跑，要趁他们撤退混乱与陆军分离之时，发起进攻，一举歼灭他们的全部武装力量，完全摧毁他们的战斗力，这样可将之一举歼灭以绝后患！”薛西斯将此密报收下，非常高兴，立即向各战舰的舰长下达明确命令，从容以待，迅速调配好各战舰的人员，挑选精锐人员担任战舰主力并立即派200艘战舰抵达地峡将其团团围住，且将他们封锁线上的各个岛屿也囊括进去，严守死防不放掉一个敌人。

当这个部署正在紧锣密鼓地执行之际，吕西马克斯之子阿里斯泰德便第一个觉察到了这事，于是他立即来到提米斯托克利的军帐内。正如我前面所说的那样，阿里斯泰德与提米斯托克利并非友人，而且阿里斯泰德还

① 刺篮子鱼、枪乌贼、乌贼等鱼有一个硬鞘或软骨，形似利剑，因此被认为没有心。

被放逐过，而当时的地方行政长官正是提米斯托克利，所以从某种角度说，二人的关系应该有些牵强吧！提米斯托克利从帐中出来，阿里斯泰德便告诉他敌军是如何包围他们，他们又是处于何等危急的境地……阿里斯泰德的突然来访使提米斯托克利觉得非常意外，但他知道阿里斯泰德为人忠厚、道德高尚且经过重重考验，于是就把有关西金洛斯的全部计划告诉了他，并邀请他参加这次“置之死地而后生”的尝试。因为阿里斯泰德得到了希腊人的极大拥戴，如果他可以一起参加这次绝地逢生之战的话，提米斯托克利就可以利用他的声誉影响、号召、动员广大希腊人固守海峡阵地，坚持抗战。听后，阿里斯泰德对提米斯托克利的战略战术倍加赞赏，于是他开始遍访各船将领和舰长，鼓励他们不要放弃，全力以赴，积极投入战斗。虽然如此，各船战将都还有些迟疑。正当此时，不远处驶来一艘提诺斯人的战舰——一艘在敌将帕奈提奥斯统率下从敌军那里叛逃出来的战舰，并告诉他们敌军已经将他们团团围住了。此时，撤逃已经是不可能的了。于是带着这种在危急关头激发出来的勇猛，希腊人准备殊死抗敌、拼死一战。

天刚蒙蒙亮时，薛西斯君临高处，俯览雄师，威乎壮哉！按照法诺德摩斯的记述，薛西斯是坐在赫拉克勒乌姆的上方，而那里仅有一个狭窄的通道将岛屿和阿提卡隔开；而依照阿克斯托多尔的讲述，此处是麦伽拉的边界范围，地处一个被称作“角地”的地方的上方。于是薛西斯国王命人在这里为他安放了一个黄金宝座。左右百官环绕，与国王一起欣赏这一盛大场面并随时记下这空前绝后的壮观场面。

而此时提米斯托克利正站在临近的舰队上将的战舰上，准备作战前的献祭。三名囚犯已经被带到，这三人相貌都极好，可以说得上俊美，而且衣着华丽，金银饰物镶饰满身。据称，他们是薛西斯国王的姊妹和阿尔台克特之子。当占卜师一看见他们的时候，就觉察到了这三名囚犯身上所迸发出来的一种超乎寻常的火焰，站在右边的那个人打了个喷嚏，这预示着吉星高照、好事将要来临。于是占卜师一边握住提米斯托克利的手，吩咐他务必将这三人献祭，一边念起了祭祀的祷文，要将这三个年轻人献给酒神狄奥尼索斯，以祈求天神庇护希腊人拯救自己，庇佑他们取得战争的胜利。提米斯托克利对这种奇怪而恐怖的祭祀方式大吃一惊，但同时又觉得大多数普通人在这样千钧一发的危急时刻，也许正需要一个像这样怪诞和奇特的精神支柱而不是一个堂而皇之的理由。他一呼百应，大家齐声向天神祈求庇护，依照占卜师的号召，将三个囚犯拖上祭坛强行实施了祭礼。这些都是由一个叫法尼亚斯的勒斯波斯人——对历史了如指掌的哲学家，讲述的。

在诗人埃斯库罗斯的悲剧《波斯人》中，当时的激战场面被描绘得惊心动魄、淋漓尽致，宛如作者身临其境一般。他在《波斯人》一诗中这样写道：

薛西斯，我确实知道，
以及他所领导的那场战争。
1000艘自称无敌的战船，据史料记载，
270艘超越了正常速度。

然而，阿提卡只有180艘战船，每艘战舰甲板上仅有18名战士，而其中只有4个弓箭手，其余的全是铠甲带刀士。

正如提米斯托克利一样，他据地峡为要占尽地利，他的聪明机智又使他把握了最佳的战斗时机。首先，他机智果决，他勒令他的战舰不许与波斯蛮族敌军的战舰直面冲击；其次，他沉着冷静不急不躁，始终等待最佳战事时间的到来。因为每当这个时候，这里常有新鲜的海风从开阔的海洋上吹来，于是海风卷着海浪滔滔而来穿过狭长的地峡。这阵风当然对希腊人的船只没有什么损害，因为他们的船只大多吃水浅且船体小，然而波斯蛮族人的船只，船尾高耸，甲板上翘，船体笨重庞大，在水中动作迟缓，不易调换方向，因此这种风对波斯蛮族的船只而言简直是致命的一击。风浪不断地袭击着他们的战舰，几乎要将船只吹得完全掉头回来，船身横对着那群严守以备的希腊人，他们一边向这些船只发起猛烈的进攻，一边密切地关注着提米斯托克利的手势号令。一方面因为他们知道提米斯托克利最清楚行军打仗之策；另一方面因为与他抗衡的是强敌——阿里亚墨涅斯

（薛西斯最得力的海军元帅，薛西斯国王最英勇、最受尊敬的兄弟，一个骁勇善战的人）。这时阿里亚墨涅斯正站在甲板上，不停地放射利箭和标枪，技术熟练，身手敏捷，宛若站在城墙上向下放箭一般。德克勒亚人阿墨尼亚斯与同船的派阿尼亚人索克勒斯，驾驶着战舰冲向阿里亚墨涅斯的战船，两船船首相撞，黄铜制的坚硬的船头尖嘴刺穿了彼此的战舰，两船被生硬地捆在了一起。于是阿墨尼亚斯想趁机登上阿里亚墨涅斯的船，但他们用矛向他刺，将他击落海底。他的尸体随着破船碎片四处漂散，被阿特弥西亚认出，打捞上来交给了薛西斯。

据说，战斗进行到此时，一片巨大的火光从埃琉西斯城上空升起，巨大的火光映红了远方的天空，众人的呼喊声径直地穿透整个特里阿西亚平原，传到海洋上来，喊叫和呼喊声震耳欲聋，宛若一大群人整齐地列行队伍，进行神秘的伊阿科斯仪式一般。紧接着，一股似云雾般的东西从那喧闹的地方升起，飘向海面，降落在战船上。有些人则称这是精灵和武装起来的人形，或许它们就是传说中的艾吉娜精灵，正伸长了手臂保护希腊人的船只。人们推测这些正是他们战前祭祀所召唤来的精灵和幻影——艾基代。

第一个破敌杀阵的是一个名叫吕科墨德斯的雅典人，是一艘战船的指挥官，他奋力砍下了敌军的军旗，然后把它献给了头戴桂冠的阿波罗神。这场海风不断地袭击波斯人的战舰，使得他们处于自顾不暇的境地，加之又与陆军分离，人员补给不足，“缺兵少马”的情形使他们开始处于此次海战的被动地位。经过几场激战，波斯蛮族的兵力战舰已损毁了不少，到夜幕降临之时，希腊人的船只已可以与波斯蛮族抗衡了。于是他们趁着暮色雾霭击溃了波斯蛮族大军，将他们赶到很远的海域。波斯蛮族溃不成军，被迫卸甲而逃。因此，正如西摩尼德斯所说：“他们获得了这次战争的伟大胜利。从人类历史上来说，无论是希腊人还是蛮族人，还没有人凭借战舰上人们的英勇无惧，在原本寡不敌众的情况下，赢得如此辉煌的战绩，这将是今后海战的一个典范。而在这次著名战役中，提米斯托克利功不可没，他靠机智、勇敢、沉着、果决领导人们创下了惊世战绩！”

这次海战的惨败使薛西斯怒不可遏，他企图命人向海里投掷大量的石块和泥土，将防海大堤筑到海上，拦住中间的海峡，以便他可以率领他的陆军部队直入萨拉米攻打希腊。

此时提米斯托克利正想试探一下阿里斯泰德的意思，装作一本正经的样子建议，率领舰队乘胜出航到腓尼斯（地中海东岸的古国），掀翻那里的船只桥梁。他说：“这样我们可以一举踏平并殖民欧洲内部的亚洲。”可是阿里斯泰德仿佛极不赞成这个建议，他说：“诚然先前与我们交锋的波斯蛮族，目前可能正在考虑如何休养生息。但是如果我们将一个拥有如此雄厚实力的敌人锁在希腊，让其自给自足。这个骄纵跋扈的王者承受如此大的压力，我想他在他的黄金宝伞下也会坐立不安的，更别提有什么悠闲的心情观战了。他是个什么事都干得出来的人，而且在如此紧要关头，他一定会纠正过往的骄纵蛮横，事必躬亲、为众表率、广纳良谏，为应付即将到来的极大危机缜密构思、积极部署。”他又接着说道：“我们就没有必要将前方筑好的桥梁，这块天然屏障拆掉，提米斯托克利，我们没有必要这样自掘坟墓啊！而且，如果我们拆毁这块已有的天然屏障，然后再大费周章地建筑另一块，这完全没有必要，既劳民伤财又自毁元气，这又何苦呢！如果非要建造，我觉得我们可以在其旁边再建一座，然后动员我们的一切可用力量，尽我们的最大努力，摆脱他们的束缚，干脆把这群家伙扔出欧洲。”提米斯托克利一边寻思一边点头道：“这样极好！如果大家觉得这个办法甚好，现在正是大家研究出一条把波斯蛮族赶出希腊的最近路线的时候了！”

策略敲定后，提米斯托克利立刻派出了一个名叫阿尔那克斯的战俘——波斯王室御用宦官，由他去通告国王。由于希腊人已经控制了海洋，于是决定驶入腓尼斯，这里有桥梁可跨过海峡，希腊人要拆毁桥梁，但由于提米斯托克利关心圣危，特此命人通传，希望大王能退回到自己的水城，并撤走他的全部武装力量。提米斯托克利将会尽量拖延同盟者推迟他们的追击。薛西斯一听到这话大为震惊，他马上命人火速撤退。而对于提米斯托克利和阿里斯泰德来说，这种深思熟虑在后来与马尔多尼奥斯的交战中被证明是对的。在普拉提亚他们与薛西斯的小股部队交战，对方也只能全力以赴了。

希罗多德这样写道：“在这次伟大的战争中，艾吉娜以它提供的最好的战援服务，从众城中脱颖而出夺得英勇奖，而在个人方面，提米斯托克利的功劳使大家折服，尽管有人因为嫉妒不愿推举他，但是他的贡献人尽皆知。当将军们撤回到伯罗奔尼撒地峡口时，在祭台上对此问题进行了严肃的表决，推举对这次战争最有贡献的人，每个人都声称自己是第一而提米斯托克利是第二。于是斯巴达人将提米斯托克利带往斯巴达，然后授予其欧律比亚德斯英勇奖、提米斯托克利智谋奖，并分别授予“橄榄花冠”。随后，人们将城中最好的一辆战车送给了他，赐予他三百名青年作为他的贴身随从，同他一道去边界。

据说，在下一次奥林匹克比赛时，提米斯托克利一进入会场，全场的观众已经顾不得观看那些竞技者的精彩表演了，而是整天注视着这位家喻户晓的大人物，一边不住地拍手赞扬，以示对这位圣人的仰慕，同时他们还得意地把他引见给外地人。提米斯托克利自己也备感兴奋，并向友人们表明这是他为希腊人辛勤劳动所收获的丰硕成果。

在他身上发生的传奇故事，可以说明他确实是一个生性爱慕荣誉的人。就拿城里人当初推举他为元帅一事来说，他在原定的时间里不处理任何公私事务，而是将亟待解决的事物推迟到起航出发的当天去办。此时，他就要在同一时间处理很多事物，会见各路人马，这样一来他就可以被看作一个公务繁忙的大人物，而且极具威信。另一次是他去视察那些被海浪卷上岸来的尸体时，他看见了这些死尸身上的金手镯、金项圈。他自己走过了这些尸体，然后对身旁跟随的一个朋友说：“你随便拿吧！反正你不是提米斯托克利，你不需要顾虑这些。”又一次，安提法特斯——一个曾经藐视过他，在看到提米斯托克利出名后，又来奉承他。提米斯托克利对他说道：“年轻人啊！现在已经晚了！不过岁月都给你我上了不同寻常的一课。”提米斯托克利还曾对雅典人说，他们并不是诚心尊敬他、爱戴他，对他简直就像对待一棵无人问津的梧桐树一样，当暴风雨来临时，人们便匆匆跑到它的“怀抱”里避雨，一旦天气好转，人们就会忘记了它曾经的恩泽，扯下它的树叶，砍掉它的丫枝甚至将它连根拔起。塞里亚人告诉他，他获得如此殊荣并非由于他个人，而是得益于他所在的那座伟大城市。“诚然如此，”提米斯托克利说道，“如果我是一名塞里亚人，我不可能得到如此殊荣，而如果你是一个雅典人，你也一样得不到这份荣誉。”还有一次，一个自认为对希腊城邦做出过突出贡献的将军，自吹自擂地说自己的功绩可以与提米斯托克利媲美，而且还有恃无恐地越发无礼起来。一天他对提米斯托克利讲起了关于“节后日”和“节日”二词的区别。“节后日”对“节日”道：“你，在这里除了奔波操劳，辛勤劳作，杂务缠身以外什么也不是；可待我一到，大家就可以悠悠闲闲地坐下，尽情享受欢乐时光了。”对此，“节日”答道：“你说的这些，我完全同意，但是，如果我不先来，你根本就来不了。”“所以，”它又接着说道，“如果哪一天，提米斯托克利没有到达萨拉米，那么，现在你和你的同伴们该是在什么地方啊？”谈到他的儿子时，提米斯托克利开玩笑地说，他的儿子支配着他的母亲，然后通过他的母亲支配着他，所以从某种意义上来说，这个孩子应该是全希腊最具权威的人。因为希腊人要听雅典人的号令，雅典人听从他的号令，他又屈从于他的妻子，而妻子又听从儿子的指挥。另一次，他要外卖一份地产，带着一个与众不同的想法，他草拟了一份声明，说除了地产拍卖外，另附一家好邻居。一次，有两个人同时爱上了他的女儿。他为他的女儿选中了那个值得托付终身的人而不是那个仅有一堆财富的人，他说他更看重的是人本身而不是那个人所拥有的财产。他的这些话被当作名言警句广为流传。

之后他便开始重建和加固雅典这座城市，据特奥蓬波斯说，他是采取贿赂劝诱的方法使得斯巴达的民选长官们不反对这个计划，然而大多数人说，他是采用诱骗的办法。他以一个巡查大使的身份来到斯巴达，表面上是执行公务，但心中另有盘算。当斯巴达人向他指控雅典人正在大兴土木加强堤防时，波吕亚科斯也专程从艾吉娜赶来谴责此事，提米斯托克利立即否认了此事，并让他们亲自派人前往雅典探明事情的真伪。因为这样一耽搁不但可以为修筑大堤争取时间，而且他的同胞们一定会将这些探子扣押下来，作为他的人质。一切正如他所料想的那样，当拉克地蒙人知道真相以后，并没有伤害他，而且还只能压抑住不满和愤怒，将他遣返回去。

接下来，他又准备修筑皮赖乌斯海港，该地的地形天然有利，通过修筑海港可以将整个城市同大海连接在一起。然而，这个设计在某种程度上来说，显然与古代雅典国王所推行的政策背道而驰。据说，因为古代的君主们往往都尽他们的最大努力将他们的臣民与大海分离，使国民不习航海而习农桑，并向他们讲述和传播关于雅典娜女神的故事，还提到了海神波塞冬与他竞相争占这个国家，雅典娜女神通过向法官展示雅典护城“圣树”——橄榄树的生长而获得了这次争夺的胜利。但提米斯托克利并不像喜剧诗人阿里斯托芬所说的那样，“仅仅将海港与他们生活的城市单纯地捏在一起”，而是将城市的一切联系到海港，将土地延伸入海洋。这样一来，可通过扩大公众权益和提升民众的公信度来对抗贵族，让权力真正掌握在船长、水手长和水手们的手中。因此，伯尼克斯山的讲坛佐罗的方向原本是面向海洋的，后来又被三十个暴君将它调转来面向内陆，这意味着——这个海上帝国曾是民主的发祥地，而这种寡头政治对于整日躬耕的人民来说没什么可反对的。

然而，一项更宏伟的设计在提米斯托克利的心中酝酿开来，他致力于建设一支更强大的“海上无敌战舰”，争夺海上霸权。在薛西斯撤退之后，希腊人的战舰依然停泊在帕伽塞海面，并准备在这里过冬。在一次对雅典人的公开演讲中，提米斯托克利称他已设计了一个完美的计划，而该计划致力于为公众谋福利和全民安全，鉴于当前的形势该计划不能被公开提出。于是雅典人决定让他单方面透露给阿里斯泰德，如果他批准，便可以付诸实践。于是提米斯托克利便将计划告诉了阿里斯泰德，他计划秘密将希腊的船只在停泊处焚毁。之后，阿里斯泰德便将提米斯托克利的计划告诉了公众，他还补充道：“再没有哪个计划能比提米斯托克利的计划更精明，也没有哪个计划能比这个更邪恶了！”于是希腊人要求提米斯托克利放弃他的计划。

在近邻同盟会议上，斯巴达人提出——凡未参加抵御波斯蛮族人的战斗的城市一律不得参加此次联盟。这样一来，提米斯托克利便开始担心，如果他们真能将色萨利人、雅哥斯人，再加上底比斯人排除在会议外，他们将完全控制选票并达到自己的愿望。于是提米斯托克利便代表持反对意见的城市发言，来扭转部分代表的意见，申辩中提到只有三十一个城市参加了那次战争，而且其中绝大部分是小城镇。而且如果希腊的其他城市被排除在外，会议仍由两三个大城市主宰，这种情况实在是让人无法接受。也正是由于这个缘故，他引起斯巴达人的极度反感，于是他们就想方设法地提高了西门在公众当中的威望，将他树立为提米斯托克利的政敌。

提米斯托克利遍访诸国，企图从中索取财物，这引起了联盟对他的强烈不满，希罗多德曾说，提米斯托克利在向安德罗斯人索要财物的时候，曾发表公共演说，他将给他们带来两位“真神”——“说服”和“强制”。但安德罗斯人回答说，他们已经拥有了两位真神——“赤贫”和“无为”，真神阻止他们向他缴钱，从而打破了提米斯托克利通过此方式收集钱财的计谋。罗德岛诗人提莫科瑞昂在一支歌中十分尖锐地斥责了提米斯托克利。诗歌的大意是说他通过贿赂使被放逐的人归来，却又抛弃他们，虽然他应该算得上他们的主人和朋友。以下就是提莫科瑞昂诗歌的部分内容：

来吧！如果你赞扬保萨尼阿德或
克桑提波斯或勒奥提基达斯，
那我将赞美这个为人称道、家喻户晓的，
阿里斯泰德！
这个来自雅典圣城的真英雄。
鉴于勒托的憎恨，
提米斯托克利，一个谎言家、骗子、叛徒，
一个醉心于财富功利的小人、伪君子，
他在光明正大的皮囊的包裹下，
却一直干着肮脏龌龊的勾当。
虽然提莫科瑞昂是他的主人，
他却为了攫取钱财，
不让他回归故里伊阿吕索斯，
自己拿了三根银条航海远游——真是该死！
一边驱逐一部分人，
一边让一部分被放逐的人归来，

一边又残忍地杀戮一部分人，
公报私囊的腰包鼓起来了，
但又在地峡扮演了一个滑稽的主人，
把腐烂的冷冰冰的肉摆在客人面前，
客人们无奈地吃着，
在内心无奈地祈祷，
愿提米斯托克利不得好死！

在提米斯托克利遭遣返和被放逐之后，提莫科瑞昂更加有恃无恐地辱骂他，当时他立即就作了一首歌曲，开头是：

缪斯啊！我伟大的真神！
请让这首歌响彻雅典的街头巷尾吧！
因为它切合实际且秉承公正！

二人的过节应该从这里说起。据说提莫科瑞昂被指控私通波斯蛮族，大家在商议是否将他驱逐出境时，提米斯托克利也投票同意对他的判决。因此，当提米斯托克利也被指控私通外敌时，提莫科瑞昂便为他写了这几行诗句：

如果谈到与外敌私通，
提莫科瑞昂仅是芸芸众生中的一个，
除此之外，当然还有别的无赖！
当然也不止我一个人一败涂地！
我是被人揪住了“尾巴”，
但在我身后还有千千万万的“狐狸们的尾巴”，
也已经被人揪住了！

最后甚至连他的本乡人也由于对他的功绩的嫉妒而乐于接受其他人对

他的辱骂和诋毁，因此他在迫不得已的情况下装作一副若无其事的样子。同时他在元老会议上发言时不得不时不时地谈到自己的成就，直到他自己对此也感到疲倦。一次他不耐烦地对那些不满他的人说：“为什么你们总是要讨厌那些有恩于你们的人呢？”而他修建雅典娜女神庙更是激起民怨。他把这座庙宇修建在离他的住宅较近的莫里台，并命名为“有求必应的雅典娜”，以此示意他所给予的建议极其重要，不仅将嘉惠与雅典人还能惠及全部希腊人。现在这里已经沦为政府官员丢弃那些死囚的尸体和安放那些悬梁自尽之人所用绳索及寿衣的不毛之地了。现在“有求必应的雅典娜神庙”里仍有个提米斯托克利的立身小雕像，由这座神庙我们不难看出提米斯托克利不仅是一个胸怀大志的伟人，而且还是个拥有英雄气概的圣人。

最后他终究还是遭到雅典人的驱逐，就像他以前对其他人所施行的“贝壳驱逐”一样，他们依然使用了这项他们认为最具魄力的刑罚。而且雅典人通常认为用这种方法来剥夺提米斯托克利的尊严声望和财富地位是很好的，因为贝壳放逐法不仅是一种刑罚，还是用来贬黜显要人物以平息平民的嫉妒，以剥夺公民权的方式来发泄民怨的一种方式。

在他被驱逐出境时，正值雅哥斯漂泊之际，牵扯到保萨尼阿德之死的事件，又给他雅典的政敌们提供了反对他的依据。实际上控告他通敌卖国的人是阿格劳勒区的李奥波底，阿尔克米昂的儿子，斯巴达人支持检方的起诉。而正当此时，保萨尼阿德正在策划一个大阴谋，起初他将此事瞒着提米斯托克利，但当他见到提米斯托克利被逐出境，精神处于崩溃绝望之际，便贸然约他参加自己的组织，并将接到的一份来自波斯蛮族国王的密信交给他看，煽动他反对忘恩负义、卑鄙无耻的希腊人。提米斯托克利断然拒绝了保萨尼阿德的邀请，可是他并没有将此事泄露给任何人，也没有将保萨尼阿德的诡计告发，这也许是提米斯托克利看在和保萨尼阿德多年深交的情谊的份上吧！同时提米斯托克利觉得这位友人如此荒谬的追求和不着边际的目标迟早会被其他人发现或友人也许会放弃如此怪诞的主张。

因此，后来保萨尼阿德被处死时，人们发现了一些与此事有牵连的密信和文件，于是提米斯托克利被牵扯进此事。斯巴达人都贬低他，对他怀有敌意的同胞们也诋毁他，而此时他已被驱逐出境，也不能为自己申诉。于是他只能亲笔写信为自己辩护，特别是对于过去论证不足的论点加以诉斥。为了答复政敌们加于他的“莫须有的罪名”，他通过写公开信的方式，力言自己一直有从政的抱负，而且并不是因为自己没有这个能力和资格，但是他决不会出卖自己的灵魂和祖国，为了那肮脏和丑陋的卖国行径，使自己的国家和人民受制于一个野蛮和敌对的国家，过着水深火热的奴役生活。

尽管提米斯托克利做了以上保证和承诺，民众还是采取了控方的意见，派出官员将他引渡回国，再由希腊人所组成的民众议会审判。然而，被逐在外的提米斯托克利及时获知了这个消息，于是渡海前往科孚岛，在这里他被公认为该城的恩人。因为过去科孚人与科斯林人发生争执，他被推举为仲裁人，判定科斯林人以二十根银条作为赔款，并承认琉卡斯为两城的共同殖民地。提米斯托克利在该纠纷的处理上发挥了极大的作用，对于科孚人他算是帮了个大忙。而后他又从科孚逃到了伊比鲁斯，然而此时的雅典人和拉斯地蒙人仍旧穷追不舍。绝望之际他只有将自己的生命交于命运安排。提米斯托克利抱着孤注一掷的心态的逃到了摩洛西亚的埃德米都斯国王那里祈求庇护。埃德米都斯曾向雅典提出过请求，这正当提米斯托克利权倾朝野之时，他高傲的态度对这位一城之主来说，是一个极大的侮辱。因此可明显地看出，现在落魄的提米斯托克利落入旧敌手中，免不了遭到可怕的报复。尽管此时处于如此不幸的境地，提米斯托克利对于邻国和同胞的仇恨的畏惧心理远胜于对国王在救援之前的不快的恐惧，为了能够得到埃德米都斯的宽恕，在他的面前成为一个谦卑的乞求者，就要运用一种特别的态度，这与其他大部分国家的习俗大不相同。当时，国王的儿子还是个幼童，提米斯托克利就把小王子抱在怀里躺在过往的炉灶边，在摩洛西亚人眼中唯有这个祈求的动作是神圣而不可拒绝的。有人说是国王的妻子塞亚暗示提米斯托克利采用这种赎罪方式，将年幼的王子在炉灶前交与提米斯托克利；也有人说埃德米都斯国王基于宗教的职责，不能将提米斯托克利交给追捕的官员，为此他准备导演这出戏给民众看，以达成他不得已而为之的效果。就在这个时候，阿查尼人伊比克拉底暗中将提米斯托克利的妻儿运出雅典。正如斯特辛布罗特所述的那样，伊比克拉底受到了西门的指控，为了这件事他被判有罪而被处死。可是后来却不知怎么的，斯特辛布罗特竟将此事忘得一干二净，有人说他乘船到西西里向叙拉古的独裁统治者海罗的女儿求婚，答应将希腊置于海罗的控制之下，而海罗拒绝后，他便离开那里航向亚洲。当然，这种说法是毫无依据也是不可能的。

如特奥弗拉斯特在他的著作《论王权》中记载道：海罗派出马匹参加奥林匹克运动会，还搭盖了一个极尽奢侈的天篷装饰，提米斯托克利对希腊人发表演讲，鼓动他们去拆除暴君海罗的行帐，同时还不许他的马匹参赛。而修昔底德说他越过内陆到达爱琴海，在德密湾的皮德纳搭船，却没有让船上的人知道他的底细，直到出现了可怕的事情——船只被风吹向纳克索斯岛，他大吃一惊，就向船员和船长坦明自己的身份，当然一半请求，一半威胁着说要向雅典人诬告他们，说他们一开始就把他带上船来，并非出于无知而是由于受贿，他用这种方法，强迫他们驶离岛屿并尽量保持在大海之中，然后乘风跨海前往亚洲。

他的大部分财产被他的朋友暗中运走，从海上送到了亚洲，然后一并交到他手里。除此之外，据迪奥弗拉都斯的记载，被查出以后充公的财产的价值是80泰伦，但是提米斯托克利在涉足公共事务之前，他的身价从来没有超过3泰伦哩！

当他登陆赛麦后，才知道沿着海岸的所有地方都设有埋伏以等待他的现身，特别是厄哥特勒斯和比索多鲁斯（这个“守株待兔”的狩猎游戏与往常有所不同，这个游戏值得猎户运用各种方法来捕获猎物，因为他们可以获得丰厚的物质奖赏；而且波斯国王也大开金口宣布，谁抓到他就给谁200泰伦）。针对此事志在必得的人非泽尔西斯莫属，况且要说泽尔西斯对他极为怨恨也未尝不妥，因为提米斯托克利不仅在萨拉米会战中将他击败，还用说服的手段和不实的陈述使他受骗上当，这种耻辱更是让他无法释怀。泽尔西斯在市区战争胜利后，已经获得了若干慰藉，若不对他加以刺激，他的心情大概会慢慢平复下来，然而现在提米斯托克利自投罗网，而且近在咫尺，这难免会引起他的陈怨旧恨。提米斯托克利逃到了伊奥尼亚一座名为伊吉的小城，除了接待他的主人奈柯吉尼斯外，没人知晓此事，奈柯吉尼斯身为该城大名鼎鼎的富豪，在小亚细亚半岛是家喻户晓的领军人物。提米斯托克利躲在他的家中过了数日，有天夜间在献祭和晚餐之后，欧比乌斯——他小孩的家庭教师，竟突然发狂，像是被圣灵附体一样，吼出这样的诗句：

夜半人初静，
恰值私语时。
莫愁无人晓，
便做一缕烟。
随风潜入户，
语惊千万人。

得知这个状况以后，提米斯托克利也没有多想什么便上床睡觉去了。梦中只见一条大蛇盘绕腰间，逐渐游向他的脖子，将要触碰到脸庞时，突然变成一只老鹰，在他的头上展开双翼，把他抓起来飞了很远的距离，而后，出现了一根传令官的黄金权杖，在历经千山万水和围追阻截之后，老鹰终于很安全地将他放了下来。

不管怎么说吧，奈柯吉尼斯运用一下计谋便能够使他平安地离开：在大多数蛮族国家，特别是波斯人，对于妇女带有一种极端的嫉妒、苛刻和猜疑，不仅对他们的妻室，就连对买来的奴隶和侍妾也是如此，保持着积极严厉的要求。妇女们在户外不能让人看到，终其一生都消磨在关闭的室内，当她们出行时，也必须待在严密的帐幕里面，四周都悬挂帷帘，被安置在大车中前行。于是他为提米斯托克利准备好这种车辆，把他藏在里面，然后开拔上路，同时交代他们如果在路上遇到人问起，就说是运送一位年轻的希腊妇女离开伊奥尼亚，要把她交给宫廷的某位显贵。

根据修昔底德和兰普萨库斯的卡戎（兰普萨库斯的卡戎是公元前5世纪的大散文家，可能早于希罗多德，著作甚丰，但没有什么传世之作）的说法，薛西斯这时已经过世，是他的儿子阿塔泽克西兹与提米斯托克利会面（据载提米斯托克利到达波斯宫廷是在奥林匹克79会期第一年即公元前462年，也就是阿塔泽克西兹登基之年）。不过埃福罗斯、狄农、克利塔科斯和赫拉克勒德斯还有其他人的记载是提米斯托克利本打算前来见薛西斯。按照年表的资料实际情形大概比较符合修昔底德的观点，但还是难以保证确凿无误。提米斯托克利做出一个危及生命的决定，先去见千夫长阿塔巴努斯。提米斯托克利告诉他说，自己是希腊人，知道国王急着想知道一件重大事情的来龙去脉，希望能够叩见陛下当面说明。阿塔巴努斯回答道："啊！外乡人啊！人类的律法大都不尽相同，也许一个民族视为尊荣的事，其他人可能对此另有见解；然而对所有人而言，最重要的事情是敬仰和遵守自己的律法。据说，你们希腊人的习性是推崇自由和平等，将其凌驾于其他事物之上。而在我们很多极其卓越的律法之中，认为最尊贵的规范是拥戴和敬畏国王，把他的形象作为俗世间最伟大的保护者。如果你能赞同和承认我们的律法，俯伏在我们陛下面前践行敬拜的礼仪，你就可以觐见我们伟大的国王陛下并与他交谈；如果你的内心还有其他想法，那你只有让别人代你求情。我们没有这种习惯——可以容忍任何人觐见国王陛下的时候，没有俯伏在他的面前。"提米斯托克利听到这里回答道："阿塔巴努斯，我是冲着提高大王陛下的声誉和威望而来的，既然庇护波斯人的神明乐于如此，我个人不仅愿意遵从贵国的律法，而且我还要劝说比现在更多的人来向国王陛下表示臣服。至于为什么不用传达的方式而要当面告知，我自有我的道理，因此，请不要让这些礼仪成为我觐见国王的障碍。"阿塔巴努斯又问道："那我们必须告诉国王陛下先生的名讳，请问您贵姓？从您的言谈举止我猜想您不是一个普通人。"提米斯托克利回答道："不，兄弟！阿塔巴努斯，这个问题我会当面亲自告诉陛下大人的。"费尼艾斯提到上面的这些场景确实如此，并且伊拉托昔尼斯在他的作品《论财富》一书中对此事加以补充说："提米斯托克利通过一个即将成为千夫长妻子的埃雷特里亚女人，才得以与他会晤和商谈。"

不管事实是否如此，当提米斯托克利被带到国王面前时，他俯身致敬，一个人默默地站在旁边一语不发，直到国王派译员前来询问他是何人时，才敢开口答道："尊敬的国王陛下！草民是流落到贵国的雅典人提米斯托克利，一个被希腊人驱逐出境的人，一个正被希腊人全城通缉的可怜人。我知道自己罪孽深重，我也知道自己对贵国所犯下的罪行不计其数，但同时我也曾给贵国带来过福祉。就拿上次战争来说吧，当希腊人获得安全后，我曾阻止希腊人对贵国军舰的追击，我的家园也因此获得了拯救，这也使得我有机会为国王陛下您效犬马之劳。我此次前来所抱的心态就如当前所面临的不幸处境一样，随时准备面对陛下您的友善款待和龙颜震怒。对于陛下的亲切修好，我提米斯托克利一定会一辈子感恩戴德，即使您对我盛怒不已，我也不会有半句怨言。此外，我可以请我的同胞做证，看我回报陛下和贵国的大恩大德，陛下您也可以利用这个机会昭告天下，让世人都知道您是一个多么和善的君王，让世人称颂您的美德而使陛下盛名远扬，这应该比杀了我以泄私愤要满足得多呀！陛下您赦免我就等于您在赦免一位向您祈恩的弱者，要是不这样做，您是在帮希腊人的忙，帮他们除掉他们的心腹之患。希腊人只是想借国王陛下您的手杀死一个人，这难道不叫'借刀杀人'吗？此外，陛下您的声誉也会因为屠杀一个向您乞恩的弱者而受到损害，而希腊人却在一边坐享其成。国王陛下，现在您要拯救的是一个向您乞恩的弱者，而您要毁灭的是希腊人的敌人。"说过此番话后，提米斯托克利又说了些对他有利的关于神明征兆之类的话，对他在奈柯吉尼斯家里所梦见的幻象以及宙斯的神谕一事夸夸其谈了一番。他说，当宙斯派他前去投奔上帝的同名者时，他断言神是叫他到波斯王这里来，因为他们俩有一个共性——两位都是"伟大的君主"，而事实也确实如此。

国王聚精会神地听着提米斯托克利的讲述，虽然对他的胆识和气度颇为赞赏，但并没有直接做任何回应。但等到国王私下与他的随从官员和僚属亲信们在一起交谈时，他表示很高兴交到如此好运，对于此事国王陛下倍感荣幸，要向他的神阿里曼祈祷——愿他所有的敌人都像希腊人一样如此用心，虐待和驱逐他们之中能言善辩和骁勇善战的勇士。之后，国王陛下向神明献祭，紧接着便大醉了一场。他是如此地激动不已，甚至在睡梦中，还听见他开心地大叫了几声："哈哈！我得到了希腊人提米斯托克利！哈哈哈……"

第二天早晨，国王便召集文武百官齐集大殿，然后将提米斯托克利带到殿前，就拿他刚进殿时遇见的守卫来说吧，当提米斯托克利途经大殿时，守卫们一听说他的名字便马上变得凶神恶煞起来，用他们那直勾勾的眼睛盯着他而且还对他恶语相加；还有，当他经过千夫长阿塔巴努斯的身旁与他正面相遇时，国王正襟危坐于殿上，群臣肃静无声。这让提米斯托克利不免有一种不祥的预感，而当国王把他引荐给众臣时，他那颗悬着的心才踏实。阿塔巴努斯压低了声音抱怨道："看这条阴险狡诈的希腊毒蛇，吾王仁义圣明格外开恩将你带到这儿来！"然而，当他来到国王跟前，再次向他致敬，此时国王对他表示欢迎，而且还和颜悦色地同他交谈，并说他已经欠了提米斯托克利两千根银条。因为既然提米斯托克利诚恳地前来自首，他理应得到付给缉拿人的那笔酬金。此外，国王还对他宽慰了一番，让他安心留下，并对他承诺，凡是他愿意谈的一切有关希腊的事务，大可畅所欲言。但提米斯托克利回答说，人的语言就像贵国华丽的花毯，所以也像花毯那样，展开来才能显示出它的花样，如果卷起来，那些精美的图案和花样也就只能被掩盖、扭曲了。同理，提米斯托克利说他需要时间来思考这些事情。国王随即表示他的例证形象生动而且深入浅出，他非常满意，于是允许他从长计议，尽可从容，不必慌张。于是提米斯托克利借机要求了一年的期限。在此期间，提米斯托克利认真仔细地学习波斯语，到后来他能直接与国王交谈而不需要任何翻译的协助。这些会晤交谈的内容被认为涉及希腊的政治要务。大约就在此时，国王在朝廷上对他所宠信的一干人等提出了许多革新改制的措施。这也使得提米斯托克利招惹了波斯朝廷的权贵们，原因就是他擅自利用与国王亲近交谈之机会，对他们的利益有所损害；此外，也可能因他博得国王的喜爱而在城邦中受到的尊重远远超过了其他异邦人的缘故招来他人的妒忌。不仅如此，他确实还参加过国王的狩猎和他的家宴娱乐活动，他把自己当作国王的亲信，甚至还接近过王太后，并与王太后成为近友；此外，国王还特地交代，要他学习占星术等经典和知识。

当拉斯地蒙人笛蒙拉都斯来朝时，国王差人前来询问他需要什么，而且无论什么要求，只要能使他高兴，国王都会恩准。他便说自己想要一顶王冠，戴上它摆出皇家的威严，在全城百姓的欢呼之下，风风光光地入驻萨迪斯城。国王的堂弟听后，用手摸了摸笛蒙拉都斯的头，然后告诉他——

像他这种没有头脑的人才会想戴上王冠，这简直是痴心妄想；像他这种人，即使朱庇特将雷电交给他，他也该有些自知之明吧，总不能就凭这点认为自己是朱庇特啊，简直不自量力！国王听后大怒，下令将他赶走，并与他决裂，下令永世不与他有任何来往。从此对于类似的恳求，国王总是抱着深恶痛绝的态度。然而，提米斯托克利能够安抚国王烦躁的心绪，说服他原谅笛蒙拉都斯。

据说此后继任的几代君王，都与希腊人交好。在他们的统治下，波斯和希腊的交往也日益密切。因为他们想招揽希腊的有能之士为波斯服务，为了促成此事，他们还多次写信多方鼓励，而且坚信他们一定会像曾经的提米斯托克利一样优秀。在信中，他们也曾提到过提米斯托克利在波斯的境况十分优渥，他腰缠万贯、富甲一方，而且受到全国上下的敬重；看到在餐桌上极尽奢华的壮观排场，提米斯托克利转过头来对他的孩子们说："孩子们！如果我们当初没有经受困难和挫败的话，或许现在就要失败啦！人生起起伏伏，正是苦难让我们变得更坚强，让我们警惕和珍惜这来之不易的幸福……"据野史记载，提米斯托克利曾被赠予三座城池，分别是马格尼西亚、迈乌斯和兰普萨库斯，分别供应他所需的面包、肉类和酒水。西奇库斯的尼安特斯和费尼阿斯，加上后来增加的两座城池，帕里普西斯负责供应衣物，帕科特为他制造家庭所需的床铺和家具。

有一次提米斯托克利险些遭人杀害。事情的经过是这样的：由于波斯边境发生了一些与希腊有关的事务，于是提米斯托克利奉命前往沿岸地区。此时有位名叫伊庇克西斯的波斯人，是弗里基亚的总督。他得知此事后，便设伏在提米斯托克利途经的路上欲将他暗杀，而且为了让此事不失手，他很久以前就训练好一批皮西迪亚人专门用来刺杀提米斯托克利，只要他一到达"狮头"这座小城，立即发起袭击。出发前，一天中午提米斯托克利正在午睡，突然梦到"众神之母"——安纳托利亚地方的女神，一位被罗马人称为"大地之母"的神，她的身旁通常有狮子伴随——向提米斯托克利托梦，说道："提米斯托克利，你不要去'狮头'，否则你将永远待在那个地方，为了报答我给你的警示，应该让你的女儿尼西普托勒玛来服侍我。"提米斯托克利从梦中惊醒，梦中的场景仿佛自己亲身经历了一般，于是他立即遵照女神的吩咐，放弃了大道，然后抄小路前往，避开了原先预订的客栈，停在荒郊野外宿营，这才躲过了埋伏。途中，有一匹载着他的帐篷和随行用具的驮马，不小心失足掉进了河里，他的仆人将潮湿的帷帐挂起来晾干。这时早已埋伏好的皮西迪亚人带着刀枪冲了过来，由于是夜晚行事，月光蒙蒙，看得不怎么清楚。皮西迪亚人便以为这里是提米斯托克利的帐篷，可以在这里将他刺死。但等到他们掀开帷帐时，却发现里面空无一人，看守的卫士们拿着武器将他们擒住。提米斯托克利侥幸逃过此劫，内心非常感谢女神赐予他的恩惠，为了报答和纪念此次女神显灵，便在马格尼西亚地方修建了一座庙宇，奉献给“众神之母”丁迪米妮，并且按照女神的旨意让自己的女儿尼西普托勒玛出家担任女祭司。

当他抵达萨迪斯后，就去参拜各处的神庙，仔细观察每一处大大小小的庙宇；而在其闲暇之余，便邀人一起讨论庙宇的建筑风格、装饰特色和祭品的种类和数量。一次他在“众神之母”的庙宇里看到一座童女青铜雕像，此雕像大约有两腕高，当地的信众们称她为“供水者”。这使他回忆起自己曾经担任的那个职务——雅典的水利官（其职责是如果发现有人盗取公共水或是擅自私拉、乱接私人管路来窃取公众用水，就要加以处分和罚款），而这座童女青铜雕像是用当时的罚金打造而成的。或许是因为提米斯托克利身在异乡看到此雕像不免有些思乡念国，或许因他想要向雅典人表示他供波斯国王差遣，获得了极大的荣耀和权势，他向利底亚地方总督提出建议，请他将这座童女雕像送回雅典。这使得总督大发雷霆，并扬言一定将此事告知国王陛下。对此提米斯托克利大为惊恐，于是想方设法地接近和讨好总督的后宅女眷，用钱赢得总督妾侍的欢心，这才使得总督的怒气平息了下去。自此以后，他行事颇为细心谨慎，甚至害怕起波斯人对他的妒忌来了。正如特奥蓬波斯所述，他没有继续周游亚洲各国，而是在马格涅西亚置了一块大宅，并积存了大量的财物，享受着与波斯皇族同等的荣誉和敬重，在这里安稳平淡地生活了很长时间。那时，波斯国王一直致力于亚洲内部事宜，并未过多地关注雅典的事务。

后来，埃及人在雅典人的协助下发动了叛乱。雅典的战舰直逼塞浦路斯和西里西亚，西门的战舰已夺取了制海权，迫使国王出兵抵制希腊人的扩展，阻止敌对势力蔓延。后来当各地集结部队，将领们被分派各地之际，提米斯托克利得到指示——国王命他恪守自己致力于希腊问题的诺言，让他以实际行动来践行诺言反抗希腊。然而，他并没有因此增加自己对昔日的同胞的仇恨和愤怒，也没有对自己在战争中将获得极大的荣耀和权势而扬扬得意。也许他想到的只是此次将无法完成使命，因为此时的希腊名将辈出，特别是西门更是屡立战功，成就非凡。但是他最主要的还是考虑到——如果此次自己辱没使命，那么自己曾经的一世辉煌和赫赫战绩将被玷污，因此最后他选择了了却此生，成就自己的一世英名。于是他邀来各位昔日好友，在向神献祭后，他与朋友们共进家宴，然后与各位一一握手告别。按照当时的习俗，提米斯托克利将野牛血一饮而尽。正如其他人所述，他一喝下掺毒的野牛血，便倒地而死。提米斯托克利死于马格涅西亚，享年65岁。细数他的一生，其一大半的时光是在充当政治领袖的职务中度过的。而国王得知他的死因和死的方式时更加对他敬佩不已，因此对他的友人和家眷仍备受关照。

提米斯托克利留下三个儿子——阿奇普托里斯、波吕欧克托斯和科勒奥芬托斯。他们都由阿洛佩克地方的莱山德的女儿——阿基佩所生。著名哲学家柏拉图曾提及提米斯托克利的小儿子是个杰出的射手，但除此之外一无所成。他最早的两个儿子中涅奥克勒斯被马咬死，童年夭折，狄奥克勒斯过继给了外祖父莱山德。此外，提米斯托克利还有几个女儿，其中尼西普托勒玛是他的第二任妻子所生，嫁给了她的异母兄弟阿奇普托里斯；伊塔利亚嫁给了厄斯岛的潘索伊德；西巴瑞斯许配给了雅典人尼克米德。提米斯托克利逝世后，他的侄子弗拉西克利来到马格涅西亚，获得兄长的同意，娶了他的另一个女儿奈柯玛琪，并答应抚养她的小妹亚西娅——所有子女中最年幼的一位。

马格涅西亚人在市区建造了一座富丽堂皇的陵墓。关于他的遗骸是大家都普遍关心的问题，而关于这方面的记述更是众说纷纭，但安多赛德所提及的状况更是不值一提。他在《致友人书信集》中，提及到雅典人是如何偷掘提米斯托克利的陵墓，如何挫骨扬灰让提米斯托克利灰飞烟灭，大多都是漫天虚构的，他的目的在于激怒“寡头政体”的党派去反对雅典人民。而菲拉克斯一个历史学上并无建树的纯粹的戏剧家，恰恰也是如此，他并不了解提米斯托克利传奇的一生，仅仅运用舞台道具为观众展现了一个简单的故事，而在其中竟将提米斯托克利的儿子的名字叫成了尼奥克利和笛摹波里斯，他无非是想刻画一个悲剧以引起大家的兴趣和怜悯罢了！对于这个捏造的故事甚至连普通人也能看得出端倪。地质学者迪奥多罗斯在他的作品《陵墓志》一文中根据推测而非亲自考察实地了解，阐述道——在靠近阿尔息穆斯海峡处伸出一块宛如手肘的峡湾，绕过此湾，往里进去，则风平浪静，此处正好有一块相当大的基座，基座上有块似圣坛的建筑物，这便是提米斯托克利的墓地。而他认为喜剧诗人柏拉图是赞成他的观点的见证人。柏拉图曾写道：

坟墓庄严肃穆地坐落在海滨之上，
商贾们仍旧往来不断为祈求神示。
他们不断地进进出出、来来回回，
成队的商帆在这块海域竞相角逐。

至于提米斯托克利的亲眷后裔们，至今在马格涅西亚还享受着优遇和特权，所有的收益均归雅典的一位提米斯托克利所有。雅典另外还有一位提米斯托克利，提到他的名字同样使我感到兴奋不已，在哲学家阿蒙纽斯的学校中，他是我的一位至交好友。

伯里克利传

据说，当恺撒[1]看到罗马一些家产富有的外国人怀里搂着小狗和猴子四处游玩，将宠物照顾得无微不至时，他便情不自禁地问道："是否他们国家的妇女都不生孩子？"这种带着帝王口吻的训斥，是在谴责那些将钟爱和仁慈浪费在畜生身上的人，因为人类的天性只能将这种同情倾注于自己的同类。既然我们有与生俱来的好求知、爱观察的天性，而那些把这种天性滥用于不值得一提、不值得一看的事物上的人们，忽略美好和有益的事物，基于同样的道理他们理应受到我们的指责。

人类的感官对于事物的印象只能产生被动的反映，外来的感官刺激不论有用还是无用，我们都无法不予接纳和注意。然而个人对于心智的运用具有一种与生俱来的本能——只要你自己愿意，你就可以避开所有的非特定条件的环境和状况，非常轻松地在经过判断后注意到自己认为值得注意的事物。因此，对美好的和有价值的事物进行追求并取得成就，应该是每个人责无旁贷的使命。人们不仅对这方面的事物要仔细思量，还要在深思熟虑中不断扩展并从中大获裨益。

① 也有可能是奥古斯都。

这种事物也同样存在于美好的德行之中，它会使读者也产生共鸣，被激励而产生的竞争热情，使人们愿意对美好的德行进行模仿效法。在其他方面，不论你多么崇拜和喜爱某个事物，都不会立即产生如此浓厚的制作和模仿欲。不仅如此，很多时候恰恰相反，我们反而会产生厌恶感；虽然我们对某些作品感到满意，但是这些作品的制作者或艺术家本身往往并不被人们放在心上甚至有时会被人们忽视。就拿香料和紫色的染料来说吧，我们认为两者非常重要，是日常生活中必不可少的，然而作坊染工和香料的调制者就另当别论。我们认为安蒂赛尼斯的说法并没有什么纰漏，当人们向他提及伊斯门尼阿斯是一位技艺卓绝的笛手时，他说道："一定是这样！除了可怜虫以外，他什么都不是，要不然他怎么可能成为技艺超群的笛手。"亚历山大在一次盛大的宴会上呈现了一场精彩绝伦的演出，菲利普国王用同样的方式教训他的儿子亚历山大："儿子，你把乐器弹奏得如此之好，难道就一点不感到可耻吗？"身居高位的帝王，如果能够抽空听听他人演奏的乐曲，已经是屈尊降贵了；能够在他人表演和比赛的时候抽空莅临现场观摩，也算是对掌管丝竹之乐的神明表达了适当的敬重了。

常人忙于卑贱和琐碎的事务，对作用微小或是一无是处的事物花费过多的精力，那就表示他对真正的事务抱有疏忽和冷漠的态度。任何家室显赫和天性淳朴的青年，决不会看到比萨的朱庇特雕像，就想成为另一位波利克勒都斯；或是在评鉴了一位大诗人的作品以后，就想成为安纳克里昂、费勒塔斯或阿契洛克斯。因而我们不能这样认定——一件优美的作品使人感到愉悦，它的制作人就值得钦佩。然而对于美德而言，仅仅需要直白地陈述这方面的行为，其就会立即对人类的意识产生巨大的影响，一方面使人们赞誉相关行为的卓越成效，另一方面能激起人们对施动主体的效仿。财富的魅力在于人人都想占有和享受，而美德的灵魂在于它使人们坚持不懈地实践和改进。我们总是希望从别人身上获得前者的满足，希望他人在自己身上体验后者的温馨。道德的最大魅力在于它具有实际的刺激作用，会立即使人产生见贤思齐的冲动。见到这些榜样，哪怕只是聆听榜样的事迹，不但会影响我们的身心和性格，还会对我们的身心和性格有所教化。

因此，我们认为值得花费时间和心血，致力于著名人物传记的创作，已完成的第十卷作品包括伯里克利和费比乌斯·麦克西穆斯的生平事迹。费比乌斯与汉尼拔曾经进行过长期的战争，这两个人的品德和才华十分相似，尤其是温文尔雅的素养、刚正不阿的性格和平易近人的待人接物的方式，更是神似。最关键的是他们都能忍受同胞和同僚顽固执拗的坏脾气，这种能力使他们二位对国家利益的维护发挥了极大的作用，至于我们能否达到预先设想的效果和目的，就留给读者自行评断吧！

伯里克利出身阿卡马蒂斯部落，生于考拉古斯的一个小镇，父母都是家族显赫的名门之辈。他的父亲詹第帕斯是在迈卡里战役中击败波斯国王的将军。詹第帕斯赢娶克莱赛尼斯的孙女阿嘉里斯特为妻，克莱赛尼斯曾将彼昔斯特拉都斯的儿子驱逐，运用贵族式的操纵规则终止了他们那种僭主式的篡夺，制定法律法规，开启了组建运作有序的政府机构的先河，维护社会和谐，确保民众安全。

他的母亲快临盆的时候，梦到自己生下了一头狮子，后来她便生下了伯里克利。这个孩子各方面都长得极好，唯有头形略长了些，显得有些不大相称。或许正是因为这个缘故，伯里克利几乎所有的画像和雕像，都是戴着头盔，很显然画师和工匠们都不愿将他这个缺陷暴露出来。雅典著名诗人称伯里克利为“海葱头”，而当时的“squill”一字正是“海葱”之意。有一位喜剧诗人克拉底努斯在《契昂斯》一剧中告诉我们：

年老的克罗诺斯离经叛道，
竟娶了那煽动闹事的女皇，
二人生下威名远扬的僭主，
众神将他命名为高头大额的怪人①。

而且他又在剧作《尼米西斯》中，这样形容伯里克利：

主啊！伟大的朱庇特，您是众神之首！

---

① 克罗诺斯，在克拉底努斯的《契昂斯》一剧中是一个半人半兽的怪物。

另外有一位诗人特勒克莱德，讲述了伯里克利因陷于当时的政治困局而心力交瘁，坐困愁城的状况：

悲思愁绪塞肠，
终日混沉烦忧。
顾后瞻前难以周全，
孤注一掷全国骚然。

第三位诗人，尤波里斯在他的一部叫作《笛米》的喜剧剧作中，逐一盘问那批从冥府来到阳间的政客，向他们请教了一大堆关于如何成为一位优秀的政治家和如何煽动民众热情之类的问题，然而，伯里克利是最后一个被唤出来的人物，而且他这样嚷嚷着写道：

呕心沥血著作成，
荟萃天下轶趣闻。
诸子百家皆有言，
概述一本独风骚。
世间唯有九头鸟，
地狱孰敢与君论雌雄。

他的音乐老师是戴蒙，尽管阿里斯泰德告诉我们，伯里克利在音乐方面的成就主要来自于比索克莱德。据说，戴蒙的名字的第一个音节应该读成短音，对这一点许多作家都达成了的共识。戴蒙也许是个诡辩家，假以音乐隐瞒身份，一边在众人面前掩盖自己的聪明才智，使得民众无法察觉他在其他方面的才华；一边在这种音乐掩护的外衣之下，他悉心照料和训练这位年轻有为的政治家。但是，戴蒙的七弦琴并没有起到很好的掩护作用，竟被人们给以危险的煽动者，混淆君王视听的谗臣之罪，用贝壳放逐法将其放逐海外十余年。正因如此，戴蒙成了喜剧作家笔下的宠儿。例如柏拉图曾在他的喜剧诗歌中借用一个角色之名，向他发问：

要是你像契朗斯一样教导过伯里克利，
那么就请告诉我你为何落到如此田地？

伯里克利师出伊里亚学派的哲学家季诺门下，这位大师阐述自然哲学时采用巴门尼德的论述方式，他的辩论堪称无懈可击，常常使对手理屈词穷、哑口无言，正如弗留斯的泰蒙这样描述道：

季诺靠他的伶牙俐齿，
能言善辩，机智果决。
卫冕辩台，无人能及，
所向披靡，无人能及！

毕竟还是安纳克萨哥拉斯与伯里克利交情至深，除上面所述之外，还有给伯里克利学识方面的启发，让他得以在艺术领域出类拔萃，提高他的声望，使他讲话比别的政客更有力量，并把他在民众中的影响力提得很高。当时的人们都称安纳克萨哥拉斯为“努斯”，即理智或智慧，就是为了赞美他在自然科学领域表现出的超凡脱俗的天分，或者因为他是第一位哲学家，首先提出宇宙的运行规律并非基于偶然和巧合，也非必然和强制，而是基于一种纯粹的，完全不掺杂任何物质的智慧；其能在一切存在的复杂混合物和合成物中发生作用，可作为区分不同类物质和同类物质的不同成分的准绳。

伯里克利对这位哲学家极为推崇和钦佩，其也使他内心日益充满了崇高和超自然意念，于是他自然而然地养成了温文尔雅的谈吐，非一般的平庸和低劣的强辩之士可以比拟，再加上他举止稳重，神态从容不迫，言辞铿锵有力，演讲时全神贯注、激情四射，此外还有其他很多优点，使得听者为之叹服。曾有一次，他正忙于处理一些紧急公共事务，而一个无赖却在那里一整天不停地辱骂他，很快那些低俗不堪的话语便传到了伯里克利的耳朵里，他并没有理会，仍旧埋头默默地专注于自己手头的事务。到了傍晚，他仍旧若无其事地往家走去，那个无赖却尾随其后，用各种粗俗不堪的话语对他横加辱骂，企图要激怒伯里克利。等到伯里克利到家后，天色已晚，于是他吩咐随从点着一支火把，护送那个家伙平安回家。剧作家艾昂曾说过，伯里克利待人接物过于傲慢无礼，从他的孤芳自赏中随时可见的是对他人的蔑视，这点倒是确有其事；然而他盛赞西门为人淳厚，在社交场合温文尔雅平易近人。不过，艾昂这种说法就像在悲剧的演出中，还要加上说教的戏剧情节①，所以艾昂的说法也有纰漏之处，我们断不可笼统全信。有些人曾认为伯里克利只是个江湖骗子，他的谨言慎行，无非是故作矫情、沽名钓誉之举，而季诺则劝说他们不妨经常如此般装模作样看看，因为只要你肯下苦功夫，就哪怕是装模作样之举，时间长了，人也会在潜移默化中受到高贵的习性的熏陶，培养出对高贵品行的认知和兴趣。

伯里克利与安纳克萨哥拉斯交情极深，也正是他俩的结识让伯里克利获益匪浅，除上面所述之外，他在学识的方面的成就也受安纳克萨哥拉斯的启迪，得以超越一切因无知而产生的迷信行为。就拿人们对于天命和超自然现象的认识来说吧，一般人对于上天之事一无所知，积极热衷于超自然现象，正因为缺乏这方面的经验所以容易产生激动情绪，惑于神支配；要是能对自然现象的起因获得认知，就会用良好的期盼和坚定的虔诚，来取代狂热野蛮和怯弱成性的迷信。

据说，伯里克利由此从一个乡间农场，给安纳克萨哥拉斯带回来一只长着独角的公羊头。占卜者朗潘看到那只角从前额中央长出来，坚实牢固

① 最早的悲剧采用一种合唱形式，用来歌颂酒神巴克斯，演员装扮成半人半兽的森林之神的模样，举止行为非常诙谐，略带肆意胡闹的意味。后来剧作家使悲剧变得比较严肃，有的地方还保存着幽默诙谐的风格，对于这种形式的表演，我们称为悲喜剧。悲剧发展到顶峰的时期，主题往往注重历史人物和标志性事件，不再出现悲喜剧混为一谈的状况。剧作家在创作三四出悲剧以后，为了让观众换换胃口，好赢得更多的奖金，就会创作出带讽刺意味的悲剧，尤里庇德的《赛克洛普斯》就是最好的例子，其也是这类悲剧的唯一存世之作。

且强壮有力，据以推断出——当时城市有两个非常强势的派系，一派是修昔底德，而另一派则是伯里克利，那么这个独角在谁的田地或房产地上出现，谁最后就能掌握政权。安纳克萨哥拉斯却用刀将羊头从中劈开，向旁观的民众指出这头羊的脑髓没有如同正常的羊头脑髓一样充满脑腔，形状像一个鸡蛋，精血聚集之处，正是此独角向上生长的位置。当时人民对安纳克萨哥拉斯绘声绘色的解释和入情入理的剖析极为赞赏和钦佩。没过多久，修昔底德果然被推翻了，整个国家政治事务和统治权便落入伯里克利之手。

然而依我之见，无论是自然哲学家还是占卜者都对，二者都没有什么荒诞不稽之处。一个很正确地发现了产生此现象的原因，而另一位却一语道破天机，揭示了那个现象产生的结局。因此可以说，哲学家的任务在于探究和发现事物由什么构成，如何产生，以何种形式或何种方式发展以及目前发展的态势；而占卜者的作用在于预见该事物按照此模式发展的结局和目的，以及它所表现出来的意义和征兆。有些人认为只要找出一件离奇事物的原因，就可以摧毁和消除它的预兆作用。但是，他们并没有注意到这种情形：如果他们否认神明显灵之事，就等于同时也否定了人为的预兆和警示作用，例如铜环的叮当、烽火的传警以及日晷的投影等人为的预示作用也无从谈起。世间万事万物皆有因，祸福相依，因果相成，而基于因果关系和计划预谋便可产生另一种事物的预兆。不过，我个人认为这类话题适合于其他著作，在这里我就暂且打住了。

伯里克利年轻时，对民众抱有极大的戒心。因为，大家都认为，他的长相和身形很像僭主彼昔斯特拉都斯，而且有些年长者说他的声音清脆动听，伶牙俐齿，能说会道且机灵果决，与彼昔斯特拉都斯简直是一模一样。况且伯里克利家产丰富，身世显赫，实为名门望族之辈，且又结交许多当时名噪一时的朋友，因此他时常担心自己会被加以危险分子的名义被驱逐出境，也是出于这个原因他一直不肯涉足政治事务，仅在行伍之中展露过他英勇无畏、奋不顾身的英雄气概。后来，等到阿里斯泰德不幸逝世，提米斯托克利屈遭放逐，西门又长年累月率军远征而羁留国外，希腊一时间陷入国无良将的尴尬局面，伯里克利见此情形，抓住时机投身于公众的事业。不过他选择的立场——不是站在少数富人那一边，而是和大多数贫民站在一起，时常参加公众事宜——显然与他决不哗众取宠的天性背道而驰。他这样做，极有可能是怕别人怀疑他有专制的企图，何况看到西门主张贵族政治，而且得到众多达官显贵的拥戴；因此他只能不声不响地投身民众的阵营，一则自保，二则也好获得对抗西门的势力。

此后，他立即改变他平日的生活方式和时间分配，除了前往会场和议事厅外，从不在街上走动。至于人家设宴邀请，朋友聚会交往，他都一概谢绝。在他执政期间，他从来没有到任何一个朋友的家用过晚膳，只参加过一位近亲欧律普托勒姆的婚宴，也只是等到酹酒祭神①的仪式结束，喜宴刚摆开时，他便告辞离席。因为这种友情宴、婚宴很快会消磨他故作自然的优越感，亲切熟识的愉悦氛围很难使人的严肃表情得以维持。然而，一个人的真正美德在于能够完全公开而被大多数人所公认；而就普通人看来，品德高尚的人士真正值得钦佩的地方是在寻常生活中能获得亲友们的赞扬。不管怎样，伯里克利总是尽量避免和人往来，免得因与人接触太频繁而招人腻烦。他并不对每个大小事务都发表意见，也不可能做到事必躬亲，甚至也不见得所有的会议他都参加，正如克里托劳斯所说的那样，伯里克利好比“萨拉米快船”②，只在有紧急公务时才能出动，其他的、次要的一般性事务，他会委派他的朋友或其他官员按照他的指示去办。据说，艾菲亚特斯正是这类官员之一，也就是这个人粉碎了阿里奥帕古斯元老会议的特权；要是用柏拉图的话来说，就是给予人们过分激进的民主和自由，于是公民变得桀骜难驯宛如一匹无法驾驭的野马。这种说法也常见于喜剧诗人的诗句中，他们这样说道：

这群戴奥米德的野马完全不受约束，

---

①奠酒祭神仪式或酹酒祭神仪式，就像现代的宴会，进食之后，紧接着便是一些餐后甜点。

②萨拉密斯号和巴拉洛斯号，是雅典的两艘战船（圣船），仅仅用于一些特殊场合，专供祭祀或作为出征将领的坐舰。

啃食着优卑亚人民，蹂躏着这块肥沃的土地！

尽管别人说，伯里克利经常借助安纳克萨哥拉斯的才华，使得他的言谈举止与他的生活方式和崇高的见解相得益彰，也就是说，他说话的口吻和说话技巧几乎是采用安纳克萨哥拉斯的训谕，用自然科学的道理来加强修辞的色彩。他拥有极高的天赋和自然科学方面的知识，根据柏拉图的说法，伯里克利在才华极高，可谓才华横溢、博古通今，此后他在演说艺术上的雄辩才能更是无人能及。根据他们的说法，他之所以被冠以“奥林匹克的泰山北斗”的绰号，就是因为他主持修建了巧夺天工的公众建筑物；也有人认为是他在公共事务方面，发挥着关键性的决策作用所致；当然，我们也可以毋庸置疑地说，伯里克利将这些人类的优秀品质集于一身，发挥了使人难以抗拒的作用，才能获得如此殊荣。然而，那个时代的喜剧诗人们，总是对他开些无伤大雅的玩笑，特别指出他靠着自己的伶牙俐齿、巧言善辩才获得那个称号。他向群众演说时，判若“雷鸣”，恰似“闪电”，像是“舌头上有一根可怕的霹雳”。

据记载，墨勒西阿斯的儿子修昔底德谈到伯里克利的诡辩之才，也有有一段诙谐的描述。修昔底德是一位家世显赫的杰出的民众领袖，而且一直是伯里克利最主要的政敌。一次斯巴达王阿契达穆斯问到他与伯里克利二人相较，谁才是最高明的摔跤手。修昔底德毫不避讳地回答道：“每次我把他摔倒时，他总是辩解说他没被摔倒，反而胜我一筹，他巧言善辩，结果观众都被他说服，他就赢了。”可是，实际情况并非如此。伯里克利发言时总是心思缜密、审时度势，他每次走上讲台，总是要先向众神祈祷，希望不要一不留神从口中溜出一句与正在讨论的事情不相宜的话来。

除了一些法令外，他并没有留下什么著述；他的话即使经过记载，也只有极少数能够流传后世。例如，他说伊吉纳岛就像长在人脸上的脓疮一样，必须从派里犹斯移除；此外他还曾预言，从伯罗奔尼撒来的战争已经逼近眼前。还有一次，同他一起航海远征的同僚索福克勒斯对遇到的一位长相俊朗清秀的年轻人大为称赞。“索福克勒斯，”伯里克利说道，“作为一名上将，不光一双手要干净，一双眼睛也应该清澈明亮才行！”据斯特新布罗特讲述，一次在向萨摩斯战役阵亡的将士致祭时，伯里克利曾颂赞他们将像神明一样永垂不朽。“虽然我们看不见神，但是仅仅从我们对神明的崇敬和我们从他们那里得到的庇护就不难看出，他们的确是万古长存的；而那些为国捐躯的人们，也应获得如此的尊荣。”

修昔底德曾指出伯里克利的政体是带有贵族的色彩的寡头政治，打着民主的幌子，事实上政府是由一位位高权重的人物主宰一切的专制政权。另外还有些人恰恰持相反的态度，例如他们提到的“国家土地的拨用”、“戏剧演出津贴”以及“公共服务报酬”等，这些“恶例”都是由伯里克利率先主持创立的，这些体系广受普通民众的拥戴和支持。在这些行政举措大力推行的影响下，那些严谨节俭和自食其力的人民，肆无忌惮地维持他们与生俱来的恶习，铺张浪费、毫无节制地消费，过度酗酒以及这些所带来的生活糜烂放荡等，让我们现在不得不对事物发生改变的原因仔细斟酌一番。

如前所述，最初伯里克利为了可以与西门的权势抗衡，尽量讨好和争取民众的信任。他在财富和金钱方面根本不是西门的对手，因为西门可以用他的钱财方面的优势去照顾贫民，争取贫民，给雅典的穷人每天供应伙食，给老年人发寒衣，把自己庄园的围墙拆除，任何人想进园采摘水果就可以进去采摘。伯里克利发现自己在争取民意方面已占下风，却又想扭转乾坤，于是只好转而把城邦的公款拿来分配给市民。而这个建议，正如亚里士多德说——是奥亚乡人达摩尼德斯向他提议的。他利用看戏津贴、陪审费，以及其他补助和津贴很快收买了民心，让他们来阿里奥帕古斯元老议会①，当然他自己绝非那议事会里的一分子，他既不是首席执政官，也不是司法执政官、国王执政官、司令执政官或祭祀官。这些官职自古以来都是由抽签决定，然后工作表现优异、政绩卓著者才能进入阿里奥帕古斯元老议会。因此，他既然不在议事会内，要在群众中组织对立派以反对议事会，就更为有力。后来，他靠艾菲亚特斯的帮助，剥夺了议事会的大部

①阿里奥帕古斯元老议会是雅典人最古老的会议，在这个时代的组成分子，不仅是普鲁塔克的执政官，除此之外还有宗教执政官、军事执政官和六位立法执政官中的一位。伯里克利对这个会议的改革，在扩大成员的编组和性质方面都引起了很多争论，事实上会议的权限受到减缩或限制。

分权限。虽然西门在钱财和家世方面，在雅典是首屈一指的人物，对波斯蛮族的战争也赢得了好几次胜利，使得雅典全城上下积满了因战争胜利而掠来的黄金和战利品，但他现在也被指控为偏袒拉斯地蒙人和憎恨国人罪而被流放，这些在西门传中已有记载。由此可见，伯里克利从人民之中竟能获得如此巨大的权力。

按照法律条文规定，贝壳放逐的期限是十年，但在这期间，拉斯地蒙人的大军侵略坦纳格拉地区，因此雅典人被迫起来反抗，这才使得流放在外期限未满的西门得以返国，和他的族人们一起再次投身军旅，与同胞们一起英勇顽抗，这才澄清了其私通拉斯地蒙人出卖国人的嫌疑。但是伯里克利的朋友们沆瀣一气，以他服刑未满为由，硬是要西门退出战场。也是因为这个缘故，伯里克利在这次战斗中表现出了前所未有的英勇，其奋不顾身的大无畏牺牲精神超越了任何一名将士。那些曾经被指控为与西门为伍的亲拉斯地蒙分子全都战死沙场。后来，雅典人在阿提卡边界一带大败，预料敌人将在开春展开新一轮攻势，料想此次进攻必将是一场声势浩大、别开生面的激战，于是雅典人开始在焦虑中怀念西门的势力，对他的放逐感到痛苦和懊悔。伯里克利也觉察到了这一点，因民心所向，于是他毫不犹豫地迎合民心，亲自下令召回西门。西门返国后，极力促成两邦缔结和平，因为拉斯地蒙人对西门颇具好感而对雅典的伯里克利及其他政治领袖都有些愤恨之意。

然而正如一些人提及的那样，伯里克利在下令让西门回国以前，曾通过西门的姐姐艾尔萍妮斯与西门密约，规定西门回国后将亲率200艘战舰，远征波斯领土，而让伯里克利留在雅典国内，继续执掌大权。

据称，在此之前，当西门被判死刑时，西门的姐姐艾尔萍妮斯就曾向伯里克利求情，让伯里克利高抬贵手、从宽处理，因为当时伯里克利是民众推举的控诉人之一，专门负责搜寻查找可以指控西门死罪的证据。当艾尔萍妮斯亲自登门向他恳求时，伯里克利笑着答道：“哎！艾尔萍妮斯，像你这一大把年纪还掺和这件事情，实在是有点不合时宜啊！”等到伯里克利出席审议会时，为了履行公务职责，他提出诉讼一次，随后便离开了法庭，就其影响和结果而言，与其他控诉者的诉讼相比，伯里克利的发言对西门的控诉明显带有偏袒和回避之意。

艾多麦纽斯曾指控伯里克利犯下背弃和谋杀的罪名，他因羡慕和嫉妒伊菲阿底显赫的名声，竟然将这位深受众望的杰出政治家杀害，而伊菲阿底也曾是伯里克利的好友，党内政治事务助手。难道我们能相信这种出于极大的妒忌、不满和愤慨而产生的杀人行为吗？这位历史学家，不知从哪里翻出的稗官野史或趣闻轶事，用这些荒诞不稽的言论来诽谤一位气宇轩昂、声名远扬的杰出领袖，或许这位伟人犯过错，但在他的内心，他也绝不会容许滋生诸如此类残暴野蛮的邪恶念头。要是说到艾多麦纽斯的真实的境况，正如亚里士多德所述——艾多麦纽斯曾一度是寡头政体的坚决反对者，为了维护公民权益决不妥协，任何事关公众利益受到损害的行为，他都一定提出指责和批判，于是他结了不少政敌。长此以往，他的政敌便怀恨在心，最后伺机派吉坦格拉人亚利斯托迪库斯将其杀害。

后来西门在担任海军上将时，在塞浦路斯逝世。此时寡头政体的党派看到伯里克利已经成为全雅典城声名赫赫的领军人，于是他们站出来与伯里克利势力抗衡，限制和收束伯里克利的权力，这样不至于雅典完全变成一个君主政体的国家。于是他们便推举阿罗披斯区的修昔底德来领导反对伯里克利的派系，此人为人谨慎，而且与西门又是同族，虽然在军事事务上比西门稍逊一筹，但是在公众事宜和演讲技巧上有过之而无不及之才。在全城警备森严而即将参加议员竞选演说的危急情况下，他在短时间内将所在的政党发展为可以与伯里克利所领导的政党抗衡的政党。对于那些被公认为城市善良的人士（当然也可以说是有身价和名望的人士），修昔底德不容许他们分散开来与普通民众混在一起，因为这些有德有才之士不仅会消失其中，而且会削弱并掩盖他们高贵的本质。他把这些人专门挑选出来，组成合作无间的政治团体，然后集结众人的力量，众志成城，促成了与其他党派平分秋色的大好局面。

雅典的政体在最早的时候就出现了嫌隙，宛如坚硬的铁块出现了裂痕一样，代表着民主和贵族特权的两股基本派系向着两个不可磨合的异端发展。双方的公开竞争和敌对使嫌隙不断地加深，继而转变为裂缝，最后导致出现了一道无法逾越的鸿沟，派系之间明争暗斗，互相诋毁攻击，因而雅典城内出现了两大标志性派系即人民派和少数派。此时的伯里克利放松了对人们的控制和监管，而此次推行的政策比以往都宽松得多；并声称法令要投其所好，应和民众需求和喜好，他经常举办盛大的表演和庆典活动，举行宴会和游行，用来取悦群众，把自己的同胞当作孩童一样，以各种娱乐活动加以诱哄，不管如何，这方法倒是一个行之有效的不错方法。除此之外，伯里克利每年派遣60艘战舰出航，随行的有大批市民，因为他们每人可领到八个月的薪饷，同时还可以学习不同地域的人文风情，联系和实践航海技艺。

再者，他派遣其中的1000名随行市民作为拓垦者到达克森尼斯，按照抽签的方式分配土地；分别派500人和250人入驻纳克索斯岛和安德罗斯岛；还派1000人进入色雷斯与当地的贝萨提人共同生活，此外他还派遣一部分市民进入古锡巴里斯，因为此时正值古锡巴里斯急需充盈人口之际，后来人们竟将该城名改为现在的修里埃。伯里克利通过这种方法来减轻社会负担，将游手好闲和无所事事的人驱逐出境，同时又迎合了广大贫苦的市井小民急需获得财富和地位的迫切要求，威胁和阻止了妄图叛变的盟友，通过向外派遣人员开垦边防、囤居边防、发展边防经济来达到巩固边防、警示城邦的作用，此乃“一箭双雕”之举。

雅典的城市建筑以金碧辉煌和宏图华构著称，每一个过往这所城市的路人无不对如此巧夺天工的建筑盛赞不已。这些建筑现已成为希腊王朝曾经盛极一时和富可敌国且充满神话和传奇色彩的伟大历史的唯一写照。可是，在他的所有施政纲领当中，在大兴土木这件事上，伯里克利受到了政敌们的大量抨击和驳斥。他们在市民大会上疾呼——声称雅典已经丧失信誉，在国外受到联邦的唾骂，因为雅典人把全希腊的公共财富，从提洛岛移至一城的监督和管理之下，当初给出的理由是怕波斯蛮族将这笔财富夺走，为了保险起见，将这笔公共财富移到一个更安全、更隐秘的地方；然而现在伯里克利并没有有效地履行诺言，他根本无法向广大民众交代。他们怒斥道：“希腊民众怎么能忍受这种公开的欺骗和莫大的侮辱，也许我们所在的城市本身就是一个被公认的独裁专制统治下的城市；民众为支持战争而缴纳的赋税、兵役和徭役，这笔巨大的军费收入也纳入她的私囊，被她肆意挥霍，用来满足她的多方面奢华需求，从内向外、从头到脚的粉饰，就像那些虚荣的女人，用名贵的宝石、精美的雕像和恢弘的神殿来装饰她自已，不惜花费一切钱财。”

可是伯里克利用另一种方式告诉民众说，只要他们可以不遗余力地保卫那些盟邦不受蛮族人的攻击，就没有必要为那些财富的应用向盟邦作出任何解释；而且到那个时候盟邦也不会提供一兵一卒，更不用说是战舰了，只有拿钱来购买这些军需服务。伯里克利又说道：“那些钱出自交付者之手，而为收受者所有，只要他们履行收受的条件。”这无疑是一个绝佳的解释方式。此时城市粮草充裕、兵强马壮，一切军需物资都已储备齐全，而除此以外剩余的部分财富理应用于公共基础设施建设上来，这将是一项“利在当下，功在千秋”的历史伟业。等到工程完工后，这将是一项千秋伟业，着眼当下，就拿目前工程来说，其能够改善广大民众的生活。此外这项工程需要大量的工匠，一来可以为广大民众提供挣钱的机会，二来也可以为广大的民间能人巧匠提供施展技艺的舞台，可以说全城上下的民众几乎都可以受到雇用而领取到报酬，这难道不是一项服务建设，惠及民生的政府举措吗？正因如此，身强力壮的青年人可以投身军旅，拿起武器，保卫边疆，并因此获得国家优厚的赏赐，而那些未经训练的工匠，也决不能坐享其成，不劳而获，因此他拟定巨大的工程，兴建多处公众设施，使得不计其数迫于生计的人民获得生活来源，这便得到了民众的广泛认可和支持。这样便使得留在国内的普通民众同在海上巡航、边疆驻防或海外远征的战士们一样，有很好的条件和机会，能为国效力，从国家财富中获得应有的报酬。

当然建筑所需的材料是石材、黄铜、象牙、黄金、乌木和柏木；进而需要会运用或加工这些建材的工匠和技师，比如说有铁匠和铸工、木匠和雕塑师、铜匠和金匠、石匠和象牙匠、漂染工、画家、刺绣工和陶器师等，当然还需要将这些材料运来的一系列人员，如走水路需要商人、船主和水手；陆路方面需要车夫、牲口供应商、脚夫、织绳匠和织麻匠、鞋匠、皮匠、矿工和修路员；凡此种种就如平时的行军布阵一般，需要大量的士兵，而且针对术业有专攻，各行各业也得有一群被雇用的技工和巧匠，然后将他们组编成一支合作无间的队伍，按部就班地执行上级下达的任务。因此公众设施建设为各个年龄阶段的人们都提供了平等的就业机会，他们都可以在公共设施建设的过程中发挥力所能及的作用，然后从“公共财富的蛋糕中分得属于自己的一份”。

这些宏伟的工程都在兴建之中，不仅宏伟壮观而且金碧辉煌，工匠都竭其能，倾其力，精湛纯熟的技艺和精美的建材设计，二者相得益彰，除此之外，最令人诧异的地方在于工程进展得迅速并如期竣工。他们本来以为，整个建筑群的任何一项工程建筑，都需要好几代人的呕心沥血与持之以恒。事实上，这项伟大的工程却奇迹般地在一个人执政的鼎盛时代，使得雅典富丽堂皇的殿堂楼阁全拔地而起。他们提到的画家阿加萨克斯曾经吹嘘，说是自己的作品能快速而且很轻易地交卷，朱克西斯回答道：“我可要很长的时间。”的确如此，轻而易举和草率从事，不会给作品带来恒久的坚实和精致的美感。因此，对于一件煞费苦心的作品，如果肯多拿时间去投资，努力做到精益求精，在作品的恒久保存上多下功夫，这就将收获一笔丰厚的利润。由此看来，伯里克利的这项鸿篇巨制的伟大工程尤其惊人，因为这项工程不仅能在如此短暂的时间内竣工，而且能达到精雕细琢毫不马虎，在建筑的保存技术上也力图追求卓越，使这项伟大的工程能永久留传。每一件工程的每一个小部分都力求完美而且要求的竣工速度惊人。即使在那个年代，这些建筑的精美典雅和古色古香都被诠释得淋漓尽致，甚至从今天的审美角度来看，这些建筑群依然生机盎然、逾久弥新，仿佛刚建成一般。它们就像一朵常开不谢的鲜花，万世流芳；仿佛它们在建造之时已被注入永生的动力，使得这鬼斧神工可以万古长青，永世不朽。

菲迪亚斯曾是该项工程的监工，负责整个工程的进展计划，还有一些建筑师和工匠参与不同的部分。譬如那个凯利克拉底和埃克蒂努斯建造帕提侬神庙；还有伊疏西斯的入教大厅最初是由克罗玻斯建造的，在地基或底座上竖起圆柱，再用柱顶过梁连接起来；等到克罗玻斯逝世以后，由克叙佩特地方的塞克皮特的麦塔吉尼斯完成了檐壁、山花，上层建筑，之后又由科拉戈斯乡人克赛诺克勒斯集大成地完成了最后的创作，在大厅屋顶上造了巨大的排气孔。至于那道长墙，苏格拉底说，他听说方案是由伯里克利提出的，再由凯利克拉底负责修建的。克拉底努斯对工程进度的迟缓嘲笑道：

“伯里克利光说不练，
巍峨长道起于唇舌，
平地不见丝毫进展。”

奥迪姆又称音乐厅，它的内部排满整齐的座位和成排的支柱，外部的屋顶呈斜坡状从中央向四周下降，据说建构的方式模仿波斯国王的楼宇庭阁，完全按照伯里克利的命令办理。克拉底努斯又在他的一部名叫《色雷斯女人》的喜剧中讽刺道：

千古风云几多事，
拨开层雾且看今。
天神无奈空悲叹，
便是神君出山时。
一经遭逐万事休，
便将生死系脑后。
自古多少名和利，
音乐厅成万古留。

后来，好大喜功的伯里克利首次为一个音乐比赛颁发了一项法案，即每年在雅典娜节庆典期间举行一次音乐比赛，而他本人被推举为裁判，并为参赛者的演唱和乐器要求制定了一系列的规则和办法，在这些规则和办法中明确提到参赛者和着竖琴、长笛演唱。于是自此开始，无论任何时候，所有的比赛都在这个音乐厅举行，公开让人前来欣赏。

卫城的大门，花了五年时间完成。建筑师姆涅西克勒斯在建造之时，就曾出现过一个奇迹——这显示了女神对这项工程的建筑并不是漠不关心，而是不断予以帮助和指导，力求这项建筑工程顺利竣工且品质卓越。事情是这样的：在所有工匠中有一个技术精湛、身手敏捷的工匠，一天他一不小心从高处跌下来，摔成重伤，当时甚至连医师也手足无措，对其生还不抱希望。伯里克利也非常发愁，女神却托梦与他，交与他一剂药方，他很快便轻松地将那位摔伤的工匠治愈。为了纪念此事，伯里克利随即命人在原有的一座雅典娜神坛附近又建造了一尊名为雅典娜健康女神的塑像。建造这尊女神雕像的是菲迪亚斯，他用黄金打造了这座女神像，并且在女神基座上刻上自己作为建造人的大名。正如我们此前所说的那样，的确，整个工程从开始建造到完工都由他在全权负责，全部的设计师和工匠都由他领导监督。他与伯里克利的交情甚深，这当然也免不了他成为众矢之的，给自己带来不必要的妒忌，招致他人的诽谤和污蔑。据说，菲迪亚斯经常接待一些自由民家的妇女去参观他的工程进展，借此将她们介绍给伯里克利。然而这竟成了喜剧诗人竞相创作的素材，诗人们抓住这个故事，把许多荒唐可笑又不着边际的事全都放在了伯里克利的身上，其中竟说他的朋友与将军墨尼波斯的妻子有染。战争时期一直担任他助理的皮里兰普斯，与伯里克利是至交好友，喜欢养鸟，然而，这却被这群戏剧家捏造为他拿孔雀当礼物，去讨好伯里克利的女朋友。有些人毕生致力于嘲笑和攻讦，为了迎合公众的妒忌和藐视的心理，随时可以牺牲大人物们的声誉和名望，所以他们制造大量的传闻轶事，这种事又有什么可奇怪的呢？叙述历史要掌握好事实并不容易，一方面是因为后世的史家被漫长的时间遮住他们的目光；另一方面是有关行益和事迹的当代记载，出于嫉妒和恶意，或者包庇和奉承，又对事实的真相加以损害和扭曲。

修昔底德那一派的演说家，对伯里克利也大肆攻击，说他挥霍公款，把税收用得一干二净，于是伯里克利就跑到公民大会上去，问人民是不是嫌他花钱太多，人民都回答说太多，于是他就说："那好，就不算为你们花费的，都算是为我花费的，在那些献给神的建筑物的提款上都只写上我的名字好了。"伯里克利这样一说，大家也许是佩服他的度量，也许是想在那些工程上和他争名，都大声叫嚷起来，让他尽管从国库取用，用到一个不剩也行。

最后，他迎来了他与修昔底德的最后争辩，这是一场决定二人到底谁该以贝壳放逐法被驱逐出境的关键斗争。经过这场冒险之争以后，他将敌人赶出了国门，粉碎和解散了那个被他的政敌组织起来的一直与之敌对的政党。经过这件事以后，所有的分歧争端也都全部结束了，城邦又恢复了往日的团结与和平。伯里克利把雅典内部的政权以及雅典所拥有的一切权力都掌握在了自己手中：贡品、军队、战舰、岛屿、大海，所有对外扩张的军事力量，以及归属雅典的一部分希腊人和一部分蛮族人。而上述所有的一切，只为了壮大这个各城联合的同盟国家，加强这个伟大的国家与各结盟国家之间珍贵的友谊，巩固同盟国家的霸主地位。从这以后，他仿佛变了一个人似的，对人民不再像以前那样恭敬顺从、和蔼亲切，也不再轻易就向他们表露喜怒哀乐，或像一个没有主见、随风飘摇的舵手，为了迎合大多数市民的愿望而屈服让步。以前他当群众领袖时，他总是和颜悦色、语调平静柔和，时而随和放任，时而有些优柔寡断，而现在他一改往日作风，突然间变得像贵族似的严厉造作、毫无变通，表现出寡头政治家和君王的姿态。他能公正无私地运用至高无上的权力，完全以国家社稷为重，说服和教育劝导人民，使人们心服口服愿意接受他的领导；纵然有时候，他可能违背民众的意愿，不考虑他们的利益或他们同意与否，甚至强制大家放弃一些与他们利益有关的事情。在这个方面，可以说他仿佛就是一名技术纯熟的国民内科医师，在治疗那些长期而复杂的慢性疾病，正如他那样，要视病情而定，有时候不妨让病人放宽心胸，这样可以让其乐于接受治疗；而有时必须下猛药方见奇效从而根治病症，即使让病人吃苦受罪也毫不吝惜。在这样一个不断崛起、欣欣向荣、地广人多的国度，人们会产生形形色色和错综复杂的情绪，这也是人之常情。而唯有他——伯里克利，一个伟大的政治家，才知道如何合理地驾驭和处理每一个突发状况，尤其难能可贵的是，他可以充分地利用人民的希望和畏惧，把它们当作两个运转的船舵：一个用于随时遏制他们骄傲自负、日益膨胀的自信心；而另一个则用来将他们从消极和低沉的状态中拽起来，重塑他们的自信，给予他们希望。他的所作所为正好证明了他的演讲艺术的魅力，这正如柏拉图所说的，他是“政府的灵魂人物”，而他的主要职责在于掌握好人民的情感和嗜好，这等于心灵这件乐器上的琴弦和键盘，只有运用精湛的技艺和小心地驾驭才能演奏出优美动听的旋律。伯里克利能够获得如此卓越的成就，并不仅仅是靠那张能说会道的嘴巴，还有修昔底德所说的，他一生的名望和声誉，那是基于他的性格而建立起的信心，他桀骜一生、廉洁奉公以及视金钱为粪土的态度使他赢得了民众的信任和钦佩。然而，他带领全雅典人民时使得整个本就伟大的城市变得更加富裕、更加辉煌。尽管他掌握的权力和利益等同于甚至超过了许多国家的君主或独裁统治者，而他们之中的一些人是继承先辈遗留下的权势，然而伯里克利对于他父亲留给他的财产，终其一生也没有多加一个德拉克马。

修昔底德倒是真真切切地对伯里克利那至高无上的权力进行了一个简单清晰的描述。有些喜剧用恶意讽刺的态度也曾提及过此事，其将伯里克利的同僚和朋友称为“新庇西斯特拉图派”。然而现在他的声望和地位已经高不可攀、无人匹敌了，这很难合乎民主政体的要求，于是他们向他提出警示和呼吁，要他自动放弃成为专制独裁者的野心。据特勒克勒德斯描述，当时雅典人已经完全屈服于伯里克利：城市的贡金和税收，连同这个城市本身，全由他一人掌管，对此他完全可以随心所欲任意处置；他可以为这座城镇建起城墙，如果稍有不满，他也可以把它再一次夷为平地；他们的条约和联盟，政权与军队，战与和，全系一人之身，他们的兴衰荣辱，也莫过于此！

这并不是偶然的天赐良机，也不是一个政府短促施政，好比昙花一现而转瞬没落。他在这漫长的四十年当中，一直作为埃斐亚特斯、勒奥克拉特斯、米罗尼德斯、西门、托儿弥德斯以及修昔底德这些英雄辈出的时代里首屈一指的大人物。在修昔底德被打倒并放逐之后，在这长达十五年之久的时间里，他一直大权在握、独自掌权。虽然他的职位要求每年重选，但是他都能被推举为大将军，他在职期间公正廉洁，从来没有贪污行为；当然就他处理自己的财务而言，他也并不是置之不理或毫无计划打算；至于他父亲留给他的合法财产，他不能放下不管任其流失，为此他做了适当的安排，使其不因疏忽大意而造成资金荒芜和浪费，同时他总是忙于公务而不能在自己的产业上面过多地劳神费心。他采取一种自认为简单快捷而又不失精确的管理方式，那便是他把一年的收成一次性全部卖掉，每次需要一件用品，再到市场上去买，以供居家度日之用。他的成年的儿子们对这点很不满意，媳妇们也认为他不大方，都埋怨他给的日常开支太苛刻，全不像个富裕的大户人家那样用钱大进大出，而是处处都要精打细算。所有这些均由一个名叫欧拉格罗斯的仆人经管，他严格按主人的意图办事。这人也许是天性如此，也许是受到伯里克利的指点，他理家的才干超过其他人。

其实，这种做法和阿那克萨戈拉斯的哲学完全不合拍，阿那克萨戈拉斯出于清高思想，抛弃了家庭，任田园荒芜成为羊群的牧场。不过话说回来，在我看来，一个思辨哲学家和一个政治家的生活是不同的。前者运用思想去追求高尚的目的，用不着靠什么工具或外界的材料，而后者要使自己优秀的品质和人类的共同需要联系在一起，有时一定会发现财富不但在生活中必不可少，而且本身就是好东西，伯里克利就是靠它帮了许多穷人的大忙。据说，有一次伯里克利公务正忙，当时高龄的阿那克萨戈拉斯躺在床上，没人照料，自己不进饮食，将头蒙住等着离开人世。这件事传到伯里克利耳中，他大吃一惊，连忙跑到老人身边苦苦哀求他活下去。他为伟大的导师伤心，更为他自己难受，因为，他在处理国家大事上将失去一位顾问。据说阿那克萨戈拉斯解开蒙头，对他说道："伯里克利啊，谁需要一盏明灯，谁就得往灯里添油。"

后来，斯巴达对雅典的壮大开始感到忧虑，伯里克利就鼓励人民说，雅典人应该抱有崇高的理想，相信自己能做出一番大事业。他提议邀请全体希腊人，不论是住在欧洲的还是亚洲的，也不论是大邦还是小邦，都派代表到雅典来开大会，讨论关于希腊神庙的事，这些神庙是波斯人焚烧的；讨论当年抗击波斯人时他们向众神许下的愿；讨论怎样使海上保持和平，畅通无阻。为了开会这件事，他一共派出二十位五十来岁的长者，五人前往亚洲以及累斯博斯岛与罗德岛之间的诸岛，去邀请爱奥尼亚人和多利斯人；五人前往赫勒斯滂和色雷斯，最后到拜占庭；又五人前往贝奥提亚、福基斯、伯罗奔尼撒，再经洛克里斯，到阿卡纳尼亚和安布拉基亚；其余数人则经优卑亚前往奥泰和玛利亚湾，去费提奥提的亚凯亚人以及色萨利人那里，劝大家都来开会，讨论和平，讨论希腊人共同的事业。但事情毫无结果，据说，由于斯巴达人极力反对，这个计划首先就在伯罗奔尼撤遭到拒绝，各城邦都没有派人来。

作为将领，伯里克利是以稳健著称的，他从来不打没有大的把握的冒险仗，也不去效法，他常对人民说，只要他执掌大权，他们会永远活下去，永远不会死。托儿迈奥斯的儿子托儿弥德斯，过去侥幸在战争中出过大风头，这次不顾时机，又准备入侵贝奥提亚。他劝勇敢好战、雄心勃勃的年轻人自愿参军，除原有的兵力外，他共得一千人。伯里克利看见他这样做，就在公民大会上加以制止和劝阻。他说过一句令人难忘的话：谁要是不肯听伯里克利的劝告，就等待着那位永不会出差错的最聪明的忠告者——时间——好了。这番话当时只给他带来了平平常常的赞誉，可是几天之后，有消息传来说，托儿弥德斯在克罗涅亚战败身死，许多勇敢的公民也阵亡，于是伯里克利名声大震，深受爱戴，大家认为他很英明，热爱城邦。

伯里克利多次远征，最得人心的一次是远征克索涅索斯一役，因为他解救了住在那里的希腊人。他不但带去一千雅典移民，以这些壮丁充实了该地的城镇，而且在那个地峡上，从海边到海边，处处都修筑砌碉楼，把那地方围绕起来，以阻挡蜂拥而至的色雷斯人向克索涅索斯入侵，同时也可制止长期以来接连不断的战乱，因为该地和蛮族毗邻杂处，盗贼成群，边境一带和境内常遭侵扰。至于他率领100艘三排浆的大船，从墨伽里德的佩盖出发环行伯罗奔尼撒一事，尤为外国人所钦佩赞叹。他和托儿弥德斯从前的做法一样，不仅洗劫了沿岸一大片地段，而且率领船上的步兵深入内地，使敌人丧胆，纷纷逃入城中，困守城池，只有西库昂人在涅墨亚一带进行抵抗，和他打了一仗，但是他以雄厚的兵力将他们击溃，并建立了一个纪功柱。然后，他从友好的亚凯亚带兵登陆，向对岸的大陆迸发，驰向阿克洛奥斯，横扫阿卡那尼亚，把奥尼阿德斯人封锁在城里，把他们的领土洗劫一空，然后才取道回国。他这一战役使敌人丧胆，在雅典人心目中，他成了保证安全的、精明能干的领袖。这次远征，他们没有遭遇任何灾难，连意外事也不曾发生。他还率领过一支装备精良的大军驶入好客海。他对那里的希腊城邦，按他们的要求办事，都给以人道的待遇；对于住在四周的蛮族以及他们的君主和统治者，他则是以强大的兵力，让他们看见他能无畏地到处航行，把大海完全置于自己的控制之下。此外，他还把13艘战船和一支由拉马科斯率领的军队留给锡诺普人，用来抵抗暴君提墨西琉斯。这个暴君和他的一伙人被赶走以后，伯里克利下令把六百名雅典志愿人员用船送到锡诺普，和锡诺普人居住生活在一起，并把那暴君及其一伙原先拥有的房屋和土地都分配给他们。

在其他方面，他是不肯向民众的感情冲动让步的。雅典人觉得自己强大，运气又好，打算再次出兵打埃及，骚扰埃及沿海一带的土地，但是伯里克利不肯和他们一起行事。另外还有不少人，早就抱有染指西西里岛的野心，后来终于被亚基比德一派的演说家给煽动起来。还有一些人，一心梦想着图斯卡尼和迦太基，这倒也不是空想，因为现在雅典手中有很强大的霸权，事事都很顺利。

但是，伯里克利竭力阻止他们走上岔路，不许他们蛮干，叫他们把大部分力量都用在守卫和保住既得的东西上。他认为最要紧的事是打退斯巴达人，他处处和斯巴达人针锋相对，这一点在神圣战事中最能显示出来。事情是这样的，斯巴达人把军队开进福基斯人占领着的德尔菲，把庙宇交还给德尔菲人。等斯巴达人一撤走，伯里克利就把军队开进去，恢复福基斯人的权力。斯巴达人已经从德尔菲人手中得到代替别人祈求神谕的权利，并把此事刻写在神殿里那只铜狼的额角上，伯里克利于是又为雅典人从福基斯人手中夺回这个崇高的特权，并在铜狼额角的右侧刻写了这件事。

他把雅典人的势力限制在希腊本土是完全正确的。后来发生的种种事情，都证明了这一点。先是优卑亚人叛乱，他率领大军把他们征服。不久，消息传来，墨伽拉人叛变投敌，而且斯巴达王普勒斯托那克斯率领的一支敌军已经开到阿提卡边境。于是，伯里克利立刻又把军队从优卑亚调回来，开到阿提卡。但是敌人的重甲兵人数众多，英勇果敢，急于上阵，因此伯里克利不敢交战，后来他看见普勒斯托那克斯年纪轻，身边有民选长官因他年轻而派给他一位叫克勒安德里达斯的人，到他的众谋士中当他的监护人和助手，于是伯里克利暗中试探这个人，很快就用金钱腐蚀他，说服他把军队从阿提卡撤走了。

这支军队撤回去以后便解散了，纷纷回到各自的城邦，斯巴达人极为不满，就对普勒斯托那克斯罚款，他交不出那样大的数目，只好从斯巴达出走。这时，克勒安德里达斯一逃出就被判了死刑。克勒安德里达斯是古利波斯的父亲，古利波斯后来在西西里岛打败过雅典人。本性显然使他传染上了亲人的贪财症，他在做出几件大事业之后，也因贪污获罪，被从斯巴达可耻地流放出去。这件事，我在《莱山德传》中谈得很详细。

伯里克利在报销这次用兵的账目时，多报了10个塔兰特的费用，“作为急需支用”，人民没有多管这件事，就认可了，也没有对这个秘密进行追究。但是，包括哲学家特奥拉斯特在内的一些著作家，在他们的记载中都说，每年都有10个塔兰特的黄金由伯里克利送到斯巴达，去讨好斯巴达的当权者，要求他们不要发动战争，不过，这倒不是为了购买和平，而是为了购买时间，好安安静静做准备，日后打一场更好的战争。于是，伯里克利又转向叛乱者，他以50艘战船，5000步兵横扫优卑亚，将那里的城镇荡平。他把那些以善于骑马闻名、富有的卡尔基狄亚人通通赶走，和斯提亚人也全部迁出，让雅典人在他们的土地上定居下来。他对和斯提亚人特别严厉，这是因为他们俘虏过一艘阿提卡船并杀死了船上的人员。

在这之后，雅典人和斯巴达人之间订立了30年的和平条约，于是，伯里克利又提出一项征讨萨摩斯的决定，理由是雅典人命令萨摩斯人停止进攻米利都人的时候，他们不曾听从命令。既然有人认为伯里克利之所以攻打萨摩斯，是为了讨好阿斯帕西亚①，这里正好研究一下这位妇女有多高明的手腕和能力，能够操纵政界的上层人物，使哲学家们花费了许多笔墨，把她大讲特讲。大家一致认为，她是米利都人，是阿克西奥斯的女儿。他们说，她是一心想和古代的伊奥尼亚美人塔尔格利亚一争高下，所以才极力在有权有势的大人物身上下功夫。塔尔格利亚姿容美丽，风度优雅，非常聪慧，她和许多希腊男子同居过，还曾让她的相好们和波斯王接近，并通过她的相好们秘密地向各个希腊城邦撒下党派的种子，这个党派

① 阿斯帕西亚，据说是阿克西奥斯的女儿，共与14个男人结过婚，是一个风姿卓绝、美丽动人的女人。

以对米提人保持和善为宗旨。她所结交的都是极有权势的统治者。据说，阿斯帕西亚也是非常聪明，并且懂得政治，受到伯里克利的热烈追求。苏格拉底更是带着门人上她家拜访；苏格拉底的朋友们也常把妻子带去听她高谈阔论，尽管她所主持的事情是不正派的，甚至是名誉扫地的，因为她拥有一所房子，收养着许多年轻的妓女接待客人。据艾斯基涅斯说，伯里克利逝世以后，出身微贱的羊贩子吕西克勒斯和她同居，因而竟成为雅典第一号大人物。柏拉图的《墨涅克赛诺斯篇》头一部分虽然是玩笑文章，但也包含一些事实，其中说，阿斯帕西亚教许多雅典人演说术，很有名声。伯里克利对她的宠爱几乎到了痴情的地步。他原先的妻子是他的近亲，以前嫁给希波尼克斯，生过“富翁”卡利阿斯，后来又给伯里克利生了克桑体波斯和帕拉罗斯。后来，他们的婚姻生活不美满，他征得她的同意，依法把她嫁给了别人，他自己娶了阿斯帕西亚，十分恩爱。据说，他每天出去从市场上回来，都要和她亲吻。但是，在许多喜剧中，阿斯帕西亚被称为新一代欧菲力、新德亚涅拉，有时甚至得到朱诺的称号。克拉提诺斯在这几行诗里，毫不客气地唤她作妓女：

“啊！朱诺，受到顶礼膜拜的色欲女神
就是阿斯帕西亚这个恬不知耻的娼妓。”

伯里克利似乎跟她生过一个私生子，欧波利斯在《德米》一剧中，伯里克利问道儿子是否平安无事，麦隆尼德的回答是：

“吾儿？如果还活着都已经长大成人了吧！
但是他那个身为娼妓的母亲坏了他的名声。”

据说，阿斯帕西亚的名声非常之大，就连那个为争夺波斯国王位的宝座的兄长在阿塔泽克西兹作战的居鲁士，竟然把最宠爱的姬妾密尔托改名为阿斯帕西亚。密尔托就是福西斯人赫摩蒂穆斯的女儿。居鲁士战死以后，她竟然被送进波斯王的宫廷中，成为极有权势的人物。在我创作这篇传记的时候，有关她的传闻逸事立即浮现在我眼前，要是故意省略，未免有些太不近人情。

总之，大家都指责伯里克利之所以决定攻打萨摩斯，完全是应阿斯帕西亚的要求，为了米利都人的缘故。当时，这两个城邦为争夺普里涅正在打仗，萨摩斯占上风，雅典人命令萨摩斯停战，把这件事交给雅典人来裁决，萨摩斯人不听。于是，伯里克利发动水师，推翻了萨摩斯的寡头政权，抓走他们50个贵族，又抓走50个儿童，作为人质，送往萨姆诺斯岛。据说，每一个人质为了赎身都给他一个塔兰特，那些不愿城邦实行民主的人，也给他许多塔兰特，还有那个波斯总督皮苏特涅斯，他对萨摩斯人特别好，也给他送来一千金币，替萨摩斯人求情。但是，伯里克利都不接受，还照他原来的决定，为萨摩斯人建立了一个民主政权，然后才回到雅典。皮苏特涅斯替萨摩斯人把人质从萨姆诺斯岛偷回来，又想办法给他们加强战备，不久，萨摩斯人又谋反。于是，伯里克利再次发动水师攻打他们。他们不肯投降、不肯屈膝，一心要争夺海上霸权。经过特拉吉亚海岛附近的激烈海战，伯里克利取得了辉煌胜利，他以44艘战舰战胜了70艘敌舰，其中20艘是运兵船。战胜以后，他乘胜追击，攻击了萨摩斯人的海港，把他们包围，但是他们仍敢出击，在城墙外面作战。后来，雅典派来一支更精锐、更大的部队，把萨摩斯人完全封锁。伯里克利则率领60艘战舰，开到大海上，据许多人说，他是去迎击腓尼基人前来援助萨摩斯人的舰队，打算在离开萨摩斯很远的地方进行决战，但是据斯特新布罗特说，他是去攻打塞浦路斯的。这不大可信。但是不论他采取的是哪一个决定，看来都是错误的。因为，他刚出海不久，伊塔格涅斯的儿子，哲学家墨利索斯——他当时是萨摩斯的将领——看出伯里克利留下的舰只很少，将士又缺乏经验，立即说服他的同胞向雅典人发动进攻。一仗打下来，萨摩斯人大获全胜，俘虏许多敌人，毁坏大批敌舰，控制了大海，得到了他们从来没有过的大量战争物资。据亚里士多德说，在这之前，伯里克利在海战中已被墨利索斯打败。

萨摩斯人为了发泄以前受辱的仇恨，在俘虏额头上都打上一个猫头鹰的烙印，因为雅典人曾经给他们打上过“萨迈那”的烙印。“萨迈那”是一种萨摩斯战船，船头的形状是个野猪头，船身比一般的船宽，中间是个大肚子，适于走大海，速度很快。这种船叫这个名字，是因为其最先出现于萨摩斯，是暴君波吕克拉特斯建造的。关于这些烙印，据说阿里斯托芬曾经作为谜语说：

“天啊！萨摩斯人民如今都会认字了！”

伯里克利听说留守部队遇难，立即回来援助。墨利索斯已列好战阵，准备迎击，但伯里克利把这支敌人击溃，立即围城。他情愿靠花钱花时间把城攻下来，也不愿意让同胞多死伤、冒危险。这时，雅典士兵都等得不耐烦，一心想作战，他很难压制，于是，就把全军分成八个部分，让他们抓阄，谁抓到白豆子，就大吃大喝，只管休息，让另外那些人去作战。据说，后来凡是有谁得到好吃好喝的休息机会，都叫作“过白日子”，就是由这白豆子而来的。

据埃福罗斯说，伯里克利觉得攻城器械很新颖，曾经加以采用。他身边总带着器械师阿尔特蒙，阿尔特蒙是个瘸子，得用轿子抬着，送他到各处去工作，所以他有个绰号，叫作“到处被抬着走的人”。可是赫拉克勒德斯·蓬提科斯根据阿娜克瑞昂的诗，否定了这件事。因为那些诗里提到被抬着走的阿尔特蒙，已是萨摩斯战争以前几代的事情了。据说，那个阿尔特蒙生活奢侈，非常懦弱，总怕发生什么意外之灾，所以多半时间都在家里坐着，叫两个仆人在他头上举着一张铜盾，以防有什么东西从上头掉下来；万一非外出不可，就躺在一张担架上，离地面很近，让人抬着到处走，因此，他被人叫作“到处被抬着走的人”。

八个月之后，萨摩斯人投降，伯里克利拆毁城墙，夺走舰队，向他们索取大笔罚款；他们当时缴纳了一部分，另一部分则定下期限，到期交付；他们还交了人质，作为担保。萨摩斯人杜里斯给这件事情添枝加叶，加强其悲剧性，指控雅典人和伯里克利惨无人道，但是，修昔底德、埃福罗斯，亚里士多德都没有这样的记载。看来他的话不是事实，他说，伯里克利把萨摩斯的船长们和水手们都押到市场，绑在柱子上，让他们遭了10天的罪，才下令处决，用乱棒打破脑袋，然后弃尸，并且还禁止掩埋。杜里斯叙事，哪怕是与自己无关痛痒的事情，也不实事求是，这是他的一贯作风，在这件事情上，他自然更要把祖国的灾难写得阴惨可怕，以诽谤雅典人。

伯里克利征服萨摩斯人以后，回到雅典，为在这次战争中阵亡的将士举行隆重葬礼，他在墓前照例发表一篇演说，很受大家赞许。当他走下讲坛的时候，许多妇女都上前和他握手，把花冠和发带献给他，把他当作一个得胜的运动员。可是，埃尔皮尼克却走上前去说道："伯里克利，你做的事的确惊人，你使这么多英勇的公民丧了命，不过你不是像我的兄弟西门那样去打腓尼基人和波斯王，而是去征服一个和我们有骨肉之亲的盟邦。"埃尔皮尼克说完这番话，伯里克利很平静地微微一笑，引用阿基洛克斯的诗句作为回答：

"老妪残颜，难觅幽香之身。"

据伊昂说，伯里克利对于自己征服萨摩斯一事，自视甚高，因为，阿伽门农攻下那座异族的城池用了10年，他自己只用9个月就把伊奥尼亚第一流的强悍民族征服了。他对自己的评价，不算不公允，因为，这场战争的确包含许多没把握的成分，要冒很大危险，据修昔底德说，萨摩斯人当时几乎夺走了雅典人的海上霸权。

战争结束以后，伯罗奔尼撒战争已是沸沸扬扬，科尔库拉人遭到科林斯人进攻，伯里克利劝人民派兵去援助科尔库拉人，乘伯罗奔尼撒人还没有直接跟雅典人开战，把这个海军力量强大的岛屿争取过来。人民批准了这项援助，但是伯里克利却只拨给西门的儿子拉克第梦尼奥斯10艘战舰，有意侮辱他。因为西门一家人对斯巴达人一向非常亲密友好。如果这回拉克第梦尼奥斯出兵，能够不叫他立下赫赫战功，就更能显出他亲斯巴达，所以，伯里克利只给他很少几艘船，他不愿意去但还是派他去。他一直都压制西门的儿子们，因为他认为，他们就连名字也不是本地人，而是外来户，外方人，他们的名字一个是拉克第梦尼奥斯，一个是色萨罗斯，一个是埃勒奥斯，显然都是阿卡狄亚女人所生的。由于这10艘船的缘故，伯里克利听到不少坏话，责备他给急需援助的人的援助太少，在那些对他心怀敌意的人来说，这正好是一个攻击他的口实，于是他只好又派了一批船去科尔库拉。但赶到时仗已打完。科林斯人对这件事非常气愤，他们向斯巴达告雅典人的状，墨伽拉人也参加进去控告雅典人霸占着所有的市场和港湾，不许他们靠近，把他们都赶走，这是违反公法，不合希腊各族之间的誓约。艾吉娜人也觉得受到虐待和压迫，但又不敢公开指责雅典，他们只是偷偷地向斯巴达人喊冤叫屈，让斯巴达人公开谴责雅典人。恰在这时，科林斯的殖民地原来听命于雅典的波提代亚也叛变了，这进一步加速了战争步伐。尽管如此，斯巴达王阿基达摩斯还是想排解这些纠纷，安抚他的盟友，于是他就接连不断地派遣使者前来雅典。假如雅典人肯接受劝告，取消对墨伽拉人的禁令，他们和解，那就不会有什么别的原因使雅典人遭到战祸了。但是伯里克利极力反对这样做，他鼓励人民继续和墨伽拉人斗争，所以，这场战争的原因完全在他。据说，当斯巴达的使者到雅典来谈判这件事的时候，伯里克利假称碍于一项法律，不便把那个写有禁令的告示牌取下来。有个名叫波吕阿亚科斯的使者说："好吧，不要丢掉，把它翻个面来也行，我想法律应该不会禁止这样做吧！"这个建议很聪明，但是伯里克利毫不让步。他和墨伽拉人大概是有什么私仇，但在公开反对墨伽拉人时，他提出的理由是说，他们割去了一块圣地，他提议派遣使者到墨伽拉和斯巴达去谴责墨伽拉人。伯里克利做出这样一个决定，无非是表明自己的做法合情合理。但是，被派去的使者安特莫克里托斯却被杀害，这很像墨伽拉人主使的，于是卡里诺斯就提出通过一项反对墨伽拉人的决定，从此废除双方订立的盟约，断绝使节往来；如有任何墨伽拉人踏上阿提卡的土地，即被处死；雅典的将军每年就职时照祖传的习惯宣誓，都必须加上每年入侵墨伽拉两次的誓词；雅典人还决定把安特莫克里托斯葬在特里阿西亚城门，这儿现在叫作双城门。

从另一方面来说，墨伽拉人否认杀害传令官安特莫克里托斯，而把仇恨雅典的指责推到阿斯帕西亚和伯里克利身上，他们否认的时候引证了《阿查尼人》中家喻户晓的著名诗句：

> "邦中那些成天无所事事饮酒度日的恶少们
> 潜入抢走了墨伽拉城的名妓西迈塔，
> 墨伽拉人的反击和冒险更为精彩，
> 竟然掳走阿斯帕西亚的两个妓女抵债。"

事情的起因是怎样的，很难弄清楚。但是，不肯取消这项命令的责任，大家一致归之于伯里克利。只不过有些人说，他之所以反对取消这项命令是因其高傲自大，自认为是为城邦的最大利益着想，他认为取消不取消这项命令是个考验，如果自动让步就是示弱；另外有一些人则认为，这多半还是由于他刚愎自用，好大喜功，要显示一下力量，对斯巴达人表示蔑视。而对他最坏的指责，也是有最多人能做证的是这样的说法：雕刻家菲迪亚斯负责制造那尊女神像，这我已经谈到过，他是伯里克利的朋友，对他很有影响，因此就引起别人忌妒，招惹了一些敌人；另外还有一些人想借菲迪亚斯来考验一下人民，看他们对于伯里克利的事情下判断时到底会怎样。菲迪亚斯手下的一个助手墨农，到市场上坐着请愿，要求法律保护，公开检举和控诉菲迪亚斯。人民接受他的请求，让他在公民大会揭发。但这件贪污案并没有查实。因为加到神像上的黄金，从一开始伯里克利就建议菲迪亚斯要能全部取下来称分量才行，这时，他就命令那些控告人，叫他们取下来称。菲迪亚斯的作品举国闻名，这当然使他受到了不少人的艳羡和嫉妒，尤其是雅典娜女神的盾牌上面所雕塑的亚马孙人一役，他把自己的像也刻在上面，一个秃头的老人双手高高举起。此外还有伯里克利的极其精美的浮雕正在与亚马孙人作战，运用巧妙的设计将长矛举在前面，正好把脸庞遮住一部分，好像存心加以掩饰，但从两侧看去，仍然十分清楚。

于是菲迪亚斯被逮捕入狱，病死于狱中。有人说他是被伯里克利的仇人毒死的，想借此来对伯里克利造谣中伤。至于那个告密人墨农，按照格吕孔的建议，人民让他免纳税款，并指定军官们保护他的安全。就在这个时候，阿斯帕西亚也因犯了亵渎神明的罪行受到传讯，原告是喜剧诗人赫弥波斯控告她常在家中从事下流勾当，找一些自由奴出身的妇女供伯里克利寻欢享乐。狄奥佩特斯也提出一个提案，主张对那些亵渎神明的人以及那些宣传新理论的人士，都要提出公诉，他想要借着批评阿那克萨哥拉[1]

---

① 阿那克萨哥拉主张“一神论”，认为唯有全职的神，才能使世界脱离混沌状态，升华为美好的架构。而当时希腊宗教的主流观点是多神论，因此他很快遭到反对和驳斥。

作为幌子，把矛头和嫌疑直指伯里克利。人民竟毅然接受了这种挑拨，按照德拉孔提德斯的建议通过了一项决议，责令伯里克利向议事会主席团交代账目，由陪审员用卫城神坛上的石头子投票做出判决。哈农修改了决议的这一点，提议把这件案子交给1500人的陪审团去审理，不管它是贪赃案也好，受贿案也好，枉法案也好。伯里克利则极力替阿斯帕西亚说情，要求宽赦她，据艾斯基涅斯说，他在法庭上热泪纵横地向陪审员们恳求。他也替阿那克萨哥拉担心，让他赶快离开城邦。菲迪亚斯的案子使他和人民之间早就发生了龃龉，他怕自己吃官司，于是就煽起已经在冒烟的战火，希望借此打消人们对他的控诉，平息人民的怨愤，因为他有才干和能力，城邦在遇到重大事故和危机的时候总是把自己交托给他，也只有交付给他。据说，这就是他不肯让人民对斯巴达人让步的原因，但事实究竟如何，不是很清楚。

在拉斯地蒙人看来，他们非常确定的一点是只要把伯里克利打倒，摆布雅典人就会变得比较容易，于是他们就捏造罢黜伯里克利的借口，以赶走这个“绊脚石”。正如修昔底德所说的那样，他们说伯里克利遗传了母系方面的恶习。可是，斯巴达人传达信息所获得的结果与他们做事的初衷恰恰相反。他并没有因此受到雅典市民的怀疑和责难，反而比以前更受到人民的信任和尊重。为了避免中敌人的反间计（阿基达摩斯蹂躏全邦所有地区，唯独放过他的产业，这并不是基于双方的友谊和情分，而是为他的敌人炮制诽谤的借口），他决定将自己的全部产业——土地和房产——全部奉献给公家作为城邦公共财产。于是，斯巴达人及其同邦在阿基达摩斯王的率领之下，大举入侵阿提卡，到处烧杀抢掠，一直进入阿查尼安营扎寨，他们预料雅典人不会坐视不管，会为了国家和个人的荣誉出兵决一死战。但是他们万万没有想到，伯里克利认为冒着国破家亡的危险，去与6万全副武装的伯罗奔尼撒人和皮奥夏人对阵出击，是一件得不偿失的事，就是兵力悬殊才有第一次的入侵行动。他对于那些一心盼战，以及不满或忧心事局的人，只有极力安抚劝慰，并且一直劝说：“树木如果被砍断，很快还会重新长出来，人如果死了，损失将无法弥补。”他也不再召集人民一起开会，怕他们把意见强加于他，他像船上技术高明的舵手，当狂风从海上刮来的时候，就妥善安排好一切，把器材钉紧和系牢，不管船上晕船的和胆怯的乘客哭也好、闹也好、求也好，他都由他们去。就那样，他把城门关好，到处设防，以策安全；他运筹计划都由自己，不去考虑那些吵吵嚷嚷、心怀不满的人。但是，也有些他的朋友，纠缠着他恳求，又有许多他的仇人，对他威胁指责，还有合唱队也唱些讽刺歌曲，骂他当将军胆小，不像个大丈夫，把一切都让给敌人。

克勒昂也出来攻击他，想利用人民对他的不满就此爬上群众领袖的地位，正如赫摩波斯的那首短短的长格诗句所述那样：

“萨特王无意动干戈
喋喋不休谁奈何？
言辞英勇纸上谈，
刚硬下面一懦夫。
忍辱负重不罢休，
卧薪尝胆雪前仇。
终日磨砺壮士剑，
挥刀斩下恶贼头。”

伯里克利对于所有的抨击丝毫不以为然，很有耐性地接受一切责难、诽谤，保持不予理睬的态度，容忍一切流言蜚语，容忍人们的污蔑和反感。他派遣100艘战舰前往伯罗奔尼撒，他自己并没有率领军队，而是留在国内，亲自照料城邦事务，将全城置于严密的控制之下，直到伯罗奔尼撒人撤走。这时，伯里克利为了安抚人民在战争中所受的劳累和困苦，就将公家的财产分发给他们，并且规定对新占领的土地要重新分配。例如，赶走艾吉娜人，用抽签办法把全岛的土地分给雅典人。他给敌人施加的报复也能带来一些慰藉，那支驶往伯罗奔尼撒的舰队，蹂躏大片帝国的土地，洗劫了许多乡镇和小城镇。之后，伯里克利亲自带队从陆路攻入墨伽拉，进行了大肆摧毁和破坏行动。这样一来，整个战局非常明显，伯罗奔尼撒人从陆路给雅典人带来了灾难，同样要从海上接受雅典人的破坏，这样一来战事不会拖得太久，只要没有超自然的力量横加干涉再节外生枝，诚如伯里克利最初的料想那样，混乱的局面很快就会结束。可是，人意虽如此，但天公不作美。这时候，首先一场传染病或瘟疫袭击了整个城市，年轻力壮的精英们夭折殆尽使得国力衰危。这个灾难在摧残他们身体的同时，又使广大市民的身心受到极大的打击，使他们竟然如同疯子一般，大肆反对伯里克利，要同他决裂，就像精神错乱的亲人一样对自己的病人或父亲痛下毒手。他们听取敌人的言辞，认为疾病发生的原因，在于大量农村居民涌入城市，到了气候炎热的夏季，以前他们生活在户外纯净而舒适的环境之中，而现在很多人挤在极其狭小的空间内，住处极其简陋而且空气不流通令人窒息，他们每天过着懒散怠惰和足不出户的日子。这样，他们把这一切灾难的产生归咎于伯里克利，说他在战争开始的时候使大量人民潜入城内，像围在兽栏里的牲口过着无所事事的生活，没有办法改变大家的环境也不能使身心保持健康，彼此在相互传染之中断送性命。伯里克利为了改善这种局面，也为了给敌人制造些麻烦，就装备150艘战舰，满载勇敢的步兵和骑兵，准备出海。这支军队给人民带来很大希望，给敌人造成不小恐慌。正当舰队准备就绪，伯里克利登上那艘三排桨的战舰的时候，忽然发生日蚀，天光晦暗，大家极为震恐，都认为是个不祥之兆。伯里克利看见舵手吓得惊慌失措，便撩起身上的战袍蒙住舵手的眼睛，问他："这个可怕不可怕，这是不是也是什么预兆。"那舵手回答说："这不是。"于是，伯里克利就说："那么，这个和那个又有什么区别呢？无非那个东西比我的战袍更大，造成一个大阴影罢了。"这段故事在某些哲学学校经常被谈论。

伯里克利于是航海出发，但是并没有取得与他的准备相称的成就。他把圣城埃皮达鲁斯包围，本来大有希望攻下，但是发生瘟疫，没有成功。这场瘟疫不只向雅典人袭来，凡是和雅典军队有过接触的人，也都病死。雅典人对伯里克利非常不满，他极力安抚他们，鼓励他们。但是，还没等到他把他们的怨气平息下去，把他们说服，他们已经把表决权抓到手里，成为他命运的主宰，剥夺了他的军权，并且罚了他一笔款。那数目，据有些人从少估计，是15塔兰特；有些人则说，其达50塔兰特之多。这一次对他提出公诉的人，据伊多墨纽斯说，是克勒昂；据特奥菲拉斯特说，是辛弥亚斯；赫拉克勒德斯·蓬提科斯则说，是拉克拉提德斯。

等到全案解决以后，公事所产生的困扰算是平平安安解决了，人民的情绪在这次审判中获得了发泄，就像哲人的毒刺已经留在伤口。他的个人状况极为悲惨，许多亲人在瘟疫期间死去，他自己的家庭长久不合而且大家毫无团结之心。他最年长的那个儿子詹第帕斯，天生就是个十足的败家子，之后还娶了一个挥霍无度、不知节俭的妻子，那个女人是伊比利库斯之子提桑德的女儿。詹第帕斯对父亲伯里克利极为不满，因为一直崇尚节俭的伯里克利给他的日常用度数额很少而且还要分几次支付。于是，有一天他就假借他父亲伯里克利的名义，到朋友家去借了一笔钱，而借口是奉命行事。后来那人登门索债，伯里克利非但不愿意代付，而且还把那人告到了法院。詹第帕斯是个毫无人生阅历而且涉世未深的年轻人，对父亲极为不满，觉得个人受到了不公正待遇，于是公开诋毁自己的父亲，他先是把伯里克利的私生活泄露出去，后来又把他和许多哲学家的谈话张扬开来，让人当作笑柄。詹第帕斯曾经举出过这样一个例子，好像是有一位五项运动选手，[①] 在掷标枪的时候无意间扎死了法萨利亚人埃皮提摩斯，于是，伯里克利就和普罗塔戈拉斯讨论了一整天，严格说来应该负这次责任的到底是标枪还是投掷者，或是裁判员。此外，关于他媳妇的流言，据斯特新布罗特说，也是詹第帕斯自己散播出去的。总之，这年轻人——他是那场瘟疫中病死的——和他父亲之间的不和，到死也没有改变。在这一事件中，伯里克利还失去了妹妹，失去了大多数亲戚朋友，以及对于他执政大有用处的许多人。这些不幸都没有使他丧失他的崇高精神，无论在葬礼中，在亲人的墓前，都没有人看见他哭泣过，除了他失去最后剩下的唯一一个嫡出儿子帕拉络丝时，他才哭了。这次的打击使他低了头，他却还想尽量维持他一贯的风度，保持他崇高的气概，可是当他向遗体献花圈的时候，一看那光景，悲哀就把他打倒了，他失声痛哭，流下了滚滚热泪，

① 这件事在西门尼戴斯的五步诗中确有记载，“这五项全能竞技是指掷铁饼、投标枪、跳远、赛跑和摔跤”。

这在他一生中是从来不曾有过的。在这场战争中，雅典后来试用了许多将军和演说家，显然谁也没有他那样的威望和才干配当领导。他们怀念起他来，请他回到讲坛和军帐。这时候，他伤心痛哭，正心灰意懒地躺在家里，亚基比德和另外几个朋友去劝他再度出山。人民觉得委屈了他，向他道歉，他才出来再度当政，被推选为将军。他要求废除那项关于非婚生子女的法律——这法律当年是他提议制定的——废除后他的家门和世系就不至于因为无人继承而绝嗣了。

有关这项法律的情况是这样的。多年以前，伯里克利处于权势高峰时，他有过几个嫡出的儿子，这我已经说过。他于是就定出一项法律，规定只许那些父母双方都是雅典人的子嗣才算是雅典人。后来，埃及国王给雅典人送来四万墨狄姆诺斯麦子，要分配给大家，结果根据伯里克利制定的这项法律发现许许多多以前被忽略、没注意到的私生子情况，还有许多人被别人诬告。结果，查出将近五千人都被卖到外地去了。经过甄别保住公民权的雅典人是一万四千零四十人。这项影响极大的法律，过去由他提议颁布，现在又由他来废除，看来是件不可思议的事情。但是，伯里克利一家遭遇的不幸，很像是他的高傲自大所受的惩罚，这就使雅典人动了恻隐之心，认为他受的苦是个报应，人的要求也是人之常情，他们也就同意让他把他的私生子入籍，叫他的名字。他的这个儿子后来在阿吉努赛列岛的海战中打败伯罗奔尼撒人，但是他和其他的将军们一起被人民处死。

这时伯里克利也染上瘟疫，虽然病情似乎不像别人那样来势汹汹，但是缠绵反复，时间拖得很长，慢慢地消耗着他的体力，损害着他的心灵。特奥菲拉斯特在《伦理学》中探讨性情是否会因遭遇不幸而改变，病痛是否会使品德丧失时，就曾谈到伯里克利生病时，一个朋友去探视，他就把妻子挂在他颈项上的护身符拿给朋友看，由此可见，伯里克利在病重时也甘心忍受这类愚蠢的做法了。

他临死时，许多大人物和他幸存的友人，围坐在他身边，谈起他的品德和才干，历数他的功绩和许多功绩柱——作为一个为城邦屡建战功的将领，他一共建立过九座功绩柱。他们互相谈论这些，以为他已失去知觉，是听不见的。其实他都听在心里，于是就在他们中间开口说，他们居然提起这些事情来加以赞扬，这倒使他很纳闷儿，因为这些功绩都是凭运气而得到的，别的许多将领同样得到过，而他的最大的优点，他们却不曾提及。他说：“那就是雅典人从来没有一个是因为我而穿上丧服的。”所以，他之所以受人崇敬，不仅是因为他虽在百忙中被人大肆攻击时能保持理智和温和，还因为他具有自己认为最大优点的那种崇高精神，使他即使在掌握极大权柄时，也从不忌妒人，从不轻易发怒。他不是厌恨谁就把谁当作不可救药的人对待。他那个本来显得既幼稚可笑又过分浮夸的绰号——奥林匹斯的主神——之所以能够不受非议，显得合适，依我看，就是因为他性格温和，当政时生活朴素，一尘不染。因为，我们都认为，天神是只适合做好事，不是干坏事的，所以才配君临宇宙而进行统治。我们和诗人们的看法迥然不同，他们用愚蠢的想象混淆视听，胡说八道，简直该死。谈到众神的住处，他们就说，那是个既安全又安静的地方，不觉得有风，也不觉得有云，有的只是一片明朗、柔和、净洁的光明，永远普照——好像只有这种环境才配让永生的幸福天神在其中生活，可是这些诗人，偏偏又把众神描写得充满混乱、仇恨、愤怒等种种情绪，这对于有头脑的人类也是不应有的。不过，这个问题似乎应该另外去研究。后来发生的种种事情，使雅典人很快看清了伯里克利的为人，对他非常怀念。有一些人，在他活着的时候觉得被他的权力压着，不得出头，现在他们在他离去以后领教过别的演说和领袖，这才承认，没有谁像伯里克利那样，能够在严厉时做到适可而止，在温和之中不失威严。他那招人妒忌的权力，曾被称为专制独裁，如今看来，其确是政体中的中流砥柱，他能使城邦当时所遭受的种种败坏的邪恶缓和下来，降到很低的程度，把它们掩盖起来，不让它们成为不可救药的祸害。

阿里斯泰德传

阿里斯泰德是吕西马克斯之子，祖籍安提奥基斯家族，隶属于阿罗彼斯区的公民。关于他的财产状况大家众说纷纭，有人说他穷极一生，最后在贫困潦倒中了却此生，死后遗下两个女儿，皆因贫困待字闺中而长时间嫁不出去；另外也有很多学者都与此种说法持相反态度。例如，费勒隆地方的德米特里在他的著作《苏格拉底》中提到，费勒隆地方有一个农场使用的是阿里斯泰德这个名字，而且他就是埋葬于此，并且还特别指出几点来证明阿里斯泰德曾经富可敌国：第一，阿里斯泰德通过抽签当选为首席执政长官，按照当地的传统，这种职位仅有那些豪门望族（这些人被称为“五百斗户”）才有资格参选抽签；第二，雅典人通常对贫苦的下等穷人不会处以贝壳放逐法，因为此种驱逐法仅仅施用于那些名门望族，而且往往是因家族名望惹人艳羡和妒忌才会受到这样的惩处；第三，也是最后一点，他曾把一定数量的青铜祭器作为神灵的献祭品，留在了酒神狄奥尼索斯的神庙里，一则用来感谢神灵庇护，二则用来纪念他所亲自指导的戏剧表演获得圆满成功，而且直到今天人们还能看到这些祭器上面的铭文：“安提奥基斯家族获胜纪念，由阿里斯泰德赞助并指导，阿克斯特拉特倾情出演。”至于最后一点，看来极具说服力，其实这个论据也是不充分的，而且论断软弱无力。正如尽人皆知的人物，伊巴密浓达出身贫寒，一生穷困潦倒；柏拉图，一位伟大且安贫乐道的哲学家，他们都经常举行一些非常有益的公共演出来娱乐民众。一个是在底比斯举行长笛演奏会，而另一个则是赞助酒神祭祀的合唱团。柏拉图所需的经费都是由叙拉古人迪奥提供的，伊巴密浓达则是由佩洛皮达斯一直支持。一个操守高尚的人，除非出于卑劣和不耻的动机，否则很难以不近人情的方式来婉拒朋友的馈赠。如果不是为了图利，也不需要将这些馈赠视如猛虎一般一概拒绝，排斥这种出于荣誉和慷慨的友好支持。

关于祭器上出现名字一事，帕奈提奥斯也曾指出难免不会有同名现象发生，就连德米特里也误以为真而受到蒙骗。因为从波斯战争到伯罗奔尼撒战争的结束，我们遍查这段漫长的历史时期的典籍，其中仅有两个名叫阿里斯泰德的人作为庆祝胜利筵席筹款的主持者被记载下来，但这两个人均不是吕西马克斯的儿子。其中一位是克赛诺菲洛斯的儿子，另一个比他晚得多，这一点由铭文本身可以证明，铭文用的是欧克勒得斯以后使用的字母写的，此外，也可以由他的姓阿克斯特拉特来说明，因为这个姓在波斯战争期间不见于记载，而在伯罗奔尼撒战争期间频繁出现，而且经常以合唱队诗人的身份出现。

帕奈提奥斯的这个论证可信度有几分，仍需要更仔细地检查。至于贝壳放逐法则对于任何一个在声望、家世或辩才等方面超乎一般水平的人都可能施行。就拿伯里克利的老师达蒙来说吧，他并非什么能人异士，只不过在学识上略高于常人罢了，还不是沦落到被放逐的地步。还有，伊多墨纽斯也曾提及阿里斯泰德不是由抽签而是经由雅典人的选举获得执政官职位的。据德米特里记载，阿里斯泰德是在普拉提亚之战中，凭着在战争中赢得的名誉和贡献及在战争中屡建战功而被破格录用为执政官。那么，由于他在这一战争中立下了汗马功劳，人们凭着他的骁勇善战和机智果决判断阿里斯泰德可以胜任这一职位，而不像一般人仅凭财富和声望，然后经过抽签才能获得这一职位，这一点倒是可信的。然而，德米特里更愿意解释说，阿里斯泰德和苏格拉底都不是“贫无三寸立锥之地”的，也非邪恶暴虐之徒。他提及苏格拉底不仅有一套房产，而且还从克瑞托那里领取了一笔接近70迈纳的利息。

阿里斯泰德不仅是莱克格斯的至交密友，而且还是他忠实的支持者。阿里斯泰德认为这位拉斯地蒙人的声誉远在众政治游说家之上，并且极力想在德行和修为上赶上他。等到莱克格斯将暴君赶走之后，就效仿贵族宗正制原则成立了政府，而阿里斯泰德是他的推崇者。这也使得他与一向以“人民保卫者”自居的尼奥克勒斯的儿子提米斯托克利成为政敌。据民间谣传，二人从一开始，甚至在孩提时代开始就经常不和，二人的一言一行，不论巨细都格格不入，甚至曾发生过言行斗角，即便在玩游戏时二人也互不相让。早期的争执很快证明了他们的习性迥异，一个精明干练、英勇无畏、圆滑世故、富于开拓创新精神，从不循规蹈矩、墨守成规，对任何事情都充满热情，全力以赴；一个则性情内敛、沉着冷静、心思缜密、大义凛然、刚正不阿，始终坚持公平正义的原则，从不包庇他人，决不容许欺诈、盗骗和攻于权术，甚至将这些原则应用于一切消遣娱乐活动中。但希俄斯岛[①]人亚里斯顿说，二人长达数十年的恩怨原本是基于感情纠葛，因而反目成仇以至于水火不容。二人同时倾心于来自西奥斯岛的美丽女郎——慕斯特西劳斯，她长得玲珑剔透，如出水芙蓉般楚楚动人，因而不停地触动着二人那躁动不已的心，于是乎高昂的激情超越了谦和的理性，即使等到这位佳丽引发的恋情已时过境迁，二人仍不能释怀，这种怨恨之情而进一步发挥作用，立即将二人的对立和敌意带到公共事务层面上来。

因此，提米斯托克利联合他的一些政界友人共同组建了一个团体，并获得相当大的势力来巩固自己的团体。就这个层面来讲，有人说他公正无私，一定可以成为一个名垂青史、流芳百世的法官，这时他回答道：“如果我身居高堂之上，而不能让我的朋友们享受到凌驾于他人之上的特权，那我身为一个法官再怎么名垂青史又能怎样？”还有人持这种观点，他们

① 从严格意义上来讲，这里所提到的这个地名应该是希俄斯岛（希腊希俄斯州的岛屿），这里曾有两位著名的哲学著作家，他们分别是：希俄斯人亚里斯顿，一个禁欲主义者；开俄斯人亚里斯顿，一个逍遥派学者。

认为阿里斯泰德在这条官宦仕途之路上另辟蹊径特立独行，其表现在：首先他明确表示不与行为不正、卑鄙下流之辈为伍，哪怕引起他们的反感厌恶也在所不惜；其次，鉴于很多人在得势之后往往变得胆大包天、六亲不认反而对他们的朋友造成伤害，所以他在这方面保持高度警惕。就阿里斯泰德个人看来，诚实笃信、刚正不阿、公正廉洁的言行才是奉公守法的市民的唯一准绳。

不过既然提米斯托克利是一个不择手段的煽动家，因此他提出了许多极其危险的构想，对于阿里斯泰德所有的行为，他都会不计一切代价加以反对、阻挠和挫败，这也使得阿里斯泰德不得不采取反制措施，当然，其一半是出于自卫，一半是为了要遏制提米斯托克利由于博得民心而日益增长的权势。他认为即便是在公私利益上稍微倾斜，纵然使公众利益暂且受到损害，也比使提米斯托克利独揽大权、权倾朝野要好得多。总而言之，类似的状况总是层出不穷。例如，后来有一次提米斯托克利提出某些建议，可阿里斯泰德却极力反对。此时的阿里斯泰德不再缄默，在离开参议会时宣称："除非他们把提米斯托克利和他本人丢进'深渊'[①]，否则雅典将永无宁日。"另外还有一次，他在市民大会上向人民提出一项议案，虽然反对的声音很大，甚至有人在背后煽动鼓吹民众否决，阿里斯泰德的支持者依然占了上风，正当会议主持者准备将此议案最后付诸表决时，他却从反对这项提案的发言中看出它确实有些不合时宜，于是他自己提议将议案撤回，不做表决。阿里斯泰德经常通过其他人将自己的议案和建议提出，以免使提米斯托克利单纯地为了反对他，而妨碍到国家利益和人民福祉。

世事难料，政坛的变化可谓风云莫测，阿里斯泰德坚定的信念和立场真是让人钦佩，不管权高势贵他都显得波澜不惊，并不为自己身居高位而洋洋自得，也不因身处逆境而自我贬低，而是沉静自若，泰然处之。他一贯保持高尚的道德节操，对待国家事务总是坚持这样的立场——对国家和公众的利益他总是公正无私、乐于奉献，既不求升官发财，也不冀名垂青

---

① 深渊是指一个很大的深坑或裂隙，人们通常将死囚犯的尸体或囚犯经过宣判头朝下扔进深坑中。或许这个被雅典人普遍称为"深渊"的词非常接近英国术语中的"绞刑"。

史，一直视声望钱财为身外之物。下面的一段诗句可能是伊斯启露丝在一次剧场中朗诵的，用来颂扬安非阿劳斯，诗句这样赞道：

> 双眼停留的表面，
> 内心抵达的彼岸，
> 事实就在眼前，
> 目标应由心生，
> 用智慧和心血去浇灌，
> 沉甸甸的果实正在成长！

而此时全体观众都把目光投向阿里斯泰德，仿佛这些美妙的赞歌所唱颂的美德和操行专属于他一般。

阿里斯泰德完全是个正义的守护者，不仅坚持大公无私、光明正大，不因感情的亲疏远近而徇私枉法，还能不卑不亢。他不但要防止自己慈悲和偏爱的倾向，而且公私分明，合理地处理和调节自身情绪，避免暴躁和怨恨的不良影响。据说，一次他的政敌受到起诉，法官在完成指控以后，拒绝迅速站起来，支持被告的要求，他恳请法官继续听取申诉，并提出每个公民均享有法律所赋予的权利。另外还有一次，他替两个人当私人仲裁，其中一个人对他说对方做了许多伤害阿里斯泰德的事。阿里斯泰德听后不慌不忙地说道："这位朋友，还是请你告诉我他对你干了什么坏事吧！现在我是在秉持公道处理你的案子，仅限于你们二人之间，而不是为我主持正义。"后来，阿里斯泰德被选为国库收入检察官，他明确表示，不仅在他主事时期，就是前一任的官员，都要把公共经费的收支情况交代清楚，特别是提米斯托克利：

> 纵然家喻户晓栋梁才，
> 难免假公济私影斜时。

为此，提米斯托克利联合了许多人反对阿里斯泰德，指控他公布的公共经费账目不够明晰，控告他中饱私囊，盗窃公共财物，这一点伊多墨纽斯也曾提及。可是雅典城里那些行为端正和威望较高的市民领袖倒是对此事极为反感和厌恶，使得阿里斯泰德不仅免除罚金，而且还再度受命出任这一职务。于是他假装悔改自己过去的死板苛刻，显得比以前圆滑世故多了。他对那些盗窃公款的人不予检查，既不例行调查，也不严格核对账目，以至于那些贪污公款的家伙现在对阿里斯泰德盛赞不已，于是他们发挥自己的影响力请求市民大会再次选举阿里斯泰德出任国库的司库。但正当市民大会要宣布选举结果时，阿里斯泰德发出了谴责之辞，他训斥道："过去我敬忠职守时，得到的是大家的指控侮辱；现在我允许民众的血汗流入这等盗贼之手，玩忽职守，贪赃枉法之时，反倒受到大家的颂扬和盛赞。因此，对我来说，现在这个体面光鲜的国库司库与过去的小小法官比起来，更让我感到羞愧不堪。我为你们感到非常痛心，因为在你们眼里取悦那些卑鄙小人比保护公共财物要光荣得多，公民道德沦落至此不禁让我叹息不已。"这一席话，不仅对他个人进行了一番嘲弄，同时又揭露了那些假公济私的小人，顿时全场鸦雀无声，这果然封住了那些替他大说好话的人的嘴巴，也使他从正直的公民那里赢得了真诚的、公正的赞佩。

达提斯以惩处雅典焚毁萨迪斯为由，实际上是吞并整个希腊的全部疆域，要征服全体希腊人。达提斯率大兵登陆马拉松，烧杀抢掠、无恶不作，开始大肆蹂躏这片土地。当时为了应付压境的战事其特别任命了10位督战将军，其中以弥蒂阿德的呼声最高，备受重视，而要论声望和影响力，阿里提斯提仅次于他。阿里斯泰德在作战中极力支持弥蒂阿德的主张，即与敌人展开全面行动战争，这一正确的作战方针使得雅典在抗战中处于有利形势，对战争的胜利起了很大的作用。按规定每个督战将军轮流主持军务一天，可是每当司令权轮到阿里斯泰德手中时，他就把权力让给弥蒂阿德，并向他的所有部下表示，绝对服从有德之士的领导和指挥，誓死追随他的行动以达成宏伟的作战目标。这样，就平息了同僚们的嫉妒，并诱导大家乐于采纳统一的意见，于是每位督战将领都放弃了轮流指挥的权利，听从弥蒂阿德的统一部署，这样便巩固了弥蒂阿德独一无二、不可分割的领导权威和军事统帅地位。在此次会战中，雅典军队的主力受到敌军的压力最大，蛮族人用尽全力与雷昂提斯族人和安提奥基斯族人对抗。当时提米斯托克利和阿里斯泰德并肩作战，分别领导雷昂提斯族和安提奥基斯族的勇士们（因为提米斯托克利是雷昂提斯族，阿里斯泰德是安提奥基斯族），顽强拼搏，击溃敌军。雅典人击溃了蛮族人，把他们赶回船上去，但其为风浪所阻，船只不是返回他们的岛屿而是驶入海港，奔向阿提卡，因为担心敌人发现雅典空城无人防守，于是提米斯托克利急忙率领九个部族返回，并在当天返回雅典城。而阿里斯泰德以及他所带领的部族则留在马拉松看守俘虏和战利品，虽然各处都堆着金银，除营帐中俘虏的器物之外，还有各种服饰，大量财物，奇珍异宝琳琅满目、数不胜数，但是阿里斯泰德毫无染指之心，也不容许任何人对这些财物有丝毫非分之想。除了那些暗中捣鬼不让他知道的人以外，就像持炬者[①]司法官凯利阿斯的做法就让人深恶痛绝。据说有几个蛮族人奔向凯利阿斯，看到他的头发和束带，误认为他是国王，乃向他跪拜行礼表示臣服，并把放在坑里的一堆金子指给他看。凯利阿斯不仅粗野残暴而且是视财如命、罔顾法纪的人，他拿走金子后，把这几人当场杀死，以免事情败露。后来，这件事究竟还是败露了，由于这段情节，喜剧诗人为他的家族安上了一个特殊的称呼，那就是“坑里带来的财宝”，带有讽刺意味地暗示凯利阿斯从这种地方得到黄金。战争结束之后，阿里斯泰德立即成为了首席执政官并担任多年，虽然据费勒隆人德米特里的记载，阿里斯泰德是死前不久才任这个官职的，但也有很多人提到在普拉提亚战役击败玛多纽斯那年的首席执政长官是詹弟彼得，而且官方家族记载的后续人记录中根本找不到阿里斯泰德的名字，马拉松会战取得胜利时的执政长官是斐尼帕斯，而阿里斯泰德的名字赫然出现在了次年的登记册上。

阿里斯泰德一生秉承崇高的情操和良好的德行，可谓美德众多，尤以“公正廉洁”为世人称道，成为名垂千古的典范和楷模。尽管出身贫寒且家世卑微，但他仍被世人冠以“正义的守护者”光荣称号。就国王和僭主而言，他们对这种殊荣视而不见，毫无追求的意愿，而对于“城市围攻

① 为了祭祀谷物女神奥林珀斯而举行的节日，而持炬者由凯利阿斯世袭。

者”、“雷霆”、“征服者”、“老鹰”[1]之类的绰号倒是非常痴迷，总是期望自己的声誉来自权势和暴力而不是依靠苍白无力的美德的熏陶。神之所以超越人，主要在于三个方面：生命永生、权力无上、道德高尚，而在这三者之中，尤以美德最为珍贵，也最具神性。即便如此，历代君王们还是想与天神一较高下，以便证明自己身为“九鼎至尊”也能达到神的境界。就像元素和空间具有永存性，地震、雷电、风暴和洪流则更是威力无穷，然而正义和平等除了出于神性的理智和宽容外，恐怕世间的其他任何事物都不具备此种性质。人们对待这三种性质不同且又与神明有关的特性时，他们的感受分别是：幸福、敬畏和荣誉。人们通常认为当自己免于死亡和堕落时，就已经得到了神明的庇护，获得了人间的幸福和快乐；然而对于权力和统治，其往往抱有害怕和恐惧的心理；只有正义公平获得了人们的钟爱、推崇和敬仰。这种说法难免让人垂涎三尺，他们妄图获得生命的永恒和不朽，然而这一点就人的本性是不可获得的，这也就是所谓的“心有余，而力不足”。绝大部分的至上的权力取决于机遇，那些把完美的道德抛诸脑后的想法，可以说是极不理智的，就这一点我们应该知道道德是唯一来自神性的至善之物，可以靠人为而成。正义公平使生活更加丰富，让生命充满幸福、繁荣和权威，这就如同拥有了神明的永恒和不朽，一旦违背正义人便同行尸走肉一般，毫无人性可言。

阿里斯泰德一开始受到人们的爱戴和敬重，获得了那来之不易的美名“正义的守护者”，接下来却成为了人们嫉妒和憎恨的源头。尤其是提米斯托克利在群众中散播谣言，说阿里斯泰德在私底下裁定一切，专横跋扈、独裁专制，破坏了法庭的正义和权威；说他暗地里安排自己的亲信，妄图建立君主专制体制，无须武装卫士的帮助，便可执掌大权；另外，此时人民也因最近战争的胜利而获得极大的信心，变得趾高气扬，于是觉得自己完美无缺、毫无缺陷，因而对那些在功勋和声望方面超过群众之上的人，自然心怀猜疑和嫉恨。他们召集全国各处的人在城里集会，对阿里斯泰德施以贝壳放逐法将他驱逐出境，名义上说是怕他专制独裁，实际上是

---

① 这些称号分别为德米特里厄斯、托勒密、塞琉卡斯和安蒂阿克斯所拥有。

对他的盛名的忌恨。贝壳放逐制度并不是用来判处任何卑鄙行为，而是基于一种特殊的论点，它仅仅针对那些威望和权势过高的人，表面上是用来抑制他们的权力或贬低他们的声望的一种方法，但实际上是为了平复大众表现出的嫉妒仇恨情绪的一种温和手段，所以对于放逐的人虽然怀着恶意，要伤害他，但并不使他处于不可挽回的灾祸之中，仅仅是令其离开家园不超过十年而已。但要是那种卑鄙下流的恶棍碰上这种惩罚，放逐就丝毫起不了作用，许佩伯罗斯是最后一个被处以贝壳放逐的人。

据说他被放逐是由于以下的缘由：亚基比德和尼西阿斯是城内两大政治集团，在城内拥有最大的支配权力，但两人分属不同派系，而且两大集团水火不容。基于这个缘故，当人民用投票的方式来行使放逐法的时候，很明显是要投票表决从当权的两个人中选出一个下手，这下使得原本两个互不往来的党派走到了一起，这两个党派经过商议以后，联合起来玩起了阴谋诡计，竟然把贝壳放逐鬼使神差加于许佩伯罗斯身上。毫无疑问，许佩伯罗斯是这场闹剧的牺牲品而已。等到人民发现真相时，大为愤怒，深刻感到这一项制度受到了侮辱，被滥用于派系争斗之中，成为“鹬蚌相争”的工具，于是他们将它彻底废除，永不施行。在这里大致介绍一下贝壳放逐制度的执行步骤：每个投票的人拿一个贝壳或一块陶器的碎片，并把自己认为需要放逐的市民的名字写在上面，然后把贝壳带到市集上那个四周用栏杆围起的广场那里。接下来，执政官们首先计算出碎片的总数（因为要确保贝壳放逐制正常的运作，碎片的数目应不少于6000个，否则放逐法就无效），然后分别记录各个姓名，得票最多的人由执政官宣布放逐十年，在此期间他仍然有权享受他们的产业的收入。因为人们必须将名字写在陶片或贝壳上，据说有个目不识丁的家伙，把阿里斯泰德看成一个普通市民，拿出陶片要求他代为写上“阿里斯泰德”这个名字。阿里斯泰德当时便怔住了，随即便问这个人是否阿里斯泰德什么地方得罪或错待了他。“什么也没有”，这个家伙回答道，“我与这个人没有半点纠葛，我甚至都不认识他，但是到处人们都称呼他为‘正义的保护者’，我实在是听腻烦了。”听到这里，阿里斯泰德一声不吭，只是在贝壳上写上自己的名字，并把它还给他。等到他出发准备离开这城邦时，他举起双手向天祈祷（看来他所秉持的态度与阿基里斯完全相反），说道：“但愿不要有任何危机侵袭雅典人，迫使他们不得不怀念阿里斯泰德，并为自己曾经的所作所为感到懊悔不已。”

然而，就在他被流放以后的第三年，薛西斯率军通过色萨利和贝奥提亚进犯阿提卡。雅典人废除了放逐法，投票表决凡被此条法律放逐的人均可返回家园。做这番决定的主要理由是不放心阿里斯泰德，怕他通敌卖国，为敌人效命，他的变节也许会使很多追随他的市民跟着他倒戈相向，加入蛮族人的阵营。雅典市民竟然会对阿里斯泰德有这么大的误会，事实上在宣布此赦令之前，他已经竭尽所能，鼓舞和激励雅典人民誓死捍卫他们与生俱来的自由权利。等到后来，提米斯托克利成为将领，拥有了军事指挥的绝对领导权时，阿里斯泰德还是在行动和计划两大方面给予他大力支持，为了家国安全，人民安危，“化干戈为玉帛”，情愿让自己曾经的政敌成为举世称颂的领袖人物。当欧律比亚瑟斯经过深思熟虑决定放弃萨拉米斯岛时，蛮族人的战舰已经在夜间出航，蛮族的战舰遍布整个海面，环绕整个岛屿，甚至堵塞了那条海道狭长的“咽喉地段”，这时没有人知道他们究竟该如何部署，此时阿里斯泰德冒着巨大的危险由伊吉出发穿过敌人战舰的重重包围，趁夜径直前往提米斯托克利的营帐，单独向他劝说道：“提米斯托克利，如果我们有一点点理智和良知的话，在这关键时刻，我们就应该停止无聊而幼稚的争论和纠缠不清的昔日恩怨，让我们着手在挽救希腊的事业中进行一场光荣而神圣的角逐，看谁能为保卫希腊做出更大的贡献。当然，你是指挥官，负责国家的治理和军队的调遣，我作为参议顾问在旁边加以辅佐和出谋划策。从一开头我就知道你是唯一采取了正确策略的人，也明白你现在也处于独木难支的境况，虽然有很多建设性意见——毫不犹豫地投入此次海峡大战，但是没有人附和。尽管你的盟军反对你，看来你的敌人却是帮助了你。因为此时周围海面以及我们的背后已经布满了敌人的战船，因此目前的唯一出路便是鼓舞士气，全力以赴，殊死一搏。”听了这一席话，提米斯托克利回答说：“阿里斯泰德啊，我希望这场君子之斗，我不会败在你手里，俗话说，好的开端是成功的基石，我定会全力以赴，哪怕是肝脑涂地我也在所不惜。”说着，提米斯托克利就把他已经考虑好的对抗蛮族人的计谋告诉阿里斯泰德。由于司令官欧律比亚瑟斯对阿里斯泰德比较信任，乃请他去说服司令官，让他明了当前的形势，如果不经历一场恶战，要想获得安全简直是天方夜谭。等到召开作战指挥会议讨论有关问题时，科林斯人克里奥科瑞杜斯语惊四座，说参加会议的阿里斯泰德一语未发，可见他并不同意提米斯托克利所提的用兵之计。阿里斯泰德答道："将军，您误会我的态度了，如果不是提米斯托克利拟定最佳作战方案，我就不会表现出心悦诚服的神色，目前保持缄默并非对此事或此人有所不满，而是非常认可他的意见。"

经过一番说明，希腊的军事领导人全部接受了这个计划，并表示愿意付诸行动。阿里斯泰德注意到普昔塔利这个小小的岛屿，横贯海峡，掩护着萨拉米斯岛，地势险要，易守难攻，现在上面驻扎着一支实力雄厚的敌军。阿里斯泰德乘坐一艘小船在前面开路，鼓励他的同胞们跟随进军为荣誉奋勇杀敌、殊死一战，等到登岸以后，他们与蛮族展开了一场别开生面的激战，除了几个地位极高的领袖人物保住了性命，其他兵卒惨遭杀戮。这些人当中有三位是桑道斯的儿子，桑道斯贵为国王姊妹，于是阿里斯泰德把这几个俘虏直接送交给提米斯托克利。据说他是遵照什么神谕之类的指示，并按照占卜者欧非兰提德斯的吩咐，将他们奉献给了巴克斯，这位神祇又被称为欧米斯特或"狼吞虎咽的贪食者"。于是阿里斯泰德将穿有铠甲的士卒布置在小岛的周围，坐候敌军的进犯，然后殊死一搏。他特别提高警觉以便自己的亲友毫发无损，也不让一个敌人从这个岛屿逃脱。附近的海面发生船只的近接战斗，这里也是整个会战中状况最为激烈的地点，因此才将战胜纪念碑竖立在普昔塔利岛。

战后，提米斯托克利试探阿里斯泰德时说道，他们现在完成的这番事业实为壮举，但这里还有重要的事业尚待完成，那就是——要将亚洲来的敌人留在欧洲，不让他们脱逃；其办法就是尽快前往海伦斯坡海峡，切断搭建在那里的浮桥。阿里斯泰德大声疾呼，力劝他"事必三思而后行，深思熟虑，瞻顾全局"，应竭尽全力，设法以最快的速度将米提亚人从希腊赶出去，否则这样一支大军在后退无门的状况下，被逼得要做"困兽之争"，不得不为自己杀开一条血路，将给希腊人带来莫大的危机。提米斯托克利再次派遣阿尔纳克斯——这个宦官现在成为了他的战俘，私下交代他向薛西斯进言，说是提米斯托克利反对希腊人的主张，大家的意图是向浮桥的所在地发航，他根本无意将国王留下来。

薛西斯听到这个消息惊骇万分，急忙奔向海伦斯坡海峡，而让玛多纽斯率精兵三十万留下来。此人是个极难对付的劲敌，他对自己的步兵部队充满信心，乃以恐吓的口吻给希腊人写信说道："我们的士卒精于陆战，不习水性，所以才让你们乘虚而入暂获胜利。现在我们在帖沙利这片开阔的土地上行军列阵，皮奥夏一望无垠的平原在勇士们看来是最合适的战场，无论是骑兵还是步兵，都愿在这里'抛头颅，洒热血'，在这里殊死一战、血洒战场。"然而，他私底下派出使者与希腊人商谈，带着国王的亲笔信函和口谕，说国王答应只要他们停下来不与国王交战，就答应为他们重建城邦，给他们足够的钱，使他们成为希腊人的主宰者。拉斯地蒙人听到这个消息大为惊慌，派出一个特使团觐见雅典人，要求雅典人把妻儿送往斯巴达，并愿意支付一切生活所需。雅典的人民由于城市和国土受到掠夺，正处于极度困苦的境况之中。可是雅典人听了特使的这番话之后，他们宣称如果他们认为钱财的价值超越一切，可以买到世间一切，那么就会忘怀敌人的残暴。事实上他们对拉斯地蒙人极为反感，因为特使们的眼睛里只看到雅典人当前处境的穷困，完全认识不到雅典人的雄心壮志。阿里斯泰德将使者带进会场，他吩咐特使们回去转告所有拉斯地蒙人，对雅典人而言，即使是上天入地也找不到这笔天价财富，这足以作为换取雅典人自由的代价。同时阿里斯泰德指着太阳对玛多纽斯的特使说道："只要太阳仍旧按照预定的轨道运转，雅典的人民就会为国土遭受的蹂躏、宗庙受到的亵渎和焚毁，与敌人决死一战，决不罢休。"此外，阿里斯泰德还进一步建议神祭应该严厉诅咒那些前去与米底人谈判或蓄意背弃希腊联盟的人。

当玛多纽斯第二次进犯阿提卡地区的时候，希腊人民再次渡海来到萨拉米斯岛。那时阿里斯泰德作为特使被派往斯巴达，痛斥他们的迟缓疏忽和漠不关心，以至再次将雅典丢给野蛮人，他要求他们出兵协助希腊尚未丧失的部分。那些行政长官听了来使的严词呈控，白天依然清闲自得，小心翼翼保持神圣的节日不容闪失（因为此时他们正在庆祝海阿幸萨斯祭典——海阿幸萨斯节庆连续三日，第一天和第三天要为海阿幸萨斯之死举行哀悼的祭典和仪式，只有第二天大家才兴高采烈地进行各种比赛和游艺的活动），但到了夜间，他们挑选了5000斯巴达精兵，每名战士都有七名希洛特人随伴出阵，所以阿里斯泰德来到他们面前继续痛骂他们时，他们用嘲笑的口吻说他不是年老昏庸就是沉睡未醒，军队已经到达欧里斯提姆，向着"陌生的外乡人"进军，他们对波斯人几乎都是用这种称呼。但阿里斯泰德说他们欺骗的是自己的友人而不是敌人，这种玩笑是完全不适宜的。艾多麦纽斯曾经提到上面这段过节，说在阿里斯泰德所颁布的敕令中，西门、詹第帕斯和麦隆尼德奉派为使者，他自己并没有包括在内。

阿里斯泰德受到众人的推举被选为这次战争的统帅，亲率8000名雅典精兵到达普拉提亚。全希腊的统帅鲍萨尼阿斯率斯巴达人加入他的阵营，同时希腊各地的后援部队也都陆续到来。蛮族人的队伍沿着阿索帕斯河的河岸扎下营寨，一直向着两边延伸下去，兵员的数量极其庞大，以至于无法完全容纳，野蛮人扎营的地区可以说是无边无沿的，只是他们的粮秣、被服车辆和总指挥的周围筑起四方形的围墙，每边长达10斯塔狄昂（罗马长度单位，1斯塔狄昂相当于184.97米）。

伊里斯人泰萨米努斯是一位占卜官，他向鲍萨尼阿斯和他手下的全体希腊人预言：如果他们站稳脚跟采取攻势，不要前去攻击敌军，就可以赢得此次大战的胜利。阿里斯泰德派人到德尔菲向神请示，神明的指示是他们要向西第朗山的朱庇特和朱诺、潘神和山林水泽女神司弗拉吉蒂德提出祈求，并且向安德罗克拉底、海普森、阿卡提昂和波利杜斯这些英雄人物献祭，并在自己的国土上，在埃琉西斯人的德墨忒尔和克拉平原上遭受战祸的话，则希腊人将战胜敌人。阿里斯泰德得到这个神谕极为困惑不解。因为指名要受献祭的这几位英雄确实是古代普拉提亚人中的显赫人物，而女仙崖洞在西第朗山的一座山峰上，坐落在夏季日落的方向，据说在这里从前也有一段神话，当地许多居民都有传神谕的法力。人们称他们为"女仙之体"，或称其"受到山林水泽女神的蛊惑"。说起进入伊疏西尼亚平原，此时普拉提亚人的将军以及雅典人只要在自己的境内作战，就会赢得胜利，这再度提醒他们要把战事尽量转移到阿提卡地区。就在这千钧一发的时刻，指挥官普拉提亚人亚里尼斯都斯梦到朱庇特，这位人类的救主问他希腊人有何打算，他回答说："我的主啊！遵照阿波罗的神谕，明早我们要使队伍前往埃琉西斯，并在该处与野蛮人交锋。"而天神说他们的行动完全不对，因为阿波罗的神谕中所提及的地方靠近普拉提亚，如果他们肯去寻找肯定能够找到。这个梦如此的逼真，以至于亚里尼斯都斯醒来时记忆犹新，于是他立即召见他的同胞中间德高望重而且阅历丰富的老人，与他们计议之后便派人前去实地探访，于是发现在西第朗山的山麓靠近海西伊的地方，有一座非常古老的庙宇，人们把它叫作伊疏西尼亚的西瑞斯和普罗塞派尼神庙。于是他引导阿里斯泰德到了那个地点，而且他们发现这个地方在西第朗山的脚下广阔的平原处形成了一个巨大的斜坡，地势开阔，易守难攻，是一块天然的陆兵的集合场，非常适于布兵列阵，有利于对抗行动敏捷的骑兵，因为在快要接近庙宇的位置，受到西第朗山余脉和浅山的影响，不便于骑兵的活动，而且这里紧挨着英雄安德洛克拉底的祠堂，四周树林环抱，浓绿密布可谓遮天蔽日。因为只要几个主要的特点能符合神谕的指示就会带来胜利的曙光，于是在亚里尼斯都斯的倡议下，普拉提亚人投票表决将普拉提亚的边界向靠近阿提卡一侧的边界移动，将此片土地让给雅典人，这样就与神谕完全符合，使得雅典人能在自己的疆域上为保卫希腊的领土完整而战斗到底。普拉提亚人民的慷慨之举备受世人盛赞，以至于多年以后，当亚历山大大帝成为亚洲之王，拥有这个亚洲的疆域时，就为普拉提亚修筑了一道城墙，派出传令官在奥林匹克运动会上宣布：普拉提亚人民的慷慨谦让大义凛然，在希腊抗击米底人的战争中做出英勇慷慨义举，不惜把自己的国土无私地赠予他国，支持他们奋战到底，帝感其诚，遂修筑城墙赠予普拉提亚人以示嘉奖。

希腊联军排列会战的列军布阵之式，按照惯例斯巴达人位于左翼，这时候特基亚人要与雅典人争取左翼的指挥权，并且大谈祖辈曾经的辉煌战绩。雅典人对他们的要求感到愤愤不平，于是阿里斯泰德挺身而出，走上前来发言："在目前的状况下，与特基亚人辩论高贵血统和英勇无畏，可以说在时间上一点也不允许。但我们必须向在场的斯巴达人，也向其他希腊的同胞们宣布，列阵的位置没有必要争取，因为它既不是代表你作战英勇的代名词，也不是精锐部队的代表。此时此刻，我们首先想到的是——家国安危，无论将我们的部队指派到哪个地点，我们都应该顾全大局，竭尽全力，决不容许有半点闪失。我们会严格遵从指挥到达指定战线，也不会与盟军心生芥蒂，大家只有精诚团结、万众一心，才能歼灭前方凶悍的敌人。目前不是歌功颂德的时候，各个参军的战士都是英勇无畏保家卫国的热血男儿。在这千钧一发的时刻，我们每个城邦的每位将领、每个战士和每个公民都应该在此次战斗中为希腊做出积极的贡献，实现自己的最大价值。”他在此次会议上的这席讲话让各与会人员非常震惊，于是大家一致决定，让雅典人指挥左翼。

此时所有的希腊人没有一个不提心吊胆的，特别是雅典人对于局势的进展毫无把握，很多世家子弟和有钱的富豪们，由于战争的关系已经没落到赤贫的境地，他们在城邦中的权势和地位随着财富的逐渐减少而烟消云散、化为乌有，还有一些人仍旧拥有原来的地位和职务，却早已不忠于当前的政府了，私下里拉帮结派密谋造反，他们在普拉提亚的一栋房子里秘密集会，阴谋颠覆民主政权，并决定如果计划败露就不惜损害整个事业，将城邦出卖给蛮族人。这件事情传到军营中，立即引起了骚动不安，很多人已经被收买。阿里斯泰德听到这个风声，担忧在这紧要关头骚动会有利于这个阴谋，稍有不慎后果就会不堪设想。于是阿里斯泰德当机立断，决定一方面不能将此事置之不理，另一方面不能将所有的内幕和盘托出，公之于众，因为如果进行公开调查，而不采取权宜之策，那就不知道有多少人牵连其中，为了伸张正义，又为了稳住大局，设定范围以公众的利益为原则才是目前的处事之道。因此，虽然此次阴谋牵涉的人员众多，他却只逮捕了七八个人。其中只有两位被公认为“罪大恶极”并受到了起诉，兰普特莱人艾斯基尼斯和阿卡奈人阿格西亚斯首先被控告，而且也确定是罪行最大，但即使如此，他们也逃出了营寨。而其余的人也都无罪释放了，为了使那些自认为尚未被发觉的人得到鼓励并给其改过自新的机会，他使他们认识到战争就是一个大法庭，只要对国家保持忠贞不渝之心，就可以洗去他们所犯下的罪行。

这件事消停以后，希腊人接着要面临玛多纽斯派遣的骑兵部队。要与这支被称作“路上无敌舰队”的骑兵团作战，希腊人在心里不禁捏了一把汗，他们的勇气也遭到了空前的挑战。希腊人在西第朗山脚下安营驻扎，该处地势险要，地形崎岖，遍地岩石易于设防。墨伽拉人只有三千士兵驻守在平原地区，这些骑兵如潮水般从四面八方蜂拥而至，使他们四面受敌，于是只有派出通信兵急奔保萨尼阿德，说他们独木难支，不能抵挡数量极其庞大的蛮族骑兵，请他前来救援。保萨尼阿德闻讯后看到敌人投射的标枪和箭矢密密麻麻如雨点般密集地交织在墨伽拉人的军帐上空，所有人员都被赶到了很小的包围圈中，在保萨尼阿德这方，由于他率领的斯巴达方阵的士卒在全副武装下动作欠缓，于是很难过来应付强大且动作迅速的骑兵。于是他对跟前的将领和各城各邦的指挥官说，让他们激励士气，号召大家自愿前去参加墨伽拉人的解救行动。所有在场人员都显得焦虑不安、犹豫不决，只有阿里斯泰德代表雅典人接下这个任务，他指派最骁勇善战的奥林比阿多鲁斯，率领300名精兵并配备一些弓箭手出战。这些勇士们迅速列阵并投入战斗。蛮族人的骑兵司令官马西斯提奥斯不仅胆识过人、骁勇善战、身材魁梧，而且相貌堂堂、一表人才，见援兵到来立即拨转马头向他们冲来，攻守双方展开了一场激战，因为这必定是一场“硬碰硬”的恶战，而此次会战的成败对整个战局起着关键性的作用。忽然马西斯提奥斯的马被箭射伤，他被重重地抛在了地上，由于他的盔甲太重，他难以站起来，于是雅典人趁机向他射箭猛击。由于他的前胸部、头部以及四肢都分别用金、铜和铁甲片覆盖着，弓箭很难穿透，所以要想擒住他绝非易事。于是一名雅典勇士冲上前去，用一只标枪的枪头直透他头盔的眼孔才将他刺死。马西斯提奥斯一死，其余的波斯人丢下他的尸体仓皇逃窜了。希腊人认识到这一次胜利的重大意义并不在于杀死敌人的多寡（敌军死亡较少），而在于蛮族人表现出的悲怆之情。他们为祭奠死去的马西斯提奥斯将军，纷纷将自己的头发剪下来献给马西斯提奥斯，把马匹、骡子的鬃毛也剪下来献给这位战死沙场的将军，哀号声和痛哭声响彻了整个平原。他们失去了一位勇将，一位无论是在权势还是在作战技术方面，在众多酋长当中仅次于玛多纽斯的人物，而且他的英勇和威力出类拔萃，无人可比。

骑兵之战以后，长时间里双方都保持停战状态，因为占卜官通过与死者通灵得知，无论是希腊人还是波斯人，坚持防卫的一方终将取得战争的胜利，如果有人按捺不住，贸然出兵就难逃失败的厄运。但由于玛多纽斯所储备的粮草只够数日之用，而希腊方面则不断有新的兵源到来，如果照这样的情况拖下去，波斯方面便难以取胜，最后玛多纽斯还是按捺不住了，决定不再坐等防守而是主动出击争取一线生机。玛多纽斯下令在次日黎明越过阿索帕斯河，给雅典人来一个出其不意、攻其不备。晚间他召来所属的指挥官，分别安排好次日的行军计划。

午夜时分，一个骑士单枪匹马悄悄走进希腊人的营地，向哨兵表示要见雅典人阿里斯泰德。阿里斯泰德闻讯后迅速赶来，深夜造访者说道："我是马其顿国王亚历山大，出于对你们的好意，我冒死前来相告，即将到来的战斗对贵邦来说更加有利，所以各位不必惊慌。玛多纽斯明早肯定要出战，这并非出于他对此次战斗有十足的把握，只是因为粮草殆尽不得已而为之。我深夜造访就是为了给贵邦传递讯息，以免你们在突如其来的状况下惊慌失措。说实话，占卜官确实曾以献祭和占卜的不吉之兆劝阻他出战，牺牲和神谕皆显示出了凶兆，因而目前他军中军心大乱，士卒充满了失望和惊恐的情绪，但他必须背水一战，否则只有坐以待毙。"说完这番话，亚历山大希望阿里斯泰德能把他说的话记在心里不要向外人透露。阿里斯泰德表示将会严守这个军事机密直到战争结束，但是目前不能隐瞒保萨尼阿德，因为他是全军统帅，并承诺如果希腊人取得战争的胜利，他们一定不会忘记亚历山大的功绩和情谊。谈话以后，马其顿国王骑马回到营中。阿里斯泰德立即前往保萨尼阿德帐中，将实情一五一十告诉了他，于是他们立即召集其他的将领，命令他们严阵以待，准备战斗。

按照希罗多德的记载，此刻保萨尼阿德给阿里斯泰德传话，要求雅典人换防，希望他将雅典人调到右翼对抗波斯人的迎面进攻。因为就作战能力来说，雅典人骁勇善战屡立战功，经过上次交锋以后，他们已经熟悉了波斯人的作战方式，因此这样安排比较妥当，次日一战是关乎全局胜败的关键，不能有任何过失，如果明日一战首战告捷，势必增长士气，对加速战争的胜利极为有利。至于左翼正要发起攻击的希腊血统的米底人，则可交给鲍萨尼阿斯本人和他领导的斯巴达人去对付。其余的雅典将军想到别的部队可以安营扎寨原地不动，而单单把他们像奴隶般地来回调动，而且还要将他们调到战斗最激烈的前线去，都认为保萨尼阿德傲慢无礼而且多管闲事，干预各部队的职责。但阿里斯泰德指出他们的看法完全错了，前不久为左翼的指挥权问题，他们曾与特基亚人争执过，当时他们因在竞争中得胜而沾沾自喜，而目前拉斯地蒙人自愿为他们让出右翼，这种方式等于将军队的领导权拱手让给了他们。“可是雅典人对于这种荣誉并不表示欢迎，不愿意接受在战斗中最能发挥优势的地位，难道说我们真正的敌人并不是波斯蛮族而是自己的同胞吗？难道说非要在军队领导权的问题上与自己的同胞拼个你死我活吗？难道说要还未出战便由于内讧先自相残杀起来，给敌人创造胜利的机会吗？”听了阿里斯泰德这番话之后，雅典人立即完成了准备与拉斯地蒙人换防的作战部署，大家相互激励士气，说他们将要去攻打的敌人在武器装备和体能状况上都不比在马拉松交战时强，而且他们使用的还是与上次同样的弓箭武器，穿的还是同样刺绣的锦袍和黄金铁甲，厚重的金属覆盖物掩盖着的是羸弱的身躯和怯懦的灵魂。“你看我们今天不仅有与当年弟兄们同样的武器和体魄，过去的胜利使我们斗志昂扬；我们的战斗不像他们那样仅为了掠夺和扩张，也不是仅限于保家卫国；我们要像在马拉松和萨拉米战役中一样竖立胜利的纪念碑；让地球人都知道那些胜利不只归功于弥蒂阿德的领导或是源于幸运，而应该来自全体雅典人的牺牲和奉献。”于是斯巴达人和雅典人立即换防。这时底比斯人由一些逃兵口中得知此事乃立即通告玛多纽斯让他获悉事态有变。玛多纽斯本来就对雅典人抱有畏惧之心，再者他想与拉斯地蒙人接战，所以立即下令将波斯人转移到另外一翼，然后把希腊人重整组合的队伍部署在雅典人当面。两军交战洞悉敌人的排兵布阵对战争的胜利极其重要，在得知敌人战斗部署变更的情况下，保萨尼阿德再度变更位置到右翼，这样玛多纽斯继续保持其左翼，和开始一样面对斯巴达人。这样一天过去了，双方并没有展开作战行动。

经过一番调动以后，希腊人在作战会议中决定将营寨搬迁一段距离，找一个有丰富水源的地方，因为附近的泉水已被蛮族的骑兵部队弄脏了。很快夜幕降临了，将军们准备出发前往预备的扎营地点，士卒们在没有完成跟随行动之前，继续保持着原来的整编队形，等到他们离开原来的攻势地点，向着普拉提亚挺进时，他们便乱作一团分散开来，有的已入住帐中，有的却在搭建帐篷，普拉提亚简直是一片混乱。只有拉斯地蒙人违背了大家的意愿，出于偶然的状况因为赶不上大部队而留了下来。其中有个叫阿蒙法瑞托斯的人，为人勇猛，胆略过人且富有冒险精神，对于不断的耽搁和延误一直耿耿于怀。他终于失去耐性，把营地的变换看成懦弱和消极避战，宣称决不离开原来的岗位，要和他的伙伴留下来等候玛多纽斯的进攻。当保萨尼阿德走上前来告诉他，这个行动是经希腊人在会议上正式表决时，阿蒙法瑞托斯捡起一块大石头投在保萨尼阿德面前，说道："我用这个作为投票赞成展开会战行动的一票，对于那些懦夫和逃兵的命令我一概不听。"面对这种境况，保萨尼阿德忽然觉得不知所措，赶紧派人通知正在退却的雅典人，暂停下来等他一起行动，同时其余的部队继续赶赴普拉提亚，希望可以用这种方法能使阿蒙法瑞托斯改变心意。

这时候太阳已经升起来了，天色也亮了起来。这时候，玛多纽斯还不知道希腊人已经弃营撤退的消息，于是立即整编队伍，以全力向拉斯地蒙军队火速迫近。蛮族人大声叫嚣着冲了过来，仿佛他们并不是在进行一场大会战，而是在打退敌军后，趁着希腊人的撤退而穷追不舍一样。而这样的状况时不时都在发生，因为当时保萨尼阿德一旦发现敌人的行径，就会立即停止前进，命令士卒迅速准备战斗，可是也不知是因为他对阿蒙法瑞托斯的怒气未消还是由于敌人火速逼近使得他不免有些心慌意乱，他竟忘记了向希腊盟军发出应有的作战信号，这样带来的严重后果不堪设想，因为一旦发生战事，希腊盟军不可能火速赶来救援，或是没有足够的时间整理组编军队给予救援，而只能用小部队和散兵游击的方式投入战斗，这在战术上是非常不可取的。保萨尼阿德在献祭占卜中并没有得到吉兆，于是命令拉斯地蒙人将盾牌放在面前，静待他的命令，不要回击敌人，而他又进行了一次献祭。此时敌人骑兵向他们冲来，不断地发射弓箭，许多斯巴达人中箭倒下了。卡里克拉特斯——一位长相英俊、身材魁梧的战士，据说是希腊军营中的“美男子”，他也被箭击中。弥留之际，卡里克拉特斯说道：“保家卫国、战死沙场，这样的死法，我本该没有什么遗憾，因为我离家时就抱着为保卫希腊粉身碎骨在所不惜的决心。七尺男儿，何惧死也！死乃死得其所，死有所值，但是我如今此去，并不是在与敌人的殊死搏斗中死去，这让我感到非常遗憾。”他们的处境确实非常艰难，但士卒的耐性实在令人惊异，对向他们进攻的敌人不予回击，静待神明和将军认为最适当的时刻一举反击，而此时他们只能在岗位上默默地忍受伤亡和苦痛。有人说保萨尼阿德正在离双方的战线不远处，进行献祭和祈祷，一些利底亚人突然扑向他，粗鲁地将所有献祭的贡品打翻，当时保萨尼阿德和随从都未带武器，就用祭献用的棍棒和鞭子将这群不速之客赶走。所以，到今天那里仍然沿袭着这样一种圣仪，斯巴达举行庆典的时候，人们模仿利底亚人的偷袭行为，在“利底亚队伍”完成模仿演习以后，就在祭坛上边吃一群童男，以求天神赐福。

正处于这种困境之中的保萨尼阿德，就在祭司接二连三的杀人做献祭的时候，他用饱含泪水的双眼朝着庙宇的方向高举双手，恳求西第朗山的朱诺和普拉提亚的神明赐福于他们。如果希腊人命中注定不能获胜，哪怕就是全军覆没，希腊人也会奋战到底绝不屈服，军人抛头颅洒热血，战死沙场何足贵？一生豪气在人间！他们会用行动告诉敌人，曾经与之奋战的军队是英勇无畏的勇士。就在保萨尼阿德向众神呼吁、祷告之际，献祭占卜发出吉兆，献祭师宣布胜利即将到来。命令立即下达，各方齐集整编，向敌军发动进攻。突然间拉斯地蒙人的步兵大队宛如一只凶狠的野兽，竖起了它的刚毛，全神贯注地与猎物搏斗。蛮族人恍然大悟，原来与他们交战的这些人是抱着必死之心的。于是他们用柳条靶作为盾牌护身，向斯巴达人的队列射箭。可是斯巴达人前进时一直保持紧密的方阵，整个部队连成一体仿佛一堵不可攻破的城墙，扑向敌人，打掉了他们的柳条靶，用长矛刺向波斯人的脸部、胸部。伤亡人数不断增多，但是这些人在倒下以前确实表现得非常英勇无畏。由于他们是赤手握矛，多处被刺伤，于是有的人干脆就拔出短剑和弯刀进行战斗，还有的扯掉敌人的盾牌，相互揪打在一起，进行长时间顽强不屈的殊死搏斗。

就在这个紧要关头，停下来静静等候拉斯地蒙人的希腊人，听到了战场上的呐喊声和兵戎相见的嘈杂声，明显的有大批人员正在开战，而同时由保萨尼阿德派来的传令兵告知他们当前发生的状况，请求火速赶往前线救援。但在越过平原时他们受到投效蛮族阵营的希腊佣兵米底人的攻击。起初阿里斯泰德遇到这群人，上前对他们喊话，用希腊保护神的名义恳求他们不要互相残杀，他说我们都流着同样的鲜血，有着共同的祖先，请不要反对或者阻止希腊人前去援助那些为了希腊而处于危险中的勇士们。但当他看到这些人全不理睬，摆开阵势准备厮杀时，只好把原来去救援的计划暂放一边，先去对付这群人，尽管他们拥有几乎5000人的队伍，他们还是发起了激战行动。不过这群庞大的乌合之众，大部分为他们让路，退避开来，如同上次蛮族人被迫仓皇而逃一样，很快放弃了这次阻击行动，据说，最激烈的战斗主要是与底比斯人之间展开的。那个时候，底比斯人中一些位高权重的人士极力倒向米底人，并且还表现出死心塌地的态度，事实上，他们所带领的那些群众，那些寡头政体下被强制的臣民，并非出于自愿而是被逼迫接受这种政治理念的。

因此，这场大会战可以分为两大部分进行，首先拉斯地蒙人击退波斯人，有一位名叫亚里尼斯都斯的斯巴达人，用一块石头击中玛多纽斯的头部，将其杀死，这正如人们在安菲阿劳斯神殿中获得的神兆那样，它已经预告了会出现这种结局。玛多纽斯曾派一个利底亚人前往那座庙宇，与此同时又遣一个卡利亚人前往特罗尼奥斯洞窟的神谕宣示所去。先知却用卡利亚语招呼那个卡利亚人。祭司对于后面的这位来者，用自己的语言来宣告神谕；那位利底亚人躺在特罗尼奥斯庙宇里面，仿佛发现神灵的使者显现，命令他立即离去，当他拒绝服从后，这位使者投出了一块大石头正巧砸中了他的头部，使得他认为自己已被击毙。当然这些不过是民间谣传而已。拉斯地蒙人将这批逃窜者赶进了他们的木墙之内。没过多久，雅典人击溃了底比斯人，在这次战斗中共歼灭敌军300人，其中不乏一些敌军的首要人物和知名人士。当底比斯人溃不成军，四处逃窜之时，前线传来消息说，蛮族的大军被围困在他们的防栅里面，于是雅典人顾不得追击，立即开拔前去支援斯巴达人围攻作战，这样使得参加敌军阵营的佣兵们获得逃命的机会。他们发现斯巴达人对攻城毫无经验，而且对于强打猛攻的用兵方式毫不熟悉，不知如何下手。后来他们还是攻破了敌人的营地，进行了大肆屠杀。据说30万大军，只有阿塔巴祖斯率领的4万逃出围剿。而希腊这边，为保卫希腊而战死的是1360人，其中有52位雅典人，均为伊安蒂斯部族的成员。根据克勒德穆斯的说法，他们在这次战斗中表现得比任何一个部族的成员都英勇（正是基于这个缘故，这个部族的人员为了获得胜利，习惯上由他们向山林水泽女神弗拉吉蒂德供奉祭品，费用由公共资金支出）。拉斯地蒙人和特基亚人分别阵亡91人和16人。令人费解的是，据希罗多德的描述，在这次战役中只有这些人与敌人发生了激战，而其他城市的人并没有与敌人发生激战。然而，从杀敌的数量和纪念碑的记载方面来看，获得胜利是全体希腊人共同努力的结果，如果只有这三个城邦去作战，其余的人只是置身事外静观其变的话，那么祭坛上面就不应该刻上这样的铭文：

希腊人慷慨激昂英勇无惧，
不畏艰险同心协力击败强敌，
重获自由，建此圣堂，
丰功伟绩，彪炳千古，
感恩神明，勉励后人。

按照雅典人的记载，这场战争是在波伊卓缪月的第四天进行的，但按贝奥提亚人的历法就是帕涅穆斯月的第二十七天（即7月27日）。每年的这一天，希腊议会在普拉提亚集会，普拉提亚人向拯救者朱庇特奉献祭品。这个日期的算法有很大差别倒也不足为怪，就连科技发达的今天，天文数据远比过去精确许多，但就月份的开始和结束，每个地方的时间也不可能完全统一。

战后，雅典人不愿授予拉斯地蒙人最高的英勇奖，也不允许他们私自建立胜利纪念碑。若非阿里斯泰德极力安抚和劝告，武装的希腊人产生的冲突使得态势的发展更不可收拾，尤其是勒奥克拉特斯和米罗尼德斯，说服他们将问题提交希腊人做出最后决定。于是在希腊人的会议上，墨伽拉人特奥格通公开宣称，为了防止雅典人和斯巴达人之间进行一场内战，就必须把英勇奖授予另外一座城邦。对此问题科林斯人克勒奥克里特起立发言，大家原本都认为他将为科林斯人要求英勇奖（因为科林斯仅次于斯巴达和雅典，受到极大的尊重），但等他讲完话后，大家感到非常意外又高兴不已，因为他支持把此奖授予普拉提亚人，并建议在授奖的问题上大家不必再争持下去，因为这对争执的双方都没有好处，只能使双方互相仇视，甚至大动干戈，不利于希腊各城邦的战后稳定。对此项提议阿里斯泰德首先代表雅典人表示同意，然后保萨尼阿德代表斯巴达人表示赞成。于是在中立人士的调停之下，他们从战利品中为普拉提亚人划拨出80个泰伦，用这笔钱重建雅典娜的圣殿，建立神龛，并且用壁画装饰殿内所有建筑物，这些壁画雕刻精良，直到今天其辉煌宏大之气依然不减。而拉斯地蒙人和雅典人则自己出资分别建立各自的战胜纪念碑。当他们奉献祭品请求神明赐予神谕时，阿波罗神指出，他们要为拯救者朱庇特建造一座圣坛，但要等全国的火种熄灭之后才能使用这个圣坛做献祭，因为这些神圣的象征已经受到蛮族人的猥亵和玷污，要在德尔菲的大祭坛里重新点燃未受污染的圣火。于是希腊的司令官立刻出发前往各处，命令所有用火的人将火熄灭。这时一位名叫欧基达斯的普拉提亚人答应尽可能以最快的速度带来圣火，他迅速由普拉提亚出发前往德尔菲。在德尔菲他以圣水净身，头上戴着月桂叶的冠冕，然后从祭坛引燃圣火后，动身跑回普拉提亚，在日落以前赶回目的地。他一天的行程是100弗隆（约为200千米），在他向自己的同胞致敬以后献上携回的圣火，便倒在了地上，没过一会儿工夫便因精疲力竭而死。为了表示对他的赞美和感谢，普拉提亚人将他葬在雅典娜女神的圣殿里面，而他的墓碑上篆刻着这样的铭文："欧基达斯为取圣火，奔赴圣殿，一日之内，往返圣殿。"现在大多数人都认为优克利亚就是雅典娜，于是也这么称呼她。但也有人说她是赫拉克勒斯和米尔托的女儿（米尔托是墨诺提乌斯的女儿，帕特洛克罗斯的妹妹），据说她到死都保持处女之身，受到贝奥提亚人和洛克里亚人的祭祀和崇拜。他们在每个市场区的圣坛都设置她的祭坛和雕像，其接受即将结为夫妇的新郎和新娘的献祭。

希腊人召开全民大会，会上阿里斯泰德建议颁布一项法令，大意是希望希腊各城各邦的使节团体和宗教代表，每年在普拉提亚聚会一次，每四年举行一次为庆祝重获自由而举办的伊疏瑟里亚竞技比赛。为抵御蛮族人的进犯，他面向全希腊征召10000名长矛兵、1000名骑兵和100艘各型战舰；他建议普拉提亚人免于兵役，负起服侍神明的神圣义务，为全希腊人民的福祉奉献牲口和祭品。这些事项被批准以后，普拉提亚人每年为那些战死沙场的希腊人做葬仪祭献，直到今天这个仪式仍按下面的流程来进行。在梅马特里昂月（这是贝奥提亚人的阿拉克墨尼月）的第十六天即1月16日，他们会定期举行纪念游行。这一天在喇叭手们的号角声中逐渐揭开了新一轮红日的面纱，他们展开整天的游行列队，乐队后边紧接着的是一排排整齐的战车，车上满载用各式装饰品，然后是一头黑色的公牛，紧接着是一群青年，他们双手捧着装有献祭要用的葡萄酒和牛奶的大瓮，还有些人端着装满橄榄油和贵重香料的大罐子。凡是处于奴役中的人员都不允许担任这些工作，也禁止进入献祭场所参加庆典，因为要献祭的是为保卫自由权利而血洒疆场的英灵。所有人员到达以后，普拉提亚的首席执行长官（遵照希腊的律法，他在平日不可以触碰任何兵器，只能穿着白色的衣袍）此时穿一件紫色的长达膝盖的短袖束腰官服，持剑前行，携带一只水罐离开市政厅经过城镇的中央抵达墓地，然后拿着水罐从一道清泉中汲水，对纪念碑的小石柱进行清洗和净化的仪式，在搭成的木堆上面宰杀公牛作为献祭的祭拜，向来到尘世的朱庇特和麦丘里祈求赐予保佑，邀请为保家卫国而牺牲的英灵，召唤为希腊献身的勇士们前来宴饮丰富的血汁，然后将酒乳参合，倾一杯奠酒，说这么一句话："让我们为那些为希腊的自由而战死沙场的勇士们干杯！"对于这种庄严的典礼，普拉提亚直到今天还奉行不渝。

等到雅典人返回自己的城邦之后，阿里斯泰德看出人们愿意接受形式上更为民主的政府。根据人民的英勇行为，他认为他们的要求是值得考虑的，同时也认识到要强迫人民放弃他们自己的愿望已绝非易事，何况现在他们拥有强大的武器，而且由于胜利而变得意气昂扬，于是他颁布一条法令——各阶级人民均享有城市行政的权利，各城首席执行官从全体雅典人中遴选。

提米斯托克利曾一度向人民宣布，说他拟具一项措施而且事关城邦的利益和安全，但不能公开宣布。于是他们就委派阿里斯泰德单独去听取这项措施的内容，与他进行商讨以后再做决定。提米斯托克利告诉阿里斯泰德说，他打算烧毁希腊联军的军械库，因为这样一来雅典就是整个希腊最强大的城邦，而且一定能成为各城邦的霸主。阿里斯泰德回到市民大会，将提米斯托克利的建议告知大家，并且说这种做法虽然能使城邦暂时获得利益，但这种背信弃义的做法将使雅典失信于众人，背上背信弃义的骂名，而且伴随着独裁统治而来的毫无法纪的专权行为必将带来更大的祸害。雅典人听到这番话立即下令让提米斯托克利放弃他愚蠢的想法，不要轻举妄动。人民是如此热爱正义，而他们又是那么地信任阿里斯泰德。

阿里斯泰德和西门参加战争委员会议，见到保萨尼阿德和其他一些斯巴达将军对联军傲慢无礼，态度十分蛮横狂妄。他依然以温和谦逊的态度与他们交往，并力劝西门宽厚待人，与他们和睦相处，他通过言传身教，以温和谦让的处世态度和彬彬有礼的待人接物方式在远征军里渐渐赢得了认可，从而使他们从拉斯地蒙人手中取得了军队的绝对指挥权。但是这一切的获得，并不是依靠盔甲武士、战船或骑兵，而是凭着他的机智和灵活的外交才干，在斯巴达人毫无防备的情况下取得了他们的最高军事领导权。阿里斯泰德的大义凛然、通情达理和西门的稳健节制、温和谦让，与保萨尼阿德的独裁专制和严酷残暴形成鲜明的对比，使得希腊人对阿里斯泰德和西门心悦诚服，爱戴有加。斯巴达的将领们无论出于任何状况，都用粗暴和残忍的言行对待联军的指挥官们，而他们惩处普通的士卒时一般采用无情的鞭笞或者令其背负沉重的铁锚罚站一天，如果斯巴达人没有先行获得军需供应，其他人妄想拿到秸秆铺床休息，也不能拿到草料喂他们的马匹，如果他们想把牲口牵到附近的有水源的地方饮水的话，他们的奴隶就会拿着鞭子赶走那些妄想接近的人，在这种严酷的专制下，士兵们怨声载道。阿里斯泰德有一次忍不住发出了牢骚，当着保萨尼阿德的面提出抗议，然而保萨尼阿德却对他怒目相向，推说自己无暇顾及这些闲事，很显然根本是抱着置之不理的态度。后来问题终于爆发了，那些水师的舰长和陆军的将领们，尤其是开俄斯人、萨摩斯人和列士波斯人，全都来会见阿里斯泰德，要求他出任主帅，将整个联军纳入他的统辖之内，由他全权指挥，长久以来他们一直试图摆脱斯巴达人的残暴统治，投向雅典的阵营。而阿里斯泰德却回答说，他们的建议只是权宜之计，而就他而言要信守公平和互信的原则，他们的行动要经得起忠诚的考验，委员会不可能让大家更改决定的事项。于是萨摩斯人乌利亚德斯和基亚人安塔格拉斯一起密谋起事。此时，保萨尼阿德的战舰正驱船前往前方战线，趁着他的座舰位于全舰前面，二人准备从两侧包抄围攻，在拜占庭附近撞坏了他的战舰。保萨尼阿德见此情形，简直暴跳如雷，号令全舰奋力抵抗并提出严辞威胁，说他们这样背信弃义，过不了多久全世界就会看到这群叛徒撞坏的不是他的战舰而是他们自己的城邦。可是他们不仅不理会保萨尼阿德的这些陈词滥调，而且指出如果他现在乖乖地放弃就不对他横加为难，使他可以全身而退，并对他说他应该感谢普拉提亚一役中他的好运。对于他曾经那些严酷残暴的行为，希腊人尚未对他给予应有的惩罚是因为希腊人对命运仍有敬畏之感。总而言之，他们已经脱离斯巴达人的统治，加入雅典人的阵营了。拉斯地蒙人后来能够保持豁达的气度，这一点让众人惊奇不已。等到斯巴达当局得知这些将领皆因权倾朝野而变得腐败堕落的那一刻，他们主动放弃了联军统帅的权责，不再委派他们其中的任何一位参加军事行动，而为了遵守他们的传统习俗，选任一些性格宽厚，待人接物彬彬有礼且原则性很强的市民担任军政要职，哪怕这意味着无法获得希腊的全部疆域，他们也在所不惜。

甚至就在拉斯地蒙人指挥联军时期，希腊人仍旧愿意支付一笔贡金，来维持整个战事的军用所需。他们的想法是按照各城邦的财产和支付能力的比例确定应支付费用的数额。当时阿里斯泰德手握重权，负责调查各城各邦的疆域面积和税收状况，然后根据各城邦的总财产和实际支付能力，确定他们应该担负的金额。虽然那时候希腊差不多全部财产都掌握在他一人手中，可是他廉洁奉公、大公无私，等到他交差时他依然两袖清风甚至比刚开始还要贫穷。他处理与税收相关的事宜时不仅没有丝毫徇私枉法和中饱私囊的做法，而且还使所有人都感到满意和便利。正如古时候人们歌颂农神时代，称之为“四海升平，八方归一”，雅典的盟邦也将阿里斯泰德的简政轻役时期视为希腊最幸福的时期，其最令人印象深刻之处，在于征收的总额短期内增加到两倍之多，迅速达到原来三成的目标。当初阿里斯泰德估定的税收总额只是460泰伦，等到伯里克利执政时期他将这个数目增加了将近三分之一，根据修昔底德的说法，当伯罗奔尼撒战争开始时，雅典人由联邦处获得600泰伦。伯里克利死后，政治野心家们又把它逐年增加，直到把总数增加到1300泰伦，这些并非由于战争延长以及战局变化造成军费开支的激长，而是由于将领们带头引导人民进行奢侈的宴会，浪费公款，以及大肆兴建神像、神殿所造成的资金浪费。

阿里斯泰德在征集税金的问题上，方法得当，备受赞扬。但据说提米斯托克利曾嘲笑他仅是一个“地地道道的钱袋”而已，最大的功劳就是“有进无出”，不过这种嘲讽反倒使阿里斯泰德更受人们的敬重。早前有一次提米斯托克利说起怎样能成为一个良将时指出：一个将领擅武者过千，有能者过百，而有德者寡也！而一个将领最关键就是要有武德，遇事沉着、心思缜密，在遇到战事时不可鲁莽行事，草率结论。兵家有云：“知己知彼百战百胜。”一定要在认真分析敌情的情况下发起行动。这时阿里斯泰德很平淡地回答说：“这，的确是需要的，不过老实说，这方面的问题倒也很简单，要成为一位名副其实的大将军，值得尊敬的事情是他能控制他的手指——不要对那些军费指手画脚。”

此外，阿里斯泰德使得希腊全体民众都许诺自愿保持联盟政体，他代表雅典许下重誓，并把烧红的烙铁扔入海中，凡是违背盟约的人都会受到天神的惩罚。但随着后来形势的变化，他们不得不采取更强硬的态度进行统治，他规劝雅典人抛弃那些虚伪不实的欺骗手法，而用真诚便捷的方式来处理事务。正如特奥菲拉斯特所述的那样，普遍说来，阿里斯泰德这个人向来都是公正严明，从不徇私枉法或偏袒包庇，无论是在处理自己的私人事务还是在处理与自己有关的人事问题上，他都立场坚定决不通融，至于关乎国家利益的相关事宜，他一定遵照政策方针，哪怕违背正义也在所不惜。据记载，在一次关于联邦金库迁移的辩论会上，萨摩斯人提出将金库由提洛岛迁至雅典，当然这个提议是不合盟约规定的。阿里斯泰德发言时称，这个议案虽然违背了盟约规定，不合公正的要求，但是这无疑是解决当前危机的良策。总而言之，他扩张城市的版图，容纳更多的人民，建立了强大的联邦帝国，但是他本人仍旧两袖清风、安于贫困、怡然自得，自认为作为一个穷人而获得声誉并不比打了胜仗而获得声誉差。下面这段故事足以说明。执炬者卡利阿斯是他的亲戚，受到仇人的指控犯下十恶不赦的罪行，由于在正常的起诉范围之内只能对他提出比较和缓的指责，起诉人超越了起诉范围，向法官做如下申诉："人尽皆知吕西马克斯的儿子阿里斯泰德在希腊是鼎鼎大名的大人物。当你看见他穿得寒碜不堪地出现在公众场合时，难道你还不知道他的家庭在家族之中是处于何种情形吗？这个人外出时要忍饥挨饿，难道他是一个家产丰裕的人吗？也许他家连生活必备的衣食也无法满足吧？卡利阿斯，他的表哥，一个富可敌国的大亨，曾经受到他多少庇护和恩惠，由于他的关照经常获得很大的好处，现在对于他本人或他的妻儿和女儿陷入如此窘迫之境，竟然袖手旁观不愿给予任何帮助。"卡利阿斯见到这个指控定会激怒法官们，给他带来不利的判决，于是将阿里斯泰德请来在法官面前做证。他证明卡利阿斯虽然常想周济他，并恳求他收下馈赠，可是他都毅然回绝了，因为他觉得这种清贫怡然、与世无争的状态比受惠于人、处处受限来得更实在、更有意义。财富如云烟，聚散总未定，而对于财富的驾驭更是无法估计，时好时坏，漂浮不定。这个世界上没钱的人不少，而最难能可贵的是一个人穷得有骨气，安贫乐道，恬于进取。只有那些没有办法，不得已而受穷的人才会人穷志短、嫌贫爱富。当阿里斯泰德为卡利阿斯作证之后，在场所有的听众都觉得宁愿像阿里斯泰德那样清贫自得，也不愿像卡利阿斯那样"穷得只剩下钱"般富有。总之，这段故事是苏格拉底的门徒司契尼斯所讲述的。柏拉图曾提及在雅典这个城邦中所有享盛名的大人物中，只有一位是名副其实经得起考验的，那就是——阿里斯泰德。而提米斯托克利、西门或伯里克利之辈使得整个雅典城充满了廊柱、财富以及不计其数的奢华物品，唯有阿里斯泰德修身养性，把"德行"作为毕生的追求目标，终身以身作则、奉行不渝，通过坚持公平正义的原则将整个城邦引入一个政治文明与精神文明日趋和谐的轨道。

对待提米斯托克利的态度，也能充分证明阿里斯泰德是心胸宽广、通情达理之人。众所周知提米斯托克利一直是他的政敌，后来阿里斯泰德也因为他的指控而被放逐。当提米斯托克利受到全城的质疑和指控时，当阿尔克米昂、西门和其他人士毫不留情地指控和谴责提米斯托克利时，他原本可以借此机会如法炮制地报昔日之仇，但他没有这样，而是选择了一个更为豁达的态度，他并没有对提米斯托克利做出任何不利的言行或举动，即使当时他对提米斯托克利仍然怀恨在心。当这位政敌一帆风顺、飞黄腾达时，他也没有半点嫉妒或谄媚之心，当他深陷责难、处于困境之时，他也不会幸灾乐祸、落井下石。

谈到阿里斯泰德的逝世真可谓众说纷纭。有人说他是在外出执行公务时死在本都（黑海南岸古王国）；有人说作为一个德高望重的老者，他在雅典寿终正寝。但马其顿人科拉提鲁斯谈到他过世之事，提到了这样一些情况，说是在提米斯托克利被放逐后，人民似乎变得桀骜不驯、傲慢无礼，于是产生一批趋炎附势的小人，专门去检举和诽谤那些城中赫赫有名的风云人物，在嫉妒的民众面前对其恶意诽谤、横加指责。这些人因为利欲熏心和因妒生恨而变得更加蛮横自负。在这些被污蔑和诽谤的人里面当然少不了阿里斯泰德，他被安菲特罗普区的戴奥方都斯指控受贿的罪行——说是在征收税款的时候，他接受了爱奥尼亚人的财物。由于阿里斯泰德没有能力支付50迈纳的罚金，不得已乘船出走，最后死于爱奥尼亚某地。科拉提鲁斯的说法现在也存在很多争议，因为无论是定罪的判决还是人们的裁决，都没有史料依据。虽然对其他的案件能提出确凿的人证物证，但它更像是矫揉造作的文学作品。有关希腊人对待他们的领袖人物的那些毫无公平正义可言的荒唐行为，所有的史学家都是众口一词，总是对那些震惊世人者大肆描写渲染，比如说提米斯托克利的流放、密蒂阿德被监禁、伯里克利被罚以及帕奇斯之死等事例。虽然他们也把阿里斯泰德被放逐列入其中，但至于他究竟犯了何种罪行，倒也无人提及。

再者，人们也提及他的坟墓在费勒隆，据说是城市集资为他修建的，因为他遗留下来的财物甚至连料理丧事的费用都不够。人们还说他的两个女儿是在公众大会堂里以公费结婚的，经过市民大会同意由公家、政府赠送给他儿子价值100迈纳的财物，还有若干亩田产。后经亚基比德提议，同意支付每日4德拉马克的津贴，而这一切都列在亚基比德提出的一项法案之内。此外，据卡利斯特涅斯说，吕西马克斯死后遗下一女，经市民大会投票通过，她享有与奥林匹克竞赛获得优胜的选手一样的待遇——给予食物和生活补助。费勒隆人德米特里、罗德岛人希罗尼莫斯、音乐家阿里斯托克赛诺斯和亚里士多德（假定《论崇高》一书为亚里士多德的真实的作品），都曾提及阿里斯泰德的孙女米尔托曾与哲学家苏格拉底生活在一起，苏格拉底已有妻子，只是因为米尔托贫穷寡居，无以为生才把她收留的。但是对这些事帕奈提奥斯在他论述苏格拉底的著作中已做了充分的驳斥。这个费勒隆人德米特里还在他的《苏格拉底传》一书中说，说苏格拉底知道有个名叫吕西马克斯的人，他是个很穷的人，靠简板为人解梦占卜为生，地点是在靠近一处叫作伊阿克乌姆的地方。德墨特琉斯在市民大会上，劝说人民以正式法令的形式，对此人的母亲和姑母支付一天半个德拉马克的生活补助。就是这位德米特里后来负责制定法律的工作，立下规定要给这些妇人每天一个德拉马克的津贴。人民知悉亚里斯托杰顿的孙女在林诺斯岛，生活艰难，因为贫穷而不能结婚，于是他们将她带回雅典城中，许配给一个家世良好的男子，并赠予潘达斯一处田庄当作嫁妆。这所城市的恩典和仁慈的例子举不胜举，而且这种友善之风仍盛行不衰，赢得世人的赞誉和钦佩。

亚基比德传

亚基比德的家世从父系这方面来说，源于优里萨西斯家族（这个家族历史悠久且家业雄厚），他是埃杰克斯之子；在母系这边，母亲——狄诺马克属李艾阿尔克米昂家族，是麦加克利的女儿。他的父亲克莱尼阿斯自己出钱装配了一艘战船，在阿提米修姆海战中获得极高的荣誉。后来雅典与皮奥亚发生战争，克莱尼阿斯在克罗尼亚会战中为国捐躯、战死沙场。詹第帕斯的儿子伯里克利和亚里费昂是他的近亲，成为亚基比德的监护人。据称苏格拉底与亚基比德的友谊使他获得了极大的名声，这种说法也不无道理。就拿与他同时代的知名人士来说，尼西阿斯、笛摩昔尼斯、拉马克斯、福米昂、色拉西布拉斯、色拉米尼斯等人没有作者提到他们的母亲，然而我们却连亚基比德生活中的一些无关紧要的小人物也知道，他的生活助理是一个名叫阿明克拉的拉斯地蒙人，佐庇鲁斯是他的家庭教师。安蒂赛尼斯在著作中提到其中一位，另外那位柏拉图也曾谈起过。如果不提亚基比德英俊的面庞和健美的身材，总会让人觉得有意犹未尽之感。亚基比德是当时出名的美男子，无论在年幼、青年时代或成人以后，都能永葆迷人的容貌和优雅的气质，使得每一个见到他的人都为之倾心不已。至于这一点，优里庇德有诗为证：

汝即世间美男子，
英俊潇洒风流倜傥，
才高八斗文韬武略，
有万夫难敌之威风！

虽然亚基比德具备这方面的优越条件，对少数特定人士而言，还是他那与生俱来的意气风发和喜笑颜开的气质更让人钦佩不已。

有人说他讲话的时候有些口齿不清，不过这样反倒对他更有好处，快速的语调凸显出他仁厚和诚挚的个性，使他的表达更具亲和力和说服力。亚力托法尼斯特别注意到了这一点，他提及迪奥鲁斯的一句诗词有这样描述："他简直就像一只活脱脱的乌鸦！"取笑亚基比德在朗诵的时候，把乌鸦这个字"corax"念成"colax"[①]。所以他特别写出：

汝语则含含混混嘈嘈杂杂，
似莺莺燕燕叽叽喳喳有谁明？
吾自悠悠闲闲安安静静笑看风生！

阿契帕斯也用一首诗来取笑亚基比德的儿子：

虎父何如有犬子，
纵身奢侈无节制，
长袍沾泥不禁湿，
举手投足冠不正
说话不免欠清晰。

① 这是一种耳朵的鼓室上的隐窝导致的口齿不清或由于说话过快导致发音不清晰，让"r"的发音听起来像"l"。colax意思是"谄媚者、马屁精"；corax意思是"乌鸦"。

亚基比德的行为呈现出前后矛盾、变化多端且不拘一格的特点，与他丰富多彩的人生阅历和其所经历的社会变迁配合得丝丝入扣，这也是非常自然的道理。他的真实性格是满腔热血、激情澎湃，而这其中最能使他在当代人物之中脱颖而出的是他表现出的豪爽率真和勃勃雄心以及优越过人的自负，使他鹤立鸡群格外显眼。他在儿童时期的那些奇闻趣事，现今已经成为家喻户晓、脍炙人口的茶余谈资了。他在一次摔跤比赛中，当比赛进入了关键阶段，双方旗鼓相当不分高下时，他紧抓对手不放，生怕掀翻以后被压制在地，就用嘴用力咬对方的手好让他松开。不久对手便松开手，说道："亚基比德，你咬我！你简直就像个娘们儿！""不对！"亚基比德说道，"我咬起来当然是一头发怒的雄狮！"还有一次他与其他的孩子在街道上玩骰子游戏，轮到他掷骰子的时候恰好有一辆载重的大货车驶了过来，而他的骰子正好掷在车辆要前行的路面，亚基比德小小年纪却嚷嚷着要车夫先将车停下来，车夫当然不会理会这个黄毛小子，径直地将车子开着继续前进。这时候其他儿童都急忙四散逃开，只有亚基比德面对着大货车，躺在货车前行的地上，将身体延展开来几乎是要铺在路上一样，还不时地吩咐那位车夫，只要他执意驱车前行，那就从他身上碾过去。货车司机大吃一惊，赶快向后拉紧马匹缰绳停止前进，所有看到此事的人都惊恐万分，赶紧跑去把亚基比德从地上拽起来。当他开始上学时，一向尊敬师长、唯命是听，唯独拒绝学习吹奏长笛，并认为这是一件低贱而平庸之事，只会使人沉溺声乐而消磨斗志，不是一个拥有自由权利的市民应有的举动。他给出的解释是演奏琵琶和竖琴，至少不会损害到一个人的肌理和面容，然而一个人要是在吹奏笛子，即使是再亲密的朋友也不能让其看见。此外，在演奏竖琴的同时还可以说话或唱歌，吹奏笛子要用嘴，使得自己无法发出其他的声音，阻碍了所有与他人的沟通交流。"因此，"他说道，"让底比斯的年轻人去吹奏排箫，他们甚至还不知道如何用言语来表达。而拿我们这些雅典人来说，我们的祖先曾告诉我们，智慧女神密涅瓦是我们的奠基者，阿波罗是我们的守护神，而他们其中一位将笛子扔掉，另外一位则剥去吹笛者的皮。"因此，亚基比德不仅不让自己学吹笛，也不让别人去学。一时间街头巷尾的孩子们都在谈论这件事，说亚基比德自己瞧不起吹奏笛子这门行当，还去嘲弄那些学习吹笛的人。由于这件事的影响，笛子演奏竟在众多自由艺术技能中被排除开来，以致后来这门技艺竟被忽略了，不再列入学习的课程。

有史可查，安蒂奉曾写过许多抨击亚基比德的文章，文章中不乏恶语谩骂。书中还提及当亚基比德还是一个小孩的时候，就从监护人的家中逃出来，跑到德莫克拉底那里。伯里克利和亚里费昂是他的合法监护人，如果此事伯里克利出面都无法圆满解决，就只得让德莫克拉底将他送回去，亚里费昂决定为这件事发布一份公告，大意是说——如果亚基比德不幸逝世，此后总有一天大家会明了事实真相；如果他安然无恙，那么他的一生都将受到谴责。同时安蒂奉还提到，亚基比德在西拜久斯的角力训练场，曾经亲手用杖打死自己的仆人。对于上述事件我们完全相信，我个人觉得是不理智的，因为这些很可能是政敌们为了恶意中伤和诽谤亚基比德而杜撰出来的。

一个才华横溢、玉树临风的人总是会得到大多数人的钟爱，这当然是一个毋庸置疑的真理。亚基比德仅凭着过人的才华和出众的面容，吸引许多身生名门、德高望重的人士，他们都想成为他的同伴。那些人不断对他表示爱慕并大献殷勤，甚至有时陷入迷恋不能自拔的地步。唯有苏格拉底关怀他的心灵，认为这个儿童自孩提时代开始便有超凡脱俗的气质和温文尔雅的性情，此外，英俊潇洒的面庞再加上他庞大的家族财富和显赫的家世门第，众多的外乡人和雅典人不断地阿谀奉承，最后总会使他败坏堕落。苏格拉底决定要尽一切可能阻止这种情形的发生，就像一棵生机盎然的植物，必须在其还很娇小的时候，细心呵护使其免受外界的摧残，才能在百果飘香之际收获丰硕的果实。从来没有一个人像亚基比德那样获得命运的如此厚待——世间财物总是围绕其身以致终其一生腰缠万贯，世俗伦理的武器始终给予其保护，个人的弱点始终获得大众的庇护和宽恕。他从人生的一开始便暴露在众人的阿谀奉承之下，那些人都是为了寻求他的喜悦，久而久之使他迷失心智混淆视听，以致厌恶听取逆耳之言，不再接受名师的谏言。他的聪明才智，使他能够辨识苏格拉底的与众不同，使他对苏格拉底钦佩崇拜，同时使他厌恶整天围绕在他身边谄媚的达官显贵，以致他将那些财主和贵族们统统赶走。在一段时间里亚基比德与苏格拉底交情甚笃，可谓亲密无间，现在他能听到的言语，再也不带任何矫揉造作的谄媚之调，那些毫无男子汉气概的习性以及荒唐不羁的夸耀，全部都一扫而空。他发现苏格拉底在让他探索自己心灵的缺陷，抑制内心曾经毫无理智的虚荣和狂妄自大的傲慢：

“恰似羸弱怯战的公鸡，拖着一双软绵绵的翅膀。”

事实上，亚基比德认为苏格拉底正是神明在人间的化身，他从事的工作正是神明在人间所做的工作——呵护和保护年轻人[①]。从此，他不再目无他人、妄自尊大，而是全心全意推崇他的朋友，赞誉他们的智慧。仁慈使他感到无比愉悦，他的德行使他产生敬畏之心，不知不觉在内心中形成一种自省的理念，觉察到真爱的存在或者就如同柏拉图所说的安忒洛斯[②]神之爱，是一种能够摒弃邪恶的情欲，也是一种奉献。大家经常看到亚基比德与苏格拉底在一起用餐和一起参加户外运动，甚至有时二人还同住一顶帐篷之内，都不禁啧啧称奇。然而他对那些极尽所能讨好他或对他大献殷勤的人，言语之间非常粗鲁，行动举止还是同样的傲慢无礼，特别是对那个极其喜爱和崇拜他的人——安赛蜜昂之子安尼都斯。一次，安尼都斯举行宴会招待一些外乡人，于是他便邀请亚基比德参加。亚基比德却毫不留情地拒绝了，还召集一些同伴在自己家里饮酒作乐，然后再到安尼都斯那里去捣乱。安尼都斯和客人们都在客房里饮宴，亚基比德在门口看到餐桌上面摆满了大大小小、各式各样金银器皿和酒具，随即命令仆人们拿走一半带回自己家里，而且不进去和主人打招呼，丝毫不给主人面子，等到东西一拿走他便欣然离开了。参加宴会的人都非常气愤，纷纷指责，说亚基比德行为粗鲁、蛮横无理而且不懂礼数、有失身份。不过，针对拿走东西这件事，安尼都斯倒是有不同的看法，认为他拿去一半已经很够意思，因为他完全有权全部带走。

---

① 这里暗示一个巧妙的逻辑推理，他在这里引证提修斯的一生是想说明自己就是那个上天派来专门保护青少年成长的人。

② 爱神厄洛斯和相爱之神安忒洛斯，爱与再爱，是指一种能摒弃邪恶情欲的爱。

亚基比德就是用这种方式对待那些向他大献殷勤的人们，只有一位外乡人使他另眼相看。故事是这样的，这个人来自一个拥有少许田产的小康之家，他将全部产业卖掉得到100司塔特银币，然而他却把这笔钱当成礼物送给亚基比德，而且还用非常诚恳的态度请求他接受。亚基比德会心一笑，对于这件事他既感动又高兴，于是便邀请那个外乡人前来享用晚膳，在丰盛的款待之后，又赠给那个人不少黄金，并悉心交代他不要错过第二天城邦公开拍卖土地的租约，这是一个大好机会，他应该出高价去竞标。外乡人听后立即恳求原谅，因为这个土地租赁合同包括很多项目，要支付大量泰伦的压标金。那个时候亚基比德正好对现任的承包商极度不满，于是便威胁这个人，如果他拒绝就会遭到一顿毒打。这位外乡人在第二天早晨来到公共会场，提出的标价比现在的承办金额要多1泰伦，这使得那些租税承包人大怒，然后一起商量对策，要他立即列举出几位保证人的名字，他们在盘算和打量以后认为他应该是一个人都找不到。囊空如洗的外乡人听到这个要求不禁有些害怕和胆怯，准备撒手退出、听之任之的时候，亚基比德站在不远处，大声向那里的官员喊道："把我的名字记下，这个人是我的一个朋友，我愿意为他担保。"当其他投标人听到亚基比德开口，就知道所有的图谋都被他打败，按照他们的做法是用第二年的利润来支付前一年的租金，这样一来，他们找不到任何办法解救当前所遭遇的困境。于是他们开始乞求这位外乡人高抬贵手，并承诺愿意支付给他一大笔钱。亚基比德的要价是一分钱都不能少，等到他们支付以后，他就要这位外乡人解除承包的租约。

因为与亚基比德交好的缘故，苏格拉底树敌不少而且大多都是些有钱有势的达官贵人。即使如此，亚基比德天赋异禀的优异特质，使他更加钦佩和爱戴苏格拉底，这也使得苏格拉底在众多政敌的诋毁和攻击中能站稳脚跟。苏格拉底的言辞对亚基比德产生极大影响，不仅会使他情不自禁地悲恸哭泣，还能使他的灵魂为之一颤达到灵与肉合一。而此时，苏格拉底便会紧追不放，把亚基比德看作一个漂泊不定的逃亡奴隶（当然这里所指的是他被金钱权势奴役，时而纵身声色犬马而不能自拔）。亚基比德有时也会放纵自己，让自己沉溺在阿谀谄媚和酒色犬马之中，这时他便全然忽视苏格拉底的存在和教诲。亚基比德眼高于顶、蛮横自负，除了苏格拉底以外，他几乎不尊敬或畏惧任何一个人。后来哲学家克利底斯曾经对追随他的门人谈起，苏格拉底只能控制亚基比德的耳朵，而他的对手却占有亚基比德的身体的其他部分。亚基比德很容易沉溺于阿谀奉承的谄媚之中，这是显而易见的事；修昔底德对亚基比德的生活方式有更详尽的描述，也曾描述亚基比德那些毫无节制和过分奢华甚至糜烂的生活作风，这当然使人深信不疑。那些极尽脑汁想要使亚基比德腐败和堕落的人，正是抓住了亚基比德狂妄自大和野心勃勃的弱点，并对其弱点加以利用，促使他毫不迟疑、毫无理由地从事冒险的行动，而且尽力说服他——说只要他涉足政坛，关心公共事务，定会让其他的将领和政客大失颜色，而且还会超越伯里克利在希腊获得的权威和名誉。同理，就像坚硬的烙铁经过烈焰的冶炼，便会变得柔软如酥，加以猝火由柔化刚，所谓百炼成钢也！因此，苏格拉底经常看到亚基比德为奢侈腐败或虚荣狂妄所误导，便不断地对他加以开导、规劝和纠正。为了使亚基比德养成谦卑辞让和稳重大方的德行，苏格拉底经常把他在各方面所犯的错误或缺失提出来，与此同时让他知道距离完美的道德境界，还有多么长的一段路要走。

亚基比德幼年时曾经就读于一所文法学校。他曾向老师请教关于荷马的一部作品，然而他从得到的答案看出，这位老师对荷马一无所知。一怒之下，亚基比德给了老师一拳便气冲冲地离开了这所学校。另外有一位老师告诉亚基比德，说他曾经亲自校对过荷马作品中的错处，听到这里，亚基比德说道：“什么！这怎么可能？你要是能校正荷马作品中的错误，怎么可能被聘请来教小孩子朗读呢？如果真是那样，那你就应该去教成人才对！”曾有一次，亚基比德有事想要与伯里克利谈一谈，于是便登门造访，到达伯里克利的府邸之后被告知伯里克利无暇迎客，因为他正忙于考虑到底应该给雅典人怎样报告才好，所以没有闲暇与他商谈。亚基比德愤然离去，过后对外人说道：“伯里克利最好多思量思量，尽量不要向雅典人提出报告。”

当亚基比德还是青年小伙的时候，曾从军参加讨伐波蒂迪亚的远征行动，那时他与苏格拉底同住在一个军帐之中，而且会战的位置也是紧临的两列。而这里曾遭遇非常激烈的前哨战斗，两个人的表现都异常英勇。在战斗中亚基比德不慎负伤，苏格拉底立即冲上前去，用自己的身体护住亚基比德，在全军的注视之下，排除万难，从敌人的手里救出他的性命和武器。因此，不论从什么标准来看，苏格拉底英勇无惧、舍己救人的高尚行为应该受到嘉奖，理所应当将英勇勋章赐予他。但是这些将领却判定英勇勋章应该授予亚基比德，这完全是亚基比德有高贵的阶级出身和显赫的社会地位的缘故。虽然苏格拉底志不在此，但是他也渴望得到更为高贵的荣誉。最后，是亚基比德挺身而出为他做证，强迫那些将领把奖励英勇的桂冠戴在苏格拉底的头上，要求他们将全副铠甲赠予他。而后两人共同参加了迪利姆会战，雅典人打了败仗，苏格拉底和一个小分队徒步后撤，而亚基比德骑着一匹马，亚基比德看到这种境况便坚持留下掩护苏格拉底撤退，尽管后有追兵穷追不舍，许多士兵被杀，但是亚基比德在自己与苏格拉底同处危难之际毅然选择给予其掩护，一直到苏格拉底逃出敌人尾追阻截获得安全为止。只不过这件事发生在相当一段时间以后。

亚基比德曾经扇了希波尼库斯一个耳光，而希波尼库斯是凯利阿斯的父亲，凭着他的高贵出身和庞大家业在城中享有极高的名望和权势。二人之间并没有发生任何摩擦或争吵，亚基比德这样做完全是无厘头的胡闹，只是向他的同伴们炫耀自己敢开这种恶意的玩笑而已。消息不胫而走，很快全城都知道这件事情，人们对这种傲慢无礼的行为表示极端的厌恶。第二天，亚基比德一早便来到希波尼库斯的住处，敲开了他家的大门，在获准进入以后，亚基比德脱下自己的衣服，赤裸裸地站在那里，请求希波尼库斯尽量给予鞭打和惩罚。亚基比德负荆请罪知错能改的行为，使希波尼库斯非常欣慰，昨日的怨恨一下子跑到了九霄云外，这时不仅原谅他的冒失和无礼，而且还把自己的女儿希帕里特许配给他。据有些人说，不是希波尼库斯而是他的儿子凯利阿斯将希帕里特许配给了亚基比德，而且还加上10泰伦的嫁妆。当希帕里特为亚基比德生了一个小孩后，亚基比德强迫凯利阿斯再给他10泰伦。凯利阿斯生怕亚基比德谋害他的性命，于是当着市民大会所有成员的面宣布，要是他死后没有儿女，他的房屋和财产全部捐献给城邦。希帕里特本是一位贤良淑德、安守本分的妻子，但最终还是对丈夫无休止的不检点行为失去了耐性。亚基比德沉迷酒色，终日与娼妓厮混，不论她们是异乡人还是雅典人，他都能与她们聊得火热。忍无可忍的希帕里特只好选择离开，投靠兄长。对于此事，亚基比德表现出漠不关心的态度，仍旧过着他那奢华糜烂的生活。在这种情况下希帕里特请求离婚，根据当时城邦法律的规定她不得委托代理人，必须亲自向执政官提出陈情。而且根据法律，她必须当着公众和自己丈夫的面提出离婚请求。于是当她前往请愿的时候，亚基比德来到她面前，抓住她，把她带上了马车，通过市集送回家中，期间没有人敢拦住亚基比德，也没有人敢将希帕里特从他的身边带走。此后她一直与亚基比德住在一起，但没有过多久便过世了，而那时亚基比德正在赶往以弗所（古希腊小亚细亚西岸的一个重要贸易城市）的途中。他用这种方式对待自己的妻子，在当时并没有人认为他非常粗暴或是缺乏应有的绅士风度。女子要想离婚就得当公众的面提出，法律的规定要给丈夫一个机会，可以与她当面进行磋商或是尽力使她打消前议。亚基比德曾有一只花了70迈纳买来的狗，这只狗不仅体型健硕而且毛色漂亮，尤其是长了一条美丽的尾巴，所以才有这样高的身价。可亚基比德却偏偏将这条尾巴给剁掉了。他的朋友对他的做法非常不解，于是特别前来问他为何如此，而且还说全雅典人都为这条狗感到惋惜。而此时，亚基比德却高兴了起来，说道："这正是我所期望的，这样那些爱嚼舌根的雅典人再谈论此事时，再也不会对我说出任何不敬的言辞了。"

据说他能够一次顺利通过选举进入市民大会，全靠着他给雅典市民送出的那大笔钱，而他这样做也完全是机缘巧合、投机取巧而没有任何设计和预谋。这个主意是他意外获得的，有次他在外面散步，突然间听到一阵很嘈杂的声音，经过盘问才知道有人发钱给城里的市民，于是他也命人带钱到那里去散发给大家。此时，人们齐声向他欢呼，大赞他的慷慨义举，这使他感到格外的欣喜和得意，竟然忘记了他的长袍里面还揣着一只鹌鹑，嘈杂声使它受惊飞走了，看到这个状况，群众的欢呼声更加热烈，许多人迅速站起来竞相追逐那只鹌鹑。一位名叫安提奥卡斯的领航员抓住了它，将它安然无恙地归还给亚基比德。就是出于这个缘故，后来亚基比德一度非常器重他。

亚基比德涉足政坛有很多优越条件，比如说他出身名门、家世显赫、富可敌国，参加历次战争所取得的卓越功绩以及无数来自上流社会的亲朋好友，可以说，所有这一切都为他进入仕途大开方便之门。但是他从市民大会获得的权力，并没有依附其他势力和关系的帮助，而是仅凭自己与生俱来的伶牙俐齿获得了民众的赞同和认可。亚基比德天生一副铁齿铜牙，很显然是演讲艺术界的“王者”，从他反对米底阿斯的演说词中我们不难看出，亚基比德是那个人才辈出的时代里最有成就的演说家。不过，要是我们相信迪奥菲拉斯都斯——一位探索事物时总喜欢刨根问底的哲学家，同时也是一位伟大历史学爱好者，通过他的发现，我们就会了解亚基比德最超乎常人的能力就是——独具慧眼而且极具创造力和洞察力，无论面临何种境况，都会果断地采用正确的方法，来达成既定的目标。他对所有问题不仅要掌握重点而且还说得头头是道。他特别重视遣词造句，他经常会在谈话中突然停下来，为的是找到一个更为适宜的字眼，此时大家通常会保持安静让他去慢慢思索，直到他思考出更合时宜的字眼。

他用于培育参加公众竞赛的马匹和养护数量众多的竞赛用车的花费，耗资庞大，免不了引起众人的侧目。除了他以外，没有一个人能够像他那样派出七辆赛车参加奥林匹克运动会，即便是私豪富商和王公贵人都无法办到。按照修昔底德的说法，亚基比德最终得到第一，第二和第四名的优胜，而优里庇德也曾提及连第三名也是他的。亚基比德这样的表现不仅使其他人黯然失色而且这辉煌的成绩也是史无前例的。优里庇德曾在一首诗中赞誉亚基比德取得的辉煌成就，他这样写道：

——我给你的专属颂歌
克莱尼阿后裔，万人称扬，
辉煌成就，不计其数，
希腊城中，前所未有，
花费重金只为赛车，
皇天不负苦心人，
冠、亚、季军皆入囊，

遥遥几步成名就，
三次传呼君荣名，
橄榄桂冠只系君。

希腊各个城邦的代表使团竞相与亚基比德建立友好关系，纷纷给他进献礼物以示庆贺，这样一来，更是给他的胜利添光加彩，场面异常壮观。以弗所人专门为他设计了一个随行营帐，其装饰简直堪称富丽堂皇；开俄斯岛人为他的马匹提供充足的粮草，并向他献上大量牲口用作献祭品；列士波斯人为他送来陈年美酒和其他山珍美味，专供他用来举行各种盛大的宴会。然而所有这些炫耀的方式，都使他无法逃避外来的谴责，引起这些的原因主要有两点：一是政敌的恶意中伤；二是自己行为不检点。据说有一个名叫戴奥米德的雅典人，是个正派人物也是亚基比德的朋友，非常渴望在奥林匹克运动会获得奖牌，听说亚哥斯那个地方有一辆比赛的车辆要出售，也知道亚基比德在这个地区广负盛名，影响力极大而且有许多其他友人，戴奥米德就请他帮忙代自己买下来。亚基比德后来确实买下了这辆车，但是他向外宣称他是为自己买的，这使得戴奥米德盛怒不已，以致与他断绝交情甚至不惜发誓诅咒他，请求神明和圣人明鉴，为此种卑鄙欺骗的行为主持公道。这件纠纷后来竟引起诉讼，曾经的至交好友如今却闹得水火不容，至今针对此事的法律诉讼文献仍能查阅，而现存的一份提及赛车之类的演说稿，是出自依索克拉底的手笔，为了给亚基比德的儿子辩护之用。然而这个案子的原告是泰西阿斯而不是戴奥米德。

亚基比德在很年轻的时候便投身政坛，虽然年纪尚轻，但他初露锋芒，在政坛表现出异常的活跃和与其年龄不相符的娴熟能干，使得前辈不禁大为失色。只有伊拉西斯特拉都斯之子菲阿克斯和尼西拉都斯之子尼西阿斯能够与他一较高下。那时尼西阿斯已步入而立之年，是当时备受赞誉的名将，菲阿克斯像亚基比德一样也是一个正在崛起的政治家。同样出身于贵族世家的菲阿克斯，无论出身门第还是权势财富都占尽优势，唯有口才方面他自叹不如。亚基比德所擅长的诡辩之术只能运用于市井小民的谈话之中，根本不适用于任何公开的争论辩驳，在他看来，这种愉悦市民的雕虫小技根本不能登大雅之堂，所以优波里斯曾这样描述他：

牙尖嘴利腹中空，
论道济世无将才。

现存的一篇关于演说方面的讲演稿是由阿克斯编写的，其中不乏对亚基比德的大肆抨击，说他日常生活奢华糜烂腐败，就连平日使用的金银器具，几乎都是公众的财产，被他据为己有。

有一位名叫海帕波拉斯的雅典人，是佩瑞昔迪镇的公民，修昔底德曾提到过，说他是品德极差的坏蛋，经常成为当时喜剧作家讽刺和嘲笑的对象。他们毫不留情地用各种极坏的言语讽刺和斥责他，说他是个根本不知好歹的家伙，毫无是非廉耻之心，他的个性极其卑鄙、鲁莽粗俗，有些人却视他为一介草莽、有勇无谋、草率冒失。尽管当时他在人们眼中是个十恶不赦且人人讨厌的家伙，但是市民大会通常把他当作工具，打击或诽谤城邦的有权有势的当局人物。那时的名人被他说服，准备实施一种放逐制度，对城邦内位高权重的公民施以10年的流放，这种制度被称作“贝壳放逐制”。人们利用这种制度将城邦中有权有势的人物逐出城邦，对他们的人格进行羞辱，这种哗众取宠的行为并非出于对权势的畏惧，而仅仅是出于对位高权重者的嫉妒。就当时的情况来说，贝壳放逐完全是针对菲阿克斯、尼西阿斯和亚基比德三个人，毫无疑问这个惩罚一定会落在其中一人的头上。亚基比德私下拉帮结派，组成联盟的党派进行暗中活动，他的构想得到尼西阿斯的支持，反而使海帕波拉斯受到放逐的处分。也有人曾提及，亚基比德合作的对象是菲阿克斯，二人基于相互的利益联系得以相互协助排斥和驱逐共同的政敌，这件事完全出乎海帕波拉斯的意料。过去从来没有一个行为卑劣或出身贫寒的人物会落得如此下场。因此，柏拉图，这个喜剧作家提及海帕波拉斯时，曾有这样一种看法：

混账东西活该倒霉，谁说不是？

厚颜无耻冒犯贵人，反害其身！
神明唾弃可怜遭逐，地位不配！
雅典人民高举贝壳，交给我们，
目标并不针对他人，奴隶身份！

不过，我们会对这件事就目前所知的状况再做更为详尽的叙述。

雅典的敌人对尼西阿斯非常推崇，再加上他在城邦所受的尊敬爱戴，这必然给亚基比德带来不少困扰。亚基比德家族与拉斯地蒙人渊源极深，拉斯地蒙人来到雅典时点名道姓，要亚基比德出面接待，皮诺斯的俘虏都受到特别的照应。等到尼西阿斯大力促成双方的和平并释放俘虏以后，斯巴达人对亚基比德超乎寻常的器重和关切。根据希腊人的普遍说法，这场战争是由伯里克利发起的，在尼西阿斯的手里结束，因此，人们特别把双方缔结的和平协定称之为"尼西阿斯和平协定"。亚基比德生性自大狂妄，对此事大为恼怒，这当然是因妒生恨，妒忌心理作祟罢了。于是他想方设法要破坏和平的双边关系。当他得知亚哥斯人既畏惧又痛恨拉斯地蒙人以后，迅速寻求双方利益的共同点，并私下里暗中拉拢亚哥斯人，让雅典人同其缔结联盟；同时他委派使臣或致信致函，与该城市民大会的首脑人物沟通交流，建立良好畅通的关系，游说和鼓励他们不要惧怕拉斯地蒙人，无须做出任何让步或退让，并请他们稍等时日，密切关注雅典人的一举一动。因为他们现在后悔与斯巴达缔结和平条约，很快就会放弃，那么和平条约将会失去约束双方的效用。后来拉斯地蒙人竟与皮奥夏人缔结联盟，而且没有遵照条约的规定，将潘纳克屯原封不动递交给雅典，同时他们还把所有的防御工事拆除殆尽，这使得雅典人大为恼怒。此时，亚基比德便顺水推舟趁机火上加油，肆意谴责尼西阿斯，指控他设计所有事项：诸如他在出任将军的时候，对那些滞留在史法拉克特里亚岛未能撤走的敌人，没有全力去搜捕和围剿；而当这些人成为其他将领的俘虏之后，他不但赦免了他们，而且还将他们遣回斯巴达，这些完全是通敌卖国讨好拉斯地蒙人的不耻行为。此外，亚基比德还进一步强调，说尼西阿斯素来与拉斯地蒙人的关系匪浅，而他却没有利用这层关系来阻止他们与皮奥夏人和科林斯人的结盟；在另一方面，任何一个希腊城邦想要与雅典缔结联盟，保持友好关系，如果引起拉斯地蒙人的不满，他理应尽力加以阻扰以避免双方摩擦恶化。

亚基比德的恶意诽谤和中伤对尼西阿斯的打击很大，正当尼西阿斯在市民大会上失去人民拥戴的时候，拉斯地蒙人正好派遣使者来到雅典，他们刚一来就信心十足地宣布——城邦之内大小事务都由该城邦全权处理，并愿意订立公正和平等的条款。政务委员会接到他们的建议，次日召开市民大会正式设宴款待使者。而这件事却让亚基比德终日提心吊胆，一直担心这件事会圆满完成，因此他私下里与使者秘密会晤磋商，攻于权术和计谋的亚基比德在与使者见面以后说道："在下想向大人请教一下，此次来城有何贵干呢？你们这些拉斯地蒙人到底打着什么如意算盘？政务委员会通常对使者热情友好而且敬重有嘉，然而那些大胆狂妄的市民大会却是充满野心和图谋，难道这些你们都没有一丝觉察吗？因此，如果你们让市民大会知道你们已经被赋予全权，他们难免会提出些无理的条件并强迫你们答应。因此，对于此事诸位务必谨慎行事，如果想从雅典人那里获得对等的条件，而不受他们的勒索使自己陷入被动的地位，诸位一开始的时候就要用理性的态度对待他们的人民，绝对不能公开承认自己拥有全权大使的身份。我完全是基于对拉斯地蒙人民的善意，才会冒险前来帮助各位。"

当他说到这里，他愿意立下誓言履行承诺，这样一来可以让使节不再去寻求尼西阿斯的帮助而完全信赖自己，二来亚基比德可以自己打点一切，让这些使节对自己的谦让大度和聪慧卓见更加赞赏和钦佩。于是第二天，人们都聚集在市集广场参加市民大会，亚基比德将使节介绍给市民大会以后，用十分谦逊和蔼的态度请他们说明，此次出访的使节拥有哪些权利？而使节们的回答是，他们并不具备全权大使的身份。

此时，亚基比德清了清嗓子，突然提高了音量，仿佛是自己在毫无过错的情况下受到侮辱一般。亚基比德开始大声呵责，说他们此次来访毫无诚信，简直是对全城上下的敷衍和搪塞；斥责他们的到来简直是一无是处，完全没有提出任何建设性的意见而且所说的几乎是"纸上谈兵"，根本不能解决任何问题。政务委员全被激怒，市民大会的气氛空前紧张。此时傻傻的尼西阿斯还被蒙在鼓里，对亚基比德精心设计的欺诈骗局毫不知情，竟还陷入不知所措的境地，对于拉斯地蒙人突然改变事先协定的说法同样感到诧异和羞愧。使节的建议遭到市民大会的拒绝，亚基比德成为公认的将领，他表示雅典要与亚哥斯、伊利亚和曼蒂尼联合起来，大家共同组成一个强大的同盟。

除了亚基比德，没有人愿意运用这种卑鄙下流的伎俩，然而他却将其运用得炉火纯青，使其发挥了最大的效果。他在政治上建立的卓越功勋，甚至撼动了整个伯罗奔尼撒的基础，给这座城市造成了极大的影响甚至造成分裂的局面。不到一天的工夫，他号召了很多人站起来拿起武器，齐集曼蒂尼城前，反对拉斯地蒙人；此外，他让战争和危险脱离了冲向前线的雅典勇士的意识，使得这场战争变得便捷和迅速。即使在这场战争的开始胜利有些眷顾他们的敌人，他们还是反败为胜，成为了名副其实的征服者，但是如果他们战败，斯巴达城瞬间便会陷入自身难保的境地，毫无安全可言。

亚哥斯人在曼蒂尼会战之后，从其军队里精心挑选出1000名勇士，组成既得利益团体，企图推翻亚哥斯人民组成的政府，为的是使他们能够成为自己城市的主人，在这所城邦里当家做主。他们获得拉斯地蒙人的援助，废除民主政体。亚哥斯人民再度武装起义，此次人们拥有占据的优势，再加上亚基比德的大力援助，他们最终大获全胜，并接受其劝告建造了一道长长的护城墙，通过这种办法将城市与海洋连为一体，在任何状况下都可以确保雅典兵力能够到达。为了达成这项宏伟目标，他从雅典派出技师和工匠参加护城墙的修筑。这些工匠迅速投身到护城墙修筑工作中，他们表现出来友爱互助和热情忠诚。亚基比德的义举获得了亚哥斯人的广泛赞誉，同时也赢得了权势和地位，这些与他在雅典城中所获得的公共财富比起来也少不了多少。他以同样的方式企图说服佩特里的人民，修建长墙保护城市连通到海上的通路。有人警告佩特里的人民说——雅典人最终定会借机吞并该城。亚基比德回答道："或许不该排除这个可能，只是雅典人会从脚开始一点一点地细细品尝，而不像拉斯地蒙人抓住脑袋就生吞活剥一口咽下去。"他劝告雅典人不要忽略在大陆所能获得的利益，不断让年轻人记住他们在阿格劳洛斯神庙所立下的誓言，大致内容主要是——要让他们把赖以为生的小麦、大麦、葡萄和橄榄视为阿提卡领土不可或缺的部分，教导他们只有保持这片土地的主权完整，才能更好地从事农桑而获得良好的收成。

亚基比德在一言一行、举手投足之间都表现出卓越的智慧和出众的辩才，他沉迷声色犬马和吃喝玩乐的放荡生活中，还掺杂着极度的奢侈和放纵。他像一个女人那样穿上华丽的紫色礼袍，经过市民大会会场的时候，长长的衣摆竟然拖在身后。他的卧床不能铺在甲板上面，为了让自己睡得很软，便命人用绳索吊起来，长度不够竟然将战舰的甲板锯断。他的盾牌更是花费大量钱财命人镀金，没有采用雅典人常见的章纹，而是雕刻着爱神丘比特，手持闪耀的雷电。亚基比德的这种极尽奢华而且挥霍无度的行为，使得城邦里的那些上等人士感到十分厌恶和憎恨，甚至还害怕未来会产生不良的后果。大家指出他藐视法律的威严和怪诞奇特的行为，反映出了他内心深处有篡权谋位、乱政割据的企图。亚里斯托法尼斯的诗最能表现人民对他的感情：

你爱或者憎恶他，
他都在这里，不离不去！
而且这里还不能没有他！
用下面的比喻应该更为贴切：
此地有猛虎，殊不知？
若不觉悟反噬其身后悔莫及。
言传身教循序渐进度引正途，
不朽功绩就在后头！

事实就是如此，提到他的慷慨解囊，他在公众场合的超凡表现以及他对民众的宽宏大量，几乎无人敢与之匹敌。他有良好的家世，出身于高贵的英豪世家，能言善辩的口才堪比“铁齿铜牙”，长相出众可谓“英俊潇洒、气宇轩昂”，妙算神谋、骁勇善战可比“用兵如神”，这些使得雅典人默认他那骄奢淫逸和放荡不羁，对很多事情抱着宽容大度的态度，按照他们当地的风俗对他的过失尽量低调处理，将这些全都归咎于他的幼稚和本性。就拿那个俘虏画家阿加萨库斯来说吧，亚基比德要他为自己作画装饰整个府邸，然后拿释放他作为报酬。陶里阿斯举办公开的演出大肆反对亚基比德，并扬言要与他在比赛中一决高下，结果陶里阿斯却被他当众殴打。亚基比德看上一位被俘虏的米诺斯妇女，这位妇女为他生下了一个儿子，长大以后受到良好的教育。这件事使得雅典人对他的仁慈厚爱大加赞赏，然而屠杀米诺斯岛上所有的成年男性居民一事，他就是主谋，后来他却推说此事是遵守城邦下达的敕令。当亚里斯托福画出尼米亚把亚基比德抱在怀里的那幅作品时，人们都兴高采烈地蜂拥前往欣赏，而年长的市民极其不悦甚至十分厌恶，把这件事看作十恶不赦的罪行，认为他有谋权篡位成为暴君的意图。只有阿期斯特拉都斯并不把它当成胡闹之举，认为希腊人不会再支持一位像亚基比德这样的人物。一次，当亚基比德发表成功的演说以后，整个市民大会异口同声地称赞不已；独行立世者泰蒙倒是对他刮目相看，没有像对其他人那样对他避而远之。这个家伙倒是处心积虑地接近他，握着他的手说道：“加油啊！伙计！尽量争取人民的信任，我坚信，总有一天你会让他们都吃尽苦头。”对于这种说法，有的人讽刺嘲笑，也有人唾骂泰蒙，但是不管怎样，每个人对这件事都有难以磨灭的印象。就是因为亚基比德的性格不仅自相矛盾而且有些悖于常理、不合俗世，所以对他的判断有时会褒贬不一，真是“一百个读者就有一百个福尔摩斯”。

甚至在伯里克利在世期间，即使雅典人早已对西西里岛垂涎三尺、虎视眈眈，但从未采取任何行动。然后，对于受到叙拉古人压迫和奴役的城市，其借口帮助自己的盟友，利用这个机会派遣援军，接着还准备运用这种方式增加兵援，编制和组建成兵力较强的部队。亚基比德正是那个鼓吹战斗的幕后主使，他极力煽动民心，使民众情绪高涨，说服民众不再暗中行事，也不以局部的地区为满足，一定要按部就班，等待时机成熟。按照他们的计划，他们派出了一支实力强大的舰队，立即使自己成为整个西西里岛的主人。他为雅典人民描绘了一幅宏伟蓝图，但他的内心还存有宏图大志，征服西西里岛对于其他人来说，也许真的可以满足他们的勃勃野心，但在他看来，不过是达成最初的愿望罢了。尼西阿斯想方设法要转移雅典人民的远征行动，在提及此事时，他说西西里岛一战对于整个远征军来说，是史前最艰难的一项工作。亚基比德的梦想不光是要征服迦太基和利比亚，他的后期军事部署计划是统治意大利和伯罗奔尼撒，使自己成为两城的主宰，所以在他看来，西西里岛只不过是下期军事部署的一个跳板，后期战争的军需仓库而已。年轻人显得有些按捺不住内心的好奇，满怀期望地认真倾听年长者娓娓道来他们所经历的那个年代的传奇故事，老人们的讲述淋漓尽致，仿佛令人一下子回到了那个时代，见到许多人围坐在角斗场和公共场所，在地上画出岛屿的轮廓以及利比亚和迦太基的位置。哲学家苏格拉底和占卜家迈顿都曾提及，这次战争对共和国没有任何好处：一个认为神明定会横加干预；后者不仅全面理性地考量整个军事部署计划，同时还运用占星术的技巧，对他的结果流露出了担忧惶恐之感，甚至装疯卖傻地点燃火炬，要把自己的房屋烧掉。据有些人称，迈顿的行为并不像一个纯粹的疯子，虽然他在夜晚暗地放火烧自己的房子，到了早晨就在市民大会提出陈情，说他遭到这样大的打击和灾难，应该得到一些安慰，于是他们就放他远征在外的儿子回家而不用再参加远征行动。他便是用这种伎俩欺骗自己的信众，达成他所期望的目的。

就亚基比德而言，总是违背他意愿的尼西阿斯被授予将领的职位，这件事完全出乎他的意料。雅典人深知亚基比德放荡不羁的个性，容不得任何束缚，如果用尼亚阿斯的谨慎严谨来抑制他的热情，这样可以确保战争的顺利进行。于是雅典人民在不得已而为之的情况下，选择的第三位将领是拉马克斯，虽然他年事已高，有数次征战沙场的经验，但是论起脾气火暴和性格冲动，与亚基比德相比，二人真是难分伯仲。当他们认真商议派遣兵力的数量和粮食供应方法时，尼西阿斯还是极力反对出兵的计划，以阻止战争的发生。亚基比德极力反驳，并且在市民大会提出他的观点和论据。此时，有一位名叫笛莫斯特拉都斯的演说家，建议市民大会赋予将领绝对的权力，从事各项准备工作以及整个战争的运作，现在就应下达敕令，明确律定。当所有为此次远征准备事物的工作都在按部就班地运作的时候，忽然出现许多不利的预兆。此时正是遍及全城的阿多尼斯祭典举行的时日，全城妇女通常会举行庄严的葬礼，以示悼念，而伴随着耶利米哀歌，亡灵得到召唤显现出来。除此以外，各种神秘的事件频频发生。比如，破坏麦邱利雕像一事，神像的面孔在一夜之间全部遭到损毁，即使那些平时认为这种事无关轻重的人，在目前的形势之下全部感到惊愕和惶恐。有人报料，说是科林斯干的蠢事，因为叙拉古过去是他们的殖民地，出现这种不祥的征兆会使雅典人延期或放弃这场战争的计划。但是据说雅典人并不相信这种传闻，而且有些人还认为这与战事毫无关联，更是抱着不以为然的态度。他们仅仅把它看成一种饭余茶后的放纵消遣行为，是一群误入歧途的狂野少年无意中的恶作剧而已。然而有些人却别有用心地借用此事大肆渲染夸张，制造骚乱暴动扩大事态，认为这是一批阴谋分子伺机制造社会动乱。政务委员会和市民大会在经过几天的集会以后，对于所有涉嫌的情况进行严密的调查。就在侦办期间，有一位名叫安德罗克利的煽动政治家，从奴隶和外乡人那里取得证词，指控亚基比德和他的朋友运用同样的手法损毁本城其他地方神像的面孔，而且还在酒会中举行亵渎玷污神明的秘密行动。他们之中有位名叫迪奥多鲁斯的人，曾担任传令官，波利蒂昂是执炬者，而亚基比德自称是大祭司，其余的人员全是参加入会仪式的来宾，获得新会员的名衔。所有这些事实都包括在口供的细目之中[①]，西门之子帖沙卢斯挺身而出，指证亚基比德嘲笑和藐视希瑞斯女神和普罗塞派尼女神，犯下亵渎神明的罪行。这些指控引起人民的极度反感，他们对亚基比德这种大不敬的行为大为愤怒。他的政敌当中以安德罗克利最为恶毒，现在开始安德罗克利将他的朋友都扯进去，使得他们感到不知所措，案情也急剧扩大。他们发觉所有的海员都摆出要与他一起前往西西里岛的姿态，就是士兵也这样表示，还有亚哥斯人和曼蒂尼人的辅助部队，全副武装的士兵有1000人，公开表示他们是为了追随亚基比德才参加如此遥远的海上远征行动，如果受到任何不公平的待遇，他们所有的人员都将打道回府。这样一来，亚基比德和他的朋友从中找回了自信和勇

① “亵渎罪”，专业术语，是指被毫无根据地判定为行为不端，这种判定并没有国家立法机关的明文规定。

气，他们情绪异常高涨，决定充分利用这个机会来为自己辩护。此事使得他的政敌非常气馁，唯恐市民大会考虑当下的需要，会对整个案子从宽处理。因此，为了杜绝这种状况发生，他们暗地里与其他演说家串通一气，进行密谋。虽然这些人表面看来不是亚基比德的仇家，但实际上痛恨亚基比德的程度并不亚于公开的政敌，他们在市民大会上提出建议，其所秉持的说法是——这件事简直荒谬至极。特别是亚基比德已经被授予将领的职位，拥有绝对的军事指挥权，即在他所领导的军队完成编组，盟军全数到达的时候，再来处理他所涉嫌的案子，就会丧失作战的时机，特别是市民大会还要抽签决定法官，再次听取案情的陈述。因此，他们的意见是让他立即起航远征，他也因此获得好运，等到战争结束以后，他再按照法律的规定为自己提出辩护。

亚基比德也察觉到整个案子的拖延是他的政敌事先预谋好的阴谋，于是他便前往市民大会为自己陈情，说当他在受到恶意诽谤和中伤的时候，委派他指挥如此庞大的一支远征军队，对他而言简直是荒谬不羁。如果他不能洗刷别人刻意安插在他身上的罪名，还自己一个清白，他情愿接受死刑的处分。而他迫切需要解决的事情是证明自己的清白，只要能够免于伪证的指控所带来的迫害，他就立即兴高采烈地赶赴战场。虽然如此，他还是无法说服市民大会，只有听从命令立即发航。他与其他将领同时出发，率近140艘战船、5100名重甲步兵、1300名投石手和轻装步兵，以及相当数量的粮食和用品发航远征。

远征军到达意大利海岸就在雷朱姆登陆，亚基比德提出他的看法，认为在目前的状况下，应该毫不迟疑地展开全面的作战行动。然而，尼西阿斯反对他的论点，这个方案得到拉马克斯的赞同。他们立即向西西里岛进发，一举拿下卡塔娜。当他正在全力推展工作的时候，接到雅典人民大会的命令要他立即赶回雅典面对法庭的审判。正如我们前面所说过的，这件案子发生之初，亚基比德虽然受到怀疑，只是出于某些奴隶和外乡人的指控，证据非常薄弱，等到他离开以后，政敌趁着他不在国内就借机大肆攻击，把破坏麦邱利石像和神秘祭祀的亵渎神明事件混淆在一起，使得大家相信这是一个篡权夺位和推翻政府的谋逆行为。市民大会下令采取行动，所有受到指控的人只要有一点涉及本案，根本不听他们的申诉就收押在监狱里面。他的政敌了解整个情况，考虑到案情的重大，牵扯的人员之广和人员的势力之大，也为了使他得到最严厉的判决，在各种证据齐全之前，并没有立即召回亚基比德接受法庭的审判。等到他的所有亲朋好友全部落网以后，整个城邦愤怒的气氛高涨，市民大会认为只有从严处置才不会民怨载道。修昔底德没有提到告发者的名字，但有人说是戴奥克莱德和图瑟，因而在费力尼克斯的喜剧里，我们可以发现这样几行诗句：

啊！敬爱的赫尔墨斯！多加小心！
不要丢了自己的立足之地，
要是事态扩大，受到驱逐的就是你！
只要这位初来乍到的戴奥克莱德说谎。
针对此事，麦邱利用以下两句话来回答：
是啊！悔不该当初那样有眼无珠，
我将信息交给图瑟让他图得回报！

事实上，这些告发者提出的证据并不充足，有的论点可谓不攻自破、毫无根据。这些证人中有一个被问到他是怎么辨认出毁坏神像的歹徒时，那人的回答是他借着夜间的月光看得十分清楚，而事实非常明显就是当晚是新月根本不是圆月，众所周知新月初升光度暗淡，当晚月色朦胧，借助月光根本不可能清楚看见事物。这样一来使得了解实情的人大声斥责这种无中生有的弥天大谎。但是民众依然激动万分，愿意接受更进一步的指控，他们最初对于这个案情所保持的热情并没有因不实的陈诉而趋于缓和，而是更加坚定，他们坚持所有涉案人员必须受到指控、逮捕，最后入狱。而在这些收押入狱准备接受庭审的人员之中，有一位名叫安多赛德的演说家，他是历史学家赫拉尼库斯的后裔，其祖先可以追溯到尤利西斯。安多赛德一直痛恨现行的政府，而大力支持寡头体制。怀疑他破坏神像最主要的理由就是——最大的一尊麦邱利雕像正好在他的府邸附近。这座神像是伊杰斯族部最古老的纪念物，而且保存得非常完整，备受大家的珍视，成为绝无仅有的艺术珍品。因为这个缘故，后来的人都称其为“安多赛德式麦邱利”，尽管这神像上的铭文清楚地证实了这种称呼与史不合，但是大家还是乐于接受这个称号。这件案子之所以发生在安多赛德身上，是因为在狱中与他同案受押的人士中，有一个叫泰密乌斯的人，此人的名望和身份较安多赛德虽然稍逊一筹，但聪明机警而且胆识过人，二人相见恨晚，很快便结交为知心好友。泰密乌斯说服安多赛德和少数几个人担起这些罪行（这时他们纵使没有做这件事也都承认所言不虚），并说服他们说如果自行招供也许可以求得民众的原谅，总比等待所有人对他们控诉而提出不确定判决来得更实际，而且他们害怕这些指控者都是像他这样的地位显赫的人。他们认为与其声名狼藉背负一生骂名而被处死，还不如明哲保身，用不实的陈诉来自保，这样万一他们中真有人犯下这种罪行，到时大家都难逃羞辱的死刑。而且如果他还顾虑城邦的利益，那么只牺牲少数几位嫌疑重大的人，能够把很多优秀的人士从人民的愤怒中拯救出来，这也是值得称道的善举。安多赛德被这番大道理说动了，承认自己的错误并且指控其他人犯下的罪行，后来他在下达的赦令中获得赦免，除了少数几位逃走没有丧失性命以外，其余被他指名道姓的人全都被处以死刑。安多赛德为了确保自己的口供能够取信于人，不惜将他的仆人也牵连其中。即便如此，人民的怒气还是没有完全平息下来，他们不再关注那些破坏石像的人，而是在闲谈之余把所有的愤恨一股脑儿地发泄在亚基比德的身上。市民大会一致讨论决定，委派萨拉米斯号圣船将他接返国门，而对于负责此次任务的官员下达的指示是，在此次逮捕行动中不得使用任何暴力，用温婉的语气向他说明，城邦要求他跟着他们的船只归国，继续案件的审判，雅典人民勉强还他一个清白。他们之所以这样做是惧怕在敌人的领域引起军队的抗命和叛变，而且如果亚基比德存有这种念头，对他来说发动这样的兵变是易如反掌的事。亚基比德的离开使得远征军士气大跌，他们预判未来战事一定会是一场旷日之战而且战争的绝对指挥权将由尼西阿斯接掌；而此时战争的灵魂人物，这个能言善辩的演说家、军事家——亚基比德发挥的激励作用将会消失殆尽，远征军最后在尼西阿斯的指挥之下必然会错失战机。拉马克斯虽然是一位骁勇善战的良将，但贫困的家世使他在军中无法获得权威和尊敬。正是因为亚基比德的离开，墨西拿没有落到雅典人手里。有些人想要发动叛变，把城市交给雅典人，亚基比德非常了解此人，于是将这个情况通知他在叙拉古的友人，打乱了这个阴谋诡计，使其不攻自破。等到他抵达休里埃，登岸后便隐匿起来，逃过雅典人的搜捕。有一个认识他的人问他，他是否还相信自己的祖国，他回答说："其他任何事情我都相信，唯独危及到我性命的事，我连自己的亲生母亲都不抱希望，她难免犯错，阴差阳错地在应该投白球的时候她竟然投了黑球。"后来，当有人告诉他说是市民大会对他宣布死刑的判决时，他所说的全部话语就是："我一定要让他们知道我还好好地活着。"

关于他的那份通告是用下述形式发布的：

西门之子帖拉卢斯，拉西亚区的居民，公开宣布关于亚基比德的这份通告：克莱尼阿斯之子亚基比德，斯卡波尼迪区的公民，在自己的府邸宴请同僚，聚众举行大不敬的秘密仪式，亵渎和愚弄神灵，曾犯下亵渎希瑞斯女神和普罗塞派尼女神的罪行，以下犯上，十恶不赦。他们在该地穿上大祭司专用的袍服，擅自举行神圣的祭祀大典。他本人担任大祭司，波利蒂昂担任执炬者，菲吉亚区的迪奥多鲁斯担任传令官，而此外，诸如伊斯泰迪斯和诺维斯一干人等将成为该社的新会员。以上若干人等的种种行为都有违城邦法律。

亚基比德拒不出庭，但是仍被宣告有罪。最后判决是，其家产全部没收充公，命令各级男女祭司，必须举行庄严的典礼对他设下诅咒之辞。但其中有一位名叫蒂安诺的女祭司，是阿格佬勒区公民门侬的女儿，据说她拒绝接受这种命令，说她身负神圣的职责，是向神明祈祷求福而不是赌咒害人。

雅典发布的赦令和判决对亚基比德来说无疑是个晴天霹雳，严重打击了他，此时，他已从休里埃渡海前往伯罗奔尼撒半岛，在亚哥斯暂作停留。但是他还是十分担心目前的状况，因为他的政敌们大概已经料到他已毫无归国的打算，所以唯恐他们会采取行动。因此，他派人前往斯巴达提出要求给予庇护，并承诺如果贵邦援助，他必定感恩戴德，把自己的余生不遗余力地献于贵邦的服务和建设事务，弥补自己过去对贵邦犯下的过错，并许诺永不背叛贵邦。斯巴达人同意给予他所想要的安全，并表示他们已经准备好接待的工作，他抱着愉悦的心情前往。到达以后他提出第一点建议就是劝他们马上派军救援叙拉古，不得拖延迟缓，经过他极力地呼吁和鼓舞，他们立即派遣格利帕斯赶赴西西里岛，一举歼灭了雅典滞留在那里的部队。第二点建议是要斯巴达卷土重来，重新将战争引向雅典本土。第三点也是至关重要的一点，就是加强迪西亚的防务工事，因为这个地点邻近雅典，是他们的心腹之患，可以发挥巨大的牵制和威胁作用。

这些策略和计谋使亚基比德赢得了斯巴达民众的敬仰，就连他的私人生活方式和作风也博得了大家的赞许。他的生活起居和饮食习惯都与斯巴达民俗保持一致，这一点更是赢得斯巴达民众的认同。他在斯巴达的生活一切从简，人们看到他把头发齐根剪短，在冷水中洗浴，吃粗茶淡饭，喝难以下咽的黑肉汤，甚至在院子里养一只公鸡，人们会在他的家中遇到一位香水供应商，会看见他穿着一件米勒都斯的紫色斗篷。根据他自己的说法，这种特殊的才华和伎俩可以帮助他赢得人们的喜爱。他一改原来的奢华糜烂的生活作风，立即适应当前的简约状况，将自己投入和融合到他们的习性和模式之中，其变化之快堪比变色龙。他们提起变色龙时，说它一般不会只采用一种色彩，特别是不会显出白色；而亚基比德根本不论好坏，全盘接受，使得他自己能够很好地迎合团体的意识，同时披上高尚和邪恶的外衣，使得自己能够无往而不胜。在斯巴达的时候，他全力从事体育活动和训练，生活朴素节俭，行为举止非常保守；等到他住在艾奥尼亚，四周都是骄奢造作、奢华淫逸和放纵懒惰；他在色雷斯靠酗酒度日；到了帖沙利镇却终日留在马背上不肯下来；当他与波斯省长泰萨菲尼斯同住一城的时候，他摆出华丽和壮观的排场，使得波斯人自叹不如、甘拜下风。这不是说他的天生习性容易改变，而是他真正的性格真是变化多端、难以捉摸。或许他很明智地觉察如果他还是坚持自己的本性，必将触怒那些和他持反对意见的人，因此他使得自己的形象变得灵活多样。他适时调整状态，适应周围环境，处处都能入乡随俗随遇而安，自求多福。要是有人在斯巴达见到他，仅仅凭着外表定会说道："亚基比德不是阿奇里斯的儿子，他就是阿奇里斯！"这种人的确是莱客格斯心目中的理想形式，他内心真实的感情和行为会大大地激起大家的赞赏："啊，巧妇也莫过于此。”当国王艾杰斯离开宫廷，率领大军征战他国时，亚基比德勾引国王的妻子泰米亚，并使她为他生下了一个儿子。而且泰米亚甚至对此事毫不否认，她从床上把儿子抱出来，当着公众的面称他为李奥特契斯，私下在密友和侍女的围绕之下，还低声轻唤着亚基比德这个名字，她对亚基比德的迷恋和爱慕已经达到无法自拔的地步。据说，这在亚基比德看来，他还是抱着虚荣和自负的心理，认为他之所以这样做，不是出乎恶意的无礼，也不是一时兴起，只是希望他的血脉有一天可以继承大统成为拉斯地蒙的国王。

等到艾杰斯归国以后，有很多人向他透露此事，只要推算时间就可以得到最确凿的证据。一场地震，使得艾杰斯清醒过来，上天对他提出示警。而后他休掉了自己的妻子，因为几乎有超过10个月，两人未在一起，而李奥特契斯的出生超过他在家的受孕时间。因此他并不承认这个儿子，后来李奥特契斯没有获得继承王位的权利。

雅典人在西西里岛惨败之后，开俄斯、列士波斯和西斯库的使节们纷纷前往斯巴达，寻求援助，让他们脱离雅典的控制。皮奥亚人提议向波斯提供援助，法那巴苏斯支持西兹库斯，而拉斯地蒙人由于亚基比德的说服，选择先支援开俄斯，比其余两地先行出兵。他自己也随军出航，几乎使整个艾奥尼亚人都投身于这次反抗雅典的行列。他与拉斯地蒙将领合作，给雅典人带来了极大的损害。艾杰斯对于亚基比德玷污他的妻子一事一直耿耿于怀、愤恨难消，将他看成势不两立的仇人，当然也无法容忍他的光荣事迹，然而现在每一项业绩和成功都归于亚基比德的指导，自然无法释怀；再加上野心勃勃的斯巴达上流人士对亚基比德更是嫉妒不已，于是最后他们还是说动当局派人前往艾奥尼亚，要驻防将领赶快除去这个心腹大患。然而，亚基比德也获悉了这个极其机密的情报，因为他担心会自食恶果，所以始终与拉斯地蒙人保持联系，了解政府要务，并且行动谨慎小心，不让自己进入他们的势力范围之内。最后他向波斯王国的总督大人泰萨菲尼斯请求庇护，获得承诺保证他的安全后，他很快成为最具影响力的公众人物。这位自称不讲仁义礼信而醉心于权术谋略的蛮族人，对于亚基比德的圆滑世故和足智多谋赞不绝口。的确，亚基比德谈吐高雅又不失幽默诙谐，任何人都无法抗拒而且深受感动，就连那些畏惧和妒忌他的人也会觉得和他交谈非常愉悦，那些来看他的人和与他为伍的人，都会从他那里获得仁慈和抚慰。就拿泰萨菲尼斯来说，他性情残暴、蛮横无理，而且非常痛恨希腊人，这一点是全波斯人尽皆知的，然而只要亚基比德对他奉承几句，他便对亚基比德佩服得五体投地，对亚基比德的赞誉之辞更甚。泰萨菲尼斯有一座非常美丽的园林，里面小溪潺潺，芳草依依，楼台亭阁纵横交错，精雕细琢，富丽堂皇，有皇家园林之貌，各式摆设品位高雅、别具一格，他特别将其取名为“亚基比德”，一直到现在人们还沿用这个称呼。

因此，亚基比德不再维护斯巴达的利益，对他们完全丧失了信心，特别是他害怕艾杰斯的报复，所以尽力让斯巴达的官员行事发生错误，同时促使斯巴达人更加厌恶和憎恨泰萨菲尼斯。亚基比德运用各种手段引导泰萨菲尼斯，一方面不断地阻挠他们支持斯巴达人，另一方面阻挠他们不要对雅典人赶尽杀绝，这样一来使得斯巴达对泰萨菲尼斯产生憎恶之心。等到斯巴达人和雅典人相互激战不休，人员和船舰都遭到了重大的损失，这时国王坐收渔翁之利，使得这两个城邦拱手称臣。泰萨菲尼斯对他的策略佩服得五体投地，公开表示佩服和欣赏他所给予的帮助，亚基比德受到希腊两个对立阵营的重视，雅典人在厄运连连的打击下，对于曾经要将亚基比德置于死地的判决后悔不已。站在亚基比德的立场而言，如果共和国被完全摧毁，他将落入拉斯地蒙人的手里，而这些人与他有深仇大恨。

就在这个时候，雅典人把全部兵力投入萨摩斯岛。首先，他们的舰队先维持基地的安全，再从大本营出发平定叛乱的城镇，保护其余的领土不受侵犯；其次，他们计划从海上兵分几路对敌人发起进攻，一决高下。他们对泰萨菲尼斯和腓尼基的舰队有些惧怕，因为据称这个舰队有150艘战船，已经发航即将来到。如果这支强大的海军部队到达，雅典共和国毫无破敌制胜的希望。亚基比德对全局状况了如指掌，他派人暗中去见雅典的首脑人物，这时他正好在萨摩斯岛，说是可以让泰萨菲尼斯成为共和国的朋友，这样可以给他们带来一线希望。他暗指自己之所以愿意这样做并不是为了雅典的人民也不是为了取信于民，完全是为了那些正直的贵族阶层。如果他们真是勇敢的战士，就该遏制市民大会的蛮横无理，把政府掌握在自己的手里，拯救城邦于水深火热之中，这样才能使城邦免于毁灭的命运。在萨摩斯岛的雅典官员，除了迪拉德区的费里尼克斯（也是雅典的一个将军）以外，所有人员全部赞同亚基比德的提议。费里尼克斯怀疑他出此计谋的真正目的，认为亚基比德根本不关心人民共和政府，也不在意贵族阶级的利益，只是竭尽万般手段想要回到自己的祖国而已，为达成目的，他对市民大会大肆抨击，用来获取贵族阶层的好感，以此暗示他完全认同他们的意见。等到费里尼克斯发现他的建议遭到大家的否决，自己成为亚基比德公开的敌人时，他私下派人将这个消息通知地方的水师提督阿斯提奥克斯，要他特别提防亚基比德，尽快将他当作两面讨好的“骑墙派”给抓起来，从这个叛贼口里可以获悉其他的谋逆活动。然而阿斯提奥克斯一直想讨好泰萨菲尼斯，在提到亚基比德的时候，就说自己对他非常信任，同时还将费里尼克斯告诉他的消息，原原本本透露给亚基比德。亚基比德立刻派遣信差到萨摩斯岛，指控费里尼克斯通敌卖国。针对此事，所有的司令员都义愤填膺，大家对费里尼克斯都持反对的态度。见此情景，他已知大事不妙，为了拯救自己于水火之中，哪怕再罪加一等，他也在所不惜。他派人前去见阿斯提奥克斯，对于出卖他的做法提出谴责，并承诺自己愿意让这位水师提督立下大功，会在同个时候将雅典的军队和舰队交到波斯人手里。出现这种情势倒是对雅典人没有造成任何损耗，因为阿斯提奥克斯再度背叛，把他的计谋告诉亚基比德。费里尼克斯料想到亚基比德会对他提出第二次控告，所以及早做好了防范措施。他事先劝告雅典人，敌军很可能出航对他们发起突袭，因此要加强营地的防御工事，所有人员全部上船准备迎战。就在雅典人正着手准备防御工事时，亚基比德捎来密函，劝他们要警惕费里尼克斯，说他计划叛变军队，将军队和舰队出卖给波斯人。他们不再相信这些消息，认为亚基比德对敌军的会战部署和军事机密了如指掌，但对有关敌人前来攻打的事一个字都不提，仅仅运用那些可以发挥作用的资料，来迫使他们接受对费里尼克斯的不实指控。之后，等到费里尼克斯在市民大会会场被短剑刺杀死亡，凶手是担任卫士的雅典人名叫赫蒙，经过深入调查这个案件，委员会才发表严正的声明，谴责费里尼克斯叛逆的罪行，下令奖赏赫蒙和他的间谍。现在亚基比德的友人在萨摩斯岛将一切准备就绪，派遣帕桑德返回雅典，企图改变现行的政府体制，鼓励雅典城内的贵族以城邦的兴亡为己任，推翻民主政府的体制，只要他们这样做，亚基比德承诺会使他们获得泰萨菲尼斯的交好和联盟。

诸如此类的说法只是那些野心家用来掩人耳目、迷惑民众的借口罢了，而真正的目标是要使雅典成为寡头政体。很快贵族阶级便占了上风，政府的大小事务全部掌握在他们的手里，其表面上打着5000人大会的名义（然而，实际上他们仅仅只有400人）。他们对亚基比德抱着藐视之心，从事战争少了几分霸气：一方面是他们不敢取信于民，因为雅典人民私下里嫉妒憎恶政体的改变；另一方面是他们认为拉斯地蒙人对寡头政体比较支持，更倾向于给予他们援助和支持。

全城上下的人民受到威胁，只有顺从，很多大胆的人公开表示反对，都被“四百人”会议判处死刑。那些在萨摩斯岛的人们，得知这一消息都感到愤愤不平，恨不得立即开航返回比雷埃夫斯（希腊东南部港市）。他们命人前去会见亚基比德，共同推举他为将领，在他的领导之下去推翻暴政。在这种形势之下，无论任何人临危受命，受到人们的拥戴和支持，为了感谢众人的厚爱，都会顺从他们的意见；特别是亚基比德，这位被流放充军，四处逃窜的难民，被众人推举上了将领的职位，将率一支军队和一个舰队，更不应该提出异议。他就像一个伟大的领导者那样，反对他们在暴怒之下做出仓促的决定，虽然看起来是为了拯救共和国政体，实际上他遏制了一个难以弥补的错误。因为，如果他们向雅典返航，整个艾奥尼亚包括所有的岛屿和海伦斯坡会毫无抵抗地落入敌人手里。而此时雅典人还会陷入内战的泥潭之中不能自拔，彼此在城墙的狭小范围里面拼个你死我活。最后还是只有亚基比德全力阻止这种闹剧，他不仅要说服全军战士，指出危险之所在，还要自己出面一个个规劝，软硬兼施，对有的人他采用乞求的方式，还有一些人则用强迫的方式。不过司第里亚的色拉西卢斯对他的帮助很大，正如我们在前面所提及的，这个以大嗓门儿著称的雅典人，只有他跟随亚基比德四处走访游说，对那些准备返航的人大声呵责。亚基比德为他们做的第二个重大的贡献，就是他非常清楚腓尼基人的舰队，波斯国王希望派遣拉斯地蒙人前去支援他们，除非腓尼基舰队帮助雅典人，不然腓尼基舰队根本不会出现；然而拉斯地蒙人却一厢情愿地认定，波斯国王会派遣这个舰队参加他们的阵营。他立即采取行动迅速完成了这个任务，泰萨菲尼斯听从他的劝告，这个舰队最远到阿斯平杜斯以后就不再前进，拉斯地蒙人因而上当受骗。波斯人之所以产生政策的转变，双方全部都相信这是亚基比德的影响力所促成。特别是拉斯地蒙人提出指控，说他劝蛮族在一边袖手旁观，任凭希腊人在那里拼个你死我活，因而腓尼基舰队只要加入任何一方，都可以赢得这场战争的胜利，这样至少可以保全一方的实力，他们声称这就是最有利的证据。

没过多久，“四百人”会议的篡夺者全部被清除，获得亚基比德的朋友圈的协助，他们很快便建立起了受到全民拥戴的政府。现在城市里的人民不仅热切期盼，而且还命令亚基比德免于放逐尽速返回国门。不过他并不愿意出于人民的仁慈和怜悯而废黜放逐之罪，两手空空毫无成就地回国，而是想有一番作为，然后满载荣誉风风光光地回归故国。于是他怀着这种念头，率领几艘战船从萨摩斯岛出发，前往尼杜斯一带海面巡航，到达考斯附近时接到情报，斯巴达海军上将弥达鲁斯率领全线火力开往海伦斯坡，于是雅典人尾随其后迅速跟进。他急忙返航去增援雅典的指挥官，神明庇佑，他带着18艘战船在最紧要的关头赶到。双方的舰队在阿布杜斯附近展开了激烈的交锋，激战一直持续到深夜，双方势均力敌、难分高下。等到亚基比德带领的战舰出现，两军顿时大吃一惊，敌军大受鼓舞，士气大振，而雅典人却惊恐万分。但是亚基比德突然在他的座舰上升起雅典的旗帜，立即向奔赴伯罗奔尼撒的战船发起攻击，他们占有全面的优势，开始扭转整个战争僵局。很快，亚基比德率领的战舰大败敌军。敌军溃不成军，仓皇而逃，亚基比德便趁胜追击，紧随其后，紧追不舍，逼迫他们航向海岸，在仓皇逃窜中，部分敌舰被撞得支离破碎，尽管此时法那巴苏斯从陆地上给予帮助，要在海岸给他们提供保护，但是船员们根本不理会他的努力，纷纷弃船抛甲，跳入海中泅水逃生。最后，雅典人俘获敌人的30艘船只，原来被夺去的船只都找回来了，他们就在海岸建起了一座纪念丰碑。在取得这场大战的胜利以后，由于亚基比德的虚荣心作祟，他准备在泰萨菲尼斯的面前炫耀一番，于是他带着许多礼物和赠品，携带随从大张旗鼓地乘车前往拜访。然而，事情的发展出乎他的想象，长久以来拉斯地蒙人一直怀疑泰萨菲尼斯，现在他生怕国王发现他与雅典人勾结的细节，一旦泄露，不但官位不保，甚至连性命也得搭进去。此时，亚基比德却不请自来、自投罗网，对他而言简直是天降喜事，于是他马上将亚基比德逮捕送进萨迪斯的监狱，通过用这种背信弃义的方法洗刷过去所犯的过错。

过了30天，亚基比德从看守员手里逃脱，骑着一匹马飞奔逃到了克拉卓美尼。他为了报复泰萨菲尼斯，故意给他扣上一个罪名——公开宣称正是这位波斯提督给予了他自由。他从该地乘船抵达雅典人的营地，并获悉密达鲁斯和法那巴苏斯在西兹库斯，两只军队已经联合起来。于是他集合所有将士发表演说，神明庇佑，他们经历海战和陆战，现在准备对敌军守备森严的城市发起攻击，这时候大家必须众志成城，全力以赴，除非他们所向披靡，一举拿下所有城市，否则就拿不到应许的报酬。他立即齐集所有兵力登船发航，火速赶往普拉克克尼苏斯岛，并传令扣留所有过往船只，这样敌人可能不会发觉他的到来，以确保实力居劣势的舰队的安全。突发的暴风雨伴随着闪电和黑暗同时袭来，而这正有利于他正要进行的光辉伟业。说实在的，在这种极端天气下，不要说是敌军没有发觉，就连雅典人也一无所知。对于他突然下令要部队登船，大家还来不及注意将要到达的地点，所有的船只已经开航。此时，黑暗逐渐褪去，人们便可以看到伯罗奔尼撒的舰队锚泊在西兹库斯港口前方的海面上。亚基比德担心对方发现他的船只的数量，就会退到海岸寻求陆路部队的支援，于是他下令给剩下的船长，要他们放慢行程，慢慢跟在其后。与此同时，他自己率领40艘船向前行驶，让敌人误以为他们的战舰数量较少，引诱敌军主动出击。敌军果然上当，认为他们的实力不足为惧，自己可以稳操胜券，迅速完成战斗。但是当敌军忙于迎战之时，他们发觉其余战舰迅速向他们冲了过来，敌军顿时大惊失色，仓皇而逃。见此情形，亚基比德立即率领其中20艘精锐部队从敌军中央突破出去，火速赶到岸边登陆上岸，对那些弃船而逃的敌人发起猛烈攻击，其中许多人惨遭屠杀。密达鲁斯和法那巴苏斯前来救援，然而全被打败。密达鲁斯英勇顽抗，最后葬身此地，而法那巴苏斯弃甲而逃保全了性命。雅典人歼灭了大量敌军，赢得不计其数的战利品，所有的敌军船只都被俘获。雅典人在法那巴苏斯弃逃之后，占领了西兹库斯，并一举歼灭伯罗奔尼撒人的守卫部队，这样一来，不仅可以确保海伦斯坡地区，而且可以全面清除拉斯地蒙人在海上的所有残余势力。他们截获了一些写给检察官的密函，上面用简短而精练的词句，报告大溃败的情势："现在陷入绝望之中，密达鲁斯被杀，全军都在挨饿，我们却毫无对策。"

对于追随亚基比德奋战到底的士兵，战争的胜利使他们既兴奋不已又万分自豪，认为自己的部队是战无不胜的"常胜军"，而藐视那些吃败仗的士兵，不愿与他们并肩作战。没过多久便发生了一件事，色拉西卢斯在以弗所附近被敌人击败，以弗所人为了借机羞辱雅典人，便在此处竖立起用青铜铸造的战胜纪念碑。亚基比德领导下的士兵一边斥责色拉西卢斯指挥的部队以及战败带来的损失，一边不住地夸耀自己的军队以及他们的将军领导有方；他们不愿与那些士兵一起操练，甚至拒绝与其同驻在一个营地。但是没过多久，色拉西卢斯的部队在阿布杜斯附近地区进行蹂躏和破坏的时候，法那巴苏斯率领大批步兵和骑兵对他们发起了猛烈的攻击。亚基比德闻讯立即赶往救援，击溃法那巴苏斯的部队，然后与色拉西卢斯一同追击残敌直到深夜。两支队伍在此次作战行动中通力合作，然后一起返回营地，大家兴奋不已，相互祝贺胜利。第二天，他们建立一座战胜纪念碑，之后对法那巴苏斯的整个辖区进行烧杀抢掠，使整个区域化为一片焦土，他们在这里为所欲为，没有人敢出面抵抗。亚基比德俘虏了许多的男女祭司，但是最后并没有收取任何赎金便把他们释放了。亚基比德的下一个作战部署便是对卡尔西顿发起攻击，因为这个城市不仅背叛雅典，而且还接受拉斯地蒙人派来的总督和守备部队。亚基比德在获知这个密报之后，将他们的谷物用牲口移出田地，然后全部运往俾西尼亚，双方交情深厚。于是他率领军队来到俾西尼亚边界，然后派遣一位先驱官前去谴责他们的行为，俾西尼亚人畏惧大军压境，把存放的东西当成战利品交出来，答应加入雅典邦际联盟。

然后他率军继续挺进围攻卡尔西顿，连海围城修筑了一座作战堡垒，将卡尔西顿团团围住。法那巴苏斯率军前来解围，与此同时该镇总督希波克拉底号集所有力量，针对雅典的包围发起了一场突围战。亚基比德立即将军队分为两部分，然后左右开弓同时应战，不仅逼得法那巴苏斯弃甲而逃，颜面尽失，而且彻底击溃了希波克拉底的部队，杀死了总督以及追随他的部分士兵。之后，他率军发航前往海伦斯坡，为了提高军费供给，在攻占赛莱布里亚的军事行动中，他行事过于莽撞以致使自己陷入危险的境地。该镇上的极端分子正在着手背叛这座城市，将该镇原封不动地交到他的手里。遵照约定，其在午夜用火炬作为接洽信号。其中一个谋逆分子开始对此行动非常后悔，但又怕被人发觉，良心的煎熬驱使他在指定的时间之前便发出了信号。亚基比德刚一看到高举的火炬，全然不管他的部队尚未准备就绪，就立即奔赴城墙边，而且他只带了30个人跟随他前去，并下令剩余部队紧随其后火速前往援助。当他来到城墙那边，发现城门大开，就带着30个人冲进城内，此外还有二十多个便装谋逆分子加入他们的队伍。等到他们进到城内不久，便发现赛莱布里亚人全副武装，向着他们冲了过来。要是他执意迎战，那这无疑是以卵击石自取灭亡，而且毫无逃脱的希望。从另一方面来看，直到那天为止，他发现长此以战无不胜、攻无不克的成功指挥和辉煌战绩，使得他无法战败和逃走。于是，他通过吹响号角要求全军保持安静，然后命令一个手下士兵大声宣布：赛莱布里亚人不应该拿起武器反抗雅典人。这使得刚才还凶神恶煞、浩浩荡荡持枪的赛莱布里亚卫队突然间平静了下来，他们误以为现在敌人已全都进城，所以一些居民希望趁着战事未起和平解决此事。就在他们各抒己见争论不休的时候，亚基比德的军队兵临城下。亚基比德的推测非常正确，赛莱布里亚人有意和平，然而惧怕色雷斯人会趁机洗劫城市。大量的色雷斯人以志愿军的方式加入到雅典人的阵营，大多是为了追随亚基比德，因此亚基比德令色雷斯人全部撤退到城外。针对赛莱布里亚人的投降，他使整个城市免于战乱和洗劫之灾，只要求他们捐献一大笔赎金，留下雅典人的驻防部队以后，全军拔营离开。

在此次行动期间，围攻卡尔西顿的雅典军方将领与法那巴苏斯签订了和平协定，条约规定如下：支付一定数额的费用；卡尔西顿归还雅典；雅典人不得侵扰法那巴苏斯出任提督的行省；雅典大使觐见波斯国王，法那巴苏斯负责他们的安全。等到亚基比德回到卡尔西顿，法那巴苏斯要求他发誓务必遵守协定的条款，而亚基比德开出的条件是除非法那巴苏斯要同时比照办理，否则他们断然拒绝。

等到签订的条约经过双方宣誓以后，亚基比德前去镇压拜占庭人，因为他们起义反抗雅典，军队到达后就绕着全城修筑一道城墙。当他着手准备围攻的时候，安纳克西劳斯、莱克格斯和另外一些人，密谋背叛当局将这个城市交到他的手里，但要他提出保证维护居民生命和财产的安全。随后又有个消息很快传出去，说他接到一个紧急报告，好像是艾奥尼亚发生了突如其来的暴动，他必须火速赶往解决。据说，当天他在发表了一个演讲之后率领全军发航，但同晚又折回该地，所有人员全副武装登岸，在无人察觉的情况下秘密挺进，向着城墙奔去。同时，他领导的战舰一路浩浩荡荡，怒气冲冲，伴随着叫嚣声和呐喊声全力进入这个海港。拜占庭人在惊慌错乱之下，全部匆忙赶去守卫他们的船只和港口。对那些支持雅典人的人士而言，这也是个天赐良机，他们安全地把亚基比德接进城内。虽然如此，但是没有武力根本不能解决问题。对于伯罗奔尼撒人、皮奥夏人和麦迦拉人而言，情势不仅逼得他们要下船待命，又迫使他们再度登船，在闻知雅典人在另一面进入城市后，他们赶紧发布号令前去迎战。虽然如此，经过一番激战以后，亚基比德和瑟拉米尼斯还是夺取了最后的胜利，前者指挥右翼而后者负责左翼，最后300名幸存的敌人全被抓捕充军成为战俘。会战结束后，没有一个拜占庭居民被杀或是被驱逐出城；其完全按照原来的协定将城市交到亚基比德手中，他们也没有对居民的生命和财产进行破坏。后来，仅有安纳克西劳斯受到拉斯地蒙人的指控，说他犯了谋叛的罪行，但是他对于这些通敌卖国的不耻行为，抱着既不否认也不承认的态度，只是极力辩解。他不是拉斯地蒙人而是拜占庭人，现在只看到拜占庭而不是斯巴达，已经陷入极度危险的境地，城市被严密地封锁，没有任何后续粮草供应，而伯罗奔尼撒人和皮奥夏人作为驻防部队，可以使用过去的军需储备物资，然而拜占庭人以及他们妻儿只能忍饥挨饿。因此，他并没有将城邦出卖给敌人，只是想使城邦与人民免受战争灾难而已。他这样做也是效仿那个拉斯地蒙人当中最受尊敬的人士的做法，他们认为没有一件事比造福国家、拯救人民更正义、更崇高的了。听到他的辩护，拉斯地蒙人非常敬重他，立即撤销对他的所有控诉。

这时亚基比德又开始思念自己的故国家园，虽然如此，他更想让那些追随他的市民看到一个载誉归来的亚基比德。于是他带领这支舰队驶向雅典，所有的船只饰以数以万计的盾牌和战利品，把从敌人手里缴获的战船拖在后面；还有大批徽章和饰物来自被击沉和焚毁的船，数额共计200艘之多。期间发生了很多令人难以置信的事，比如说，萨摩斯岛的杜里斯竟然公开承认自己是亚基比德的后裔；此外，克里索格鲁斯一举夺得皮提亚比赛的胜利，在战船上吹着长笛，同时让划桨手的动作配合音乐的节奏；知名的悲剧作家凯利皮德身着官靴和紫色长袍，一副剧中人装扮，站在甲板上面对着所有的桨员们发表演说；海军上将带领舰队进入港口的时候竟然挂起紫帆，但狄奥庞帕斯、埃弗鲁斯和色诺芬这些人都没有提到这件事。一个人在长期的放逐中奔波流离，历经苦难，在神明庇佑下他回到自己的家乡，重新出现在他的同胞们面前，摆出参加完酒宴后的狂欢者的模样，这确实使人难以置信。相反，他满心焦虑地进入那个海港，他还是大胆地上岸了，一上岸他便看见了他的堂兄欧里普陀勒斯、他的友人以及一些熟人，他们都在那里迎接他，欢迎他重返故国。从来没有一个将领遇到过这样的情景，群众都来迎接亚基比德，高声地欢呼，向他致敬，大家一直跟在后面，那些能接近他的人把花冠戴在他的头上，还有很多人无法近身就在远处观看，老年人把他指出来让年轻人认清楚。虽然场面非常热闹，但是这种欢乐的气氛夹杂着不少心酸，眼前的欢乐场面不禁使人回想起他们曾经经历的那些不幸和困难。最后，大家都有这样一种想法——要是当年让他负责西西里岛的战事，指挥所有的军队，或许就不会有任何意外而遭到如此惨败。之后，当他再次进入雅典行政机构，此时雅典人正被迫从海上撤离，陆地上连他们城市的郊区也缺乏防御，同时，他们还陷入党派权倾之争的旋涡中。而亚基比德及时将他们从低沉和沮丧之中拯救出来，带领他们重拾自信，浴血奋战，不仅恢复了他们一直以来对那片海域的统治权，而且还引领他们数破敌军，取得了不计其数的陆路战争的胜利。

市民大会通过一个赦令，将他从放逐的处分中召回，卡黎司鲁斯之子克瑞蒂阿斯提出建议，就像在他的《哀歌》中所描述的那样，要让亚基比德记住他的情谊：

> 赦免的布告的颁布，
> 来自我的大力举荐。
> 解救你于乏味的放逐之中，
> 使你得以荣归故里。
> 公众的表决主要在于我的大力推动，
> 由于我的振臂高呼使得赦令尘埃落定。

城邦召开市民大会，亚基比德也应邀参加，他在一开始便哀悼和抱怨自己所受的苦难，用温和的语气抱怨过去人们对他的恶意处罚，但也只能把这一切归于时运不济，还有随之而来的那些邪恶精灵；之后，他便又大谈他们的远景展望，并盛赞他们勇气可嘉而且前途无量。市民大会授予他黄金冠冕，并授予他将领的职位，无论在海路还是陆路，他都有绝对的领导权。他们也同时发布法令宣布亚基比德曾经被罚充公的家产全部归还于他，此外优摩帕斯家族和神圣的传令官必须免除曾在雅典人民面前对他设下的诅咒。当所有的人都遵守这些规定的时候，只有大祭司迪奥多鲁斯提出辩白："如果他是清白无辜的，那么我从来没有诅咒过他。"

虽然亚基比德的事业一帆风顺，也获得了不计其数的荣誉，但仍有一些地方美中不足，就拿他的抵达时间来说吧，就非常的不吉利。他进入港口那天是普林特里亚节庆要祭祀密涅瓦女神的日子，这个风俗一直延续到了现在。每年五月的第25天，当普拉克塞吉迪举行神秘仪式的时候，密涅瓦神像的饰物全要取走，而且庙宇的一部分要用布缦很严密地遮盖起来。因此居住在阿提卡一带的雅典人把这一天称为大凶之日，不能从事任何重要的事宜。因此他们认为仁慈的女神并不愿接受亚基比德，也不赐给他恩典，所以她掩盖其华容表示拒绝之意。尽管如此，他处理每件事都能得心应手并称心如意。当他带回的100艘船完成准备工作要发航时，他出于对神明的敬畏暂时延期，等到神秘的仪式举行完毕再出发。自从迪西利亚被占领以后，敌人控制雅典通往伊琉西斯的所有道路，因此队伍只能采用海路，根本谈不上盛大的排场和庄严的行列，他们不得不减少献祭牲口的分量和参加献祭礼的人员数量，甚至连神圣的祭典仪式也受到影响，当他们前往伊阿克斯的时候，通常都会在途中大做法事。因此，亚基比德判断这是一个难能可贵的行动，如果他恢复这些自古留传下来的光荣祭奠传统，这不仅是敬仰神明的表现，而且还可以使他获得民众的赞许和推崇。等到亚基比德采取这个行动以后，如果艾杰斯王保持沉默不反对的话，他的权威会受到损毁，这也会影响到他的声誉；要是艾杰斯非得选择运用武力制止的话，那么亚基比德基于宗教问题的考虑，为了维护祭祀仪式的神圣和庄严，便可以发动一场以宗教为名义的圣战，就在城邦的统治的范围之内，他的英勇的行为将会获得全城上下的认可和见证。等到他决定按计划行事以后，马上将状况通知优摩帕斯家族和传令官，在山顶设置好哨点，派驻哨兵，在黎明之前派出探子。随后带着祭司、入会者以及应到人，四周围绕着士兵，亚基比德下令务必遵守命令和保持肃静，组成一支庄严肃穆的队伍。在这种情况下，大家非常庆幸有他这样一位可歌可泣的领军人物，完全可以胜任祭司和将领的职务。他的敌人也不敢轻举妄动，对他们采取任何行动，这使他能把所有人员安全带回城市。针对此事，他为自己的构想和主张感到极为满意，也使得大家产生了一个共识——只要把军队交给亚基比德指挥，他们的军队便能战无不胜、攻无不克。有些人毫无顾忌地向他表示，劝他不要让人因嫉妒而产生竞争之心，废除市民大会指定的法律和拥有的权力，压制那些高谈阔论的政客，不能让他们的懒惰和无知给城邦带来损害和毁灭。他一定要采取积极的行动，把军国大事掌握在自己手里，坚定立场，不畏惧任何人的指责和非难。

他们为了使他尽快登船发航，同意他所选择的副手，满足他提出的任何要求。因此他率领由100艘船组成的舰队出海，抵达安德罗斯岛以后，发生海战，打败当地的居民和前来支援他们的拉斯地蒙人，不过，因为他没有趁胜夺取城市，后来这成为政敌用来指控他的罪名。

的确如此，也只有向亚基比德遮掩价格的人，才会做出自取灭亡的事。不断的成功使他建立一种信念，认为自己的勇气和谋略确实高人一等，要是他负责的工作发生任何闪失，只能归之于一时的疏忽，没有人相信他会缺乏这方面的能力。只要愿意全力以赴，对他而言天下没有难事。雅典人每天抱着幻想，期望会听到征服开俄斯岛和平定艾奥尼亚的消息，但没有迅速获得所期望的结果，他们全都感到焦急难耐。他们从来没有考虑到亚基比德缺乏经费的状况，他不像他们的敌人有伟大的国王做后盾，可以充分供应所需的金钱和物质；这迫使他要离开营地，到外面寻找钱财和给养来维持士兵的生计。这时发生的状况使他的政敌获得机会，使其成为指控他的最后一项罪名。

拉斯地蒙人赖山德为水师提督指挥一支舰队，居鲁士供应大量经费，支付每名水手每天4奥波银币，比起过去要多发一个。这给亚基比德带来很大的困扰，因为他的财力只能发3奥波银币。亚基比德要到卡西亚去筹款，他在离开的时候将舰队留给安蒂阿克斯照应，这个人是经验丰富的水手，个性冲动而且行事鲁莽，亚基比德特别当面交代，即使敌人激将挑衅也不许迎战。他根本不理会这样的指示，甚至到胆大妄为的程度，驾着自己的坐船在另一艘战船的伴随下，开往敌人舰队停泊地以弗所，他领头冲过去用文字和行动激怒敌人。赖山德率领整个舰队出击，赢得一次决定性的胜利，安蒂阿克斯被杀，敌人俘虏很多人员和船只，建立了一座战胜纪念碑。亚基比德听到战败的信息，马上回到萨摩斯岛，出动整个舰队，要与赖山德进行会战，这时赖山德为保住到手的成果，留在港内不为所动。

军中有很多人痛恨亚基比德，色拉森之子色拉西卢斯更是他的仇敌，蓄意赶回雅典对他提出控诉，策动城市的政敌共同展开反对活动。他在市民大会发表演说，提到亚基比德的败军50个舰队被歼，完全是因他过于狂妄自大和疏忽职守，安蒂阿克斯之所以得到他的重用，是因为他们经常在一起饮酒和讲一些下流的笑话，等到他离营就将军队交给他负责。他到处以筹款为借口游玩，纵情酒色，乐不思归。当敌人的水师就在附近出现的时候，他的身边还有艾奥尼亚和阿布杜斯的娼妓陪伴。他在色雷斯的俾桑第附近修建了一座城堡，作为退休以后的安全住所，像这样一个人竟然不愿生活在自己的城邦。雅典人相信这些指控，大家都非常愤怒和厌恶，为了表达反对的态度就另外选出一些将领。亚基比德听到这些消息以后，害怕安全会出问题，于是马上离开军队，他招一批佣兵，凭自己的好恶对色雷斯人发起战争，说他们否认国王要争取自由。他用这种伎俩积累了相当庞大的财富，然而也就在这个时期，他全力阻止蛮族的入侵，确保希腊边区的安宁。

这时几位新上任的将领泰德乌斯、米南德和艾迪曼都斯，带着雅典人留下的所有船只停泊在伊哥斯波塔米。他们通常会在早晨出海去向赖山德挑衅，赖山德的舰队停泊在兰普萨库斯附近。雅典人看对方没有反应就回航，整天其余时间在无聊中打发过去，他们轻视敌人，四周的警戒不够严密，下达的命令也无人遵守。亚基比德就在邻近地区，了解到他们即将面临的危险，觉得应该让他们知道。他去见这些将领，告诉他们现在所在的位置非常不便，停泊的港口不能提供安全的保障，离任何一个市镇都相当远，这使得他们得去塞斯托斯这么远的地方领取他们所需的粮食。他还指出他们没有管好士兵，听任这些人到处游荡，然而敌人的舰队在一位将领的指挥之下，严格要求下属服从命令和遵守纪律，何况他们配置的地点就在眼前。因此，他建议整个舰队迁到塞斯托斯。

这些将领对他所说的话根本不予理会，泰德乌斯用无礼的态度呵斥他离开，现在是他们在指挥这军队，跟他已经没有关系。亚基比德受到这种待遇，怀疑他们之中有人在捣鬼，告别以后他告诉那些离开营地的朋友，如果不是这些将领用蔑视的态度使他感到难堪，即使拉斯地蒙人一百个不愿意，他这几天之内也要逼得他们要与雅典人在海上决战，不然的话他们只有弃船逃走。有人认为他的这种说法只是吹牛，也有人觉得大有可能，他已经从陆地上带来大量色雷斯的骑兵和弓箭手，可以攻击和骚扰拉斯地蒙人的营地。

后来发生的事件，很快证明他的判断非常正确，雅典人犯下很大的错误。赖山德出乎他们的意料发起突然攻击，只有康浓带着8艘船逃脱，其余的200艘船被他虏获带走，加上3000名俘虏，后来都被杀害。过了没有多久，赖山德攻占雅典，把发现的船付之一炬，希腊人所建的长城也被他拆除。

从此以后，拉斯地蒙人成为海洋和陆地的主宰，亚基比德在畏惧之余只有退到俾西尼亚。他将所有的钱财运走，除了随身携带一部分，其余的存放在以前他住过的城堡。他在俾西尼亚丧失大部分财富，其被居住在那里的色雷斯人抢走。于是他决定前往阿塔泽克西兹的宫廷，要求给予庇护。他认为国王在使用他以后，一定会发现他的能力优于提米斯托克利，从而通过服务国王来对付他的同胞。他会在国王的志愿下对抗波斯的敌人，防守他们的国土。亚基比德经过推断获得结论，认为法那巴苏斯会给予他妥善的安排和照应，于是前往弗里基亚与他见面，在那里住了一段时间，受到他的尊敬和殷勤的接待。

雅典人丧失帝国的权柄，疆域陷入悲惨的境地，等到赖山德剥夺他们的自由，他们受到三十暴君暴政的压迫时，其遭受的痛苦更是无法形容。等到一切都损失殆尽，连最起码的安全都无法获得，这时他们不仅明白也悔恨过去的错误和失策，认为最不可原谅的事就是亚基比德的苛求，尤其是第二次出问题以后，不给他补救的机会。他自己并没有犯任何错误，只是他的部将指挥不当，丧失几艘战船而引起大家的怒气。他们竟然借此罢免共和国最勇敢和最有成就的将领，真是让人感到惭愧不已。虽然国内外的情势都处于极其恶劣的状况，他们仍旧拥有一线光明，只要亚基比德安然无恙，雅典共和国就不至于陷入绝望的深渊。他们拿过去的事实来说服自己要有信心，想当年亚基比德在放逐之中，不甘于平淡无奇、无所事事的生活；现在的需要较之往日更为迫切，他只要发现任何有利的机会，决不会忍受拉斯地蒙人的无礼和三十暴君的暴政。

三十暴君非常焦急地在打听他的现况，想要知道他的行动和企图，因为人民的心里存着他东山再起的念头，这不能说是无中生有的事。最后，克瑞蒂阿斯告诉赖山德，除非雅典的民主制度完全绝灭，否则拉斯地蒙人无法完全拥有希腊人的疆域。虽然雅典的人民现在看起来很平静，能够忍受寡头政体的统治，只要亚基比德还活在世界上，事实将会告诉他们，目前所默许的状况不会保持很久。不过，这些论点并没有对赖山德发生任何作用，后来他还是接到斯巴达的官员送来的机密的命令，要他除掉亚基比德。他们可能是害怕亚基比德积极的行动和英勇的精神会激励人民的起义而带来危险，也可能是要满足艾杰斯的报复心理。

赖山德派信使将命令转交给法那巴苏斯执行。法那巴苏斯要他的弟弟马格乌斯和叔父萨米什里斯去完成这个任务。亚基比德这个时候居住在弗里基亚的一个小村庄，泰曼德拉成为女主人在身边照应。他在睡觉的时候做了一个梦：他穿着女主人的衣服，被泰曼德拉抱在怀里，她将帽子戴在他的头上并且在他的脸上化妆，让他看起来像一个女人。还有人说，他梦到马格乌斯把他的头砍下来，将他的身体烧成灰烬。不管怎么说，这是他死前不久所见到的幻象。那些派去杀害他的凶手没有勇气进入屋内，他们先包围他的住处，然后开始纵火。亚基比德发现状况不对，把很多服饰和家具推挤在手边，投过去压熄火焰以阻止它向四周蔓延，然后将斗篷包住左手，右手执着出鞘的长剑，他在衣服着火之前，完全从火场逃出来。蛮族人很快发现他已经脱困，全都退下去没有人敢留在原地或是前去与他激战，他们保持在一段距离之外，用标枪和箭矢将他射杀。蛮族人在他死后离开，泰曼德拉用她的长袍将其遗体包裹起来，就当时所容许的状况，尽量给予他体面和适当的安葬。拉伊斯是科林斯当时很有名的人物，虽然她是一个俘虏，从西西里岛一个名叫海卡拉的小镇来，有人说拉伊斯是泰曼德拉的女儿。有些人在很多方面都认同亚基比德的死亡方式，只是惨案发生的原因不能算在法那巴苏斯、赖山德或是拉斯地蒙人的头上。他们说他将一位贵族家庭的年轻女子留在身旁，双方发生淫乱败德的行为，他的兄弟无法忍受这种羞辱，夜间在他所住的房子周围纵火，等他忍受不住从火焰中逃出来时，就被他们用标枪刺杀，诚如前面所说的那样。

科里奥拉努斯传

马修斯家族曾是罗马的名将辈出的贵族世家，在这个家族曾经诞生了很多在罗马历史上赫赫有名的人物，比如努马的外孙安库斯·马修斯，后来成为国王的屠卢斯·贺斯提留斯；巴布留斯·马修斯和奎因都斯·马修斯二人主导兴建的水渠道，给罗马提供了丰富而便利的用水；申索瑞努斯曾两度被市民大会推举为检察官，之后他劝说市民大会制定法律，任何人不得两次出任该职务，这件事一直被人津津乐道。而现在我们所写的科里奥拉努斯·马修斯是个孤儿，其母亲是个寡妇，独自将他抚养成人。尽管幼年丧父也许会给他的成长带来诸多不利因素，但是不会阻挠一个人习得世间优良崇高的德行，或是妨碍一个人施展他的聪慧天资和过人的才华；然而有些人品低劣的家伙，乐此不疲他把他们腐败和堕落的原因完全归结于幼年时期他们所遭遇的不幸和世人的漠视。就罗马人的理论而言，马修斯是一个极好的例证，一个人慷慨和高贵天性的养成要是缺乏适当的训练，就像没有经过耕耘的沃土一样，即使种植再好的植物，收获的果实还是会有很多瑕疵和缺失。马修斯性格刚毅、精力充沛，对他所从事的工作从来都持之以恒、不屈不挠，这使得他成功地创下不少光辉成就；另一方面，他的脾气暴躁、冥顽不灵而且率性而为，对于那些声望和地位比他高的人士，他虽然仍旧固执己见，不愿妥协，但是也会运用他独有的幽默和风趣，勉强顾全大局，经过调停后愿意让步；至于其余人士，他仍旧缺乏沟通和协调的能力。马修斯的作为受到众人的敬重和钦佩，因为他与生俱来的本性可以抵制那些温香软玉、痴迷享乐，不怕公务繁重和艰难险阻，以至于他那些受到人民敬重的美德中，最为人称道的是——节欲、刚强和公正，这些倒是可以让人确信不疑。从市民和政治家的生涯来看，他为人蛮横、鲁莽、令人讨厌，而且还带着专制、傲慢和专横的习气，未受到人民的推举反而激起大家的憎恶。对于某些权力的执着追求者而言，教育、学习以及对文艺的爱好，都比不上人性和文明的经验教训，因为这些指导我们与生俱来的天性和禀赋能够顺从被理性所规范的限制条件，而使人避免趋于极端的粗野作风。

在那个时期的罗马帝国，有一种被人们极为推崇的事业，那就是投身军旅，在军事方面建立功勋。我们可以从拉丁文字“virtue”上面找到有力的证据，这个词即“德行”，而它也等价于“大无畏的英雄气概”。“英勇”这个词，曾一度被人们认为是“美德”，他们用这个普通的名词来称呼那些极其卓越的成就。这激起了马修斯更大的热情，他比其他任何同年龄的人都更渴望和向往战争的洗礼；也是从那一刻开始，从他还是个黄毛小子开始，便立志投身军旅，报效国家。他认为那些偶然获得的工具和仿造的武器，虚有其表，根本发挥不出任何作用或是作用不大，此外这些武器并不能与经常习用的和编制之内的武器很好地混合使用，发挥出应有的作用。因此，他不断练习和操练各种动作，使得自身能够迅速适应分门别类的活动和突发的意外，长期的训练使得他四肢灵活而且轻巧敏捷，就像赛跑队员一样轻快；长期的训练也使得他能在敌人体力不支的时候仍有格斗者的体能来制服敌人，而且少有对手能够轻易逃脱他的手掌。他在国内的比赛中，即使对手英勇无比，最后还是只能甘拜下风，而这些成功的取得毫无疑问应归咎于他良好的体能。谈起马修斯来，人们都会说他愈战愈勇而且不知疲倦。

第一次参加战争的时候，那时的马修斯还是个年轻小伙子，而当时正是塔昆纽斯·苏帕布斯在位的时代。他曾经是罗马帝国的国王，之后被人民赶下了王位因而引发了不断的斗争，但一直都未成功，而现在他使出浑身解数进行最后的挣扎，要克服万难把国王的命运孤注一掷。大量拉丁人和一些意大利其他的部队加入他的阵营，一起向着罗马进军，要达成复位的目标。不过，这些外来的队伍并非抱着为塔昆服务和协助的心态，而是畏惧和嫉妒势力日趋强大的罗马，他们迫切希望对其加以抑制和阻止。两军相遇之后引起一场决定性会战，对马修斯一生的兴衰荣枯发生很大的影响。在此次生死攸关的战斗中，马修斯表现得极其英勇，他力挽狂澜，迪克推多在场亲眼目睹，一位罗马士兵在不远处被敌人击倒，马修斯看到后箭步冲了上去，挡在这位兄弟的面前手刃攻击者。这位将领在获得胜利以后，他英勇无畏的行为被排在第一位，被授予橡叶编成的桂冠。按照罗马人的习俗，只有拯救生命的人，才能获得这种装饰当作荣誉的标志。至于他们为何对橡树如此推崇，可能是为了纪念阿卡狄亚人，这位著名人物被人们喻为“食橡实者”[①]；或许是因为其易于获得，而且几乎在所有发生过战斗的地方都有橡树，橡树象征着战争胜利易于获得；还有一种可能，朱庇特，这座城市的保护神，橡叶冠是献给他的神圣之物，很适合作为英勇救人的奖励。此外，实际上橡树是在所有野生的树木之中，果实最多而且营养丰富的一种，经过人工的栽培之后，果实更多、更大。橡树果实是早期人类赖以为生的主要食物，而且在这种树上通常可以找到蜂蜜作为饮料。也可以说，它给那些飞禽和其他动物提供美味的口粮，树上生长的槲寄生可以提供炼鸟胶，用来捕获在树上觅食的鸟类。据说卡斯特和波拉克斯那个时候曾经出现在战场上，会战完毕以后有人在罗马看到他们两人，就在那座庙宇旁边的喷泉那里，他们的坐骑浑身流汗、口吐白沫，等到他们大捷的消息传到市民广场的大众，以后每年7月15号被视为战胜纪念日，成为奉献给神圣的孪生兄弟的庄严假期。

普遍来说，这是一个不变的真理，当一个年轻人过早地建立功名、赢

---

① 确拉斯地蒙人强大之后，希望能征服伯罗奔尼撒半岛中部的阿卡狄亚地区，派人前往德尔斐求取神明指引，阿波罗的祭司给予神谶，说阿卡狄亚地区居住着一个以橡树果实为生的男子，所以不能答应他们的要求，但是他们可以向亚该亚人发起攻击。

得荣誉时，要是其天生缺乏远大抱负就会很快丧失追寻荣誉的热情，满足于现有的成就。还有一些人具备高贵的目标，可以使深邃和充实的心灵获得改进而更为明亮夺目，就像一阵狂风迫使他们向前追逐光荣的权柄。他们重视这些美德所获得的标志和证言，就不会再抱着接受报酬的想法，如同他们立下的誓约一样，为未能达成公众的期望而感到羞愧，因此他们愿意尽最大的努力自我超越，他们一直在思考前人的丰功伟绩，不断地鞭策自己，使自己获得更为丰硕的成就。在这种高贵精神的驱使下，马修斯也雄心勃勃，不断地超越自己，不管事情如何困难复杂，他都认为自己一定可以战胜那些困难。在这段时间内，马修斯参加过多次战争和冲突，几乎没有一次不是满载荣誉和战利品凯旋的。有别于其他人创造荣誉在于炫耀自己，马修斯获得荣誉是为了让他的母亲高兴。他的母亲听到别人对他儿子的赞许，看到他戴上桂冠的模样，就会满心欢喜，她便会喜极而泣，然后将他拥在怀里，这让马修斯情不自禁地萌生这样一种想法，自认自己是全世界最光荣和最幸福的人。据说伊巴明诺达斯承认自己也有相同的情怀，认为他一生最大的幸福就是——在双亲健在之时，使其能够听到他发挥将领的才华而赢得琉克特拉会战的胜利的喜讯。而且他在这方面占尽有利条件，双亲都能分享他的成就和荣耀。马修斯确信自己要把对父亲的感激和责任全部放在母亲弗伦妮亚的身上，只要她活在世上一天，对她的孝顺和尊敬要竭尽全力履行。他娶了一个妻子，妻子也必须完全按照他的要求和意愿，即使他们有了儿女以后，仍旧和他的母亲在一起并没有分家出去。

他的正直廉洁和英勇无畏的名声使他在罗马获得极大的影响力和权势，而恰巧在这个时候，原来一直支持富有阶层的元老院开始与普通民众产生分歧，因为放高利贷的债主用严苛和残酷的手段对待普通百姓，引起他们的不满和抱怨。很多人只要有一点财产便被作为担保物或者拍卖品，被债主剥夺一空，那些落到赤贫状况的债务人，在无力偿还的状况下，被打入公家的监狱或受到私人的囚禁，留在他们身上的刀疤和伤痕证明了他们曾经为了保卫城邦多次服役、参加了很多次战斗。在最后一次对萨宾人的远征行动中，有钱的债权人承诺会在将来放宽或延缓他们的债务，元老院给执政官马可斯·华勒流斯下达命令，要求他保证全力贯彻执行。但是等到他们英勇抗战，打败敌人获得胜利以后，债务并没有减轻或延缓，元老院宣称他们并不记得有签订协议这回事，看到他们还是像以前一样，当成奴隶被拖走，财产也像从前那样被全部侵占，元老们甚至还摆出漠不关心的样子。于是平民在城市发起公开的暴动和危险的聚会，城市陷入混乱和无序之中。敌人在获悉这一局势以后，大举入侵和蹂躏他们的国土。执政官得知情势如此危急之后，下令所有适龄男子必须参军服役为保卫城邦做出贡献，但是却发现根本无人理会征召令，于是政府有关部门立即讨论应该采取何种应对措施，但是并未达成一致意见。一些人认为最有效的办法，是不妨对穷人施以小惠，适当地放宽过度限制的权利，缓和或废止极端严苛的法律；然而另外一些人却拒绝接受这种建议。尤其是马修斯，他表示强烈反对，指出双方发生的金钱利益纠纷并不是问题的症结所在，并力言这种处理方式是在鼓励大家公开违背律法，一个明智的政府要在事态未恶化之前趁早采取阻遏的行动。

针对这个棘手的问题，整个元老院在很短的时间内频繁召开会议，但仍未提出任何明确的方案。贫苦百姓们发现他们的不满和抱怨并没有得到合理的赔偿，因此，他们突然之间大举起义，迅速聚集形成了一支人数庞大的队伍，他们相互勉励要坚持他们的决定——自愿抛弃并且离开城市，聚在位于安尼奥河边一座现在被称作“圣山”的山丘。他们并没有进行任何暴力和破坏的行为，仅仅在出走以后一路宣称——事实上，他们是被这座城市抛弃的，他们长期以来一直被这座城市忽视和排斥，一直以来这座城市的富人们的压榨和剥削使得他们不得不背井离乡。意大利总可以给他们一个安身立命和老死埋骨的栖身之所，这些便是他们对这座城市的所有期盼。要是他们继续留在罗马，他们获得的唯一权利，便是在即将到来的战争中，为保护他们的债主而负伤或者战死沙场。元老院非常清楚后果的严重性，于是便派他们之中做事非常有分寸而且备受欢迎的一个成员前去与他们协商。

他们的首席发言人明尼妞斯·阿古利巴，诚恳地向平民提出演说的要求，清楚明了地表达元老院的决议，最后，他的结论几乎成为家喻户晓的寓言。“曾经发生这么一回事，”他说道，“有一个人身体的其他组织对‘胃’非常地不满，大家都指责它形同虚设、一无是处，而且是整个身体器官之中最没有贡献的一个部门，然而其他部门整日忙忙碌碌辛勤劳作只为了服侍和满足他的食欲而已。但是，‘胃’却嘲笑起了其他身体组织的愚昧无知，因为它们并没有注意到虽然自己接收了大部分的营养，但是经过它的加工整合，最后还是把这些营养大公无私地重新返还给大家。就是这样一个浅显易懂的道理，”他说，“市民们，你们与元老院之间所发生的问题很好地诠释了上面一个比喻，政府根据自身被赋予的职责确定主张和采取行动，正是为了更好地保护大家，为大家谋利造福。”

双方经过调停和解，最终元老院根据市民大会提出的要求，承诺同意他们需要救济和协助的事项，每年选出五位保护者，与此同时，他们正式被命名为“护民官”。最早被推举成为“护民官”的两位分别是朱尼乌斯·布鲁塔斯和西辛纽斯·维卢都斯，他们是平民独立运动的领导人物。

因此城市又联合团结在了一起，平民百姓都自愿拿起他们的武器，追随他们的指挥官迅速投入保卫城市的战斗中去。而至于马修斯，当然对普通民众占尽上风一事恼怒不已，尽管元老院议员也提出充分理由，也注意到其他贵族同样对于元老院的让步极度厌恶。于是他号召这些贵族，现在是为城邦服务的时刻，在这场战争中大家至少要表现得比普通民众更为英勇和热诚，以此证明他们并不仅仅在权势和财物上优于普通民众，就连征战沙场所建立的功勋和伟绩也是他们望尘莫及的。

这时罗马人正与弗尔西人发生战争，而弗尔西人的主要城市是科瑞欧力，因此，当时的执政官康米纽斯率军围攻这个重要地点。弗尔西人担心这个重要的地点被敌人夺取，于是从各地集结兵力前来解围，他们计划把罗马人引到城外决战，然后分两路包抄夹击敌军。康米纽斯为了避免陷入不利的态势，就将全军区分为两部分，自己率领主力前去迎战即将来到的弗尔西人。提图斯·拉尔久斯，那个时代最骁勇善战的罗马人，留下指挥剩下的部队继续实施围攻战。留在科瑞欧力城内的守军现在对兵力薄弱的罗马军队抱着轻视的心理，主动开城出击，初期占了上风，追逐罗马军队迫近营地前面的战壕。这时马修斯迅速带领他的连队飞奔出来，兵员虽少，但还是将那些首先出城迎战的敌人杀得溃不成军，使得后续的攻击部队全都减缓进攻的速度。这时他大声喊叫，要求罗马人重新排出会战队列。加图认为一个士兵最重要的本领，不仅是手臂要有一击取人性命之力，而且他的怒吼和形象能使敌人产生畏惧之心，看来马修斯的表现正符合这个要求。现在所有的部队在整顿以后前来支援，敌军阵势大乱、全速后撤，马修斯看到他们退却便觉意犹未尽，紧咬住对方的后卫不放，迫使他们尽快退回城门。追到这里，他发现所有的人停止了追击，这时从城墙上面投掷下来的标枪和箭矢阻止了他们向前，也没有人敢尾随败逃的队伍进入城市，因为城里都是好战的群众，他们都已全副武装准备随时战斗。此时，马修斯站在军队前方，振臂高呼激励大家继续努力坚持抗战，他大声叫道："现在科瑞欧力的城门已经打开，征服者大可以长驱直入，给他们带来大好机会，敌军将死无葬身之地。"但是也只有少数不怕死的士兵愿意追随，他还是从敌人中间杀出一条血路，跟着冲进城去，这时没有一个人敢站出来阻挡。当市民看到只有少数敌军进入城中，他们的士气大振，立即前来围攻，战争场面之激烈简直无法形容。马修斯不仅手臂有力、步伐敏捷而且头脑冷静，与之交战的人都被他制服，逼得敌人到处寻找庇护，逃到城市中人烟稀少的位置，其余人员全都缴械投降了。正是这样，他为拉尔久斯带领剩下的部队安全进城创造了大量的机会。

科瑞欧力被罗马人一举攻下非常出乎大家的意料，之后大部分士兵大肆抢劫和搜刮，这使得马修斯盛怒不已，对他们的行为严厉谴责，指出当所有执政官和其余的同胞还在与弗尔西人殊死血拼的时候，他们却在另一边做出如此勾当，实在卑鄙无耻至极，特别是浪费时间去搜寻战利品或是不怕危险去抢劫，使得他们无法完成出发的准备，影响后续的会战。但是他的话只引起少数人的关注，于是他率领这些人赶快出发，他选用了执政官进军的道路，不断激励这部分追随他的战士，希望他们坚持到底不要放弃，之后便带领大家一起向神明祈祷，希望神灵庇佑他们能赶在战争结束之前到达，支援科利奥兰纳斯，一起参加这个危险的作战行动。

在那个时代，罗马人盛行这样一种习俗，那便是当部队开始移动排成会战队形时，他们便拿起自己的小圆盾，然后用自己的衣服把它裹紧，同时立下遗嘱也可以说是口头交代，说出自己拟定的遗产继承人的名字，只要三或四个弟兄或战友听到，这便成为了一项合法而有效的证明。马修斯带领的部队在这千钧一发的时刻赶到了那里，而当时敌人的队伍已近在咫尺了。

他一出现便引起一阵不小的骚动，只见他全身是血，领着那一小队人马杀了过来。他一到这里便急急忙忙地前去拜见执政官，面带微笑地伸出手与执政官行双手礼，之后便向长官报告夺取城市的情况。当大家看到康米纽斯同他拥抱并且向他致谢，刹那间全军士气高涨，那些站在附近的士兵仔细地听，而站得远一点的士兵只能通过他们的表情姿态猜想，但也可以知道到底发生了什么。所有的士兵齐声高呼，要马修斯率领他们列阵出战。不过，马修斯首先想知道弗尔西人的军队部署、会战列队以及敌方精兵作战时的站列位置等方面的情况。他得到的答复是安廷姆人的部队在中央，这些战士是他们的主力，作战经验丰富而且从来都英勇不屈。“到时就等我来俘获你们吧，”马修斯说道，“将我的部队部署在他们的对面。”执政官立即答应他的请求，并对他的英勇赞不绝口。双方投掷标枪以后会战开始，马修斯一马当先率领队伍，向中央的弗尔西人冲杀过去，他所到之处，敌人的战线均被很快突破，然后从敌人中间打开一条通路，而正在这时两翼的敌军想要趁机将他包围歼灭。执政官看到他陷入险境，马上派出精选的劲卒前去救援，这场激烈而严酷的战斗在马修斯周围上演，刹那间这块狭小的地方到处是狼藉的尸体。面对劲敌，罗马军队毫不畏惧、一往无前，逼得敌人最后只有放弃阵地逃离战场。但是就在这个胜利唾手可得的重要时刻，他们向马修斯提出请求，说士兵们已经精疲力竭了，为避免惨重的伤亡，他们建议立即收兵回营。马修斯义正词严地回答说，胜利者永不知疲倦，接着便集合部队立即发起追击。剩下的弗尔西部队溃不成军，许多人被屠杀，也有不少人被俘虏。

第二天，马修斯和全军在执政官的大帐前面集合，康米纽斯登上祭祀台，首先感谢神明庇佑，指出这次伟大胜利的取得应归功于伟大的神明，之后对马修斯进行了一番激扬的赞美歌颂，大家赞许马修斯立下不世的功勋，提及他的英勇，有些是他们自己亲眼目睹，还有些是从拉尔久斯的证词听来的。然后康米纽斯宣布，要将战利品包括钱财、马匹和俘虏在内的十分之一交给他，其余的部分再分给大家。除此之外，康米纽斯还宣布把一匹鞍具齐备和装饰华丽的骏马当礼物送给他，用来奖励他英勇善战的行为。全军听到后齐声欢呼，同意执政官的安排。不过，马修斯站出来向大家宣布，他对执政官的奖励表示感谢，愿意接受这匹骏马当作礼物，对于其他的东西，他必须婉拒，因为他作战是为争取荣誉而不是获得金钱，这些东西他一定要与大家一样只拿属于自己应得的那份报酬。他说道："在此，我仅仅有一项请求希望各位成全，弗尔西人中间有一位对我一向友善的朋友，他为人清廉正直而且仁慈为怀，现在沦为了我们的俘虏，现在他已经失去了所有的财产和自由。这种没钱、没自由的奴役生活，已经使他非常不幸，希望你们能成全我这个不情之请，不要把他像普通奴隶一样出售。"马修斯对战利品的拒绝和对俘虏的请求，获得了大家的齐声喝彩和赞同。他那慷慨宽广的心胸能使他能够抵制住贪婪，较之于他在战场上英勇无畏、克敌制胜的英姿，更能俘获众人的钦佩。当然也有一些人带着嫉妒和藐视的视角来看待他获得的殊荣。他们自己做不到但也不得不承认，那些建立卓越功勋的大功臣毅然拒绝如此殊荣比起那些欣然接受的人来说要高贵许多。他视金钱为粪土的高尚气节比他曾经在任何一场战斗中获得的头衔更让人钦佩，而用财较之用兵可以获取更高的成就，不战而胜才是最高的境界。

等到人们的认可声和赞许的鼓掌声消停下来之后，康米纽斯接着说道："各位随我出生入死的弟兄们，如果一个人不愿接受我们赠给他的这些礼物，就算强迫也毫无用处。因此，让我们送给他一件他无法婉拒的东西，我的意思是说，从现在开始就称他为'科里奥拉努斯'，要是你认为他在科瑞欧力的英勇行为能配得上这个名字，那么就请在场的所有人员投票决议。"从此以后，科里奥拉努斯便成为他的第三个名字。这样一来非常清楚，第一个名字盖优斯是他的小名，第二个名字马修斯是他的姓氏，代表着他的家庭或家族，而第三个名字往往非常特殊，象征着他最具代表性的行为、运道、体格特点或是他的高风亮节。就像希腊人那样，在古代的时候总会给自己再起一个名字，表示自己在某方面的建树。比如说，索特尔是“救主”，卡里尼科斯是“胜利者”；一些表示个人外在形象特征，例如菲斯坎是“肉瘤”，格里帕斯是“鹰钩鼻”；或是表示优良的德行，例如优尔吉底是“恩主”，弗拉德法斯是“仁慈的兄弟”；还有是表示好运道，例如优迪蒙是“兴旺”，贝都斯是指“一个家族的第二号人物”。有些君王获得表示讥讽的称呼，例如安蒂哥努斯被称为多森，意为“言而无信”，托勒密被唤作拉特努斯，这是说他是个“鹰嘴豆”。下面这些称呼在罗马人中间经常见到：梅提拉斯家族曾出过一位知名人士，绰号叫作“戴德马都斯”，因为他在很长一段时间里走路时总是在头上绑着个绷带，以此来掩盖额头上面的一个伤疤；同样是在这个家族，另外一个人被称作“塞勒”，因为他的父亲过世没几天，他就在葬礼上面安排了角斗士表演，大家称赞他的办事迅速又有效率。还有一些人因在出生之际出现意外事件或征兆而得名：要是这个小孩出生的时候父亲远在他乡就称为“普罗库鲁斯”；如果其是遗腹子就叫“波斯图穆斯”；如果是孪生子，一个在出生时逝世，幸存那位称为“弗波斯库斯”。还有就是根据个人身体方面的特征给予称呼，例如“苏拉”是指“面赤者”，“奈杰”是指“黝黑的人”，西昔琉斯家族是“瞎子”，克劳迪斯家族是“跛子”。人们也已经习惯这类称呼，他们被赐予这种称呼并不表示他们真的丧失视力或是身体有缺陷，而且毫无藐视或看不起的意思，回答者也不需要感到羞愧，过于较真仿佛确有此事一般。有关这个问题以后还要进一步讨论。

罗马与弗尔西人的战争刚刚结束，那些备受民众欢迎和喜爱的演说家们又在国内闹事，激起又一场暴乱行动，其并非出现不公和受到冤屈的事件，只是拿过去与贵族的抗衡作为借口，无可避免的不幸又开始旧事重演。大部分的良田被弃置荒废，由于战事频发，运输工具缺乏，时间紧迫，不容许他们从国外进口粮食，现在供应不足的状况异常严重。然后护民官在市民大会提出质询，说现在市场根本买不到粮食，即使还能继续供应，一般民众也没有那么多钱去购买，接着开始诽谤罗马的富人，根据民间谣传和耳语，说他们是灾难的始作俑者，这次的饥荒完全是用来对付平民的阴谋活动。就在这个时候，维利特里人派来一位使者，提出建议要将城市交给罗马人，他们最近遭到一场瘟疫的袭击，当地的居民大量死亡，幸存下来的人员交给罗马人，当地的土著大量死亡，幸存的人员仅有整个部族的十分之一，希望罗马派遣一些新的居民迁去补充所需人口。所有那些稍有见识的罗马人，认为就城邦目前的状况，维利特里的迫切需要给罗马及时提供了一个有力的喘息之机；可减少城市的人数来缓和缺粮的状况，将那些爱用暴力和怀恨在心的党徒遣走，同时能够肃清正在进行的谋反活动。正如他们所说的，大可以借此良机为城邦祛除致病之源。因此，执行官遣走了派往维利特里荒芜之地的人之后，他对留在城邦的民众特别注意，这时他们正在准备进军攻打沃尔西人，这样的处置完全是出于对当前国内政治形势的考量，通过对外用兵来缓和内部的纷争，同时通过把富人和穷人、平民和贵族，安排在同一支军队和同一个营地，将他们重新联合起来，同心协力报效城邦，这也会使他们彼此之间相互谅解、建立友谊。

西辛纽斯和布鲁塔斯，这两位大受民众欢迎和支持的演说家出面干预，大声疾呼说执政官另有图谋，用迁居移民这类温和而好听的理由来掩饰全世界最残酷和野蛮的行动，简直是要把贫困的民众推向毁灭的深渊。那个即将安居的地方，瘟疫蔓延，尸横遍野，那里是恶灵出没之地，受到陌生和邪恶的神明管辖，他们将落入最悲催的地步。他们那些高高在上的富人们用饥饿的方法不能一泄他们的恨意，就用瘟疫当作解决的最终手段。要是这些伎俩还不足以惩罚那些拒绝服从，拒绝成为富人的奴隶的市民，他们一定会发起一场毫无必要的战争，把他们全部卷入这场灾难之中。

听着这些陈述，市民们都觉得很有道理，于是没有人接受执政官的召唤为战争办理征兵登记，同时对新提出的移民提案深恶痛绝，抱着一定反对到底的态度，使得元老院愈发难以解释，也不知如何是好。当时，马修斯已经拥有了很高的地位，过去的成就使他倍感自信，四面八方的赞誉使他不仅自认是罗马最重要的而且是贡献最大的人，他公开站出来领导大家反对那些哗众取宠的政客。派往维利特里的移民队已经通过抽签决定出来了，拒绝离开的家庭要被处以高额的罚款。然而此时，他们坚决反抗市民的征召，拒绝从军服役以及参加弗尔西的战事。于是他纠集了一帮不愿服从的市民，然后通过说服教育，将很多人拉入了这个阵营，组编成一支军队侵入安廷姆人的领土，找到大批谷物还获得了不少战利品，其中包括牲畜和俘虏。马修斯并没有在暗中把这些据为已有，而是把这些全部安全地运回罗马。然而那些没有追随他一起出征的人，看到他们如此丰硕的收获当然艳羡不已，马修斯也当着他们的面将战利品分给参加这次行动的人。那些留在家中的市民看到此景，对自己的固执自然懊恼不已，非常羡慕那些幸运的同胞，对马修斯更为不满，面对他日益高涨的声望和权势更是怀恨在心，唯恐他利用这些来违背人民的利益。

马修斯不久以后获得了城邦执政官的提名，刚开始的时候，民众怀着宽容与温和的心态，对他非常支持，觉得排斥和忽视这样一位功劳卓绝的人物是毫无理由的，而且就贡献而论，他理应受到优待。通常来说，对于那些想要竞选高位的候选人来说，要在公共广场发表演说，用委婉的言辞恳请广大市民给予支持，身上应只着一袭长袍而不穿外衣，这不仅表示生活的朴素而让人产生好感，也便于展示身上的伤口，这是骁勇善战的标志。市民们也不会怀疑这些竞争者会行贿或怀疑有人贪污，因为规定所有竞选者在发表演说的时候，不得解开长袍或是避免穿着内衣。这种风俗持续了很久，许多年以后，买卖贿赂的苟且行当才在选举中偷偷地滋生，金钱成为操纵投票的一项重要手段。随后这种败坏公德的风气逐渐蔓延到法庭，甚至连军营也不能幸免，军营用钱雇用那些英勇的战士，刹那间连所谓的“钢筋铁骨”也沦为了金银的奴隶，城邦的主人被迫让位，共和政体变成君主国家。正如一个非常正确的说法，那个最先剥夺人民自由的人，往往就是那个最先给予他们恩惠和赏赐的人。这种恶习已经渐渐溜进了罗马社会，然后再一点一点地被大家所接受，刚开始时并没有引起人们的注意和察觉。没有人确切地知道究竟谁是第一个贿赂市民或是收买法庭的人。雅典的安尼都斯，安塞米昂之子，据说是有史以来首位行贿的人物，当时正值伯罗奔尼撒战争的后期，皮洛斯的一个要塞落入敌人手里，接受审判时他送钱贿赂法官。而那时正是纯洁和正值的罗马人运用市民广场当作法庭的黄金时代。

因此，马修斯也像一般候选人那样，展示着身体上面依旧清晰可见的刀疤和伤痕，这是他纵横沙场17年，献身军旅，参加许数场激烈战争的最好证明。不得不说，大家对他建立的卓越功勋深受感动，一致认同应该选他作为城邦的执政官。等到选举的那一天，马修斯在一大堆元老院议员的簇拥下，声势浩大地出现在市民广场，所有贵族也大改在这种场合的一贯作风，甚是关心地表现出前所未有的努力和热情，与往日的状况大不相同。但普通民众的情绪开始有所变化，原来对他的厚爱被抛诸脑后，取而代之的是愤慨和嫉妒，内心的惶恐和畏惧使这种愤慨逐渐升温。如果一个人具有贵族气质，在贵族中间的影响力如此之大，要是把执政官的职位和权力交到他的手里，也许连人民现在仅剩的自由权利都会被他剥夺和侵害，最后的结果便是人们拒绝接受马修斯。当另外两个人的名字被宣布出来时，元老院的议员们深感羞辱，感觉他们比马修斯受到的屈辱还更胜一筹。对马修斯来说，他当然没有性子去容忍群众对他的公开冒犯。这位一直率性而为，一直把人性之中的高傲和好斗看作一种高贵而慷慨的气质的人，就是理性和纪律也无法陶冶他成为一位政治家，从而具备实事求是和镇定自若的精神。他甚至从来不知道对于任何一个人投身政治所应该必备的道德和修养是——在与所有人打交道的时候，首先要避免顽固执拗和刚愎自用。正如柏拉图所说，这种个性来自他那个孤僻的家庭，他们很少与人交往。马修斯，一个坦率而直爽的率性军人，一直秉持的理念是把击败和克服所有的反对当成真正的勇敢，从来没有想到这正是他个性中的弱点所在。在这次执政官的选举中落选以后，他的愤怒像是一颗炸弹一样爆炸开来，满载对人民的怨恨，不断地反对人民、报复人民。年轻的贵族也产生类似的想法，他们都对自己高贵的出身感到极为骄傲而且充满自信，通常会为他的利益而献身，现在已经追随他的行动。然而这种忠诚对马修斯而言，没有一点好处，他们表现出的气愤和安慰只会增加他对人民的愤恨。马修斯已经成为他们的首领和备受他们喜爱的战争艺术导师。

就在社会动乱不安的时候，大量谷物运到了罗马，大部分是来自意大利的，还有一部分是叙拉古的统治者杰洛赠送的礼物。很多人开始希望，趁此良机让城市从缺粮和纷争的困境中脱身。因此，元老院立即召开会议，民众聚集在元老院会议室外面，急着想要知道商议的结果，期望这次远道而来的谷物可以使一直居高不下的市场的粮价下跌，而不要居高不下带来痛苦的生活。马修斯站起来厉声指责，说那些支持大众的人们，说他们讨好群众，不仅是这些贱民的应声虫，而且还背叛身为贵族应有的立场，同时用幸灾乐祸的态度宣称，他们这样做是在人民当中撒播狂妄和暴躁的种子，会给自己带来很大的伤害，所以要借着这个机会防患于未然，不能同意护民官拥有过多的权限，使得平民的势力成长得更为强大。说实在的，当前城邦内形成的市民阶级权势过大的局面，就是他们过度纵容的结果；他们为所欲为的意愿和行为一直没有加以抑制，所以才会拒绝服从执政官的指示，推翻所有的法律规定和干预官府权责，给那些总爱兴风作浪的党派领导者加上职称和头衔。他说道："从整个事件被呈递上来到我们审核通过，我们只需要一直坐在那里，颁布律令把恩典和赏赐发给他们，就如同希腊的状况一样，人民拥有至高无上的绝对权力。如果真的如此，那我们岂不是一直在支持和维护那些不服从的人士，然后断了自己的前程吗？他们不能将慷慨的赠予和恩惠视为服务国家应得的报酬，因为他们知道自己已经置身事外。虽然脱离运动还没有完全成为事实，他们却已公开承认要放弃罗马。他们各怀鬼胎，别有用心，用大量中伤和诽谤的言辞来抹黑元老院。即使我们愿意达成一致，将这些恩典赐予他们，在没有其他任何光明正大的原因和理由的状况下，这种慷慨只会被定论为我们是出于畏惧而讨好，然而他们还是不会愿意让不服从的行为受到约束，更不愿停止暴动和反叛。让步仅仅是一种愚蠢至极的行为，如果我们还有一点理智，就应该立即采取反击的措施，把那些曾经属于我们而又被那些护民官抢走的权势和地位夺回来，而且不达目的决不罢休。而且护民官的设置在于颠覆执政官的职权，是造成城邦分裂的主要因素。直到今天为止，大家所公认的分裂状况还没有结束，城邦撕裂的伤口还没有复原。他们不让大家齐心协力，不断制造社会的不安，更不愿终止大家的苦难。"

马修斯基于这个目标振臂高呼，当众发表演说，带着年轻人的狂热和躁动，呼吁富人们站在同一阵线。他们都称赞他是唯一不会受到威胁利诱而且占有优势地位的罗马人。但是仍有些年迈的元老院议员表示反对，怀疑这会产生不利的后果，事实上他们的预测非常正确。在场的护民官一听到马修斯提出的建议，便立即跑到群众当中声讨抗议，呼吁广大民众前来参加支持。市民大会召开以后时局陷入了一片混乱。他们将马修斯讲话的要点提出来向群众报告，更是激起了民众的一阵狂怒。当市民们正准备冲进元老院时，护民官立即出面阻止，把一切过错推到科里奥拉努斯的身上，他们派出前驱官通知他到市民大会为自己申辩。马修斯带着非常傲慢藐视的态度将传唤他的官员赶走以后，护民官带着市政官或市场督导一起前去，并决定在必要时采取强制手段逼他就范。而此时，贵族们马上伸出援手，他们不仅将护民官推开，同时对市政官大打出手，于是大家发生了争吵，这场争执直到夜幕降临时才结束。等到第二天天亮以后，执政官见到出于嫉妒而盛怒不已的民众陆陆续续地从各地赶到市民广场，他们害怕整个城市已经遭到波及，赶紧召集元老院重新召开会议，希望能听取大家的意见，讨论如何用公正的谈话和宽大的律令，安抚暴怒的群众。要是他们还足够明智的话，一定对当前城邦的状况相当清楚，现在他们已经丧失良机，无法提出维护荣誉的条件，有些只是为了保护颜面而已。面对这样一个动荡不安的政局，需要用温和的方式以及节制和仁慈的建议来缓和社会矛盾。元老院会议的多数人倾向于屈服，执政官尽其所能用最好的方式去处理善后工作，非常友善地回应他们提出的责难和控诉，表示处理一定会按照元老院的决议，而对于他们的警告和谴责，也都会保持包容和谦让的态度。有关粮食价格的问题，他们愿意接受护民官的意见，不会有任何异议。当大部分民众冷静下来以后，大家都能遵守秩序，表现出和平的态度，知道他们已经听从劝告，安抚已经发挥作用了。然而护民官的态度还是非常强硬，他们用市民大会的名义对外宣称，他们乐于见到元老院采取沉着和理性的行动，愿意采取公正和平等的处理方式，然而他们坚持要马修斯对以下的指控做出答复：难道他能否认曾经教唆元老院推翻政府的体制和废黜人民的特权？再一点，要求他们向市民大会说明整个事件的缘由，他为什么不服从召唤的命令呢？最后，他之所以殴打和公开冒犯市政官，难道不是想引发一场内战吗？

他们提出这些罪状就是想要用这些来反对和羞辱马修斯，好让他服从。如果他能克制自己的脾性，就会向市民大会乞求给予宽恕；如果他坚持本性不改傲慢倔强的性格，那是他在罗马人民面前自断后路，那么只有对他进行审判裁决。

当他来到市民大会，人民一开始还相信他有道歉的诚意，同时会澄清一些问题，于是保持肃静听他说话。但他讲话的语气傲慢狂妄到了近乎一种无礼的程度，他仿佛是在控诉而不是在致歉，完全不像人们预想的那样，会表示出屈从和悔意，而且他的语调高亢，面容冷酷严肃，带着藐视一切的狂妄和自大。全体民众看到这种状况，都怒气冲天，非常明显地摆出难以容忍和极其厌恶的样子。护民官西辛纽斯，一个生性暴躁的人，与他的同僚私下商议以后，立刻站起来庄重地向大家宣布，人民的护民官经过授权判处马修斯死刑，吩咐市政官将他带到塔皮安山的山顶，立即将他从悬崖上面抛下摔死，不得有误！当他们开始动手抓他的时候，这个行动吓坏了很多市民，贵族在震惊之余，大声叫喊跑过来救援，把马修斯围在中间，一部分出面干涉和阻止此次逮捕行动，还有一些人看到那么多的群众知道无计可施，只有伸出双手乞求，劝其不要因一时之气使自己走上绝路。最后，护民官的朋友和亲友也知道问题非常棘手，在目前的状况下要惩处马修斯，必然会引起一场流血暴动，一定会有很多贵族死于非命。他们规劝双方不要采取任何行动以免引起大家更大的反感，马修斯的案件必须经过正常的审判程序，现在不能动粗立即将他杀害，应把所有的问题都交由市民大会投票决定。西辛纽斯等人们情绪缓和下来以后，立即质问贵族，人民决定要惩处马修斯，他们插手干预到底是什么意思。这时贵族派出一位代表答复："你们强行拖走对罗马贡献最大的市民，未经审判处以野蛮和非法的死刑。"然后，贵族代表又提出一个问题："请问你们到底是何居心，又是出于何种意图？"西辛纽斯说道："很好！市民大会同意你们的请求，你们的党徒会得到公平的审判，这样就没有借口在人民的面前抱怨不已、喋喋不休了。"然后他转向马修斯说道："马修斯，我们可以给你宽限，但是你必须在随后的第三个市集日，来到市民大会为自己辩护，只要你清白无辜就会让人民心服口服，然后用投票来决定审判的结果。"贵族对于这个协议极为满意，因为这样起码可以争取到辗转的时间，这样便能带着马修斯安全离开，然后大家再一起兴高采烈地回到家里。

在指定的这段时期之内（罗马人每九天有一次市集，后来因为这个案子的缘故，人们把这一天称为"赎罪日"），他们与安廷姆人之间爆发了战争，起因还是继续过去的纠纷。这种状况给一些人带来希望，他们想让马修斯的审判不了了之。根据他们的想法，人民因为战争的关系，变得较为听话而且也容易指使，要是敌军和战争的问题一直在他们的心头萦回，间隔这么久以后，原来的愤慨之情就会减少或平息不少。形势的发展完全出乎意料，他们很快与安廷姆的人民取得协议，军队班师回罗马，贵族再度感到惶恐不安，经常聚会商议处理的办法，既能保全马修斯，又能使护民官无法滋生事端。阿庇斯·克劳迪斯是元老院议员，他极力反对为人民谋取福利，经常事先发出严正的宣告，要是纵容平民拥有权力，他们便可以接着投票来反对贵族，那么所有的制度都将受到破坏，元老院将会自取灭亡。只是年事已高和那些极力讨好民众的元老院议员们仍旧维持原议，他们认为人民不会过于鲁莽和严厉，也成不了大器。还有一些人抱着听之任之的想法，认为只要在权利方面对广大民众稍作让步，护民官自然就会变得温和谦逊而且也会更有人情味。他们不会对元老院抱着轻蔑的态度，只不过他们认为自己受到元老院的歧视和压迫；审判和投票是他们仅有的特权，他们很快会感到满意，然后将憎恨和敌意摆在一边。

马修斯看到元老院为他的案子煞费苦心而又拿不定主意，有些人要尽力帮忙，也有人怕惹祸上身得罪民众。他很想知道护民官在法庭前面，陈述指控的罪名以及起诉的主旨，这样使他能够据理提出抗辩。他们说要检举他企图篡权夺国，证明他犯下阴谋建立专制政体的罪行，以及诸如此类的事项。马修斯说道："让我到市民大会，就起诉的罪行提出申辩以证明我的清白，我拒绝没有经过法庭的审判就定罪于我，你们的所作所为都是在欺骗元老院，现在无法对我提出任何指控。"于是他愿意在护民官赞同的条件下，前往法庭接受审讯。等到人民集合起来以后，首先护民官拒用过去的审判方式，强制召开平民大会投票定罪而不是由百人代表大会决定，这样的改变无疑毫无荣誉和公正可言。平民大会有很多贫穷和卑下的贱民，投票完全以人数为准，不像百人代表大会那样按财富和地位分类，所属成员中有曾经参加过战争的服役人员。其次护民官更换起诉的罪行，他原来指控马修斯企图推翻政府成为暴君，没有证据只有放弃，现在反过来力陈他教唆元老院勒令反对降低粮价，以及废黜护民官的职权，除此之外，还增加新的检举项目，那就是他在占领安廷姆以后，缴获的丰富战利品和掠夺品没有上缴国库，而是擅自分发给追随他作战的士兵。据说马修斯本来对先前陈述罪行的申辩早已成竹在胸，可接下来对最后这项指控倒是非常担心，因为这个问题完全出乎他的意料，他生怕不能给出让民众满意的答复。因此，他为了给出一个使人信服的理由，对于参加这次作战行动的人员，他开始大赞他们的功劳。而对出征的士兵来说，留在家中的人员在数量上要多很多，他们大声叫嚣，干扰他的答辩。经过投票表决以后，其结果是护民官获得三个辖区的多数选票，判定马修斯有罪，而最后给出的惩罚是永久的放逐。定罪的判决宣布以后，人民便心满意足地欣然离开会场，那种喜悦的表情像是战胜敌人、获得大捷一样。元老院陷入一片悲伤，大家感到极其沮丧，遭到民众的侮辱比起任何痛苦都更难以忍受，他们懊恼现在竟会面临这样的境地，任凭对手随心所欲地施展自己所拥有的权力。现在不用再看一个人的服饰或其他特征，就可以分辨出其身份，扬扬自得的就是平民，而反之，那些愁眉苦脸的人一定就是贵族。

只有马修斯没有一点惊慌的神情，也毫无屈辱之感，无论是举止、姿态和面容，都呈现出泰然自若的样子；当所有的朋友都陷入痛失亲人的极度悲伤中时，仿佛只有他一个人没有遭此不幸。他不会接受现实的教训，更不会屈从于自己的个性，所有的羞辱只会使他更加痛心疾首，诚如他们所说，炽热的激情使他将痛苦转化为愤怒，使沮丧和柔弱一扫而空，表现出更强大的活力，然而心灵所遭受的创伤不像身体的疾病那样，只是心悸、肿胀和发炎而已，这从他以后的行动就可以明显地分辨出来。他回到家中向母亲和妻子致意，这时她们都号啕恸哭、泪流满面，然而马修斯却劝慰她们用包容的心情接受他带来的灾难。他要立即离家前往城门口，所有的贵族伴随在旁，但是并没有采取任何行动或是要求与他一同前行。等到他离开罗马的时候，只有三四位随从愿意与他共同患难。他花了几天的时间在邻近的乡村过着离群索居的生活，怀着愤怒和忧伤的心情不断思索各种问题，除了要报复罗马人以泄心头之恨外，其他一切他已经毫不在意。他决定要在最接近罗马的地区进行一场惨烈的战争，初步行动是试探弗尔西人的意愿，他回到这个不仅骁勇善战，而且人力和财力资源都非常丰富的民族。他认为他们的部队没有减少，实力也没有降低，特别是上次被罗马人打败，更是增添了他们对罗马人的恨意和怒气。

在安廷姆这个地方，有一个人叫屠卢斯·奥菲迪斯，其财富、英勇和家世在弗尔西人中间都是首屈一指，获得像皇室一样的尊敬和特权，马修斯非常清楚这个人对自己的仇视在所有罗马人之上。他们在战场上相互挑衅和战斗，为了达成藐视对方的目的，煽动年轻的士兵投身在热血战场。虽然如此，考虑到他的个性非常慷慨，也没有一个弗尔西人像他这样，一直找机会让罗马人遭到他们施加在别人身上的灾祸。马修斯做的有些事下面有诗为证：

> 实力上的千差万别激起愤怒的争斗，激烈又严重，
> 这使得我们愿意用毕生心血来换取报复的乐趣。

他换上衣服经过打扮以后，不论哪个人都无法辨识他的身份，就像尤利西斯说的一样：

> “他坦然自若，昂首阔步地进驻敌人据有的城市。”

他到达安廷姆已经是傍晚时分了，在街上遇到很多人，他们都不知道他是谁。他进入屠卢斯的家里，也没有人发现他的身份，他就一直走到炉灶的旁边，蒙着头坐在那里一句话也不说。全家看到这种情形都感到奇怪，他的稳健和沉默表现出庄严的气氛，没有人敢叫他显出面目或向他问话。他们向正在用晚餐的屠卢斯叙述这个陌生人的状况，屠卢斯听到之后马上起身走出去，问他是何人，来此有何贵干。马修斯把帽子揭起的那一刻，他说道：“屠卢斯，如果你已经不记得我，或者不相信还能亲眼看到我，那么这迫使我要成为揭发自己的人。我是盖优斯·马修斯，给弗尔西人带来灾难的始作俑者，虽然我想否认这一点，但我的名字科里奥拉努斯

却让我无话可说。在经历所有的艰辛和危险以后，这个是我成为你们世仇大敌的头衔，却是我唯一获得的报酬，也是我仅能保有的东西。我的所有一切，包括权威和地位，被罗马人的嫉妒和暴行所摧残和剥夺，那些官员和与我同一阶层的人员，出于怯懦和背叛竟然噤若寒蝉。他们把我当成流犯逐出了国门，在你的炉灶边成为一个谦卑的乞求者，为了向驱逐我的人寻求报复，我已经不在意安全和保护。我认为在向你伸出双手的时候，我已经获得你的支持和理解。因此，如果你的心中还存在着向敌人报复的念头，那么完全可以利用我的痛恨来协助你完成复仇大业，让我个人的不幸给弗尔西人带来福气。说实在的，我现在帮你战斗比起过去与你战斗，能发挥更好的功效，因为我据有全盘的优势，对于要加以攻击的敌人，对他们的机密我完全了如指掌。如果你放弃战争、放弃复仇的话，我觉得再活下去也毫无意义，就是你也不必保留这样一个仇敌，特别是他向你提供的服务已经到了完全不求回报的地步。”屠卢斯听到这番话感到极其宽慰，向他伸出右手高声喊道：“起来，马修斯，鼓起勇气不要气馁，你给安廷姆带来天大的时运，在这里你自己也会获得幸福，期望弗尔西人万事顺利。”然后屠卢斯安排宴席请他用膳，对他的接待在各方面都非常优越，接下来的几天他俩都聚在一起商量有关战争的事宜。

正当报仇策略开始形成的时候，罗马发生了很多暴乱和骚动，元老院和市民大会处于相互仇视的地步，这些是马修斯受到惩处留下的后遗症，目前对立的状况正在逐渐升温。除此之外，术士和祭司甚至一般人，报告让人不能忽视的奇闻和征兆，其中一位的陈诉如下：提图斯·拉底努斯[①]是普通市民，个性稳重而且为人真诚，从来没有迷信的行为，毫无虚荣和夸大的习气，居然有一位幽灵在他的梦中出现，像是朱庇特吩咐他要告诉元老院，祭祀的游行队伍前面，竟然出现亵渎的舞者，令人无法容忍。他说他第一次看到这些幻象时根本没有放在心上，但是在第二次和第三次还是置之不理以后，他竟然丧失一位前途光明的儿子，就是自己也染上中风

① 这个人的真实名字叫“Titus Latinius”即提图斯·阿蒂纽斯，而不是“Tiberius Atinius”。提图斯·拉底努斯实际上是一种错误的读法。

这个疾病。他只能坐在轿子上面被抬到元老院，等到将这件事报告完毕，他马上发现他的腿已经复原，有了力气，不再需要帮助，能自己走回家。元老院议员感到非常惊奇，对整个事件进行详尽的查证。他的梦境在暗示一件惨剧：有些市民犯下严重的罪行，他们将一位奴隶交给他的同伴，先在市场当众鞭笞然后处死。这些奴隶执行命令，开始抽打这个可怜虫，极端的痛苦使他不断地扭曲身体，现出各种奇特和怪异的动作，正在这个时候，祭祀朱庇特的庄严队伍接着出发。说实在的，有几位旁观者看到这种情况非常愤慨，然而没有一个人出面干涉，其采取的行动多是谴责和诅咒那位主人，说他不应对其施以如此痛苦的惩罚。那个时代的罗马人对待奴隶非常仁慈，无论是工作、劳动还是生活都在一起，大家的关系和睦融洽，一个奴隶犯错所受的最严厉的惩罚，是把他挂在支撑车辆辕杆的叉架上面，竖立在附近地区示众。一个曾遭遇过这种处罚的奴隶对这种处分感到极其羞辱，之后，他的邻居甚至是他的家人都不再信任和器重他了，罗马人把受到这种处分的人们称为“furcifer”，即“刑架犯”，拉丁文“furca”是指“支撑的叉架”。

拉底努斯叙述他的梦境以后，元老院议员一直在思索，到底谁才是那位姿势不雅而又违背神意的舞者，他们的心里浮现出那位可怜的奴隶，他受到极其严酷的惩罚，被当街鞭笞致死。元老院与祭司商议以后，肯定他们的臆测不会有错，奴隶的主人受到高额的罚款，他们下令重新举行祭奠，扩大游行队伍，用来推崇神明的恩典。

一般而言，努马用明智的眼光设立宗教的体制，他的指示非常的正确，那就是要求人民保持关怀和有礼的态度，当官员或祭司举行敬神的宗教活动时，有一位传令官走在前面，很大声地宣布：“肃静，肃静！回避！”警告大家要重视他们正在从事的神圣工作，不容许任何世俗的行为给予干扰和妨碍，大家的注意力也务必从一般事务中转移过来，必要时得强制执行。罗马人不仅在发生了上面所说的重大事件时，即使出现任何毫不起眼的错误时都会重新安排他们的供神祭品、游行行列和演出节目。要是拖曳“迎神车”的马匹出现胆怯吃惊的样子或蹒跚而行，表示神明不予同意而要求更换；如果驾车的御者用左手执缰绳，整个队伍都要整顿以后重新开始。等到后来更是变本加厉，同一项祭品有时要来来回回折腾近30次，只是因为服务人员出了些小差错或是一些意外而已，从这里可以看出罗马人对宗教事务的崇敬和重视。

马修斯和屠卢斯以及安廷姆的首脑人物，正在暗中讨论他们的计划。他劝他们趁着罗马人内部不和之际发起入侵的行动。他们怕被人责难破坏条约，所以不愿接受他的建议，因为他们在立誓以后，与罗马人签署为期两年的停战协议。罗马人倒是很快提供毁约的借口，出于一些猜忌或诽谤的传闻，他们宣布在盛大的表演期间，所有前来参观的弗尔西人应该在日落之前离开城市。有人指出这是马修斯的阴谋，他私下派人去见执政官，提供不实的指控，说是弗尔西人打算在盛会期间对罗马人发动攻击，同时会在城内纵火。公开的侮辱激起而且增强他们对罗马人的敌意，屠卢斯明了这种状况，为了获得有利的态势，特别加深人们对事实的认知及其同仇敌忾的愤怒，他最后还是说服大家同意派遣使者到罗马，要求罗马归还占领的领土以及在上次战争中从弗尔西人手里夺走的市镇。当罗马人听到这个消息的时候，他们非常气愤地回答，弗尔西人先拿起武器来挑衅，最后还是被罗马人击败。这个答复被带回来以后，屠卢斯召集弗尔西人在市民大会投票通过发起战争的决议，他提议邀请马修斯参加会议，先把过去的积怨放在一边，以保证可以得到他的服务，这不仅不会遭到当他是敌人的时候，给他们带来的伤害和损失，反而可以增加他们的实力和成功的概率。马修斯按照预先的安排接受他们的召唤，进入会场对人民发表谈话，无论是他的智慧才能、作战技术还是他提出的建议和英勇无畏的气势，全部获得与会人员的称赞，就是从他以后的作为来看，其也能够证明他的言行相符。他们把将领的职位授予他和屠卢斯，使二人拥有指挥部队从事战争的全部权力。他担心弗尔西人进行准备要花费很多时间，丧失现在采取作战行动的大好机会，于是他将官员和其他重要人物留在安廷姆，负责编成部队和准备其他必需的工作。他并没有征召人员，只率领一批志愿军，出乎罗马人的意料突然侵入他们的领土。他夺得大批战利品，弗尔西人发觉无法全部运走，就是留在营地使用也嫌太多。他搜集大量的粮食，这些掠夺品对敌人所造成的损害，在他的远征行动中所占的分量不重。他认为最重要的事项，是要引起平民对贵族的猜疑，以及使贵族与平民交恶。当他在蹂躏整个国土的时候，特别注意放过贵族的土地，丝毫不让士兵侵犯或拿走属于他们的东西。因此平民和贵族之间相互抨击，重新爆发的争执比起以往更为激烈。元老院议员指责平民，将目前发生的事件归罪于他们对马修斯的不公；平民坚持他们的立场，毫不迟疑地指控贵族出于藐视和抱负，才会教唆马修斯采取冒险的军事行动。因此，就平民看来，贵族采取的伎俩使得其他人陷入战争的惨境，他们却像旁观者漠不关心而且坐视不理，在大敌当前的状况下，指挥官将警卫设置在城外的田庄保护自己的财产。马修斯的侵略和战功给弗尔西人带来很大的利益，他们经过训练变得更为强大，产生藐视敌人的心理，认为马修斯率领他们出战能安然返营。

弗尔西人的军队无论是编组和集结都非常迅速而敏捷，征召的兵力相当庞大，除了留下守备部队保卫他们的城市，其余都进军对抗罗马人。马修斯兵分两路，要屠卢斯选择所要指挥的人马，他个人不会有任何意见。屠卢斯的答复是他对马修斯有很深的认识，两个人的英勇不分轩轾，马修斯的运道较他为佳，马修斯应该全权负责指挥整个战局，至于他本人应留守，全心关注城市的防卫，供应军队在外作战所需的粮草和补给。马修斯获得增援以后实力大增，首先向着罗马的殖民地色西姆前进，接受他们的投降，对居民秋毫无犯，通过该地以后进入拉丁人的国度，开始大肆烧杀掳掠。拉丁人和罗马人结盟，过去经常派遣军队相互救援，马修斯预判先要迎战罗马的援军。罗马的人民对于复兴兵役，报效国家抱着冷淡的态度，执政官的任期即将结束，他们不想冒险进行会战，就将拉丁人的使者打发回去，没有给予任何承诺。马修斯发现没有敌军阻挡，就迅速向着他们的城市进军，用武力攻占托勒里亚、拉维西、披达和波拉，凡是有抵抗的地点，不仅抢劫所有的家庭还将居民出售为奴。这个时候，他对前来投降的人员表示特别的关怀，生怕他们受到任何损害，使得他的企图无法得逞，他尽量不让士兵接触到他们的田地和财产。

等到他成为波拉的主人——这个市镇离罗马不到10英里——他在这里找到很大一笔财富，几乎所有的成年人遭到屠杀，在这种状况之下，那些奉命在后方保卫城市的弗尔西人，听到前方部队的成就和好处，全都心急如焚不愿留在家中，匆忙赶往马修斯的军营报到，说只有他才是他们的将领也是唯一的指挥官。他那骁勇善战的名声已经传遍整个意大利，大家都很惊奇，一个人的得失和进退竟然影响到两个民族的命运，使他们之间发生急速而剧烈的变化。

罗马全城陷入无法控制的混乱之中，人们全都反对作战，所有的时间浪费在争执上面，上方结党组派攻讦不休。后来传来消息：敌军已经把拉维尼姆围得水泄不通，这里是伊涅阿斯在意大利建立的第一个城市，是整个民族的发源地，存放着保护神的雕像和神圣的器物。人民听到噩耗会扭转他们的观念和倾向，这倒是很常见的事；贵族的态度也有剧烈的改变，却让人难以置信。市民大会现在愿意撤回他们对马修斯的判决，使他免于流放，可以回到城市。然而元老院在开会讨论赦令内容的时候，不仅反对而且拒绝接受市民大会的提议。其一方面是出于矛盾的心态，只要是人民想要做的事，他们不分青红皂白地加以反驳；另一方面是他们认为这个恩惠应该由元老院赐给马修斯，否则就没有让他回国的意义。现在贵族对马修斯不满，因为他给罗马带来巨大的灾难。他仅受到部分市民的迫害，却使贵族成为整个城邦的公敌。他应该知道罗马最受尊敬的团体对他极为同情，同时也受到他的连累。

元老院公开宣布他们的决定，这时平民无计可施，虽然他们有权利投票选举官员或制定法律，然而颁布赦令却是元老院的权责。等到马修斯听到这个消息，愤怒之情更甚往日，他放弃围攻拉维尼姆，有如狂涛汹涌向着罗马急进，在一个叫克禄利安沟的地点设置营地，离城市大约5里路。他的迫近给罗马人带来恐惧和忧虑，然而却可结束目前的内部纷争。无论是执政官还是元老院议员，对于人民要撤销放逐马修斯的策略再也不敢表示异议。城市的妇女像是大难临头一样在街道上面四处奔走，每座庙宇都有老年人洒着眼泪在向神明祈祷赐给恩惠，总而言之，他们不仅缺乏作战的勇气，更无法用智慧来保障大家的安全。这时他们才承认人民的做法很对，就是要尽力与科里奥拉努斯修好；元老院犯下很大的错误，在可以尽释前嫌的时候，竟然与他反目成仇，所以他们现在要想办法对他进行安抚。所有的派系一致同意派出使者，告知他已经撤销放逐，可以回国，期盼他能够让城邦免于战争的恐惧和灾祸。元老院现在担任使者的议员都是他的亲戚和知交，希望他看在亲谊友情上，在第一次的商谈中给予善意的接待。不过，在这方面他们的判断错误。等到他们邻近营地，他们发现马修斯坐在大群弗尔西的首脑人物之间，表现出一副倨傲粗暴的样子。他吩咐使者说明他们来的目的，他们用很温和的语气和诚挚的态度，向对方提出要求。他们说完话以后，马修斯像是过去受到羞辱仍旧余怒未息，用毫不通融的语气给予严峻的回答，他拿出弗尔西将领的身份，要求归还上次战争中被罗马人占领的城市和土地，这才能确保稳固和长远的和平。他愿意给予罗马人30天的时间去考虑和答复。

使者离开以后，他把军队撤出罗马的领土。弗尔西人中间有些人士，长久以来嫉妒他的名声，更无法容忍他对人民所发挥的影响力，现在他们第一次抓住机会对他提出控诉。屠卢斯也是其中一位，事实上马修斯本人并没有冒犯到他，这完全是人性的弱点所致。现在弗尔西人把屠卢斯看得无关紧要，他为逐渐失去光荣的事业而感到羞辱不堪。弗尔西人侍奉新的领袖言听计从，认为其他军事人员能够得到他的允许，获得部分权力就应该满足，就把他的撤退安上违抗命令的罪名。马修斯并没有浪费时间无所事事，他攻击敌人的盟邦，在他们的领土上面四处掠夺，在短短的时间内占领七个人口稠密的城镇。这时，罗马人心惊胆战，不敢派出援军，就像身体遭到中风的打击，丧失知觉和行动的能力一样，已经一筹莫展，斗志尽失。30天的期限转眼已到，马修斯率领全军再度出现。元老院第二次派出使者恳求休战以求得和平，希望马修斯能心平气和、不计前嫌，先将弗尔西的军队撤走，然后再提出他认为对两个国家都有利的条件。罗马人不能在威胁之下让步，只要弗尔西人答应不动武，即使有什么再特殊的要求，只要他认为合理，大家都可以商议，尽量给予满足。

马修斯回答："我现在是弗尔西人的将领，对于你们罗马人提出的问题概不予以答复，但因为过去曾经身为罗马市民，我愿意给你们提出一些建议和忠告。现在这个情况，大家都心知肚明，现在不是讨价还价的时候，希望你们对这件事不要等闲视之，我给你们三天时间考虑，你们要么同意我上次提出的条件，如果还是满口不负责任的空话，下次进入我的营地不保证你们的安全。”

元老院接到使者带回来的报告，有鉴于整个城邦即将受到暴风雨的侵袭，掀起如山的巨浪将他们淹没，就像我们所说的那样其已经处于极端危险的境地，迫使他们要启动神圣的安全措施。敕令下达以后，整个祭司阶层以及举行神秘仪式的执事人员摆出大祭司的仪仗和盛大的行列去见马修斯，每个人穿上代表宗教职能的服装，手里拿着各种法器，恳求他能退兵，避免引起战争，使得他的同胞与弗尔西人签订和平条约。他让代表团进入营地，没有答应任何要求，态度也不是很温和，对于罗马的神明，没有屈服或退让的行为。最后他对代表团吩咐，状况发展到这个地步，是战是和要做一决定，古老的和平条款里面没有第二条路可以走。看到庄严的队伍没有发挥作用，祭司全都无功而返，罗马人决定留在城市内，提高警觉，严密防守城墙的安全，他们的意图是要击退敌人的进攻，把希望寄托在局势的转变。他们知道自己无能力解决当前的困境，整个城市陷入混乱和恐惧之中，各种不祥的谣言到处流传。最后，荷马当年提到的事件再度重现，虽然言之凿凿，但一般民众并不愿意接受。在极其重大而且不常见的情势之下，我们可以用他的诗句为证：

那个蓝眼睛女神鼓舞他的斗志，

然后就是：

但是那些不朽的神明却迫使我改变心意，
我倒要看看其他人对这件事作何感想。

接着说：

这到底是他自己的想法还是神明的指使？

人民批判和轻视这些诗句，认为其所表示的含意只是一些虚无缥缈的神话。就人类的所有行为而言，他们说荷马否认是出于审慎的思考，也不同意人类有选择的自由。他的确这样说过：

> 我所做的一切决定来自于我强大的内心。

或在另外一段：

> 听到他讲述的一切，阿奇里斯迅速感到一阵锥心之痛，
> 原来在那个坚强的胸廓下居然掩藏着一颗软弱的心。

还有就是第三段：

> 这并不是靠智慧女神雅典娜的庇佑，
> 仅凭着一颗英勇无畏、永不言败的心。

对于奇特和怪异的事物，需要一些超自然的刺激和炽热的动作来描述有关的情节。荷马从来不会用神明剥夺人类追求自由的意愿，反倒是激发这方面的勇气。他并没有赋予我们某些神奇的力量，只是提供想象来加以鼓励。

如同我所述的那样，整个城市已经不知所措；罗马妇女到各处庙宇去祈祷，去朱庇特神殿的祭坛的人最多，特别是地位高的贵妇。这群恳求者中有一位是华勒丽娅，她是波普利可腊的妹妹。波普利可腊是罗马的伟大人物，无论平时还是战时对城邦都有卓越的贡献。华勒丽娅还活在世上，受到罗马人的尊敬和推崇，她为人处世真可说是无忝所生。她突然之间出于直觉或是发自内心的情绪，也许是在神明的感召下而灵机一动，有了非常正确的权宜之计，她吩咐这些妇女，一起随她前往马修斯母亲弗伦妮亚的家里。她们到达以后看见弗伦妮亚和她的媳妇坐着，怀中抱着年幼的孙子，华勒丽娅在女性同伴的环绕下，代表她们说出这段话：

“啊！弗伦妮亚，还有你，维吉利亚！我们这次前来完全基于女性之

间的关怀，并没有奉元老院的指示和执政官的命令，也未受其他官员的怂恿。大家相信神明听到祷告产生怜悯之情，特别嘱咐我们一起来拜访你，恳求你一件事情，这不仅会使我们和其他的市民得到安全，而且你会比萨宾人的女儿获得更高的荣誉。她们曾经让自己的父亲和丈夫袪除双方的仇恨，建立两个部族的友谊与和平，请和我们一起到马修斯那里去，参加这支恳求的队伍，你要为城邦的行为提出真诚而公正的证词，虽然他为大家带来很多灾难，城邦始终没有伤害过你们，即使在群情愤怒的状况下，从来没有人想到用恶意对待你们。我们会将你们很安全地交到他的手里。”

华勒丽娅的话获得其他妇女的热烈支持。弗伦妮亚回答道：“各位同胞们！我和维吉利亚与各位一样忍受着当前降临的灾难，而且我们在丧失马修斯的功勋和名声以后，看到他受到敌车护卫而不是拘禁，这更增加我们的痛苦和悲伤。我认为这是罗马最大的不幸，势力竟然衰弱到这种地步，城邦的事物要依靠我们出面来解决。过去他认为国家要重于自己的母亲、妻子和儿女，现在他对城邦置之不顾，很难想象他还会考虑我们的处境。不过，只要你们愿意领我们去见他，我还是会尽心尽力报效国家，如果不能发挥任何作用，为了罗马就是气绝在他面前也心甘情愿。”弗伦妮亚带着孙儿和维吉利亚，随着她们一起来到弗尔西人的营地。那种悲伤的情景连敌人都受到感染，她们带着安静而尊敬的神色在一旁观望。马修斯正好坐在将坛上面，四周都是主要的官员，他们看到一群妇女向着他们前进，心中感到奇怪，不知发生什么事情。虽然他一直保持着冷漠的态度，对人不假辞色，等到发现他的母亲走在最前面时，虽然在看到的一刹那心中惶恐不安，但是亲情的感受胜于一切。他无法坐在那里等待她们到来，他匆忙离开讲坛去迎接，首先向母亲致敬再拥抱她很长的时间，然后是他的妻子和儿女。大家流出眼泪接受彼此的抚慰，他在严峻的局势之下，他们表达出冲动和猛烈的感情。

当他的情绪获得满足并平静下来以后，他发现他的母亲弗伦妮亚有话要讲，就把弗尔西人的军事会议成员召唤过来，听她说明来此的目的：“儿啊！即使我们什么都不说，仅从现在的衣着和外表，你就可知道，自从你受到放逐离开罗马以后，我们一直在家过着孤苦无依的生活。当命运已经改变，昔日受到世人赞誉的光荣事迹现在成为可怕的灾难。当弗伦妮亚看到她的儿子，维吉利亚看到她的丈夫，在他土生土长的城市的前面是一个充满敌意的营地，我们算不算是最不幸的妇女，这点你可要自己思考一下。其他人在遭到厄运和苦难的时候，可以获得最大的安慰，我的意思是指向神明祈祷，这对我们而言是办不到的事情，我们不可能在祈求赐给国家胜利的同时，还能获得上天的恩典保全你的性命。你还不如行为最恶劣的敌人，起码我们可以在神前立誓报复，用恶毒的言语尽情诅咒。你的妻子和儿女不是看到城邦的毁灭就是你的败亡，而我不可能目睹这场被命运所决定的战争。如果我无法让你用友情、和谐取代争持和对立，无法使你成为双方的恩主而成为毁灭一方的恶徒，那么我可以向你提出明确的保证，除非你先践踏亲生母亲的尸体，否则就无法进入这个城市。我可不想在世上等到那么一天，看见我的儿子被他的同胞当作俘虏押进城里，或是看到他得意扬扬地征服罗马。我请求你拯救我们的城邦免于弗尔西人的摧残，儿啊！我承认这件事很难解决，给自己的同胞带来灭亡是卑鄙的工作，背叛那些信任你的人是不义的行为，要是这样的话，我们认为应该采取权宜的办法。弗尔西人在无礼方面占有优势，应该获得更多的荣誉和尊敬，由你将和平和友谊当成最大的祝福赐给他们，然后他们也会得到我们的回报。”

马修斯认真地听母亲的训导，静静地聆听而没有回嘴。弗伦妮亚讲完以后等了一会儿，看他哑口无言，于是继续说道：“我儿啊！你为何保持沉默？难道你把一切责任都归于你所受的委屈，不愿满足一位母亲所提出的要求？一位伟大人物难道只记得别人对他的伤害，就把儿女从父母哪里所得的恩情置于脑后？你铁下心来要对对你忘恩负义的人施加惩罚，难道你就漠不关心那些对你有情有义的人？你准备要处治你的城邦，却没有偿还我的养育之恩。像我这样极有价值而又公正无私的陈情，还是得不到你的首肯，无论就情理还是宗教而言，这都是说不过去的事。倘若你执意如此，那么我们无路可走，只有请你结束我们的生命。”说完以后，她带他的妻子和儿女投身在他的眼前，马修斯看到这种情形，大声叫道：“啊，母亲，你为什么要这样对我！”就把她从地上扶起来，很用力地抓住她的右手说道：“你赢了！罗马人真是走运，就这样把你的儿子毁掉。没有什么好说的，我已经被你打败！”然后，他与母亲和妻子私下谈了一会儿，遵照她们的意思将她们送回罗马。

次日清晨，他拆除营地，率领弗尔西人返回家园，这种说法引起议论。有些人不仅抱怨还谴责他；也有人倾向于和平解决，认为他的做法没错；还有部分人士虽然不满意他的处置方式，但也没有把他看成叛徒，说他只是在亲情的压迫之下失去抵抗的能力，最后屈服倒是值得原谅。最终没有人抗拒他的指挥，大家服从他的命令随他撤退，看来与其说他们是尊敬他现在的权势，不如说是钦佩他的德行。

罗马人认为战争会延续下去，始终处于畏惧和危险的压迫之下，一旦威胁解除，他们如释重负。城墙上的告示通知弗尔西人拆营离去，他们马上打开所有的庙宇，蜂拥而至的人群带着花冠准备祭品，好像接到重大胜利的信息。全城陷入欢乐和兴奋的气氛之中，最让人注意的是元老院和市民大会全都同意，要把城邦的荣誉授予他们的妇女，大家都认同她们是公会获得安全的要件，没有任何人表示异议。元老院通过一项律令，无论她们提出任何要求和意见，为了推崇她们的荣誉都会同意，并且交付执政官尽速办理。她们的请求很简单，就是建造一座名叫“幸运女神”的庙宇，所有的花费她们愿意自行支付，城市只要负责提供祭品即可，有关推崇神明的各种装饰，应该由国库统筹所需的款项。元老院发挥公共服务精神，要用公费来兴建庙宇和雕塑神像。妇女们还是用她们的捐款修建第二座幸运女神之像，罗马人在上面铭刻的题词是：“啊！妇女！接受神明永恒的赐福，罗马获得最佳的礼物。”

当马修斯回到安廷姆以后，屠卢斯对他既痛恨又畏惧，进行阴谋活动要立即将他杀死，他认为要是现在不赶紧下手，以后再也无法找到这样好的机会。他结合和收买一些反对马修斯的党羽，要求马修斯辞去他的职位，并且就军队的事务向弗尔西人提出报告。马修斯担心他的个人安全，于是回答他已准备好放弃被授予的职位，只要接到当局的指示，无论在任何地方他都会给安廷姆人提出满意的报告，特别有关军队指挥这个部分，如果他们认为有这个必要，他一定会知无不言，言无不尽。

因此，他们召开市民大会，一些演说家已经有所准备，尽力煽起民众的不满和愤怒。当马修斯站起来答复时，有些难以控制和喧闹的群众也都突然安静下来，大家出于对他的尊敬，至少在他发言的时候没有出现混乱的局面。那些对他有好感的人民很专心地听他说话。屠卢斯非常害怕马修斯能够进行有力的辩护，因为他是一个受人赞许的演说家，他对弗尔西人的贡献有目共睹，何况大家都对他怀有好感。实话说，指控本身就是他立下大功的证据，因为人民从来没有抱怨，更没有人说他犯下错误。特别是虽然罗马没有落到他们的手里，但是只有利用他这个有力的工具，他们才有夺取罗马的可能。

基于上述理由，要在暗中除掉他的人士经过研判以后，认为最明智的做法是不能再有任何拖延，也不必考量民众会有什么情绪反应。那些最大胆的党徒高声叫喊，说他们不要听一个叛贼的片面之词，也不能让他继续保有职位，好在他们中间扮演暴君的角色。这群凶手冲上前去将他杀死在现场，民众之中没有一个人挺身而出，愿意为他提供保护。这个行为没有得到大多数弗尔西人的同意，大家很快从几个城市赶过来，对他的遗体表示敬意。他们为马修斯提供了很体面的葬礼，用武器和战利品装饰他的墓地，来纪念一位高贵的英雄和著名的将领。罗马接到他死亡的消息以后，并没有表示推崇或憎恨的态度，只是很单纯地接受妇女们的请求，同意她们为他守制10个月，这个行为一般都用来追悼父亲、丈夫、儿子。就努马·庞皮留斯制定的法律而言，这是合乎规定的最长的丧期，前面在他的传记里已经提过。

马修斯过世后不久，弗尔西人立即察觉到了他的协助是不可或缺的。他们首先与自己的盟友伊奎人在关于联军指挥将领的任命问题上，产生极大的分歧，以致昔日的盟友反目成仇，而这场争执最终还酿成了一场流血和屠杀的事件。然后在一场阵地战中他们被罗马人击败，这次会战不仅使屠卢斯丢掉了性命，而且还使整个军队的精干力量全都遭到屠杀，以至于安廷姆最后被迫投降接受和平，被迫签订羞辱的条款，委曲求全成为罗马的属地。

亚基比德与科里奥拉努斯的评述

通过以上对亚基比德与科里奥拉努斯的那些值得我们记住的事迹的描写，对于他们的军事方面的行为，我们可以了解到，他们的军事力量平分秋色，不相上下。双方都采用几乎相同的方法，在许多场合下表现出士兵的大胆和勇气以及军官的才华和远见。亚基比德在陆战与海战的许多场战争中都是胜利的一方，凭借这一点，他成为当时最著名的指挥官。只要他们都还持有对各自国家的管理权，那么他们就能保持住国家的财富，反之，当他们被驱逐出境，那么国家的财富将会遭受到极其严重的损失，所以他们与国家的命运息息相关。所有清醒稳重的公民都反感暴躁的脾气、低声下气的奉承以及卑鄙无耻的诱惑，亚基比德虽然在其公开生活中表露出这些缺点，但是还是获得人民的支持。另一方面，马西厄斯（Marcius）在其生活中表现的尽是无礼、虚荣和其寡头政治的傲慢，罗马人民都很憎恨厌恶他。他们两者的做法都不值得赞扬或嘉奖，即使用无礼和压迫的作风来追求权力，不仅令人感到羞辱而且毫无正义可言。通过恭维讨好人民来获得权力是一种耻辱，但是利用恐怖、暴力、压迫手段来巩固权力又不能被称作不光彩的，只能说是一种不公平罢了。

关于马西厄斯，基于我们对他人物特点的了解，知道他毫无疑问是个单纯朴实和坦率至诚的人。亚基比德作为一个公众人物，既不诚实又虚伪。正如修昔底德所说的，他的行为，尤其他强迫拉克第蒙大使与扰乱和平延续的奸诈阴险的、可耻的行为受到人们最多的指责。他这样做的目的是要使这座城市再次陷入战火之中，所以他用尽一切方法让亚哥斯和曼蒂尼亚加入联盟，这样便能增加自己的实力，立于不败之地。另一方面，正如老狄奥尼修斯所述，科里奥拉努斯同样也利用一些不公平手段点燃罗马人和沃尔基亚人之间的战火，广泛散布谣言限制前来罗马参观盛会的人士；如果要把这两个人的行为加以比较，就动机而言，科里奥拉努斯的行为更加恶劣，虽然这些都是毫无根据，就像其他很多状况，完全是出于政治的猜忌、口角和竞争。像伊昂所说的，没有人会像科里奥拉努斯那样，仅仅为了满足愤怒的情绪，就把意大利的所有城市都搞得一片混乱，就是他对自己国家的憎恨从而殃及了那些无辜的城市。事实的确如此，亚基比德同样由于自己的愤恨与不满从而成为整个国家灾难的导火线。但当他发现人们的情感有所改变的时候，他也有了点慈悲心肠，比起之前其行为也收敛了一点，之后又被第二次驱逐以后，他虽然对将军们的错误与粗心怠慢抱有幸灾乐祸的心态，但是他们正在遭受的危险表示关心，他做了与阿里斯泰德对提米斯托克利一样的事情，阿里斯泰德也因此受到赞扬：他亲自走到视他为仇敌的将军面前，指出他们应该怎么做。另一方面，首先科里奥拉努斯的所作所为伤害了他的同胞们，尽管只有一小部分人对他怀有敌意，同时还有一些更优越与高尚的人虽然也遭受过他所带来的苦难，但他们还是同情科里奥拉努斯的。其次，他性格顽固，坚决反对抵制那些大使官员的恳求，不愿接受安抚和说服，他表示这个必须要用战争的手段破坏及摧毁整个国家，而不是为了恢复和重建，因此激起了更多人对他的不满。实际上，这两者之间还是存在不同点的，对于亚基比德，据说斯巴达出于恐惧与仇恨的诱因，害怕亚基比德再度回到雅典，所以他身处斯巴达是不安全的。然而马西厄斯背叛沃尔基亚人却毫无荣誉可言，因为沃尔基亚人对他很友好，还获得他们的信任，从而取得了掌管他们的军队的权力。科里奥拉努斯所接受到的待遇也与亚基比德截然不同，拉克地蒙人对科里奥拉努斯的态度不是很好，先是利用，再是抛弃。从一座房屋被赶到另一所房屋，从一个军营到另一个军营，最后没有任何可采取的办法只能把自己交给泰萨菲尼斯（Tisaphernes）的手中。除非，我们认为他讨好波斯人的目标就是避免他的国家被彻底毁灭，否则他也希望回到自己的祖国。

关于金钱财富方面，我们被告知亚基比德经常为自己受贿以满足其物质需求而感到羞愧，对于收到的钱财也用来花天酒地大肆挥霍。而科里奥拉努斯拒绝受贿得来的钱财，即使是他的上级竭力劝说那也是一种荣誉，后来之所以引起人们的反感，在于他对债务处理所持的立场，这并非完全着眼于金钱，而是因为他的傲慢无礼，随意践踏那些贫民。

在哲学家亚里士多德去世的时候，安提帕特曾写过一段文字，其中讲述道："他那强有力的说服力是他拥有的天赋之一。"而马西厄斯正是由于缺乏那种天赋，致使他那伟大的行为与高贵的品质不被那些曾受到过他的恩惠的人们所接受。柏拉图这样说过，他自身的骄傲与固执、不与外界来往的性格是人们所不能忍受的。与此相反的是，亚基比德用同样的处世技巧却又得到了人们的好评，我们不能怀疑他的成功伴随着最有力的支持与最高的荣誉，他在那个时代犯下的错误，仍旧让人心存感激。虽然他给城市造成严重的破坏，但他还是被连续任命为城市的指挥官。然而科里奥拉努斯为城市居民所做出的巨大的贡献却没有得到应有的回报。尽管科里奥拉努斯对民众造成一定的伤害，但并不应该受到同胞们的痛恨，而亚基比德也不应凭借人们对他的钦佩之情获得人民的喜爱。

再者，科里奥拉努斯，应该这样说，作为一名将军，他没有为自己的国家做出过什么伟大的贡献，仅仅帮助他的敌国做了些伤害自己国家的事。亚基比德经常为雅典人民服务，他不仅是士兵也是将军。只要他亲自出马，便对他的政治对手了如指掌，然后各个击破，那些恶意中伤的话语只有在他不在的时候才能取得应有的"效果"。科里奥拉努斯不仅在罗马遭受到谴责，后来还被沃尔基亚人所杀，这些与正义公平并没有多大关系，而是自己的所作所为为敌人提供了最好的借口。等到在公开场合反对接受一切和平条件后，却在私底下又屈服于女人们的诱惑，他不仅没有建立起和平，反而还为战争提供了有利的条件。如果科里奥拉努斯有考虑过那些信任他的人的感受，那他在撤退前就应该获得他们的同意。如果说他发动这场战争仅仅是为了发泄自己的愤怒，现在目标达到了，就放弃这场由自己引发的战争，根本不考虑那些沃尔基亚人的感受，也不能因为自己母亲的安危而宽恕整个国家，这个时候他应该牺牲小我，成全大我。从此他的母亲与妻子变成了危害国家的一部分因素。他在无情地驳回了大众的祈求、大使们的恳求以及神父们的祈祷后，后来的屈服和同意是对母亲的赏赐。而对他的母亲来说，这与其说是一种荣耀，不如说是对整个国家的一种侮辱，因为国家之所以逃过这一劫，完全是出于对一位妇女的同情。这样的恩惠在双方看来都是令人讨厌的、不礼貌的，更是荒唐的。他撤退时既没有把敌方的要求放在心上，也没有取得朋友们的同意。这所有的一切似乎都源于他不善交际的、高傲的、任性固执的性格，当他为了荣誉把激情转变成彻底的野蛮与冷酷无情时，无论在哪情况下，那些都会惹怒大多数的民众。出生在贵族家庭的人拒绝向人民取得支持，并称不需要从他们那里获得任何荣誉。但如果没有得到民众的关注与支持，他们又会变得愤怒。墨特卢斯、亚里士多德和伊巴密浓达的确没有恳求民众的支持，事实上那是因为他们对人民所拥有的既够授予又能拒绝的礼物，并不觉得有多大价值。而且当他们不止一次地被驱逐、被取消选举资格、在法庭上受到谴责，他们并没有因为同胞们的不悦与怒气产生任何的怨恨，而是愿意并满足于自己回归祖国。当他们的感情有所改变的时候，他们与民众之间的关系又得到缓和，然后和好如初。不管是谁，只要对人民过度地献殷勤，想讨好民众，就会很在意人民给予的回应，如果我们对荣誉的追求抱很大的希望，等到结果不如自己愿时，便会感到很受伤害，继而产生很大的愤怒。

亚基比德从未宣言否认过获得荣誉对他来说是一件值得高兴的事，而被忽略是件可耻的事，于是他努力搞好与他所遇到的所有人的关系。而科里奥拉努斯过于高傲、目空一切，即使是那些曾帮助他加官进爵的人，他也不曾给予关心；然而他又很喜欢人们的称赞和推崇，因此当他受到人们的忽略的时候，又会感到委屈和生气。那些便是他性格的一些缺陷。从其他方面来讲，他也的确是一位高尚的人。他的自制、清廉以及正直的人格特点可以与希腊最重视德操的人物相提并论；而亚基比德在这方面就不如科里奥拉努斯，从各个方面综合来看，他是一个放荡不羁的人，根本不受世俗礼法的约束。

笛摩昔尼斯传

无论是谁，大多数人说是欧里庇得斯，写过诗歌以纪念亚基比德在奥林匹克运动的赛马车比赛中取得的胜利，但索西宇斯却说是另有其人，诗歌告诉我们，一个人获得快乐的首要条件是出生在某个有名的城市，但对他来说，获得真正快乐的最重要条件是人的品质与意愿决心。在我看来，出生在一个一般甚至是默默无闻的地区也没有什么不好，就像是有一个身材矮小、长相平平的母亲。如果认为尤里斯，西奥斯的一座小城市，其领域内本就没有什么闻名的岛屿，包括艾吉娜在内的这两座城市只能孕育出一批杰出的演员与诗人[①]，而不能培养出公正的、心平气和的、聪明的智者，这个想法是可笑愚蠢的。曾有雅典人说过，尤里斯和艾吉那就像是“皮奈乌斯的眼中钉”一样令人讨厌，所以它们应该被摧毁。对于其他艺术家，他们的最终目的是获得财富与荣誉，那么很可能在一个贫困、毫不起眼的小镇里经历衰败与堕落。但是人的美德就像是一棵坚强的、持久健壮的植物，只要人拥有纯真的本质以及勤恳的心理，那么美德就会在他的

---

① 诗人塞门尼德（Simonidcs）出生在西奥斯岛，而著名的演员波卢斯（Polus）出生在艾吉娜岛，这在笛摩昔尼斯去世的那一章会提到。

心底扎根以及茁壮生长。就我而言，我渴望那种美德，因为我缺乏正确的判断与正义的行为。说实在的，我对此也是有自身责任的，而不应该把它归咎于我那鲜为人知的出生地。

但是如果有人从事编写历史书籍，那么他就必须通过观察与阅读一些在所有地方不容易找到的作品文献来收集材料，那些作品不是用他的语言所写的，大多数是使用外国语言并散落在其他人的手里。对他来说，居住在一个著名的、喜好阅读文学作品、人口众多的城市无疑是最重要的。在那里他会阅读到各种各样的书籍，通过仔细研究可以得到一些作者遗漏掉的细节，那些细节在人们的记忆中保存得更加完整、更加可靠。以免他的作品缺少许多重要的东西，即使省掉它们也是可以的。

对我来说，我居住在一个小镇里，我也愿意继续住在那里，不在乎人口会越来越少，城市会越来越小。当身处罗马或者意大利的某些城市时，我就没有空余的时间来练习罗马语言，由于平时要忙于公事，以及指导学生们在哲学方面的学问。随着岁月的流逝，年龄也越来越大，我现在开始勤奋学习与阅读使用拉丁语，还是有点太晚了。虽然发生在我身上的事情看起来挺奇怪，但那确确实实是真的。与其说我是通过对语言的理解来完成对整个事件的了解，还不如说是我靠自己的经历促进对某些语言的理解。我欣赏罗马语言的优雅与变幻莫测，各种各样的修辞手法、言语的连接及其他的修饰语。我认为要获得令人钦佩与令人愉悦的学习成就是需要大量的练习与学习，而这一点又是不容易做到的，所以这就适合那些有更多的空余时间的人和在有限的生命里有足够的精力的人。

所以在我《平行生命》的第五卷里讲述了一些关于笛摩昔尼斯和西塞罗的事。对他们同身为政治家在其行为与生活作风中所形成的人物性情与性格特点进行了比较。但我不会对他们相互辩论的言辞进行评价，再表明谁是更具有魅力与权威的演讲者，这就像伊昂曾说过的一句格言：

> 我们就像是干旱地区的鱼，
> 唯有以沫相濡才能活下去。

当凯基利乌斯把自己那种冒险天赋用来进行一些大胆的尝试的时候，比如把笛摩昔尼斯和西塞罗做比较，他可能就忘了那句格言所蕴含的道理了。如果对每一个人来讲，认清自己是一件极容易的事，那么很可能把要认知的对象——自己当成是圣人了吧。

那圣神的力量似乎本就计划好用性质相同的方式塑造出笛摩昔尼斯和西塞罗，他们在天生的性格特点方面有许多相同点，比如他们对荣誉的热恋以及对平民生活自由的向往，和他们面对危险与战争都缺乏勇气与胆量，以及命运中许多类似之事都发生在他们身上。我相信很难找到有如此相似的两位雄辩家，他们都出生卑微，后变成伟大的、非凡的大人物，他们和国王及其暴政相对立，他们都失去了自己的女儿，也都曾被自己的国家驱逐，然后带着荣耀回归祖国，他们同样被敌人逮捕，最后随着同胞们的失去自由，结束了自己的一生。所以如果我们假设在天性与命运之间有一场技能的较量，那么这将很难判断究竟是前者的影响使他们的行为相似、或是生活的其他方面相似，还是后者将他们的际遇安排得更为雷同。我们先来谈谈年长的那位——笛摩昔尼斯。

正如特奥蓬波斯所说的，老笛摩昔尼斯，即笛摩昔尼斯的父亲来自上层阶级，品质高尚，绰号“铸剑匠”，是因为他拥有一间大的铸剑坊，并使他的学徒们在铸剑这门手艺方面练就了熟练的技巧。但艾斯基涅斯——一位演讲家，这样说过他的母亲，她是一名叫杰隆（Gylon）的市民和蛮族妇人的女儿，杰隆在被控告犯叛国罪的时候逃离了祖国，无论艾斯基涅斯说的是真的，或是完全的诽谤，我都不敢断定。笛摩昔尼斯生在一个富裕的家庭，但在他还不满七岁的时候，父亲就去世了。他父亲留下的所有庄园的价值接近于15塔兰特，之后他受到监护人的虐待，他们还肆意侵吞了他的部分财产，而剩下的则少得可以忽略不计，尽管他的遭遇已经够悲惨，但是他的监护人还克扣诈骗笛摩昔尼斯老师的月钱，这就是为什么他没有受到他本该接受到的人文教育。此外，由于笛摩昔尼斯体弱多病，他的母亲从不让他过于劳累地完成某事，老师对他也有很强的耐心，也不催促他做什么。他从小就瘦小虚弱，所以他有个绰号叫巴塔鲁斯（Batalus），据说是男孩子们取的绰号，用来嘲笑他的外表。有人告诉我们巴塔鲁斯是一个软弱的长笛演奏家，安提法特斯曾写过一个剧本来嘲弄他；也有人说巴塔鲁斯是一位作家，专写一些荒唐的诗节和祝酒歌曲。表明在那个时代，身体上某些不适合做名字的器官之一被雅典人称为巴塔鲁斯。但是笛摩昔尼斯还有一个绰号——阿加斯（Argas），这个绰号是来源于他那野蛮的、充满恶意的行为，就像毒蛇往往在诗中被称为阿加斯，用来形容他的奸恶卑劣的行为，或者他的不得体的说话方式，阿加斯是一位诗人的名字，他作诗粗糙且又不合人意。关于笛摩昔尼斯，柏拉图只说了这么多。

第一次激起笛摩昔尼斯内心对成为雄辩家的渴望的是卡利斯特拉图斯（Callistratus）在法庭上为奥罗波斯辩护的场景，人们都非常期待这次审判，不仅因为卡利斯特拉图斯超强的演讲能力，也因为他在当时已享有非常高的名誉。因此，当笛摩昔尼斯听说他的家庭教师和监护人会出席这次审判旁听时，他多次要求他们带他去旁听，最后终于说服了他们带他去审判现场。他的家庭教师和法庭的门卫有些交情，便托他为笛摩昔尼斯找了一个不起眼的位置，他可以坐在那里听到法庭里的辩论。那天卡利斯特拉图斯大显身手，吸引了更多的钦佩羡慕之情。笛摩昔尼斯也渴望拥有他那样的荣誉，想要仿效并超越卡利斯特拉图斯。他仔细观察卡利斯特拉图斯是如何从各方面辩论的，以及如何用自己的方法得到大众的关注的，但是比起他心中的疑惑，卡利斯特拉图斯的口才所带给他的震撼更是不得了，在他心中，仿佛那种雄辩能力能够征服一切。从那时开始，他便放弃了其他方面的学习与研究，开始学习演讲术，努力地学习辩论技巧，为成为演说家做准备。他请求伊赛俄斯指导他演讲的技巧，尽管那时候伊索克拉底（Isocrates）也在教授演讲术，至于其原因，有人说过因为笛摩昔尼斯是一个孤儿，甚至付不起伊索克拉底十分钟的指导费，或是因为他喜欢伊赛俄斯那适应性和效果性都比较强的演讲风格。赫弥波斯说过，他曾读到过一些没有署名的回忆录，其中写到笛摩昔尼斯曾是柏拉图的学生，他在演讲术的学习过程中也获得过柏拉图的帮助。赫弥波斯也听泰西比乌斯与叙拉古人卡里阿斯说过笛摩昔尼斯偷偷地掌握了伊索克拉底和阿基达马斯（Alcidamas）的整套演讲技巧，并会熟练地加以运用。

因此，一旦他长大成人便想夺回属于自己的财产，把他的监护人告上了法庭，并写了讼词状告他们，在此同时，他的监护人使用各种诡计和借口来应对诉讼。笛摩昔尼斯，就像修昔底德所说的，尽管笛摩昔尼斯冒险来处理这件事情，但他还是靠自己的努力取得了成功，虽然这只能让他夺回一小部分财产，不是全部。而且他也获得了一些在演讲时的自信以及足够的经验。胜诉后他也享受到荣耀与权力，之后便冒险前进，从事城邦政府事业。据说奥科墨诺斯人（Orchomenian）拉俄墨冬（Laomed）曾听从医生的建议后经常长跑去预防某些脾脏疾病，通过长时间的艰苦锻炼，塑造了健康的体格，他之后便参加大型比赛①，最终成为长跑运动中最好的选手之一；类似的事情也发生在笛摩昔尼斯身上，他学习演讲术首先为了夺回应属于自己的财产，同时他也掌握了演讲的能力技巧，最终在公开场合演讲，就像是一场盛大的比赛，他成为所有竞争者中的最强者。但是当他第一次在人们面前演讲时，遇到了很大的挫折，人们都嘲笑他那古怪而又令人不舒服的演讲风格。对人们来说，他的演讲似乎太冗长而变得难以理解，论据过于整齐而变得粗糙，让人听起来很不舒服，此外，他的声音有些弱，发音模糊不清楚以及气短。气短使他不得不把较长的句子分开说，所以他很多时候不能清楚地表达出句子的完整含义。最后他放弃了演说，变得非常消沉，终日在皮赖乌斯、欧诺摩斯与特里阿西亚闲逛混日子。有一天他遇到了一位老人，他批评责备了笛摩昔尼斯，并告诉他他所面临的问题与伯里克利非常相似，他也很想克服自己的懦弱与卑微的心理，但他既没有拿出勇气来应对观众的公开反对，也没有调整自己的演讲方式，仅仅是用懒惰和粗心来使自己变得潦倒。

还有一次，他们说那是当观众都拒绝听笛摩昔尼斯的演讲的时候，他低着头，心灰意冷地走回家，他的好朋友萨提罗斯（Satyrus）——一位演员，跟着他一起回到家里，笛摩昔尼斯向他哭诉道他虽是所有辩论人中最勤奋的一个，也为这次演讲付出了几乎所有的精力，但他还是不被人们接受，反而去听那些酒鬼、水手，以至于那些不识字的人的胡说八道，并让那些人把持了讲台。他们都瞧不起笛摩昔尼斯，连笛摩昔尼斯也为自己

① 在奥林匹克、皮松、地峡、尼米亚运动会中，胜利者会被授予月桂花环。

哀叹。萨提罗斯回应说："如果你说的是真的，那么只要你愿意给我背诵一段欧里庇得斯或索福克勒斯的演讲，我就能很快改善你现在的情况。"笛摩昔尼斯照他说的做了，萨提罗斯就马上重复一次他的演说词，用一种新的自己的方式演讲出来，他的演讲都伴有正确的仪态与手势，这对笛摩昔尼斯来说，那完全是另一种演讲特色。通过萨提罗斯的演讲，他相信优雅的动作与修饰语言是演讲必备的条件，如果忽略掉清楚的发音与演讲方式，那么练习演讲将会徒劳无功。于是他在地下室为自己找了个学习场所（至今还保留在那里），几乎每天在那里练习形体动作与发音，常常一待就是两三个月，他甚至把自己半边头剃光，这样即使他很想走到户外去，也会因为羞耻心而止步。

当然他不完全是只做了这些，他也与外面的人沟通甚至是做生意，这些都对他的学习有帮助。每天他一与工作伙伴们分开，马上就一心埋头于学习：首先他会把当天的业务与交易按顺序排列起来，接着再认真为各件事情准备论据。另外，无论听到什么演说，其主题是什么，他都会模仿一遍，减少断句，纠正、转变其说话方式。因此别人都藐视他，认为他不是那种具有演说天赋的人。他所有的力量和能力都来自于他的勤奋与努力。下面的事也许证明了这一点，当他坐在公民大会中，人们也经常呼唤他的名字，也很少见他上台做即兴演讲，除非他已提前知道了演说的主题，也做了相应的准备。以至于许多有名气的演说家都嘲笑他。皮提阿斯（Pytheas）就曾讥笑他，说他的演讲很做作、很虚假，有一股煤油灯的味道，因为他都是挑灯夜战准备的。对此笛摩昔尼斯很讽刺地回了一句："的确，但是在你的灯光和我的灯光下，完全是不一样的东西。"然而对于其他人的批评，他没有完全否认，反而很坦白地承认他既没有事前把演讲稿完全写好，也不完全是即兴演讲。他很肯定地说，准备演讲词对演说家来说确实是一种很普遍的做法，这种精心的准备也是对听众的一种尊重，但从不重视与关心演讲是否被听众理解则是一种寡头政治的表现，因为演讲就不具备说服力而是带有点强迫的意思。另一件事也证明笛摩昔尼斯缺乏即兴演说的勇气与信心，这也被别人当成笑话。当演说频频被人民的吵闹打断时，他会感觉到沮丧、心烦意乱，德马德斯（Demades）有时还为他辩护、支持他，但从没见他支持过德马德斯。

有人可能会问，既然事实是这样，那么艾斯基涅斯怎么在他的演讲中说笛摩昔尼斯是一个具有令人吃惊的很有勇气的演说家呢？又怎么解释皮同，一个拜占廷人，“使用恶毒的语言谩骂雅典人时”[①]，而就笛摩昔尼斯一人站起来反对他的演讲呢？还有一次，当迈林尼人（Myrinaean）拉马科斯（Lamachus）写文章来歌颂马其顿国王菲力浦与亚历山大，在文章中批评了底比斯人与卡尔基狄亚人（Olynthian）当他在奥林匹克运动会宣读的时候，笛摩昔尼斯站起来为底比斯人与卡尔基狄亚人辩护，以历史为根据，使用论证法，讲述底比斯人和卡尔基狄亚人给所有希腊人民带来的利益与好处，相反地，马其顿人的阿谀奉承给希腊人民带来的是麻烦与危险。于是所有在场人民的注意力都转移到了那个诡辩家的身上，他害怕人民一起来反抗他，便偷偷地逃离了演讲现场。但是似乎正是事实所表现出来的那样，笛摩昔尼斯在很多方面都不适合扮演伯里克利的角色，但他还是可以模仿伯里克利的演讲方式与习惯，从不做即兴演讲，在每一个场合都是如此，他把这些全都归功于伯里克利的伟大与崇高；但是他既不在乎即兴演讲所带来的荣耀，也不愿意把自己的才能全都寄托在偶然的演讲中。如果我们相信埃拉托斯特涅（Eratosthenes）、费勒隆人德米特里（Demetrius）和喜剧诗人的话，那么事实上，比起有准备的演讲，笛摩昔尼斯即兴发表的演讲体现得更加有自信与勇气。埃拉托斯特涅说过笛摩昔尼斯的演讲总会透露出一种无法自控的激情，而德米特里则说他的演讲为人们留下了一些诗性化的著名的誓言：

大地做证，泉水做证，河流做证，小溪做证。

不仅鼓励了自己，也鼓舞了他人，有一个滑稽的人称他为 rhopoperperethras[②]或者毫无价值的吹牛，另外一个则嘲笑他的对比手法：

① 这些是他自己的话，引自他的《论王权》。

② 大声说话来赞美自己的东西，就像杂货铺的老板一样。

我的主人是收回而非夺取就毫无顾虑，

雅典把德摩斯提尼的话当成金科玉律。

这可能是安提芬尼斯对有关哈罗尼索斯（Halonesus）的演讲的一种玩笑式的评论，在那篇演讲中笛摩昔尼斯向雅典人提出建议说“不是从菲力浦那里夺回岛屿，而是收回属于自己的东西。”[①]

然而人们仍常常认为德马德斯在演讲天赋方面是没有人可以超越的，即使是他的即兴演说也比笛摩昔尼斯研究与精心准备的演讲还要好，基亚人（Chian）阿里斯（Ariston，）记录下了特奥弗拉斯特对这两位演讲家的评价，当他被问及笛摩昔尼斯属于哪种演讲家时，他回答说：“雅典的杰出人才。”而对于德马德斯，他说：“有益于城邦的人。”同样是哲学家的波吕欧克托斯，他是政治领导家之一，曾说过：“笛摩昔尼斯是最伟大的演讲家，而福吉昂则是最有影响力的演讲家，他能用最少的语句表达出最多的意思。”事实也的确如此，连笛摩昔尼斯自己也说，当福吉昂走上台来反驳他的演说时，他也会经常对他的同伴说：“看，击垮我的演说的人来了。”我们不清楚笛摩昔尼斯这样说是因为福吉昂演讲的权威性呢，还是因为他的年岁与威望？但是有一件事是非常清楚的，那就是：一个受到人民信任的演说家的一句话或是一个点头的威力就远远超过其他人的长篇大论。

费勒隆人德米特里曾告诉我们，他亲耳听见笛摩昔尼斯自己说的，这故事已经流传很久了，对于先天性的身体疾病与缺陷，他治愈的方法有如下几种：他说话的时候把石子含在嘴里，从而克服了发音不清以及口吃的毛病，发音变得清楚。为了改掉气短的毛病，他不断练习在跑步的时候说话，或者一边在陡峭的山坡上攀登，一边吟诗。他家里还摆着一面大镜

① 哈罗尼索斯曾属于雅典，但是被海盗抢去了，最后又落入菲力浦浦人的手中，菲力浦浦愿意把它作为礼物送给雅典人，但是德摩斯提尼劝告他们不要接受，除非菲力浦浦人说清那是还给应属于雅典人自己的东西。

子，每天站在镜子前面练习演讲。我还听说曾经有人跑过来，寻求他的帮助，希望笛摩昔尼斯能当他的辩护人，还叙述了他被别人侮辱以及痛打的过程，笛摩昔尼斯听后说："我肯定，没有那样的事情发生在你身上。"那人听了，提高了嗓门说："什么！笛摩昔尼斯，我没遭受到那样的事？"笛摩昔尼斯回答说："好，我现在听到了一个受到伤害与委屈的人应有的声音了。"他认为一个演说家的语调与动作在获得别人信任方面是非常重要的，所以他在演讲时的动作能取悦大多数人，但对于那些受过良好教育的人，比如德米特里看来，那则是卑微的、不光彩的、毫无男子汉气概的表现。赫弥波斯（Hermippus）告诉我们，当阿西昂（AEsion）[①]被问及与同时代的演说家相比，古代的演说家怎么样时，他回答说："演说家们在人们面前沉着冷静、文雅的演讲的确令人钦佩不已，但是在朗读的时候，笛摩昔尼斯的演讲肯定是更具有说服力的。"毫无疑问的是，笛摩昔尼斯的演讲用词严谨、简单，即使是他的即兴反驳也具有幽默感，当德马德斯说："笛摩昔尼斯，快教教我吧，就像母猪也能教密涅瓦。"笛摩昔尼斯反驳道："就是那个后来被发现在科利斯图当妓女的密涅瓦[②]吗？"有个绰号为"黄铜"的小偷试图拿他经常在晚上写作的习惯取笑他，他反驳说："我很了解，你当然希望所有的灯都熄灭，但是雅典人啊，当小偷们在偷黄铜的时候，你们却还在用陶土。"然而，尽管我还有许多关于笛摩昔尼斯的话要说，但现在就说到这儿吧，关于他的性格特点的其他方面应该与他作为演说家的成就结合起来讨论。

笛摩昔尼斯自己说过他开始参与政府事务是在福基斯战役之后，这可以从他批判菲力浦的演讲中看出来，其中一些是在战役之后撰写的，最早的一篇更涉及一些与战争息息相关的事情。肯定的是他参与了控告梅迪阿

---

① 阿西昂是德摩斯提尼的同窗，他在把德摩斯提尼和古代的演讲家做比较时，觉得德摩斯提尼的演讲方式胜过古代人，但是结构和当代人差不多。

② "密涅瓦"是句谚语，科利斯图和墨利特位于雅典的西南方，是雅典气候最宜人的地方，普鲁塔克曾安慰他一位被自己出生城市的人民驱逐的朋友时说过，每个人都不会一直住在他最喜欢的城市，就像所有的雅典人都没有住在科利斯图一样，当一个人被迫离开墨利特而在迪欧密居住时，他也不会觉得自己是一个被国人驱逐的人。

斯一事，当时他只有32岁，也没有任何政治家应该拥有的声望。我认为他会放弃控诉梅迪阿斯，接受一笔调节费，是因为他那坚定的个性：

彼非和善之辈，
乃是呲牙必报。

这决定了他是个报复心强的人，然而，考虑到要扳倒梅迪阿斯这样的人，牢牢地守住自己的钱财、具有超强的演讲能力、有众多朋友支持的演说家，并不是一件容易的事情，那已经超出了他的能力范围，所以，他不得不屈服于那些代表着他的利益进行斡旋的人，但是我相信如果笛摩昔尼斯曾期望或感觉到他能够击败梅迪阿斯的话，那么3000德拉克马并不能使他折服。他在政府中所选择的角色是高尚而正义的，他反对菲力浦，为希腊人民辩护，这使他很快赢得了名望。他在演讲中所表现出来的勇气与口才吸引了各地的关注，成为了全希腊人民钦佩的对象，就连波斯国王也不例外，即使是菲力浦，也把他看得比其他所有的演说家重要，连那些他的敌人也不得不承认他应该与一位标志性大人物一比高低，因为艾斯基涅斯（Aeschine）与许珀里德斯（Hyperides）在反驳他的同时，也曾这样赞扬过他。

我很难想象特奥蓬波斯还会找什么理由来证明笛摩昔尼斯是一个浮躁又善变的人，从而至始至终只为一人做事或者只从事一项事业。很明显事实是与之相反的，他在政治领域从头至尾都只为同一个党派服务，也坚守着同一个岗位。他活着的时候没有改变自己的立场，即使失去自己的生命也不会改变它，从未听他像德马德斯那样为叛变到其他党派工作而道歉，而且德马德斯经常为自己辩护说，他从来没有改变过整个城邦利益的问题；也不像墨拉诺普斯，他虽是卡利斯特拉图斯的政敌，却又经常被他用金财收买。还告诉人们，“他的确是我们的敌人，但我必须为人民的利益低头屈服。”他也不像美塞尼亚尼科德穆斯开始是为卡桑德做事，后来又投靠德米特里。梅尼西人耐克狄姆斯（Nicodemus）说这两件事本就不冲突，投靠并为成功者做事是最明智的选择。而我们在笛摩昔尼斯身上却从未发现过类似的事情，他不管是在言语，还是在行为上都从不两边倒，或者是撒谎。可以这么说，就像笛摩昔尼斯所表现的那样，至始至终都是秉承一个原则。哲学家帕奈提奥斯曾说过，笛摩昔尼斯被选择是由于其本身信善的缘故，他的大部分演说都是基于此信念的，比如《论花冠》、控告阿里斯托克拉底、主张“赦免”和《反菲力浦词》。在这些演说中，他劝告他的同胞们不要去追求那些最快乐、最简单的或是更有利可图的事情，而是一再强调人们应该把他们的安全和储备放在那些更体面的、更荣誉的事情后面。这样的话，他鉴于他慷慨大方的做人原则以及他演说中所表现出的高尚，以及与之相伴的战士般的勇气和所有事业中的坚定，那么他就值得获得已有的荣誉与名望。也就不能与密罗克丽（Mcerocles）、波吕欧克托斯、许珀里德斯、客蒙混为一谈，而是应该与修昔底德以及伯里克利这样的雄辩家相提并论。

与同时代的人比，尽管福吉昂的政策得不到人民的支持，也有点亲马其顿党派，但由于他的勇气与诚实，在人们心中他的名望仍不亚于同时代的埃斐亚斯特、阿里斯泰德、客蒙。然而，笛摩昔尼斯刚刚进入政坛的时候，还没靠其勇气取得完全的信任，正如德米特里所说的，他不能拒绝所有的贿赂（虽然他没有接受菲力浦与马其顿人的“礼物”，但他还是被从苏撒与埃克巴塔纳留下来的钱财所征服了）。所以笛摩昔尼斯只会擅长赞扬前辈们的美德，而不擅长效仿。在他的生活行为方面，他超过了同时代的所有的演讲家，我还是希望福吉昂没被超越。没有人能够像他一样那样大胆地批评人们的缺点，独自反对大多数人的不合理的愿望，这些都可以从他的演讲中看出来。特奥蓬波斯曾告诉我们，当雅典人提名他控告某个人时，他的拒绝引起了大会上的一股骚动，他站起来反驳道：“雅典人啊，不管你们愿不愿意，我都会作为参事为你们服务，但是我不会成为一个撒谎的控诉者。”此外，他在安提丰一案中所采取的措施过于倾向贵族，安提丰在公民大会中被无罪释放后，他又把安提丰带到战神山法庭官面前，不顾这样的行为会招致人民的愤怒，判定安提丰奉了菲力浦的命令在军火库纵火，最后安提丰被提交法庭，受到了应有的惩罚。他还控告女祭司忒奥里斯的诸多不法行为，尤其是她教唆奴隶欺骗、背叛自己的主人，最后她被处以死刑。

据说，在一件追索债务的案子中，阿波罗多罗斯（Apollodorus）是靠着笛摩昔尼斯写的演说词打败提摩修斯的，同样阿波罗多罗斯也是用他的演说词来控告佛密俄（Phormion）和斯蒂法努斯（Stephanus）的，在这些案件中，德摩斯梯尼所获得的就只有羞耻，然而佛密俄用同样的演说词控告阿波罗多罗斯。他就是把同一篇演说词卖给两个敌对的人，让他们用出自同一人手的辩词来伤害对方。此外，那些控告安提罗提昂、提摩克拉底、阿里斯托克拉特的演说词都是笛摩昔尼斯写来供他们在人民公会上照着宣读的，那些演说词都是写于他进入政坛之前的，看起来好像是他二十七八岁时写成的。但是他也亲自发表了控告阿里斯托斋吞的演说词，以及《论豁免》的演说，据他本人说他是应卡布里阿斯儿子忒西普斯的邀请而作，也有人说他是正在追求那个年轻人的母亲。实际上他并没有娶到那个女人，而是与一个萨摩斯女人结婚了。正如马格涅西亚人德米特里在他的《论相同名字的人》一书中说道，他不能确定谴责埃斯基涅斯在出使中不良行为的演说词是否发表过，但是伊多墨纽斯说过埃斯基涅斯仅仅输给他30票。事实并非如此，从两位在《论王权》中的书面演说中我们可以推算出他们两位都没明确直接地说过这次辩论将要付诸裁判，因此那次争论只能由其他人来判定。

即使在和平时期，笛摩昔尼斯的政治态度也是显而易见的，不管马其顿人做了什么，他都会鸡蛋里面挑骨头，在每一个场合，他都会激起雅典人民的不满与悲愤，以致许多雅典人都反对他。因此，马其顿国王菲力浦很重视他，他也经常被人民提起。当他和十个使者来到马其顿国家时，虽然菲力浦听取了他们所有人的意见，但回答笛摩昔尼斯用了最多的时间与耐心。其他方面，菲力浦国王并没有像款待其他人那样对待他，而对埃斯基涅斯和菲洛克拉底非常热情，所以当其他人都赞扬国王惊人的口才、漂亮的面容以及最好的酒量时，笛摩昔尼斯忍不住讽刺地说道：“第一种赞美适合诡辩家，第二种赞美适合女人，而第三种赞美则适合于海绵的特性，其中没有一种是适合赞美国王的。”

当局势最后发展到要发动战争的时候，一方面菲力浦不能再保持和平了；另一方面，雅典人受到笛摩昔尼斯的鼓动首先是削弱优卑亚（今“埃维厄”）的力量，而该岛反对暴政投降于菲力浦，人们接受笛摩昔尼斯的提议，军队穿越海峡，把马其顿人赶出了小岛。然后，他劝说雅典人救援正在遭受马其顿攻击的拜占庭和佩林修斯两个国家，他努力劝说雅典人把对拜占庭和佩林修斯两个国家的仇恨放在一边，忘记他们在同盟战争时期所犯下的错误，最终派军队拯救了他们。没过多久，他又出使希腊各城邦，他努力劝说请求他们组成一个联盟来共同对抗菲力浦，最后除少数几个城邦外，其他所有的城邦都撮合在一起组成联盟。从而，最后除了公民自己组成的民兵外，还有15000步兵和2000骑兵的雇用兵部队，并为那些应征入伍的人准备好了薪金。据特奥弗拉斯特说，在那个时候，有一些同盟者要求他们在战争中所做出的贡献应该被清楚地记下，其报酬也应该有一个规定，演讲家克罗比鲁斯对此说道：“战争没有定量。”希腊人对未来要发生什么充满疑惑与焦虑，于是包括优卑亚人、亚该亚人、科林斯人、墨伽拉人、疏卡迪亚人（Leucadians）和科尔库拉人及其城市都结成联盟，但对于笛摩昔尼斯来说，最重要的任务是让底比斯人也参与这个联盟，底比斯有一块领土位于阿提卡边界，而他们也为夺回领土做好了准备。他们的军队在当时也是全希腊最好的军队，然而使他们与菲力浦决绝不是一件容易的事，因为在福基斯战争中，菲力浦费尽心机给了底比斯人许多好处，才使得底比斯人为马其顿效命。尤其是因为在他们靠近雅典边界所带来的小争端中，使两个城市在主权问题上不断发生冲突，其局势也越来越严峻。

然而，在安菲萨战争中取得的胜利让菲力浦十分欢喜，但他并没有满足，而是突然袭击埃拉提亚，并占领福基斯。他的行为让雅典人很疑惑也很惊恐，没人敢上台讲话，更不知道应该要说些什么，公民大会上弥漫着寂静和迷茫。人们绝望时，只有笛摩昔尼斯走到台上，建议要和底比斯人联合在一起，用其他方法给予人们勇气，并用希望去振奋人民的精神，之后他又和其他人出使底比斯。然而，正如马叙阿斯所说的，菲力浦也派了马其顿的阿明塔斯和克莱阿库斯、色萨利人达奥库斯和色拉叙代阿斯前往底比斯，要和笛摩昔尼斯对着干。在各方协商中，底比斯人足够地为自己的利益考虑，在福基斯战争中的惨败记忆犹新，每个人的眼前都是战争的恐怖景象。正如特奥蓬波斯所说的一样，正是笛摩昔尼斯的演讲让他们鼓足了勇气，点燃了他们的激情，他们也没有忽略其他的考虑，最后扔掉所有的深思熟虑、恐惧和责任感，被笛摩昔尼斯的演讲引领到一条争取荣誉的道路。笛摩昔尼斯的这次成功被所有人认为是如此的辉煌与伟大，使得菲力浦马上派出使者要求和平，这时整个希腊都恢复了自信与激情，为了胜利，纷纷拿出武器来支援笛摩昔尼斯，不仅阿提卡的将军帮助他，听从他的指挥，就连贝奥提亚的将军们也是如此。此时，笛摩昔尼斯在底比斯公民大会上的活动并不少于在雅典的公民大会上的活动；他受到两个城邦人民的热爱，行使着至高无上的权力。正如特奥蓬波斯所说的那样，他被赋予的权力既不是不合法的，也不是与他不相称的，而是合适得不能再合适了。

但是，在事情的发展过程中，似乎有一些注定的力量在阻止他们完成任务，像是要结束希腊人民的自由，通过许多信号来告诉他们将要发生什么。在这些信号中，女祭司皮提亚曾做出一些可怕的预言，下面这个是引自《西比林书》的古代神谕：

> 我渴望远离特摩敦战争，到一个安全宁静的地方，
> 将它看成一只翱翔的雄鹰。
> 在那里，迎接被征服者的是泪水，
> 迎接征服者的是最终的灭亡。

他们说，特摩敦河是希腊喀罗尼亚境内的一条小河，流入克菲索斯。但据我们所知，现如今没有一条河叫特摩敦河，据推测，名为海蒙的一条河流可能曾叫特摩敦河，流经赫拉克勒斯神庙，希腊军队曾在那里扎营，战争结束后，那里血流成河，到处都是死尸，也许正是因为这个原因，它才被改为海蒙。可是杜里斯说特摩敦不是一条河，只是一些士兵在那里搭帐篷挖战壕时，发现了一个小石像，而有碑文表明那就是特摩敦，他的胳膊抱着一个受伤的阿马宗人，关于这件事，也有另一个神谕：

特摩敦战役在那里等你，
黑色的乌鸦在四周围绕，
因为它们知道可以有大量的人肉可以吃。

总而言之，我们很难分清真假，但是笛摩昔尼斯说，他对希腊军队充满信心，成千上万的士兵渴望战胜敌人的热情与勇气让他兴奋起来，以至于他不再让人民去留意神谕或是听从先知的安排。他甚至还公开说他怀疑女先知已被收买，效命于菲力浦，他提醒伊巴密达浓的底比斯人和伯里克利的雅典人要理性地采取行动，服从理性的指导，把诸如此类的神谕看成胆小鬼们的借口。由此可以看出来，笛摩昔尼斯表现得很勇敢，可是在战役中，他没有做出什么值得我们敬重的事情，也没有实现他演讲中的豪言壮志，而是丢掉他的职责、扔掉了他的武器，可耻地逃跑了。按照皮提阿斯的说法，这也与他盾上的铭文不一样，那上面用金色的字幕写着：拥有好运。

刚获得胜利，菲力浦就变得狂妄自大起来，饮酒狂欢作乐，还走到那些尸体面前口出狂言，有节奏地背诵着笛摩昔尼斯所提出的法令：

笛摩昔尼斯啊！笛摩昔尼斯的儿子啊！并划出了韵脚。①

但是当菲力浦清醒过来后，他意识到自己所面临的危险，不由得为笛摩昔尼斯的能力与力量感到胆战心惊，笛摩昔尼斯使他把自己的生命与帝国当作赌注全都押在这短短的几个小时里。笛摩昔尼斯的名声也传到了波斯国，波斯国王还写信给他的总督们，命令他们为笛摩昔尼斯提供金钱上的帮助，还要多多关照他，因为希腊遭遇麻烦时，他是唯一一个能够转移和阻止马其顿人进攻波斯的人。之后这件事被亚历山大知道了，他在萨提斯找到些笛摩昔尼斯的信件，大部分是出于波斯官员之手，上面记载了他们送给笛摩昔尼斯的巨大金额。

---

① 德摩斯提尼·德摩斯提尼乌斯是皮欧尼斯区的人，“皮欧尼斯区的德摩斯提尼的儿子也给德摩斯提尼提出了这项建议”，引自“雅典市民大会”的开场白。

然而，正值希腊人们遇此大难，那些对立派的演说家们趁此机会纷纷攻击笛摩昔尼斯，准备陷害、控告他。但是希腊人民不仅宣告他是无罪的，还一如既往地尊敬他，邀请他——作为一位忠于城邦的人——参加城邦中的公共事务。最后，当在喀罗民亚战役中战死的将士们的尸体被抬回希腊安葬时，他们任命德摩斯梯尼写葬礼上的演讲词。即使是以特奥蓬波斯一贯的夸张风格，人们也没有对他们所遭受的一切表现出一点低级的或是卑鄙的精神面貌，相反，他们给予那些建言者以荣誉和尊重然而，笛摩昔尼斯发表了演讲，直到菲力浦死去才使得他恢复以往的勇气，这之前他一直都是用朋友的名义去提出法令，怕用自己的名字会带来不幸与不吉利。菲力浦在凯罗涅亚战役中取得胜利，没过多久就去世了。这似乎与神谕的最后一行所预言的一样：

迎接被征服者的是泪水，
迎接征服者的是最终的灭亡。

当笛摩昔尼斯秘密得知菲力浦已死的消息时，为了重拾希腊人民的勇气与对未来的信息，他趁此机会兴高采烈地走到人们面前，假装宣称他有一个梦想，并预言希腊人的好运要来了。没过多久，信使们就带来了菲力浦的死讯，希腊人一听到消息，就立马要进行祭献以示庆祝。他们还决定授予刺杀菲力浦的保萨尼亚斯花冠。而笛摩昔尼斯也身着华丽衣服，头戴花环出现在公共场合，要知道他的女儿才去世6天，埃斯基涅斯就此事严厉地批评了他，指责他一点都不爱自己的孩子，不是一位尽责的父亲。但是，如果他认为只有哀号与悲痛才是亲情的标志的话，而去指责别人安详地、不抱怨地忍受失去亲人的痛苦，那他本人就是软弱的、忧郁的、女人气的性格。在我看来，我不能说雅典人头戴花冠、祭祀神明来“庆祝”一个国王的死亡的行为是明智的或是可敬的，尤其考虑到那位国王在得意之时，也曾宽容地、仁慈地对待过他们。除了激起神的愤怒外，在一个人活着的时候授予他荣誉，而在他被别人杀害时却弹冠相庆，这本身也不是什么光彩的事；更过分的是，他们还践踏尸体高唱胜利的歌曲，好像是他们通过自己英勇的行为打败了敌人一样。同时我也必须赞美笛摩昔尼斯的行为，他忍下眼泪和痛苦，把家庭不幸带来的伤痛置之度外，而忙于做些有利于城邦的事。我认为他的表现值得被人们当作是灵魂勇士，他始终把城邦的利益放在第一位，用获得的城邦利益来弥补他家庭不幸所带来的悲伤。比起那些演员们，他在国王和僭主面前更好地保持了自己的尊严，正如我们所看到的，演员们在舞台上都是按照剧本的主题要求与人物角色要求来欢笑与哭泣，从不表现出自己的个人感情。再者，如果我们的邻居遭遇到什么不开心的事，不仅安慰他们是我们的一种责任，而且我们更应该说一些能令他们愉快的事情，把他们的注意力转移到其他令人愉快的事上，就像告诉那些眼睛难受的人将目光从明亮刺眼的颜色上转移到一些温和的颜色上面。那么对于笛摩昔尼斯的事情，我们可以知道国家的普遍繁荣是对他遭受丧女之痛的最好安慰，可以这么说，做一些有利于城邦的事情，使城邦变得更加繁荣富强，这样可以掩盖个人内心的痛苦。我之所以要说这些，是因为我知道埃斯基涅斯的演说已经让许多读者产生一种妇人之仁的激情了。

现在又回到我的叙述上来，通过笛摩昔尼斯的努力，希腊各城邦又结合成一个联盟。底比斯人也利用他提供的武器进攻马其顿，杀了许多人；雅典人做好准备参与他们的战争；笛摩昔尼斯掌握着公民大会的最高权力，给波斯大王在亚洲的总督们写信，激励他们攻击马其顿，称亚历山大为孩子和头脑简单的人[①]，但是亚历山大一解决完国内事务，就亲自率兵进攻贝奥提亚，一下就把雅典人及笛摩昔尼斯的勇气打压下去了。在被盟友背叛之后，底比斯人孤军奋战，最后失去了自己的城邦。之后，雅典人民又陷入绝望与迷惘中，于是他们决定派笛摩昔尼斯与其他使者一起去和亚历山大谈判，但是笛摩昔尼斯害怕亚历山大发怒，于是在基泰隆丢下使团原路返回了。与此同时，根据伊多墨纽斯（Idomeneus）与杜里斯（Duris）所说，亚历山大也派人到雅典，要求雅典十位演说家投降于他，但是根据

---

① 玛吉兹是荷马的一部诗集《玛吉兹》的主人公，在诗里他虽然是一个已经长大的男孩，但是却没有成人的机智与成熟。

大多数和有名望的历史学家所说，他只要求了八位：笛摩昔尼斯、波吕欧克托斯、埃菲亚特斯、吕库古、摩罗克勒斯、德蒙、卡利斯特涅斯、卡瑞德摩斯。在这个时候，笛摩昔尼斯讲了一个寓言故事，讲的是绵羊如何把牧羊犬交给狼的事，将他和与自己一起的演讲家比作保护人民安全的牧羊犬，而亚历山大则是马其顿带弓箭的狼。他还继续说道，“就像是谷物商人虽然只随身携带一点麦粒作为样本去推销，但他最终会卖出所有的存货，如今你们也是一样，虽然只交出我们少数几个人，但最终你交出的是你们自己，所有雅典人。”这些是来源于卡桑德莱亚的阿里斯托布卢斯的记述。当雅典人民正在讨论亚历山大的要求不知道怎么办才好的时候，德马德斯从亚历山大要求的那些人里得到了5塔兰特，同意代表他们出使马其顿，他这样做一是因为他与亚历山大以往的交情，二是因为他希望能够发现亚历山大如暴食猎物的狮子，已经心满意足，最后他成功说服亚历山大能够饶恕他们，并与雅典城邦和解。

所以当亚历山大返回马其顿后，德马德斯和他的朋友们就成为重要的人物，笛摩昔尼斯则扮演次要角色。当斯巴达人阿吉斯起来造反时，笛摩昔尼斯也曾想过支持他，但最后还是退缩了，因为雅典人不愿参与到此事中来，最后阿吉斯死于战争，从而克拉第蒙被打垮了。这期间，控告科泰西丰（Ctesiphon）花冠一案开始审判。这件事发生在喀罗尼亚战争前不久，当时卡隆达斯（Chaerondas）担任执政者，但却是在十年后才开始审判的，这时阿里斯托芬是执政官。没有什么事情比这件案件更为轰动，不仅因为两个演说家的名声，还有法官们的大公无私的行为，尽管控告笛摩昔尼斯的人都位高权重，都代表马其顿所有人的利益说话，可是法庭不畏权贵，毅然宣判他是无罪的，以至于埃斯基涅斯没有得到五分之一的选票。结果埃斯基涅斯立即离开雅典城，靠在罗得岛和伊奥尼亚教授雄辩术度过余生。

不久，哈帕鲁斯（Harpalus）逃离了亚历山大，从亚洲到达雅典，他意识到对钱财的贪婪使他犯下了许多罪行，也为此感到羞愧，更何况当时亚历山大连自己最亲密的朋友都心狠手辣，他当然也感到害怕了。但是，当他向希腊人寻求帮助，并把自己的货物船只都交到希腊人手中时，城镇里的演说家们都把注意力放在了他的钱财上，于是走上前来声援他，并极力劝说希腊人民接受和保护这个哀求者。然而笛摩昔尼斯首先提议把他赶出城外，以免城邦牵扯到一场不必要和非正义的战争中去。但是几天之后，当他们在整理财务清单时，哈帕鲁斯看到笛摩昔尼斯正高兴地看着波斯人制造的杯子，对上面的图案及其样式很是好奇，于是要求笛摩昔尼斯把杯子拿在手中，掂量掂量黄金的重量。正当笛摩昔尼斯惊讶于它的重量时，问他有多重时，哈帕鲁斯笑着说道："对于你来说，它值20塔兰特。"天黑之后，他就把杯子和20塔兰特送给了笛摩昔尼斯。哈帕鲁斯通过观察他喜爱的表情以及他贪婪的眼神，便能熟练地推断出一个热爱黄金的人的性格。由于笛摩昔尼斯不能抵御诱惑，而接受了他的贿赂，于是他承认了驻军可以进驻他的家园，屈服于哈帕鲁斯所带给他的好处。第二天，他用羊毛绷带仔细地把自己的脖子包扎好后，来到公民大会，当人们要求他上台演讲时，他示意他的嗓子有问题不能说话。然而，却有一些聪明的人嘲讽他说道："我们的演说家昨晚没睡好是因为被白银咽喉炎困扰，而不是其他的什么咽喉病。"之后人们知道了笛摩昔尼斯受贿一事，变得非常生气，便不再允许他演讲，即使他想通过演讲来为自己辩护或是道歉，也掀起一阵反对他的吵闹声；一个人站起来喊叫说："雅典人啊!难道你们不想听这个握有金杯的人讲话吗？"最后他们把哈帕鲁斯赶出了城外，避免将来马其顿人会要求他们为演讲家占有的金钱做出合理的解释。他们积极搜寻哈帕鲁斯的财富，挨家挨户地搜寻，除了阿瑞尼德斯的儿子卡利克勒斯家外，因为他新婚，新娘还在屋里，出于对新人的尊重，所以他家是唯一不被搜查的，特奥蓬波斯是这样说的。

笛摩昔尼斯反对这样的搜查与审讯，便提出建议说这件事应交由战神山法官处理，然后再处罚那些有罪的人。可他没想到的是，他自己竟是法院指控的第一人，并来到法庭接受审判，判决罚款50塔兰特。因为无法交出巨额款项而被关进监狱，由于身体虚弱，他无视自己所犯下的罪行，身体也禁不起监狱里生活的折腾，于是他利用一些公民的默许纵容和看守监狱的人的疏忽，逃跑了。无论如何，我们得到的说法是这样的，当他逃到离雅典城不远的地方，便发现他以前的一些敌人正在找他，于是便想找个地方躲起来。但是他们叫着他的名字渐渐接近，走到他跟前，告诉他是希望他接受他们从家里给他带来的一些钱财，这些钱是方便他在逃跑路中使用的，这就是他们一路找寻他的目的。当他们劝他甚至是在乞求他要鼓起勇气，面对现在的不幸，要支撑下去时，笛摩昔尼斯忍不住痛哭起来，并说道："我的对手们竟然如此大度，即使我现在正遭遇不幸，你们却愿意支持，这在朋友中也很难找到这样的人，我怎么舍得离开这样的城邦?"在他的逃跑途中，他没有表现出多少的坚强，他大部分时间是待在艾吉那和特洛伊，时时朝着阿提卡城市的那个方向望去，眼里还含有眼泪。他的话也不再像以前那般慷慨激昂了，因为他已不再是城邦的官员了。据说当他离开雅典的时候，举起双手向着雅典卫城说道："雅典娜，你怎么会喜欢鹰、毒蛇、人类这三种难以应付的野兽呢？"有青年人前来拜访，与他交谈时，他还劝说别人不要插手政治事务，如果一开始有两条路供他们选择：一是通向政坛，二是直接走向死亡。如果他能够预见政治领域中的麻烦，比如恐惧、仇恨、诽谤与争论的话，那么他会选择那条直接通向死亡的道路。

就在笛摩昔尼斯还处于上面提到的流放中时，亚历山大去世了。而希腊各城邦也在莱奥斯提尼的英勇尝试的鼓励下再次结成联盟，他率军阻止安提帕特，同时也包围了拉米亚。因此，演说家皮提阿斯和卡利墨冬逃离了雅典，投奔安提帕特旗下，并跟随他的朋友和使者们一起游走各邦阻止他们反叛或者与雅典联盟；另一方面，笛摩昔尼斯却与来自雅典的使者们走在一起，尽他最大的努力，做他力所能及的事情帮助劝说他们团结一致对付马其顿，把他们逐出雅典。费拉尔科斯说，在阿卡狄亚，皮提阿斯和笛摩昔尼斯实际上相互攻击，一方是代表马其顿人的利益，而另一方则是为希腊人民说话。皮提阿斯说："就像我们认为在一个拥有毛驴奶的家庭里必然存在某些疾病，雅典使者所到达的城邦一定会有某些小毛病。"笛摩昔尼斯是这样回答他的，同样采用了比喻手法，"驴奶是用来恢复健康的，正如雅典人来此是为了拯救病人，确保安全的。"笛摩昔尼斯的表现让雅典人甚是欢喜，于是他们投票同意他从流放中返回城邦。该法令是由笛摩昔尼斯的堂弟派阿尼亚人德蒙提出的。然后他们派出一艘船去艾吉那接笛摩昔尼斯回国，当他到达皮赖乌斯港口时，他受到所有雅典公民的热烈欢迎，就连执政官与祭司们也包括在内。马格涅西亚人德米特里说，那个时候笛摩昔尼斯举起双手，感谢上天让他如此光荣地返回祖国，甚至是超过亚基比德的荣耀；而雅典人民召唤他回国，不是因为他的强迫，而是人民出于自愿才邀请他回国的。但是依据法律，他被处于罚款的法令还依然有效，但是他们找到了一个可以逃避法律的办法。当地有一个习俗，那就是要支付一笔钱给那些布置装饰敬朱庇特神的祭坛的人。于是他们就支付德米斯提尼50塔兰特让他来筹备祭礼等相关事务，而这笔钱正好是他的罚款数目，由此解决了他的罚款。

但在笛摩昔尼斯回国后，并没有享受多少太平日子，希腊的军队很快就被击溃了。当年8月爆发了克拉农战役，在9月，马其顿占领了穆尼基亚，而在10月，笛摩昔尼斯去世了。具体情况如下。

据说当安提帕特和克拉特罗斯（Craterus）正要向雅典进军的时候，笛摩昔尼斯和他的追随者们就偷偷地逃出城邦；笛摩昔尼斯建议人们判他死刑。他们也分散开来，各人逃往不同的地方，安提帕特派士兵在各个区域搜索他们并进行逮捕。阿基亚斯（Archias）是他们的首领，别人都称他为“逃亡者猎手”。阿基亚斯是图里人，据说他曾是一位悲剧演员，而他那个时代最好的演员埃吉那人（Egina）波鲁斯（Polus）则是他的学生；但是赫弥波斯说阿基亚斯是演说家克拉里图斯（Archias）的学生，而德米特里则说他是阿那科西墨涅斯（Anaximenes）的学生。阿基亚斯在艾吉那的埃阿科斯庙里找到了演说家许珀里德斯、马拉松的阿里斯托尼库斯以及费隆人德米特里的哥哥希墨拉尤斯，他们逃亡在那里避难，于是将他们强行拖出，送到克勒奥奈的安提帕特手里，在那里他们全部被处以死刑，据说许珀德里斯还被割了舌头。

之后他听说笛摩昔尼斯躲在卡劳利亚的尼普顿庙里，于是马上乘坐船只穿过海峡，带领一些特拉基亚的长矛者抵达那里。他试图劝说笛摩昔尼斯和他一起回去见安提帕特，并保证他不会受到什么损失。但在前一天晚上，笛摩昔尼斯做了一个奇怪的梦，在梦里他正在演一出悲剧，并与阿基亚斯争夺奖项，尽管他演得非常好，得到了观众们的好评，但由于缺少适当的舞台装饰与设备，他还是输掉了比赛。因此，当阿基亚斯虚伪地与他交谈时，笛摩昔尼斯好像很满足的样子，一直盯着他，然后说："阿基亚斯啊！你的保证动摇不了我的想法，就像过去你的行动拿我毫无办法一样。"阿基亚斯一听就火了，便威胁他，他又说："你现在终于露出自己的本来面目了，真正传达马其顿神谕，但之前你却在那里演戏，因此你等一会儿，我去给我的家人写封信。"说完，他就躲进庙里，拿出书卷，装出要写信的样子，然后把墨笔放进嘴里，咬了咬，好像是在思考要写些什么，过了一会儿，他慢慢地低下头。站在门口的侍卫以为他是在害怕恐惧死亡，便不断地嘲笑他，说他像个娘儿们似的、心灵脆弱、胆子小。阿基亚斯走到他面前，叫他站起来，不断地重复着之前所说的话，并许诺帮助他和安提帕特和解。但是笛摩昔尼斯知道这个人像毒药一样威胁着他的生命，他抬起头注视着阿基亚斯，说道："现在不用多久，你就可以扮演悲剧中克利翁的角色，不用埋葬我，就可以直接把我扔出去了，但是，伟大的海神啊！在我活着的时候离开这个神圣的地方，然而安提帕特和马其顿人将污染这个圣洁的地方。"说完这些话，他就请求别人扶他起来，由于他浑身发抖、步履蹒跚，向前走了没多远就倒下了，在祭坛边去世了，带着放弃灵魂的呻吟声离开了。

关于上面提到的毒药，阿里斯同说是他从墨笔中得到的。但是赫弥波斯从历史学家帕普斯那里得到的说法是：笛摩昔尼斯在祭坛旁倒下的时候，人们在他的书卷里发现了几个字，那是一封信的开头，写着"笛摩昔尼斯致安提帕特"。但当人们对于他突然死去感到惊讶的时候，那些阿基亚斯守卫们却说他是从衣服里取出毒药，然后再放进嘴里的，他们还以为笛摩昔尼斯吃的是金子，当阿基亚斯的属下们在审问笛摩昔尼斯的婢女时，她说笛摩昔尼斯的那身衣服和腰带已经穿了很久了，在必要的时候可以保护自己。埃拉托斯特涅则说笛摩昔尼斯把毒药放在了那个空心手镯里，然后再把手镯戴在胳膊上当作饰品。关于他的死，很多人都持有不同的说法，但是我们不必去深入研究他们说法的矛盾之处；但是笛摩昔尼斯的亲戚德摩卡瑞斯则又有不同的说法，他说笛摩昔尼斯并非死于毒药，而是由于神的恩赐，才使得他快速地、没有痛苦地脱离了马其顿人的残忍折磨。他死于皮亚涅普西昂月的第十六日，是铁斯摩弗瑞亚节里最糟糕、最阴暗的一天，这期间，妇女们会在神庙里进行禁食。

在他死后不久，雅典人民就授予了他该得的荣誉，为他建造了黄铜塑像，法令也决定他家中的最年长者由雅典人市政厅抚养，在他雕像的底座也刻有重要的碑文：

> 如果希腊人民能像你般坚强聪慧，
> 那么马其顿将永远征服不了这座城市。

也有人讥讽地说那是他提前为自己写的，那是他在卡劳利亚即将服毒的时候自己写下的文字。

据说，就在他前往雅典的前不久，下面的故事就发生了：一名士兵接到长官的命令，让他把自己的金子放在笛摩昔尼斯塑像的手里。他塑像的手指是交叉着的，在他旁边长了一棵很小的莜悬木，偶尔有风吹过，上面便有叶子掉下来，又正好掉在塑像上，因此金子长时间没有被发现。最后那个士兵回来，发现金子仍然完整无缺地藏在那里，这件事很快就传遍了。城邦中的那些聪明人相互竞争，以此为主题写出了很多讽刺诗，用以来证明维护笛摩昔尼斯的正直诚实。

至于德马德斯，虽然其声望日益增长，但他并没有享受太久，当他为了报复笛摩昔尼斯而走进马其顿时，他最终死在那些他曾献媚讨好的人手里。在马其顿人眼里，他是个令人生厌的人，更何况这次他又面临着不可否认的控告，因为他的一些书信被人拦截了，书信中他鼓励佩狄卡斯（Perdiccas）[①]攻占马其顿，拯救希腊。他说希腊人正被一根陈旧的、破烂的绳子束缚着，暗指安提帕特。当科林斯人狄纳科斯就这件事指控他时，卡桑德非常生气，以至于将德马德斯的儿子杀掉，然后下令处决他；德马德斯最后在面对自己的残酷命运时，他终于明白一个背叛自己国家的人首先出卖的是自己，那是笛摩昔尼斯以前曾告诉过他的，但他从不相信。现在索西乌斯就有了一部完整的笛摩昔尼斯传了，这是根据我们所听到的与所读到的写成的。

---

① 佩狄卡斯可能是普鲁塔克记错了，应该是安提戈努斯，他在讲述福基翁的故事时提过这件事。

西塞罗传

据说，西塞罗的母亲赫尔维亚（Helvia）出生在一个富裕的家庭，过着体面的生活。而至于他的父亲则没有一个统一的说法，有人说他是漂染布匹工的儿子，小的时候也学过那门手艺，另外一些人则把他的家庭历史追溯到图卢斯·阿提乌斯（Tullus Attius）身上，图卢斯·阿提乌斯是沃尔基亚的一位著名的国王，他曾出兵攻击过罗马，并因此得到了莫大的荣誉。然而，他是那个家里第一个被冠以西塞罗这个姓的，似乎是一个值得记住的人；他的后人不仅不排斥这个姓，而且还很喜欢，虽然看似庸俗，而且还带点嘲讽的意思。因为拉丁文的cicer意为“鹰嘴豆”，也许是因为他的鼻子上有刻痕与凹痕，看起来就像是鹰嘴豆的裂口，所以他才有了西塞罗这个姓。

我现在正在写一些关于西塞罗的故事，据说当西塞罗初涉政坛的时候，他的一些朋友建议他放弃或者是更换一个新的名字，他坚决拒绝了，还反驳道他会努力让西塞罗这个名字比当时的贵族家庭司卡鲁斯和卡图鲁斯更加荣耀。当他在西西里岛担任财务官的时候，他建议给众神们打造一副银色的盘子，还在上面刻上了他的名字马库斯和图利乌斯，而没有刻上“西塞罗”这个姓，他滑稽地对技工们说刻一个鹰嘴豆的样子就行了。关于他的名字，我们就只知道这些了。

至于他的出生，据说他的母亲生他的时候没有经历任何疼痛与苦难。他出生于新历法的第三天，也就是在那一天，罗马的地方法官为国王祈祷并祭献。据说他的奶妈曾看到一个幽灵，预言西塞罗将来会为罗马带来极大的福祉。这些预言可能只被当作一种想象或是闲扯，但他在不久之后便使一些预言成真了。当他到了合适的年龄开始上学时，他就因为自己超凡的天赋变得非常优秀，很快就在所有孩子里获得不小的名气，以至于他们的父亲都纷纷去学校拜访年轻的天才西塞罗，也可以说他们自己亲眼目睹了这位享有名誉的小天才的聪明与机智。还有那些没有素质的家长，看到自己的孩子外出，竟以西塞罗的加入引以为荣，不禁感到生气。西塞罗像柏拉图一样勤奋好学、沉着冷静，渴望学习每一门科学知识，对任何知识都感兴趣，然而，他却对诗歌表现出独特的喜欢，当他还是男孩的时候，曾写了一篇名为《庞提乌斯·格劳克斯》（Pontius Glaucus）的四音步的诗篇，现在仍保存完好。之后，他便忙于这些方面的学习与研究，最后他不仅成了罗马最好的演讲家，也是罗马最优秀的诗人。他雄辩家的荣誉依然存在，虽然自他的时代以来，演讲的风格已经发生了一些改变，他的诗却被人们忘记了，也没有什么新意了，所以被后来的一些有天赋的诗人掩盖了。

告别了学校的学习后，他便前往罗马旁听菲洛的讲座。哲学家菲洛是柏拉图学派的优秀学员，超过了克莱托玛克斯的学徒，人们都称赞他的口才，喜欢他的性格。西塞罗也跟随穆修斯（Mucii）家族的成员学习，他们都是议院里知名的政治家及领导人，向他们学习法律知识。并且在马尔亚战争时期他在苏拉军队里服役过一段时间。他意识到共和国被分裂成许多党派，各党派都倾向于君主专制，政治陷入危机，于是他从军队退役，恢复了一个学者的生活，与博学的希腊知识分子交谈，全身心地投入学习，直到苏拉夺取了政权，共和国政治得到一定的稳定。

那时，苏拉的宠信索克里索古努斯得知一个被剥夺政治权利并判于死刑的人留下大片庄园，便设计用2000德拉克马购得了那片土地。之后，那位死者的儿子罗斯克乌斯（即继承人）便抱怨并宣称那片土地值250塔兰特，然而苏拉却对罗斯克乌斯的行为非常生气，并且质问他的所作所为，还因索克里索古努斯提供的伪证控告他谋杀自己的父亲。索克里索古努斯因有苏拉为他撑腰，所以当时没有一个律师敢接手这件案子，帮助罗斯克乌斯。所以他只好来到西塞罗的面前寻求帮助，西塞罗的朋友们都鼓励他接手这件案子，说没有什么比这样更能体面地和更光荣地把自己介绍给民众认识，于是他接下了辩护，并赢得了案子，从而为他赢得了极大的名声。

但是害怕苏拉的迫害，他前往希腊，宣称说是由于个人的健康原因，因为他的确是瘦小虚弱，胃也有些问题，以至于他只能在夜间吃些清淡的食物。他的声音很响亮、很好听，但未能适当地加以控制，所以变得十分刺耳，等到情绪变得慷慨激昂的时候，他又把音调提得很高。这样看来，他的健康问题的确值得焦虑。

在雅典的那段时间，他经常旁听阿斯卡隆人安条克斯（Antiochus）的演讲，尽管西塞罗不同意他在学说方面的新思想，但他还是被演讲的流畅与高雅所吸引。安条克当时已经退出了新柏拉图学术派，完全与卡尔奈德斯学派断绝关系，不管他是被“感官的认识”所影响，还是对克莱托玛克斯和菲洛怀有敌意，他逐渐改变自己的观点，但在大多数的事情上他还是信奉多葛学派的理论。西塞罗还是非常喜欢而且信奉“新柏拉图学派”的观点，于是他打算，倘若自己不能在罗马的政界立足发展，那便迁居雅典，从此不管诉讼和政治事务，在雅典安顿下来过平静的生活，潜心研究哲学。不久之后，他就收到了苏拉的死讯。他的身体通过锻炼也得以恢复，变得强壮了，气质也好了；他的声音也变得悦耳和圆润了，和他的手势与动作完全相称，因此他在罗马的朋友都请求他回国，连安条克也力劝他回到罗马的公共生活中去，于是他再次学习雄辩术，为自己的政治事业做准备，勤奋地练习演讲，同时还拜当时最著名的雄辩家为师。他乘船从雅典到亚细亚和罗得岛。在亚细亚，他与亚德拉米提姆（Adramyttium）的克塞诺克勒斯、马格涅西亚的狄奥尼修斯以及卡里亚的墨尼波斯进行交流。在罗得岛，他向墨农的儿子阿波洛尼乌斯学习雄辩术，向波塞多尼奥斯学习哲学。我们得知阿波洛尼乌斯不懂得拉丁语，于是要求西塞罗用希腊语演讲。他很乐意地接受了他的请求，认为这样能更好地指出他的错误。他演讲完之后，所有听众都感到很吃惊，都在争着称赞他的演讲。听他的演讲时，阿波洛尼乌斯没有任何兴奋的表现，也没有说任何话，现在演讲结束了，他竟陷入了长长的深思，直到西塞罗为此感到不安时，他才说道，“你，西塞罗，我由衷地赞赏和钦佩；但为希腊不幸的命运，我感到可惜，因为我见证了我们唯一还留下的荣耀，我们的文化和我们的雄辩，也因为你，将会被罗马人所有。”

现在西塞罗满怀期待地再次投身于政治事业，但某个神谕却挫了他的意志，因为他向德尔菲神庙的神仙请教如何才能获得最大的荣誉，其女祭司回答说，“用自己的智慧与才能来指引自己的生活，而不是让别人的思想来控制自己”。因此他起初还是小心谨慎地在罗马生活了一段时间，也不愿出来竞选公职，所以并未受到重视，也没有什么名气。于是罗马那些卑劣无知的人就用轻蔑的口气称他为“希腊人”或者“学者”，因为西塞罗本来就胸怀大志，加上父亲和亲戚朋友在一旁催促，最后终于从事法庭辩护工作。他的进步虽然不那么明显，但是其表现还是很突出，远远超过了当时律师界所有的辩护家。据说，他起初和德摩斯提尼一样，在演说的姿态和手势方面还有一些瑕疵，接受了喜剧演员罗斯修斯（Rocius）和悲剧演员伊索的指点，可以模仿戏剧的手法。据说伊索有一次在舞台上扮演阿楚斯的时候，正在考虑为梯厄斯忒斯报仇的事，而他太过于热爱表演，太入戏，而变得狂喜不已，非常沉醉于自己的角色，于是当一个仆人从舞台上穿过时，他就用自己的权杖狠狠地打那个人，最后把那个人打死了。西塞罗之后的演讲姿态有了明显的进步，他的说服力也大大增强，他过去常常嘲笑那些嗓门大的演说家，说他们是在乱叫，因为他们不会说话，就像跛脚的人只能骑在马背上，因为他们不会走路。他的演讲带有讽刺含义，通常还使用一些诙谐的语句，这些都非常符合一个演讲家的特点，很有吸引力，也因此得罪了不少的人，从而获得了不好的名声。

西塞罗被任命为财务官，在西西里岛任职，那里谷物稀缺，一开始他的作为让很多人都不满意，因为他强迫他们给罗马提供生活物资，但当人们发现并体会到了西塞罗的关心、公平以及仁慈后，人们就非常尊敬他，那是以前的财务官从没得到过的光荣。有些罗马的贵族因为被控告在服役期间无视纪律，行为不检，所以被逮到了西西里执政官的面前，西塞罗担任了他们的辩护人，他在辩护过程中做得很出色，他们也被无罪释放了。所以当他回到罗马的时候，大家都纷纷议论这件事，据他告诉我们，在途中发生了一件荒唐可笑的事情，当他在坎帕尼亚遇到一位知名人士时，西塞罗称他为自己的朋友。西塞罗就问他罗马人是怎样讨论和看待他的作为的，仿佛他已经成为一位家喻户晓的大人物了，他的朋友反问他："西塞罗，你最近一直在哪儿？"这事儿让他感到极其尴尬，也重重地打击了他，使他意识到自己的光荣事迹在罗马就像是石沉大海般无人知晓，没有看到任何显著的影响和得到任何声望。最后他认识到自己追求的名气没有一个清楚的定义，既没有设定好的结局也没有固定的衡量方法，使得他的雄心壮志受到打击。他喜欢别人赞美他，总想事事出人头地，他虽然有高明的见解，但是这种好名之心产生了很大的阻碍作用。

等到他全力投身公共事业以后，他就产生了一种想法，技工们虽然使用无生命的材料和工具，但是却清楚地记得它们的名字、放置的地方和各自的用途。一位政治家推动国家事务的工具就是人，应该对人很了解，事实上却对人的各种情形所知不多。西塞罗称这是一种极其荒谬的现象，所以他不仅要知道别人的名字，也要知道那些知名人士的具体地址，他所拥有的土地、朋友以及他的邻居。当他在意大利任何一条道路上行走时，都能轻而易举地说出他的朋友及熟人的名字、住址以及他们的土地。西塞罗尽管拥有一小片土地，但还是足够支撑自己生活，令人惊讶的是，他从不向诉讼委托人收取费用或是礼物之类的，即使是他接下了维勒斯的那件案子，他也没有收取任何费用。维勒斯是西西里的执政官，在其执政期间，因做过许多违法之事被西西里人民控告，在西塞罗的协助下，最后终于使他定罪，这次他在法庭里运用的不是滔滔不绝的辩解，而是沉默不语的抗议，因为法务官有意偏袒维勒斯，所以多次休庭，从而把审判一拖再拖，直到最后一天，而一天的时间对于演说家明显是不够的，所以这件事引起了很激烈的争论。因此，西塞罗走到台上说，现在没有演讲的必要，他把证据提出并且加以查证以后，就要求法官们判罪。当时西塞罗使用的许多诙谐并充满机智的话语被人们记录了下来。据说当一个名叫凯基利乌斯的自由奴按照犹太人的办法，对那些西西里人原告所说的话不予理会，只接受维勒斯的证词，这时西塞罗问道：“犹太人与‘猪猡’有什么关系？”之所以这样问，是因为“维勒斯”这个名字对应着罗马语“野猪”，当维勒斯指责西塞罗的生活糜烂时，西塞罗回应道，“你应该在家里用这些话去教训你的儿子。”因为维勒斯有个儿子行为卑劣，雄辩家霍腾西乌斯不敢直接接下维勒斯的案件，为他辩护，但是却答应在估算罚款的问题上替他辩护，最后得到一个象牙做的狮身人面像作为报酬。但是西塞罗做了演说，直接批评他的所作所为，霍腾西乌斯却说西塞罗在解开谜语方面不在行，西塞罗回答说：“那在你家里为什么要摆一尊狮身人面像？”

维勒斯认罪了，尽管西塞罗只罚了他75万德拉克马，有人怀疑他是被维勒斯用钱收买了故意降低罚款金额，但是西西里人民还是很感激他，纷纷从家里带来许多礼物给他。当他担任行政官的时候，他从来不会为自己谋取私利，反而利用人民的慷慨大方来降低生活物资的市场价格。

西塞罗在阿尔皮努有一座非常宜人的住宅，在那不勒斯和庞培都有自己的农场，但是它们都值不了多少钱。他的妻子特伦西亚（Terentia）的嫁妆就价值10万德拉克马，他还有一笔9万德拉克马的遗产，他靠着这些财产过着自由又节制的生活，他也结交了许多希腊罗马的知识分子。不管是在什么时候，他都很少在日落之前吃饭，主要不是因为公务繁忙，而是自己的健康问题，胃非常虚弱。为了改善自己羸弱的身体状况，他规定自己做定量的运动，比如走路和拓本。在坚持了一段时间后，他养成了良好的习惯，最后身体变得健康了，能够做更多的工作和接手更多的审判案件。他把父亲的房子转让给了弟弟，自己却住在帕拉丁山附近，这样一来，那些请他打官司的人不需要走太长的路程就能找到他了。的确，上门拜访请求他帮忙打官司的人并不比那些为了财富拜访克拉苏的或者是为了权利而拜访庞培的人要少。克拉苏和庞培是当时罗马最负声望和最有影响力的两个人物。甚至庞培自己逢迎讨好西塞罗，而西塞罗的政治活动也对庞培权威和名声的确起了不少的作用。

当时有许多优秀的演说家与他竞争执政官的职位，但是他优先当选，因为人们认为他对于案件的处理，始终保持公正廉洁的态度。据说当时拥有很大权力的被控告犯下敲诈勒索罪，西塞罗主审他的案子，但是利基尼乌斯·梅瑟有克拉苏在背后为其撑腰，所以他很自信可以无罪释放。当法官们还讨论如何给他定罪时，他就回到家里，匆匆忙忙地把自己的头发修剪整齐，披上一件长袍，就像是一个被无罪释放的人。接着他又出发去法庭，但是当他走到法庭大门口的时候遇到了克拉苏，告诉陪审官们已经全体一致投票判他有罪，他一听到这个消息便返回家中，瘫倒在床上，不久就死去了。这次的裁决使西塞罗的声誉大震，大家都认为他善于审理工作。还有一个名叫瓦提纽斯（Vatinius）的人行为粗鲁，经常在法庭上无视或侮辱法官，他的脖子上长着许多肿瘤，还走到法官席面前提出诸多要求。有一次，西塞罗受理他的案子，对于他提出的要求没有立即答应，说需要更多的时间来考虑，于是瓦提纽斯告诉他，如果自己成了执政官，便可以马上做出决定。西塞罗马上转过头来，对他说："但是你也知道，我可没长有你那样的脖子。"

在他还有两三天就离职的时候，曼利乌斯被带到他的面前，被控告私吞公款，人们对曼利乌斯的评价很好，也很喜欢他，所以人们认为他是因为庞培才受到指控的，他是庞培很好的朋友。因此在临审前，他要求将审理的日期延缓几天，西塞罗允许了，仅仅只给了他一天，第二天就要开庭审判。民众们对此非常愤怒，因为给被告者至少十天的时间是执法官的一个习俗。于是保民官们把他叫到人民的面前，责备他，他要求人民听听他的解释，他说，在法律允许的范围内，他对待每一个被告者都是公平的、仁慈的，而这次未能完全同意曼利乌斯的请求，自己也觉得非常难过。他也是经过慎重考虑才做出这样的决定，所以他故意说他只留给了曼利乌斯一天，是因为那是他担任执法官的最后一天，凡是想帮助曼利乌斯的人，都不愿意把案子交给下一任执法官。人民听了他的解释后都改变了对此事的看法，反而极力称赞他。于是他们都请求他担任曼利乌斯的辩护人，他也很乐意地同意了，主要还是看在庞培的面子上才答应了的，再者庞培当时不在那里。于是，他又再次站在人民面前演讲，猛烈抨击了寡头政治主张和那些嫉妒、不满庞培的人。

贵族们和平民百姓都一样喜欢西塞罗担任执法官，为了城邦的利益，两方都联合起来帮他晋升，其原因如下：苏拉所进行的政体改革一开始便是毫无意义的，只是时间久了，人民开始渐渐习惯，所以觉得那些办法还算是令人满意。但有一些人却努力推翻目前整个的政治体系，但他们这么做不是出于整个国家的利益，而是为了谋求私利；而这时庞培正忙于与本都和亚美尼亚交战，没有足够的兵力去镇压国内的反抗起义。这些造反者有一个首领，名叫卢基乌斯·喀特林。他是一个大胆的、脾气暴躁的人，除了犯过许多严重的罪行，他还被谴责奸污自己纯洁的女儿，杀了自己的亲兄弟；因为他害怕因弑兄罪而被起诉判罪，所以他劝服苏拉将他兄弟的名字列入“公敌宣告名单”，捏造他兄弟还活在世上的假象。他是那些行为不检的公民们选出来的领头，他们曾相互发誓立约，为了建立起自己的威信，他用活人祭祀，还吃他们的肉，城邦里的大多数年轻人都受到他的蛊惑。他不仅为每一位男子提供乐子、酒以及女子，还为那些道德败坏的人提供充足的生活费用，让他们沉迷酒色，日益堕落。由于普遍的财富分配不均，埃特雷里亚人以及阿尔卑斯山的大部分高卢人都想要起义，处于上层阶级的富人也因为自己平日里张扬炫耀、娱乐，用钱财谋取权利、修建豪华的房屋而变得贫困，城邦里的大多数财富都落在了那些吝啬、出生卑微的人手里，导致罗马人自己也想起来造反，所以罗马城便处在最危险的境地。因此，只要一个轻微的推动力量，就可以使得天下大乱，任何一个有胆量的人，都有能力推翻这个腐败的政府。

然而，喀特林也非常渴望获得一个非常强大的权力来实施自己的计划，所以他也在竞争执法官一职，而且还有很大的希望获胜，还指定盖约·安东尼成为他的同僚。盖约·安东尼这个人可以说是没有什么大的作为，但却是一个很听话的助手，绝大多数诚实善良的罗马公民了解情势危急，便督促西塞罗也出来竞选执政官，人民也非常高兴西塞罗竞选，最后西塞罗和盖约·安东尼成功当选，喀特林失败了。尽管在所有的竞选者眼里，西塞罗的父亲不是元老院议员，只不过是骑士出身罢了。

尽管公民们都不知道喀特林的阴谋，但是那确是执法官选举之后值得公众留意关注的最重要的危机。一方面，那些被苏拉下令取消了担任任何公职资格的人，不管是在权利方面还是人数方面都变得举足轻重，现在都出来搅局，除了竭力拉拢人民以外，还说了许多坏话反对苏拉专横暴政。虽然这些问题很切合实际，但是就目前的形势来看，提出这些指责来扰乱国家的正常运作，实在是欠缺考虑，不合时宜。另一方面，保民官们为了达成同样的目的，提议成立了一个由十人组成的委员会，他们将会拥有无限的权力，实际上就是最高统治者，可以出售意大利和叙利亚的领土以及庞培的新征服地区的所有公共土地，也能随意审判或是放逐任何人，可以建立新的殖民地，从国库里取钱，还能自由征集和维持他们认为有其必要的任何数量的军队。有几个贵族家庭支持他们的做法，尤其是西塞罗的同僚盖约·安东尼非常赞同他们的提议，还想成为他们中的一员。但是令那些贵族们最为害怕的是，盖约·安东尼已经秘密地加入喀特林的阴谋，而且自身背负着巨额的债务，当然不反对有利于他的任何措施。

为了采取有效的措施来应对这次危机，西塞罗愿意在离职后出任马其顿的总督，拒绝了指定给他的高卢。人们对他的支持与喜爱已经完完全全地超过了安东尼，所以无论他说什么为了国家的利益之类的话，安东尼也准备好了随声附和支持西塞罗，就像是雇来的演员一样。现在看到自己的同僚被自己整得服服帖帖的，西塞罗便有了更多的勇气来对付那些反叛者。因此他在元老院就做了演讲来反对那十个人组成的委员会的法律法规，气势非常之大，以至于那些提出法规的人大吃一惊，不知道说什么来反驳他。那些阴谋分子并没有放弃，于是在做好充足的准备后，他们再次试图保护自己提出的“成立十人委员会”议案，要求执法官出席市民大会，西塞罗并没有畏惧，第一个站出来，还要求元老院和他一起。最后不仅成功地否决了那些提议，还用自己的铁齿铜牙彻底制服了那些保民官，使得他们也放弃了其他的计划。

对于西塞罗，我们可以这样说，他的能力超越了同时代所有的演讲家，他让罗马人民感受到了雄辩术的魅力和正义是不可战胜的。更具体一点，那就是对于一个想要巧妙地掌管国家事务的人来说必须知道的是：在行为上，应该多做些实在的事而不是看起来冠冕堂皇的事；在言语上，要摆脱那些容易引起骚动的言辞，采用一些合适的、有效的用语。在西塞罗担任执法官期间，在剧院里发生的一件小事证明了他的口才能起到很大的作用。因为以前罗马的武士和平民百姓们在剧院里是混合着坐的，临时有座位就随便坐下。马可·奥托，也曾是执法官，是第一个把他们的位置分开的人，还给武士们安排了一些合适的固定的座位，他们在剧院里仍旧享受着自己的专用座位。于是那些百姓们认为这样做无疑是在侮辱他们，所以每当马可·奥托一出现，他们就在下面呵斥他，反之，那些武士就大声鼓掌来欢迎他，平民们不断重复呵斥他的行为，武士们就不停地鼓掌。只要一方继续，另一方就不会停下，最后双方就在那里互相谩骂，剧院里陷入一片混乱。西塞罗得知此事后，亲自来到剧院，把他们全部召集到女战神庙，狠狠地批评了他们，同时也加以劝导，竟然非常有效，然后再叫他们回到剧院。百姓们便也对奥托鼓掌欢迎，好像在和那些武士们竞争一样，看谁对奥托表现出更大的尊敬。

和喀特林一伙的反叛者们，先是被吓唬住了，难免沮丧退缩，但不久后又重新鼓起勇气。把大家集合在一起，他们相互告诫彼此在庞培回国之前采取行动，据说那个时候庞培和他的军队还在回罗马的路上。苏拉昔日麾下的一批士兵是喀特林行动的主要推动力量，他们被解散后就分居在意大利各地，但是军队里最强大、最厉害的士兵分散在伊特鲁里亚，他们还在那里等待好的时机，能再次掠夺财富聚集最多的意大利城市。他们的首领是曼利乌斯，他在苏拉的带领下在战场上表现出色。曼利乌斯以及他的手下现在都投靠了喀特林，来到罗马帮助喀特林选举执政官，并决定趁选举混乱时杀掉西塞罗。但是上天好像在通过地震、雷电霹雳等一些奇怪的现象来预示这次灾难的到来，想要揭穿控告贵族出身且权力强大的喀特林，还是缺少一定的证据，因此西塞罗推迟了选举，把喀特林叫到元老院前，就他受到的指责加以询问，但是喀特林相信元老院里还是有许多人渴望改变现在的局面，想对在场的阴谋分子夸耀一番，于是他大胆反驳，“这有什么不好的？”他说，“我看见的是两个身体，一个身材瘦小，但是有一颗用不上的头颅，但是另一个身体健壮，却没有头颅，我所要做的就是把那颗头脑安装在那个健康唯缺头颅的身体上，这有什么不对吗？”他所做的这个比喻，当然是指元老院和市民大会，这让西塞罗变得更加不安。于是在选举当天，他披上盔甲，后面还跟随着一群贵族和一些年轻人，从家里出发前往检阅军队的战神教练场。他还故意把短袍脱到肩膀下面，把下面的盔甲露出来，让观众们知道他所面临的危险。他们都被西塞罗所感动，都围到他的身边保护他。最后，喀特林再次落选，锡拉努斯和穆雷那被选为执政官。

在这之后不久，喀特林的手下便在伊特鲁里亚会合，开始组成一个整体部队，计划好造反的那一天也即将到来了。大约在午夜时分，罗马城一些政要，马可·克拉苏、马可·马克卢斯以及墨特卢斯来到西塞罗的府邸，敲门叫出门童，要求见西塞罗。他们要见西塞罗是因为：克拉苏的门卫在晚饭后交给了他一些由陌生人送来的信，这些信是送给不同的人，克拉苏也有一封，写信的人没有署名，这封信只有克拉苏读过，信中提醒他，喀特林要密谋一次大屠杀，建议他赶快离开罗马。他没有打开其余的信件，一方面是畏惧即将到来的危险，所以都带着信来找西塞罗了，同时也可以证明自己的清白，因为他与喀特林关系密切，已经引起了许多人的怀疑。西塞罗考虑到事态的严重性，第二天一大早就带上信来到元老院，然后把它们交给各收件人，让他们当众读出来；所有信里都提到了喀特林的阴谋。之后执政官昆图斯·阿里乌斯还仔细说明了士兵们正在伊特鲁里亚编组作战单位，曼利乌斯率领一支实力相当的军队，在城市周围徘徊，等待着情报人员的消息。听到这些，元老院立即做出决定，把处理这件事的权力都交给这两位执法官，他们必须亲自安排每一件事，不遗余力地拯救罗马城。这种办法不是轻易实施的，只有当国家面临重大危机时，元老院才会做此决定。

当西塞罗得到元老院的授权后，他把外面的事务交由昆图斯·墨特乌斯管理，但是整个城市的管理权仍掌握在他自己的手中。他每天外出时，身边都有大部队侍卫保护，当他走进市民大会的会场时，其保卫队就站满了大部分地方。另一方，喀特林不能忍受计划一再拖延，便决定离开罗马与曼利乌斯会合，临走前命令马西厄斯与克特古斯带上他们的刀剑，第二天一早就来到西塞罗的门前，意欲先假装向他问好，再趁其不备袭击并杀死他。但是，当晚有一个贵族夫人找到西塞罗，并告诉他要小心提防马西厄斯与克特古斯。当他们第二天来到西塞罗家门前时，被拦在门外，于是便在门外抗议闹事，让人们更加怀疑他们的来意。但是后来西塞罗还是外出，召集元老院前往位于宗教街尾的朱庇特神庙，往上可以抵达帕拉丁山。当喀特林及其同党来到会场为自己辩护时，他的同党没有一个人愿意挨着他坐，都离他的座位远远的。正当喀特林开口说话时，大家就大声喧哗来打断他。最后，西塞罗站起来，命令他离开罗马城，因为西塞罗是用自己的语言说服力来管理这个城市，而喀特林却是使用武力，所以在他们之间存在隔阂是不可避免的。因此，喀特林立刻带着他的300个手下出城，拿着棍棒、斧头和军旗，好像自己是地方治安官，然后带着他们投靠曼利乌斯，集合了大约两万人，率领这批队伍走访了多个城市，努力劝说甚至强迫他们起来造反。现在一场大战即将爆发，安东尼被派去与他作战。

高乃留斯·伦图卢斯负责召集喀特林留在罗马的同党，还鼓励他们不要泄气。高乃留斯·伦图卢斯有一个别名“叙拉”，他出生在贵族家庭，是个放荡不羁的公子哥，曾由于自己的不检点行为被撵出元老院，现在是第二次担任财政官。按照惯例，凡是希望恢复元老院议员身份的，都要经过重新任职的程序。据说他的绰号的由来是这样的：在苏拉统治期间，他任财务官一职，但是他挥霍无度，还挪用大量的公款，苏拉得知后非常生气，便叫他在元老院前给出解释，不料他竟然厚颜无耻，藐视法律，还说自己没有什么好解释的，然后抬起自己的小腿，说是男孩子们玩球时失误了，就是这样表示赔罪的，所以他现在已经在道歉了。就是因为这件事，他才得了“叙拉”这个别名，而叙拉在罗马语里的意思对应的是“小腿肚”。 他再一次因触犯法律被起诉控告，于是贿赂其中一些法官，因为两票之差逃过一劫，事后还抱怨这是第二次花了冤枉钱了，因为只要贿赂一个人就足以让他无罪释放了。他本性就是如此，现在受到喀特林的煽动，还有虚伪的先知和算命先生也激起了他虚无空洞的希望，因为有个女预言家曾说过会有三个名叫高乃留斯的人成为罗马的国王，其中两个，泰那和苏拉已经实现了这个预言，而现在天命就要将这神圣的头衔赐给剩下的第三位名为高乃留斯的人，因此他应该务必接受这个事实，不能像喀特林那样一再推延从而失去机会。

伦图卢斯设计了一个大阴谋，决定杀掉元老院的所有成员，以及尽可能多的民众，烧毁整个城邦，斩草除根，唯独留下庞培的孩子，挟持他们做人质与庞培讨价还价。据说当时庞培已经在远征回国的路上。而他们实施计划的时间是在一个农神节的晚上；他们把刀剑、亚麻和硫黄藏在克特古斯的家中，带了100人，把城市分成一百个部分，再把他们每个人分别分配到各个合适的地带，这样就能在同一时间放火，然后整个城邦都会陷入火海。其他人则负责堵住导水管，以及杀掉那些想要救火的人。所有的事情都在计划之中，但是有两位来自阿洛布罗及斯人（Allobroges）中的使者住在罗马，他们的部族在罗马政府的统治下饱受折磨和压迫，伦图卢斯和他的同党们认为可以利用他们，煽动高卢人起来造反，于是邀请他们加入这次阴谋活动，要两名使者给阿洛布罗及斯人治安官和喀特林送去信函，在信中他们承诺阿洛布罗及斯人会建立自由的国家，也要求喀特林释放所有的奴隶并把他们带到罗马来。还派了一个名叫提图斯的克罗同本地人陪同使者去喀特林那里，由他保管所有的信件。

那些阴谋分子都是一些胆大包天的草包，每次集会都安排醇酒、妇人在一旁助兴，而西塞罗是清醒的，深谋远虑，洞察仔细精明，在其他地方还安排了眼线，他们负责追踪调查伦图卢斯一事，还偷偷地和那些假装参与计划的人书信来往，继而掌握了伦图卢斯他们所有密谋者以及同那两位使者谈判的信息；准备在夜里就伏击他们，将其一网打尽，同时还获得了两位阿洛布罗及斯人的暗中合作，提图斯连同一起信件全部落入西塞罗的手中。

天一亮，西塞罗就把元老院的成员召集到谐和寺庙，在那里他宣读了他所获得的书信，还审问了所有的告密者。尤利乌斯·西拉努斯还进一步说道，有几个人还听到克特古斯说要杀了三个执政官和四个财政官；担任过执政官的皮索也提出过类似事务报告；身为财政官的盖约·苏尔皮基乌斯被派到克特古斯的住处进行搜证。在那里他发现了大量的标枪与盔甲，还有许多刚刚磨好的刀剑及匕首。最后，元老院通过提案，只要克罗同人交代清楚所有的事情，就免于惩罚，而伦图卢斯被定罪了，解除了他的职权，脱掉了那身在元老院中代表权力的长袍，给他换上了一身囚服，这才更适合他现在的身份。于是，他和他所有的合谋者都认罪了，交由财政官监禁。

到了晚上，百姓们就聚在一起在外面等候，西塞罗走出来告诉他们事情的经过，随后在他们的陪同下，西塞罗就去了邻近的朋友家，因为他的房屋被那些妇女们占去，在那里举办仪式来庆祝女神的节日。这位神明在罗马被称为“善良的女神”，在希腊被称为“女人们的保护神”。这样的祭祀是一年一次的，还必须要在执政官的房屋里，由他的母亲或是妻子在灶神女祭司的陪同下主持，向那位女神奉献牲畜。西塞罗到了朋友家中后，只有少数几个人和他在一起，于是他想着要怎么惩罚伦图卢斯一伙人。对于他们犯下的那么可耻严重的罪行，最严重的也是唯一的适合他们的处罚就是极刑，但是他还是有点害怕，怕会出现后患，加之他本性善良仁慈，也怕他这样处罚那些最有权力的和出生高贵的人会让别人误以为他滥用职权。另一方面，如果对他们的处罚过于温和，他们日后又再生事端。因为只要受到比死刑还轻的处分，仍旧不能使他们改邪归正，只会让他们邪恶的本性变本加厉，他们肯定会干出更胆大包天的事来，同时，大多数人都认为西塞罗不够胆大，这样一来更会被他们说成是缺少男子气概的软脚虾。

当他正在考虑如何判刑的时候，祭祀的家里发生了一件怪事。在祭坛上的火明明是完全扑灭了的，可是一个很大的明亮的火焰从烧过的木头里蹦出来，其他人都被吓到了，但是灶神女祭司叫西塞罗的妻子特伦夏把这片景象告诉她的丈夫，叫他处死那些危害国家利益的人，女神已经送来了光亮来保护他的安全、增加他的荣誉。特伦夏天性心狠和胆大，也渴望得到荣誉（就像西塞罗自己说的，她是宁愿插手他的国家政治大事，也不愿给他说说家里的事），特伦夏告诉了西塞罗这些事情，让他更加下定决心赶快处死那些造反的阴谋者。他的兄弟昆图斯和一个哲学造诣很高的哲学友人普布利乌斯·尼基狄斯（Nigidius）也赞成这样做，西塞罗在处理政治事务时，经常请教这位朋友。

第二天，元老院里掀起了一场关于伦图卢斯一群人的处罚的激论，但是西塞罗首先问了西拉努斯的意见，他说应该把他们全部关进监狱，再处以极刑。除了盖约·恺撒，罗马之后的独裁者，所有人都赞成他的观点。

他那时候只不过是个涉世未深的年轻人，他的伟大事业也刚刚起步，但是他要把罗马变成君主制国家的目标一直指引着他前进。对于恺撒的行为，当时其他人并未注意他存有参与这场阴谋的企图，虽然西塞罗没有足够的证据，但是觉得他还是有很大的嫌疑。有人说他的野心差一点就暴露在西塞罗的面前，总有些破绽出卖了他。有些人认为西塞罗是故意隐瞒忽略掉对恺撒不利的证据，那是因为他害怕恺撒众多的支持者和权力；显而易见的是，如果恺撒被指控为伦图卢斯的同党，非但不会使恺撒跟着他们受到处罚，反而使得他们跟着恺撒获救。

所以，当轮到恺撒提出自己的意见时，他站起来提议说，伦图卢斯等人不应该被判以死刑，而是要没收他们的土地，先把他们禁锢在西塞罗所同意的任何意大利城市，直到抓到了喀特林为止。这样的判决才是最适度的处理办法，提出这项建议的议员是一位演说家，西塞罗自己对此也没提出什么异议。于是他站起来，从正反两个方面来讨论这个问题，部分人士同意之前那种严厉的处置，部分人又同意恺撒所提出的意见。西塞罗所有的朋友都认为恺撒的提议才是西塞罗的权宜之计，因为只要他采纳恺撒的建议，不将伦图卢斯一伙人处死，他才会受到较少的责备。连西拉努斯也改变了自己的想法，收回之前的提议，还说他没有说要判他们死罪，而是极刑，就一位罗马元老院议员而言，这极刑就等同监禁。第一个反对恺撒的意见的人是卡图卢斯·卢泰修斯，随之还有伽图，他们的言语中都深深地显露出对恺撒的怀疑，从而就因为对反叛者的处罚，让整个元老院都充满了火药味，最后还是通过一项建议，处死了那些阴谋分子。然而恺撒这时反对没收他们的财产，认为大家拒绝采用建议当中最宽和的部分，同时又接受了其中最严厉的部分，这对他们来说是极不公平的。当更多人坚持没收他们财产的时候，恺撒就向保民官诉求，但是他们都不理睬恺撒的请求，直到西塞罗自己屈服，免除了有关没收财产的部分刑罚。

之后，西塞罗和元老院的成员们便前去押解那些反叛者走，他们不是全部都被关在一个地方，而是几个执政官将他们分别关押，首先是西塞罗押着伦图卢斯从帕拉丁走出来，穿过圣街和公共集会场所，他的周围都有一些著名的公民保护着。人们都被这样的场景吓到了，只是静静地跟着他们，尤其是那些年轻人，就像是在经历一场贵族派的古老的神秘的仪式，害怕得发抖。当他们穿过集市，来到监狱时，西塞罗把伦图卢斯交给了监狱长，下令立即执行死刑；接着又把克特古斯等人一一带到监狱处死。他看见许多反叛者站在集市中，他们不知道发生了什么，只在等待夜晚的来临，也许他们认为那些人还活着，说不定还获救了，于是西塞罗大声喊出："他曾经活过。"避免使用那些已死的人的名字，怕会带来不幸。

晚上的时候，当他从集市回自己家的时候，那些公民不再像白天那样静静地、井然有序地跟着他，而是用掌声和喝彩声欢迎他，称呼他为救世主和国家的建设者。街上也纷纷点起灯火，每家每户的门前也点着火把，那些妇女们还站在屋顶上挥舞着火把，以示对西塞罗的尊敬。他的身边还跟着一群身份举足轻重的人，他们中的许多曾指挥过许多重要的战争，获得举行凯旋式的光荣，还为罗马城赢得了许多属地，不管是陆域还是海域。在护送西塞罗回家的时候，他们言谈之中一致认为，尽管他们为罗马人民带来了许多财富和战利品，国力也日趋强胜，但是西塞罗是唯一一个给予了他们安全与和平的人，把他们从危难中解救出来。阻止这场阴谋，惩处那些反叛者，虽然看起来并非什么丰功伟业，但是西塞罗在仅仅造成了一点骚动的情况下扑灭了一场巨大的灾难，这的确是件不容易的事。当那些投靠喀特林的人听说了伦图卢斯和克特古斯的遭遇后，便纷纷离开抛弃了他们，他们只好带领剩下的人马与安东尼作战，最后全军覆没。

但还是有些人不仅在对西塞罗的行为指指点点，还准备对他发起反制行动，而出面领导的人竟然是下任的地方官们：执政官恺撒，护民官墨特卢斯和贝斯提亚，而这些人都会在西塞罗卸任的前几天上台执政。他们不允许西塞罗做卸职演讲，还会在演讲台前摔椅子来阻止他演讲，如果他请求他们的话，他还可以做卸职宣誓，宣誓完毕就下台。西塞罗接受了他们的条件，来到台上宣誓，先是一片寂静，接着他用与以往不同的方式背诵自己的宣言，而且用一种别出心裁地方式说出："我承诺我拯救了共和国，使她永远强盛。"那也是罗马人民都认可的事实。恺撒和护民官们都被他惹怒了，于是又给他制造更多的麻烦，于是他们提议让庞培和他的军队回国，来结束西塞罗的统治。但是西塞罗和共和国公民都有一个优势，那就是小伽图也是保民官之一，他和那些要害西塞罗的人拥有平等的权利、相同的声望，能够否决他们的提议。他很容易地就打破了他们的计划，在一次演讲中，他高度赞扬了西塞罗，给予他最高的荣誉，还称他为“祖国之父”，小伽图提到这个称呼时，就好像他是第一个获得类似殊荣的人。

这个时候，西塞罗在罗马城的权力已经很大了，但是这为他招来了别人的妒忌，这不是因为他做了些什么坏事，而是他的骄傲自满。在元老院、在公民大会、在法庭——在所有的这些场合，没有哪一场会议里，人们可以躲避西塞罗无休止地谈论喀特林和伦图卢斯。不仅如此，他自己的书籍中甚至都填满了对自己的夸耀；而他本来优美动人的演说，如今也因为他这令人讨厌的习惯变得冗长乏味、令人生厌。这习惯却偏偏像疾病一般附着在他身上。不过，尽管他过于夸耀自己的荣誉，但他不会嫉妒别人，相反的是，他在自己许多的作品中也毫不吝啬地赞美他的前辈们以及同时代的人。无论任何人都可以从他的作品中发现这种情形，他还写出了大家一直铭记在心的颂扬之词，比如他把亚里士多德比作流着金子的河流；谈起对柏拉图的《对话录》，他说朱庇特说话就是用的那种语言；他也说过阅读狄奥弗拉斯都斯（Theophrastus）的作品是一种最奢华的享受。当他被问到自己最喜欢德摩斯提尼的哪篇演讲时，他回答说最长的那篇。一些德摩斯提尼的忠诚的效仿者对西塞罗非常不满，因为他在写给朋友的信中有一段话，好像是说德摩斯提尼在演讲的时候，有些听众都睡着了。事实上，当德摩斯提尼将自己的呕心之作用来攻击安东尼的演说，取名为《论腓力》时，西塞罗也赞美过他。至于那些与西塞罗同时代的知名人士，无论是在口才方面还是哲学方面有非凡成就的人，几乎没有人不曾在他的演说或文章中受到他的歌颂。恺撒在位时，在他的帮助下，逍遥派哲学家克拉蒂帕斯（Cratippus）取得了罗马市民的资格；他还促使阿里奥帕古斯会议通过一项法令，要求克拉蒂帕斯留在雅典，这样不仅可以教导年轻人，还可以为自己的城市添光。至今还流传着他写给赫罗德（Herodes）的信，有些还是写给他的儿子的信，其中他还建议他们跟克拉蒂帕斯学习哲学。他还在一封信里批评雄辩家戈尔吉尔（Gorgias）怂恿自己的儿子挥霍钱财以及酗酒，于是禁止他与自己的儿子成为朋友。还有一封是写给拜占庭人珀罗普斯（Pelops），仅仅这两封是带着愤怒用希腊文写成的。首先他恰当地批评了戈尔吉尔，认为他是个放荡不羁的人，接着批评珀罗普斯，说他没有帮他在拜占庭争取到荣誉，由此可以看出他是个动机不良的人。

还有例子说明他喜欢别人对自己的称赞，那就是他有时为了使自己的演讲更加引人注目，便忽略掉语言得体的重要性。当穆那提斯在他的辩护下逃过法律的制裁时，就立即控告自己的朋友萨比努斯(Sabinus)，西塞罗生气地说道："难道你认为是自己的本事让你无罪释放的吗？那是我隐瞒了一些证据，把整个案情弄得混淆不清，你才能得以无罪释放的。"有一次，西塞罗在演讲歌颂马可·克拉苏（Marcus Crassus）时，大家都鼓掌赞同，但是几天之后，他又当众批评马可·克拉苏，克拉苏便对他说："两天前，难道不是你在同一个地方赞美我吗？""是的，"西塞罗回答说，"那是我在练习如何围绕一个不受欢迎的主题演讲罢了。"还有一次，克拉苏说自己的家族里没有一个人活过了60岁，之后又否认了，还说，"我为什么要在活着的时候说这样的话呢?""因为你想博得人们的同情。"西塞罗回答说，"可是你不知道他们听到这些会有多高兴。"当克拉苏说自己信仰斯多葛学派的"善者多富有"时，西塞罗却说："你的意思难道不是赞同'智者有万物'的观点吗？"因为那个时候克拉苏正为贪污受到控诉。克拉苏有个儿子长得却像一个叫阿克西厄斯的男人，这难免会引起别人对他母亲清白的怀疑，当这个儿子在元老院发表演讲大放异彩时，别人问西塞罗怎样评价他的演讲时，他用希腊语回答：不愧是克拉苏的儿子。

当克拉苏准备离开罗马去叙利亚时，他想在离开前化解他与西塞罗之间的矛盾，和他做朋友，于是就去拜访他，邀请西塞罗去他家喝酒，西塞罗也很礼貌地接受了。几天之后，西塞罗的几位朋友为瓦提尼乌斯（Vatinius）说情，想让他们俩和解，因为西塞罗也得罪过他，"什么？"西塞罗说，"难道他也想和我喝酒？"以上所述就是西塞罗对待瓦提尼乌斯的方式，瓦提尼乌斯的脖子上长有一些肿瘤，之前他在为一桩案件担任辩护时，西塞罗就讽刺地称他为"水肿的演讲家"；有人告诉他瓦提尼乌斯已经过世了，但是几天后又听说他还活着，西塞罗说道，"该死的是那些传播流言的人。”

当恺撒提议把坎帕尼亚的土地分给士兵们时，元老院的许多人都反对，其中一位名叫卢基乌斯·格利乌斯的议员，他是里面最年长的一个，说：“只要我还活在人世一天，那项提议就不会通过。”“那让我们延后实施提议吧！”西塞罗说，“他不会让我们等太久的。”还有一个非洲血统的名叫屋大维的人曾说：“西塞罗在为别人辩护时，他都听不到他在说些什么。”西塞罗说：“那是因为你的耳朵有洞。”当墨特卢斯·涅波斯告诉他，他作为证人所伤害的人比他作为辩护人拯救的人还要多。“我承认，”西塞罗说，“因为我所掌握的真相总是比我要说的还要多。”还有一个被怀疑用有毒的糕点害死自己的父亲的人，他还大言不惭地说打算做演讲批评反对西塞罗，西塞罗对此回应道：“这也总比你给我送有毒的糕点要好多了。”普布利乌斯·塞克斯提乌斯在某件讼案中，聘请西塞罗和其他几位担任他的辩护律师，然而等到开庭的时候，他一个人回答了所有的问话，根本不给辩护律师发言的机会。当他快要被法官们判为无罪时，西塞罗对他说：“赶紧吧，塞克斯提乌斯，好好利用剩下的时间再多讲几句吧，明天你没机会显示自己的本事了。”西塞罗也曾传召普布利乌斯·科塔在某件案件中做证人，他没有学问而且头脑不清，却很想成为一位律师，他曾对西塞罗说：“我对此事毫不知情。”西塞罗回答说：“也许你认为我们找你来是请教你法律方面的问题，但是这些问题都跟法律毫无关系，”墨特卢斯·涅波斯和西塞罗也有过争吵，墨特卢斯·涅波斯曾多次问道：“西塞罗，你的父亲是谁啊?”他回答说：“你的母亲使这个问题的答案变得有点复杂了。”因为涅波斯的母亲的名声不太好。所以他的儿子也很轻佻。还有一次，他突然辞去保民官一职，坐船去叙利亚找庞培，没过多久，又无缘无故地回来了。他为他的家庭教师菲拉格洛斯的葬礼花了很多心思，他在坟墓的上面塑了个乌鸦的石像，西塞罗说：“这是最合适不过的了，就像他没有教会你如何说话，却教会你如何飞翔，”当马可·阿皮乌斯在做开庭演讲时，提到他的朋友希望他表现出勤勉、雄辩和正直，西塞罗说道：“那你是怎么忍心不做到他们所提出的任何一项期望啊？”

西塞罗在公正的法庭上对他的对手说一些尖酸刻薄的讽刺性话语，也似乎是正当的。但是他的一些仅为取笑别人的话却为他招来了不少敌意。在这里举一些例子也不为过吧。马可·阿奎尼乌斯有两个女婿都被流放在外，于是西塞罗便叫他为“阿德拉斯托斯国王”，监督官卢基乌斯·科塔非常喜欢喝酒，那时候西塞罗在竞选执政官，从事竞选活动之际，西塞罗口渴想喝水，他的朋友们就围在他身边，这时他对他们说道：“你们是有理由担心监督官会生气的，因为我喝的是水！”还有当他看见沃科尼乌斯护送自己的三个相貌丑陋的女儿回家时，他说：“他生孩子时一定违背了阿波罗的旨意。”当马可·格利乌斯，据说他是奴隶的儿子，在元老院用洪亮的、尖锐的嗓子发言时，西塞罗说：“大家不要惊讶，他是来自那些曾呼喊过自由的人。”独裁者苏拉在其执政期间，经常颁布“公敌宣告名单”，还将许多市民处死，他的儿子福斯都斯·苏拉（Faustus Sylla）挥霍无度，最后背负了大量的债务，最后只能贴出布告拍卖自己的产业。西塞罗告诉他，说是比看到他父亲的公告更令人高兴，就是因为他的口无遮拦和他不合时宜的幽默为他招来了许多人的不满。

克洛狄乌斯因为下面的事也策划阴谋对付西塞罗。克洛狄乌斯出生在贵族家庭，正值年少青春，胆大而且性格刚毅。他爱上了恺撒的妻子庞培娅，于是化装成一个女笛手的样子偷偷地潜入她家，那时候妇女们正在举行献祭仪式，男人是不可以出现在那里的。克洛狄乌斯年轻而且没有胡须，打算在别人察觉不到的情况下和庞培娅约会。当他进入她的房子后，便在过道上迷了路，恺撒母亲晚上的一个侍女奥瑞丽看见他在那里走来走去，便问他叫什么名字？这样一来，他就必须开口说话，他说他是来找庞培娅的一个叫阿布拉的女仆，她听出那是男人的声音，便大声尖叫招来了所有的妇女。她们关上门，搜查每一个房子里的每一个地方，最后在领他进来的那个女仆的屋里找到了他。这件事很快就被人们议论纷纷，于是恺撒休掉了庞培娅，而克洛狄乌斯也被控告亵渎了仪式的圣洁。

那时候西塞罗还是克洛狄乌斯的朋友，因为他曾帮助过西塞罗揭穿喀特林的阴谋，是他最得力的帮手和保护者。当克洛狄乌斯狡辩说自己事发当天并没有在罗马，而是在一个遥远的国家时，西塞罗却说他是在撒谎，因为那天克洛狄乌斯还来他家找过他，还和他讨论了许多事情。尽管传言西塞罗是想和妻子特伦西亚过平静的生活而不是为了真相才那样说的，但是他所说的确实是事实。特伦西亚之所以不满意克洛狄乌斯，据说是因为他的妹妹克洛狄亚想嫁给西塞罗，还叫西塞罗的一个好朋友图卢斯为她牵线说情，而图卢斯也经常拜访就住在隔壁的克洛狄亚，还很关心她，这些都让特伦西亚对他们的关系心存怀疑。再加上她脾气火暴，气势也强过西塞罗，于是强迫西塞罗做证指控克洛狄乌斯。另外还有许多诚实正直的公民都提供了一些对他不利的证据，比如做伪证、行为不检点、贿赂官员和调戏妇女。卢库卢斯的侍女说他曾挑逗过自己最小的妹妹，当时已是卢库卢斯的妻子，民间还普遍流传他也调戏过他另外的两个妹妹，一个是与马西厄斯结婚的特西，另一个是和墨特卢斯结婚的克勒雷，克勒雷还有另外一个名字“Quadrantia”意为“小铜板”，因为她的一个情人曾用一小袋铜币而不是银币欺骗了她的感情，而最小的货币单位就是Quadrantia。尤其是这个妹妹使克洛狄乌斯声名狼藉。尽管如此，当所有人都联合起来反对原告、目击者和全体反对克洛狄乌斯的人时，法官们就被吓倒了。于是一个保卫队被派来保护他们，大多数法官都把自己要说的话写在便笺纸上，还写得很潦草，使人无法清楚地辨认。然而，很明显的是大多数人还是决定无罪释放他，据说他们都被克洛狄乌斯贿赂了。卡图卢斯再次见到那些法官时，对此事讽刺地说道：“你们叫来保卫队来保护你们是正确的，这样你们才能大赚一笔。”克洛狄乌斯责骂西塞罗让那些法官们质疑他自己的证词，“是的，”西塞罗说，“他们中的20位是相信我的，也责备你，其余30人在你没给他们钱之前，也是不相信你的，也不打算将你无罪释放的。”

尽管恺撒也被法庭传召，但是他没有提供对克洛狄乌斯不利的证据，还说自己没有怀疑自己的妻子会和克洛狄乌斯通奸，而他休妻的原因是他的房子里不能受到那些邪恶行为的影响，或是有任何不好的传闻。

克洛狄乌斯在逃过法律的制裁后，便当选了保民官，于是马上开始报复西塞罗，煽动所有对西塞罗不满的人一起对付他。普通百姓们因为他提出了一项受人欢迎的规章制度便和他站在同一战线，他还下令扩大每一个执政官的管辖范围，比如皮索获得了马其顿，伽宾比尼斯得到了叙利亚。他还和那些贫民们一起成立了一个党派，支持他的政治活动，还有一批由奴隶组成的军队。当时罗马政坛最有权势的三个人当中，克拉苏公开反对西塞罗，庞培对他和西塞罗之间的较量漠不关心，而恺撒那个时候即将率兵进军高卢。西塞罗虽然不是恺撒的朋友（在喀特林阴谋事件中，他们之间就发生过争吵），但是他还是向恺撒申请副将一职。恺撒同意了他的请求，克洛狄乌斯意识到西塞罗可能会辞掉保民官一职，于是宣称和他和解，把所有的错都推到特伦西亚的身上，经常说好话给他听，语气也变得和善了，就像一个毫无坏心眼和没有仇恨，只是希望用一种合适的和友好的方式来发泄自己心中愤怒的人。通过这些虚假的行为，他消除了西塞罗对他所有的戒心，最后西塞罗放弃了在恺撒身边任职的机会，重新回到政治领域。恺撒对此很是生气，便加入克洛狄乌斯一起对付西塞罗，还挑拨他和庞培的关系；恺撒还在人民集会上演讲说他认为伦图卢斯和克特古斯以及他们的同谋们不应该不经审判就被处死，那是不公平的也是不合法的。其实那是在控诉西塞罗，也逼迫他对此控告做出回应。作为一个被告，会有极其危险的后果，于是西塞罗换了装束，穿上一身乞丐的衣服，顶着一头乱发到处跑，乞求人们的恩典。但是带着大批胆大妄为的下手的克洛狄乌斯总是故意找他的麻烦，不管在哪儿碰见他，就会取笑他的改换服装和卑躬屈膝，还经常朝他扔泥巴和石子，不让民众接受他的请求。

然而，首先是几乎所有的骑士都换掉自己的衣服，不少于2万的年轻绅士和西塞罗一样头发乱蓬蓬的，跟在他的后面向人民哀求。然后再是元老院开会，下令人们换上在遭遇国难时才穿上的服装。但是两位执政官们不同意，克洛狄乌斯带着大批人手包围了元老院，许多议员冲出包围，大声呐喊，还撕破了自己的衣服，这个场景并未让群众有羞愧之感，也无法引起他们的怜悯；西塞罗要不逃走，要不就和克洛狄乌斯比剑。于是西塞罗向庞培求助，但是庞培故意躲避此事，一直待在阿尔巴山上的房子里，西塞罗首先让他自己的女婿皮索去说情，然后再亲自出马。庞培得知他要来的消息，却不愿和他相见，想起西塞罗以前帮助自己进行多次政治斗争，就感到非常对不起他。但是他现在是恺撒的女婿，只有辜负西塞罗对他的恩情，于是从另一扇门逃出去，以免和他见面尴尬。在被庞培抛弃后，西塞罗就只剩下独自一人了，于是他又向执政官们求助。伽宾比尼乌斯对他很不友好，但是皮索和善多了，劝他屈服，让克洛狄乌斯发泄一下心中的怒气。等到时机改变，皮索认为克洛狄乌斯的企图就是制造社会混乱，如果西塞罗能够从容应付这场灾祸，就会再度成为拯救国家的大功臣。

听了他的话之后，西塞罗就和朋友们商量具体办法。卢库卢斯建议他继续留在罗马，他很确信西塞罗最终会打败克洛狄乌斯，而其他人则建议他逃走，因为当人们受够了克洛狄乌斯的疯狂与愤怒时，罗马的人民会再次希望他回来的。西塞罗接受了后者的提议。于是回家拿了密涅瓦雕像，那个很久以前就做好了，一直供奉在他的家里的雕像，然后他把它带到了朱庇特神庙，献给神殿，上面还写着：献给罗马人民的守护女神密涅瓦。他在半夜就离开了城市，他的朋友还派了人护送他，走陆路经过卢卡尼亚，打算前往西西里。

西塞罗逃走的消息一传开，克洛狄乌斯马上促使市民大会通过一项放逐西塞罗的法令，不许任何人供应西塞罗炊火和饮水，禁止西塞罗出现在意大利方圆五百里之内，也禁止此范围内的居民将他收容在家。大多数人出于对西塞罗的尊敬，不理睬克洛狄乌斯的法令，还十分留意西塞罗的行踪，沿途护送他。但是在卢卡尼亚的希波尼昂城（Hipponium），现今的维波，一个名叫维比乌斯（Vibius）的西西里人是西塞罗的好友之一，西塞罗担任执政官的时候，他被任命为城邦的工程主管，如今却不愿在自己的家中款待西塞罗，便派人告诉西塞罗他将会提供一所乡间别墅给他住。西西里的执政官盖约·维基留乌斯（Caius Vergilius），过去也和西塞罗交情深厚，现在却写信告诉他不要前往西西里。这些事对西塞罗的打击很大，于是他转而去布隆狄西乌姆（Brundusium），从那里迎着顺风渡海，不料起航后又遇到强劲的逆风，最后第二天又被吹回了意大利。他又再度起航，到达了都拉基乌姆（Dyrrachium），据说，他一靠岸就发生了地震和海啸，于是占卦者就说那意味着他不会被驱逐太久的，因为那些就是变化的预兆。尽管许多人都对他表示尊敬，希腊各个城市相继派代表，前来向他表示敬意，他却还是灰心丧气、郁郁寡欢，像一个被抛弃的情人，整日望着意大利那个方向。在经历过那么多不幸后，他变得情绪低落、垂头丧气，这样一位把人生大半时间都用来研究高深学问的哲学家，竟然无法随遇而安，实在是出人意料。他还经常要求他的朋友不要叫他演讲家，而叫他哲学家，因为哲学才是他的职业，雄辩术只是他为了达到目的的一种手段，对荣耀的渴望具有极大的腐蚀作用，可以把一个人的灵魂上的哲学素养冲刷得干干净净，同时也借助习惯和交谈深深地改变普通人的情感。那些参与政治的人物必须时刻提防，从事公共事务应该有所节制，避免投入自己的感情，公私不分，陷入困境。

克洛狄乌斯赶走西塞罗后，就赶紧烧了他的农场和住宅，还有他在城里的房子，还在那里建了一座自由庙。剩余的财产都被他每天拿去公告拍卖，但是没有人出价标售。他的这些行为让贵族们感到畏惧，那些追随他的平民也变得粗野傲慢、无法无天。最后他又开始对付庞培，攻击庞培在政府地区的诸般举措，受到这般屈辱的庞培开始责备自己当初抛弃西塞罗，现在改变了心意，便和朋友们一起设法让西塞罗回来。克洛狄乌斯表示反对，但这时元老院决定在西塞罗回来之前，他们不会批准或通过任何一个法案。当伦图卢斯担任执政官的时候，人们对于这件事越来越不满，暴动也越来越激烈，以至于许多保民官在公共集会场所被杀害，西塞罗的兄弟昆图斯就是其中的一个，而且还没人发现他的尸体就躺在被杀人员中。人们的情绪也开始有所改变。保民官安尼乌斯·米诺是第一个鼓起勇气把克洛狄乌斯带到法庭审判的人，因为他作恶多端。许多平民以及邻邦的人都加入庞培，和他一起把克洛狄乌斯赶出了公共集会场所，庞培还号召人民进行投票选举。据说，人们从未像这次一样一致通过一项提议。元老院也不落后于人民，马上写信感谢那些在西塞罗流放期间帮助过他的人或者城市，还下令把克洛狄乌斯毁掉的西塞罗的房屋全部用公款重建。

在流放16个月之后，西塞罗又回到了罗马。大地上呈现出一片喜悦，人们都很热情地欢迎他，就像事后他夸张地说的那样，意大利是用自己的双肩把自己抬回罗马的，事实也差不多如此。克拉苏在他流放前就和他作对，这次还主动来见西塞罗，是为了取悦他的儿子普布利乌斯，就如克拉苏所言，他的儿子是西塞罗的忠实的崇拜者。

西塞罗回国后没多久，就趁克洛狄乌斯不在罗马时，带着一队人去神殿，毁坏那里的记事牌，因为那些牌子上面都记录了克洛狄乌斯的行为。

当克洛狄乌斯为此事质问他时，他回答说：“你出生贵族家庭，担任保民官一职本来就是违法的，所以你在位时做的任何事情都是无效的。”小伽图对西塞罗所做的事情非常生气，还说西塞罗这样做不仅是在批评克洛狄乌斯本人，而且还不认可他所带领的整个管理机构。西塞罗还认为元老院投票表决，把许多议案和法令宣布无效是很极端的做法，其中就包括伽图在塞浦路斯和拜占廷的执政期间所提出的议案。这件事情造成了伽图和西塞罗之间关系的破裂，虽然没有变成公开的敌人，但是他们的友谊关系产生了很大的隔阂。

后来，米诺杀了克洛狄乌斯，随后被控告谋杀，于是便请求西塞罗担任他的辩护律师。元老院担心审判像米诺这样出名的影响力大的人会破坏城市的和平，于是任命庞培为这场审判以及以后其他审判的监督官，他负责保护城市的安全，维护法庭的公正。于是庞培在晚上就带人占领了市民大会附近的高地，还派士兵包围了区域。米诺担心西塞罗会被这样不寻常的阵势给吓倒了，从而不能好好地为他辩护，于是劝他躺在乘舆里面，等到所有的法官都就座了，人都来齐了才出来。西塞罗不仅临阵缺乏勇气，就是在演讲的时候也会出现怯场的现象。有很多次他的辩论已经进入高潮，意气风发不可收拾时他的身体竟然还在一直颤抖。他曾经也为利基尼乌斯·穆雷那辩护过，那次他是被小伽图控告，西塞罗为了超过曾经获得大片掌声的霍腾西乌斯。开庭的前一晚，他为了构思，彻夜不眠，导致第二天开庭情绪不稳、精神不佳，表现反不如以往。现在，他不愿躲在乘舆里，即将为米诺辩护时，他看见了庞培，以及他驻扎在周围的部队，还有周围山上发光的兵器，他就胆怯了，身体一直在颤抖，他几乎都不能好好地说话，舌头也在打结。与此同时，米诺却表现得非常冷静和勇敢，头发梳理得很整齐，也没有穿上讨饶的衣服。所以他最后被判有罪，个人的态度也许是最主要的原因，不过，大家都认为西塞罗表现不佳，并非完全是因为天生懦弱，而是主要对朋友的安慰过于担忧，而给自己造成太大的心理负担。

当小克拉苏在帕提亚阵亡后，遗留的祭司职位由西塞罗担任，就是罗马人口中的占卜官。之后他还被派去西利西亚，带着2000步兵和2600骑兵坐船去那里。西塞罗的任务是要让卡帕多基亚人民重新忠心于国王阿里阿巴尔查尼斯（Ariobarzanes），这件事他没有借用任何武力就解决了。西里西亚人看到罗马人在帕提亚损失惨重，叙利亚发生骚乱，意欲造反。西塞罗发现这种不稳的局势后，就采取了一系列温和的措施安抚他们，使之继续效忠罗马。他不愿接受国王提供的任何礼物，还免除了公共娱乐等款项，但是他每天都会在自己的家里招待那些有非凡成就的人，不铺张浪费，但是有那种自由的氛围。他没有门童，从来没人看他贪睡过，清晨起来后就在门口站立或散步，亲自接待前来向他致敬的人。据说他从没用木棍打过自己的下属，或是撕破他们的衣服以鞭打。即使是在生气的时候，他也不会用语言侮辱别人，或是用责备作为惩罚的手段。西塞罗还侦破了一起贪污案，其中涉及大量的国家公款，减轻了人民的负担，同时还对那些自动还回所贪的钱财的人，不会进行严惩，还会保留他的公民权。他也参与了许多战争，比如他曾经就击退了那些侵扰阿曼山脉的土匪们，还因此获得了统治者的赞颂。演讲家凯基利乌斯曾叫西塞罗从西利西亚给他带回几只黑豹，以便在罗马剧场里展出。他在回信中趁机大肆炫耀自己的功德，他说那里已经没有黑豹了，因为它们全部逃到卡里亚了，它们非常生气在这个和平的地方自己竟然成为被攻击的唯一目标。在他离开西利西亚，返回罗马的途中，他先去了罗得岛，然后在雅典停留了几天，借此重温当年游学的旧梦，再度从事学术的研究。他拜访了那里博学的名人，还有自己的老朋友们，他在希腊受到应得的尊荣和礼遇后，就回罗马了，但是那时的罗马已经处在战火的边缘，内战一触即发。

当元老院授予他凯旋式的荣耀时，他却表示只要有助于调解双方的矛盾，他宁愿跟在恺撒的凯旋式队伍的后面。私底下，他给双方都提意见，写信给恺撒，还亲自恳求庞培，尽自己最大的努力来化解双方的矛盾。后来局势变得不可扭转，恺撒带兵逼近罗马，庞培也不敢继续留在都城，和许多显赫的市民逃离了罗马，尽管如此，西塞罗也还是不愿意加入他们一起逃走，大家认为他加入了恺撒一方。很明显他的思想被分裂成了几部分，在双方之间摇摆不定，因为他在书信里写道，“我应该投向哪一方的阵营呢？庞培有正当的和可敬的理由开战，但是恺撒又更有能力处理好国家事务，从而保护他和自己的朋友，所以我现在的状况是只知道避凶而不知道趋吉。”但是当恺撒的朋友特巴提乌斯写信告诉他，“恺撒认为你能够加入自己的团队是他的荣誉，帮助他实现自己的希望，但是如果你觉得自己年事已高，无法担任此等大事，你便可以退休回希腊，静享晚年了，也不能加入另一方。”西塞罗怀疑这不是恺撒自己的话，于是很生气地回复他：“我不会做任何违背我上半生生活信条的事。”这些就是从他的信中获得的一些信息。

当恺撒一进军西班牙，西塞罗就加入庞培的阵营。所有人都欢迎他的加入，除了伽图，他私底下还责备西塞罗不应投靠恺撒，说他自己竟然抛弃一开始就选择的政治团体，投奔恺撒，是很可耻的行为，心中十分不安。但是如果西塞罗继续保持中立，用自己在罗马的影响力来改变这种局势，而不是毫无理由地到这里来支持庞培，与恺撒为敌，把自己置于危险之中，那么他会对自己的朋友以及国家更加有利的。听了小伽图的话，西塞罗的态度大变，同时庞培对他未予重用。不过，这些都是他咎由自取，怪不得其他人，他不否认对此行已有悔意，所以他看不起庞培的人力物力，还偷偷地挑他提议的毛病，就是在庞培身边的将领，也经常受到他的冷嘲热讽。虽然他总是带着一副阴沉忧郁的面容在军营里转悠，还时不时地试图讲些笑话来缓和氛围，不管别人爱不爱听。在这里举些例子也不为过吧。多弥提乌斯提拔一个并非军人出身的人担任指挥官，还辩护说，他是个谦虚精明的人，于是西塞罗说：“那你怎么不把他请回家当你孩子的家庭教师呢？”听说勒斯玻斯人特奥凡，他是军队里的工兵首领，当人们都赞扬他用一种绝妙的方式安慰了那些失去一个舰队的罗得岛人时，“能有一个希腊人出任主管，真是伟大特殊啊！”西塞罗说。当恺撒的行动一直获得成功，从而在一定程度上封锁了庞培时，伦图卢斯说他听到大家提起恺撒的人现在的情绪非常消沉，“因为，”西塞罗说，“他们不希望恺撒好。”刚从意大利过来的一个名为马西厄斯的人告诉他们，在罗马有很多人说庞培遭到围攻，还说：“你来这里不就是要亲眼证实嘛。”诺尼尔乌斯（Nonius）在一次战败后鼓励士兵们，要他们怀揣希望，因为庞培的军营里还留下了七只老鹰，它们是胜利的标志。“这是一个很好的稳定军心的理由，”西塞罗说，“如果我们还要继续和那些寒鸦作斗争的话。”而拉比努斯则一直相信那些预言，认为庞培最终会取得胜利。“是的，”西塞罗说，“在战争中获得成功的第一步就是要输掉我们的战营。”

西塞罗因为健康问题没有参加法尔萨利阿战役，等到战争快结束的时候，庞培逃跑了。这时小伽图在都拉基乌姆拥有一支庞大的军队和舰队，但是因为西塞罗具备卸任执政官的崇高地位，于是按照法律规定任命西塞罗为指挥官，但是西塞罗拒绝了他的命令，果断地拒绝参与他们的计划。不愿继续与恺撒之间的战役，这几乎为自己招来杀身之祸，年轻的小庞培和他的朋友们就叫他叛徒，还拔剑想杀死他，幸亏伽图从中阻拦，他才能险中求胜，逃出军营。

之后，西塞罗到了布隆狄西乌姆，并在那里暂住了一段时间等待恺撒的到来，而恺撒因为在亚洲和埃及要处理一些事情便迟迟没有到达布隆狄西乌姆。当被告知恺撒已经到达塔伦同，很快就会从那里由陆路抵达布隆狄西乌姆，西塞罗便迫不及待地赶快去迎接他。这时他固然是抱着些希望，但还很担心恺撒这位成为征服者的昔日政敌会当着许多人的面让他难堪。其实他并不需要说一些或是做一些违背自己的事；至于恺撒，当他看见西塞罗在一群人面前友好地来迎接自己时，他热情地向他打招呼致敬，还与他边走边聊，俩人一起走了数个弗隆的距离，他还是像以前那样尊重西塞罗；所以当西塞罗在写演讲词赞扬小伽图时，恺撒还在应和的演说中，称赞西塞罗的一生以及他的雄辩术，把他和伯里克利、特拉墨涅斯相提并论。西塞罗的演讲是《论伽图》，而恺撒则是《反伽图》。

也有人说过，当昆图斯·利伽瑞乌斯（Ligarius）被指控在军队中与恺撒作对时，西塞罗为他辩护，恺撒等了很久，都不见西塞罗开口说话，便对他的朋友说：“为什么我们不能再次听到西塞罗的演讲呢？看来利伽瑞乌斯毫无疑问是个卑鄙的人，也是我们的敌人。”但是当西塞罗开始辩护时，竟然感动了恺撒，他的语气哀怨委婉，措辞也优美典雅，以至于恺撒的脸色也随之变化，很明显他灵魂深处的所有的热情都在跳动。最后，演讲涉及法尔萨利阿战役时，恺撒竟然感动得全身颤抖，手中拿的演讲稿也掉落到地上。最终恺撒无言以对，只好认输，无罪释放了利伽瑞乌斯。

此后，这个共和国就慢慢地演变成君主国了。西塞罗退出公职，利用自己空余的时间来教授年轻人学习哲学，其中许多人都是家世高贵和位居要津的人士，西塞罗与他们的密切交往助他又成了罗马城里举足轻重的人物了。他为自己设定的工作目标就是：编辑和翻译哲学对话，把逻辑和物理术语翻译成罗马方言。因此据说他是第一个把幻想，存疑，木僵，阿尔蒙及其他专有术语翻译成拉丁语的人，他在翻译中使用了暗喻和假借以及各种变通的方法，最后成功地把这些术语翻译成通俗易懂并容易表达的罗马语言。他也能够在自己的诗中灵活运用再现那些已经被他翻译过来的术语，当他一开始使用的时候，他一晚上就写了五百多行诗句。他一生中大多数时间都是在图斯库卢姆的那间乡村小屋里度过的。他还写信告诉他的朋友他过着如利特斯（Laertes）的生活，这也许是他一贯的自嘲风格，或者是他老骥伏枥壮志未酬的心态。那个时候西塞罗很少进入罗马城内，除非他要支持讨好恺撒。一般来看，西塞罗都是第一个赞成恺撒，给予他荣耀的人。例如，当庞培的雕像被推翻，然后在恺撒的命令下又被重新塑造时，他就说："恺撒是位人道主义者，心怀仁慈，在重新建造庞培的雕像的同时，也在人民心中树立和稳固了自己的形象。"

据说，西塞罗还打算写一本罗马史，结合希腊的部分历史，还包含吸收他之前所收集到的所有故事和传说，但是总是因为各种公职方面的原因和私人生活方面的不幸而未能着手进行；不过，他无论于公于私之所以碰到阻拦，都是咎由自取。首先，他休掉了妻子特伦西亚，因为她在战争期间从未关心过自己，使得他在离家远行之际，都没有任何的必需品；而且当他从意大利回来的时候，特伦西亚也仍旧对他不理不睬。当西塞罗住在布隆狄西乌姆的时候，她也没有在他身边陪伴他，她的女儿是位年纪很轻的少女，长途跋涉去布隆狄西乌姆的时候，她既没派人护送她，又没供给充足的物资；此外，她只给西塞罗留下一座空洞洞的房子，还有一大笔债务。这些都成为他们离婚的最直接、最合理的理由。但是特伦西亚对此全部否认，说那是西塞罗自己编造的谎言，西塞罗不久之后便和一位未婚女子结婚了。特伦西亚责备他垂涎她的美色，但他的自由奴隶所写的是因为那位少女很富有，能够帮他还清所有的债务。由于那位少女很富有，其监护人也愿意把她的财产交由西塞罗管理。于是他便拥有了大量的钱财，所以他的亲戚朋友都劝他不要顾及年龄的差距和她结婚，这样他就能用她的钱去还债了。安东尼为了反驳西塞罗的《论腓力》，曾经提及这桩婚姻，他批评西塞罗，说他抛弃陪伴他这么久的妻子，还讽刺地说西塞罗喜欢家居生活、欠缺社会交际和无男子气概。在他结婚后不久，他的女儿图莉阿就在伦图卢斯家死于难产，图莉阿在她前任丈夫皮索去世后就嫁给了伦图卢斯。各个地区的哲学家都纷纷来安慰西塞罗，他承受了如此多的悲痛以至于他又休掉了新婚妻子，因为她似乎对图莉阿的死很满意。西塞罗当时的家庭状况，大致就是如此。

总的来说，西塞罗还算是布鲁图的最主要的心腹知己，并未参加当时正在酝酿的反对恺撒的阴谋活动。虽然他当时感到壮志难酬，也希望像别人那样恢复以前的情势，但是那些阴谋分子还是担心西塞罗缺乏勇气和年事已高，其中最重要的还是他胆小怕事。

因此，不久后布鲁图和卡西乌斯便动手行刺恺撒，恺撒的朋友们就联合起来对付那些凶手，他们的举动让整座城市都充满了恐惧，人们都害怕他们会点燃另一场内战。此时，作为执政官的安东尼召集元老院，提出简短的说明，主张和平解决当前的问题。之后也有许多人应情况需要做了各种各样的演讲，西塞罗也不落后于他们。他劝说元老院向雅典人学习，颁布关于在恺撒事件中的任何过分行为都给予赦免的法令，同时派布鲁图和卡西乌斯到行省出任总督。但是他们所做的事情都于事无补，因为当他们看见恺撒的尸体从公共集会场所运过时，就忍不住表示同情和怜悯。安东尼还把恺撒的衣服拿给大家看，那上面布满血迹，到处都被剑刺破了。民众非常生气甚至变得狂暴起来，他们全力搜索那个带着火把跑到恺撒家放火烧死他们的谋杀者。然而，那些纵火者得知被搜寻的消息，为了避免被抓到的危险，也怕对他们更加不利的事情会发生，于是便逃离了罗马城。

安东尼一得知这些，便变得狂喜不已，但其他人则陷入他会成为罗马的独裁者的恐慌之中，西塞罗比他们任何一个人都还要担心这样的事情发生。因为安东尼看到他在共和国的势力已经卷土重来，也知道他和布鲁图走得很近，所以对他留在罗马很不满意。此外，他们之前由于做事方法不同也产生过诸多矛盾。西塞罗害怕安东尼会为难他，便打算作为多拉贝拉（Dolabella）的副将，和他一起到叙利亚。但是执政官当选人希尔提乌斯（Hirtius）和潘萨（Pansa），他们两个都是好人，也是西塞罗的崇拜者，即将继安东尼后接任最高职位，他们都请求西塞罗不要离开他们，还保证如果他愿意继续待在罗马，他们就会推翻安东尼。西塞罗既不完全不相信他们，也不完全相信他们，于是他没有和多拉贝拉去叙利亚，还承诺希尔提乌斯这个夏天会先到雅典，当他推翻安东尼上台执政的时候，他就会回来。于是西塞罗便开始出发到雅典去，但是旅途中总会因为一些事而耽搁，这时突然从罗马城传来新消息，安东尼做了一些惊人的改变，他竟然按照元老院的意愿去做事和处理国家事务，现在很需要西塞罗出面，使得一切事务获得圆满结束。因此，西塞罗责备自己当初的胆小懦弱，随之便返回罗马，最初的状况确实没让他失望，因为他在城门口碰到一大群人堵在那里迎接他，进城后，大家也纷纷来寒暄问候，几乎用去一天的时间。

翌日，安东尼在元老院召开会议，还邀请西塞罗出席会议，而西塞罗则躺在床上不出来，谎称自己由于长途跋涉而病倒，而真正的原因是他害怕安东尼设计陷害他，对途中接获的消息颇多疑虑。安东尼认为他这是在侮辱他，变得很生气，还派兵到他家，下命令说要不把他带来，要不就烧了他的房子，但是很多人都为西塞罗说情，安东尼在获得保证后，才停止这种决裂的举动。从那以后，他们即使碰见也不会打招呼，继续提防对方，直到小恺撒——屋大维——从阿波洛尼亚回来继承老恺撒的遗产，并因为大约2500万笛纳的钱财与安东尼陷入争执中，而那笔钱是安东尼从他的遗产中扣留的。

对此，与他母亲结婚的腓力普斯以及他的姐夫马克卢斯便和他一起找到西塞罗，并和西塞罗达成协议，只要西塞罗用自己的雄辩术和在元老院以及人民心中的影响力帮他夺回财产，他就用自己的财力和武力来保护西塞罗。因为老恺撒给屋大维留下了一大批军队，据说，西塞罗和他合作是出于更大的动机。好像是这么一回事，当庞培和恺撒还在世的时候，西塞罗曾做了一个奇怪的梦，在梦中，他受命把所有的元老院成员的儿子叫到朱庇特神殿，神明要宣布他们中的一位会成为罗马的统治者，所有公民因为好奇都跟在他后面跑，站在神庙附近，而那些青年们则穿着紫色镶边的袍子静静地坐在那里，突然门打开了，年轻小伙们都一一站了起来，依次从神像面前走过，神像审视着他们，但是遗憾的是，神像都遣散了他们，直到其中一个青年走到神像面前时，神像伸出了右手，说："啊！罗马的人民啊，当他成为罗马的统治者的时候，所有的内战都会结束。"据说，西塞罗还根据对梦中那个男孩的记忆清楚地画出了他的肖像，事后还好好地保存着，但是不知道那个男孩是谁。第二天，当他去马提乌斯园林的时候，正好碰见了从体能训练场回来的男孩子们，而走在最前面的就是出现在他梦里的那个男孩，他对此感到很惊讶，于是他走上前去问他的父母是谁，事后证明他的父亲是个不起眼儿的小人物，也叫屋大维，而他的母亲是恺撒的姐姐的女儿阿提阿，又因为恺撒无儿无女，所以便把自己的房子和财产留给了他。据说从那个时候起，不管西塞罗何时碰见他，都会格外注意他，与他亲切地交谈，屋大维也感受到西塞罗的关切和爱护。屋大维也正好出生在西塞罗担任执政官期间。

上面的原因都是大家提到过的，也有人说最主要的还是西塞罗憎恨安东尼，以及他无法摆脱名利的诱惑，所以要利用屋大维的实力给予支持，以便实现自己的政治抱负。当然因为恺撒能够帮他巩固自己在国家中的地位，更何况他还千里迢迢找到他，叫他"神父"，布鲁图对此很是生气，还在写给阿提古斯的信中责骂西塞罗，说他帮助屋大维是因为畏惧安东尼，很明显他没有考虑过国家的自由，只想到自己的利益。尽管如此，布鲁图还是提拔西塞罗在雅典学习哲学的儿子，让他担任指挥官并且经历各种历练，后来才能有辉煌的成就。那时候西塞罗在罗马城的权力已经至高无上了，可以为所欲为，征服和赶走了安东尼，还派了希尔提乌斯和潘萨两位执政官去讨伐他，将其斩草除根；另一方面，他还劝服元老院，让屋大维拥有法务官的仪仗标志和扈从校尉，从这些方面看，西塞罗好像已经成为了国家的保护者。之后安东尼战败，两个执政官也被杀害了，他们的军队联合起来一起拥戴屋大维。而元老院也担心小恺撒——屋大维——的兵力过强，于是通过授予荣誉和赠予礼物等一切方法，使得士兵离开他的阵营，削弱他的兵力，还声称安东尼已经战败溃逃，也不再需要维持一支军队了。

这让屋大维很担心，于是派了一些他的朋友去请求和劝服西塞罗竞选执政官，让他们两人取得执政官的地位，还说西塞罗就任后，可以按照自己的意愿做事，拥有至高无上的权力，而自己也会听命于他。屋大维自己也承认，当时害怕军队遭到遣散，忧虑自己陷入孤立，所以他适时地利用了西塞罗的野心，说服他和自己站在一边，共同争取执政官的地位。

西塞罗从没像这次被一个小伙子的花言巧语给蒙骗了，尽管他老于世故，见多识广。他为屋大维请求选票，还争取元老院的好感与赞同，当时他的朋友都对他的所作所为大肆指责，而他自己很快也发现他毁了自己，也背叛了自己的国家。因为屋大维一建立起自己的政权就抛弃了他，屋大维还同安东尼和勒比杜斯（Lepidus）讲和，三人的势力结合起来，使得国家的统治权成为他们的财产，可以分而享之。他们还列出“公敌宣告名单”，必须处死两百多人，发生争论的关键是如何处置西塞罗。安东尼则表示，必须首先处死西塞罗，如果这一点无法获得协商，其他事宜根本不必做进一步的讨论，勒比杜斯也和安东尼站在同一战线，但是屋大维反对他俩。于是他们便在博洛尼亚镇的附近秘密协商了三天。那里离军营不远，四周还有一条河流围绕着。据说前两天屋大维还为西塞罗力争，但是第三天他就屈服了，西塞罗成为了他的牺牲品。经过协调妥协，他们签订了以下条款：屋大维必须放弃西塞罗，勒比杜斯可以放弃他的兄弟保卢斯、安东尼牺牲他的舅舅卢契乌斯·恺撒的性命。这三个人良心已经泯灭了，为了报复已经到了丧失人性的地步，他们的行为说明了一个道理：当一个势力强大的人用权势来发泄自己的怒火时，那将比任何野兽还要残暴。

当他们正在谋划这些的时候，西塞罗和他的兄弟在图斯库卢姆的乡村房子里，一听到这些风声，就决定移居阿斯土拉，在那里西塞罗有一座海边别墅，然后从那里坐船去马其顿找布鲁图，据说那个行省已经在布鲁图的管辖范围内。西塞罗他们各坐一只抬舆相偕而行，心里都充满悲伤，还经常停下来等落后的抬舆，这时两人相互感叹安慰一番。但是昆图斯想起囊空如洗，就感到更加伤心，据说他在临行前，没有从家里带任何东西，而西塞罗自己也只有少的可怜的生活物资。两人经过商量后，西塞罗仍旧尽快前进，而昆图斯就立即回家拿些所需物品，然后再与他会合，彼此拥抱洒泪而别。

几天之后，昆图斯就被自己的仆人出卖了，他们把他交给了那些在搜查他的人，于是昆图斯以及他的儿子就这样被杀害了。西塞罗逃到阿斯杜亚，在那里发现了一艘船，于是立刻趁着顺风驶向色西姆（Circaeum）；当领航员正准备起航时，他犹豫了，也许是因为害怕大海的波涛汹涌，也许是对屋大维还心存幻想，所以他又上岸了，好像朝着罗马的方向大约走了二十多公里路。最后他又改变了心意，回到了海上，怀着恐惧和复杂的心情在那里过了一夜。有时他也下过决心要偷偷回到屋大维的府邸，然后在那里自杀以招来复仇女神，这样屋大维也就会没好日子过了；他害怕受到折磨，所以一直没有实施那个想法。通过一系列复杂无常的心理斗争，他最终决定让他的仆人带他回皮提卡（Capitae），在那里他有一所房子，那里的地中海气候也非常宜人，是个隐居避暑的好地方。

在离那里海边不远的地方有一座阿波罗小教堂，当西塞罗们的船即将靠岸时，从那里飞来一大群乌鸦对着船叫，站满了船帆的两边，有些在呱呱地叫，有些则在啄绳索的末端。那些事被看作不祥的预兆，于是西塞罗一上岸，就回家躺在床上强迫自己睡下。许多乌鸦停在他的窗子前，叫得甚是凄惨，其中有一只乌鸦还飞到西塞罗的床上，西塞罗盖得严严实实的，那只乌鸦就用它的嘴一点一点地拿开他脸上的衣服。他的仆人们看到这一幕便责备自己，觉得主人遭逢这场不该受到的苦难，无知的飞禽还前来协助和照料，而他们自己却袖手旁观，静待主人被杀害；因此他们用半恳求、半强迫的方式让他起床，然后用抬舆把他抬到海边去。

同时，百夫长赫伦尼乌斯和保民官珀皮留斯带着大批人马来刺杀西塞罗，之前珀皮留斯被控告谋杀自己的父亲时，西塞罗曾为他辩护过。他们发现他的房门锁着，便撞开门，西塞罗没有出现在他们的面前，里面的人都说他们不知道西塞罗去哪里了。据说那个时候有位名叫斐洛洛古斯（Philologus）的青年，西塞罗曾教过他自由艺术和科学，是他兄弟昆图斯的自由奴隶，他告诉珀皮留斯西塞罗的抬舆正在去海边，走的是一条隐蔽的小路。于是保民官便带上几个人飞快地朝那里赶去。西塞罗得知赫伦尼乌斯正朝这边赶来便叫他的仆人放下抬舆，像以往一样用左手抚摩自己的下巴，一副很淡定的样子。他满身都是灰尘，头发和胡须都是乱蓬蓬的，脸上也充满了忧郁。当赫伦尼乌斯杀西塞罗的时候，他的侍卫们就站在旁边捂着脸，当西塞罗把头伸出抬舆外的时候，就被杀了，那时他64岁。赫伦尼乌斯奉安东尼的命令砍掉了他的头和手，他就是用这双手写出攻击安东尼的演说的，西塞罗将那14篇演说称为《腓力普斯》，这个名字一直沿用到现在。

当他们把西塞罗的属下带回罗马时，安东尼正在举行人民集会来选举执政官，等到听取报告和看到那些残肢后，他大声喊道："让我们结束'公敌宣告'这件事吧！"他命令他们把西塞罗的头和手挂在演讲家们演讲的讲台上，那个场景让人看得全身发抖，人们相信他们看到的不是西塞罗的脸，而是安东尼邪恶的灵魂。在他做过的唯一一件公平正义的事就是把斐洛洛古斯交给了昆图斯的妻子蓬珀利亚，任凭她处置，斐洛洛古斯落到蓬珀利亚手中，受到了令人发指的酷刑，他的肉被一片片割了下来，烤过以后让人吃下去，很多作家都提及过这件事。但是西塞罗的一个名叫蒂罗的自由奴隶并没有过多地提到斐洛洛古斯的卖主。

过了很久以后，屋大维就探视了西塞罗的一个外甥，发现他的手里拿着一本西塞罗的书。因为害怕，他便想把书藏在长袍里，但是还是被屋大维察觉到了，于是从他手里把书拿了过来，站在那里翻看了一部分内容，然后再把书还给他说："西塞罗是个博学的人，也是一个爱国的人。"不久后，屋大维就征服了安东尼，担任执政官，还让西塞罗的儿子与他共事，在他的领导下，元老院摧毁了安东尼所有的塑像，也废除了曾经授予他的所有荣耀，还规定安东尼家族以后每一个成员都不能取马可斯这个名字，神明的力量使得安东尼遭受到这几项法案所带来的惩罚，西塞罗家族当然会在后面不遗余力地推动。

笛摩昔尼斯与西塞罗的评述

上面所讲述的事情，就是我们所知的笛摩昔尼斯和西塞罗的经历记录中最值得长留记忆的事迹。虽然我没有对他们两人在演讲天赋方面做更加确切的比较，但是下面几点还是可以说说的：为了使自己成为演讲界的大师，笛摩昔尼斯把先天才能与后天学习结合起来，发挥到极致，他的口才才得以铿锵有力，超越了当时政治和法律演讲家，华丽的辞藻与优雅的用语，也胜过了那些歌颂功德的演讲家，另外，他精确的措辞与科学的运用，也比同时代的逻辑学家和修辞学家更胜一筹①；西塞罗接受过高等教育，他的勤奋刻苦使之在各科学领域都取得显著成就，留给了后人大量的按照学院派原则撰写的哲学专著，甚至在做有关政治和法律方面的演讲时，我们也可以看出他一再地努力显示自己的博学。我们还能从他们的演讲中发现他们性格的不同之处，笛摩昔尼斯的演讲不带有任何的修饰成分和诙谐调侃的用词，结构的严谨全是服务于真实的效果和严肃的态度，并不是像皮瑟阿斯（Pytheas）嘲笑地说那是带有焚膏继晷的灯油味，而是

---

① 政治家、律师和歌功颂德的演讲家是分别采用不同的三种演讲术。而对于刚刚从事这三种职业的人，他们必须还要学习诡辩术、逻辑学和修辞学。

表现出他深思熟虑、严厉朴素、严肃认真的个性。而西塞罗却钟情于嘲笑戏谑的语言，还经常说一些粗俗下流的话，有时为了当事人的利益，竟然说一些轻率的玩笑话来处理严肃的法律问题，而很少注意语言得体的重要性，比如他有一次担任西留斯的辩护律师，在辩护的时候提到自己的当事人非常富裕，不会做些愚蠢的事来沉溺于娱乐，除非他疯了，丧失理智了，才会出现这种状况，就是不会享受自己已经拥有的东西，更何况那些著名的哲学家都说过，快乐是最主要的幸福。我们还被告知，有一次身为执政官的西塞罗担任穆里纳（Murena）的辩护律师，反对小伽图的指控，他就针对斯多葛学派一些自相矛盾的荒谬观点，说出许多嬉笑怒骂的话来戏谑小伽图，观众和陪审官们都大声笑了出来，这时小伽图只是微微地笑了一下，然后对坐在他旁边的人说："我的朋友们啊！我们拥有一位多么风趣的执政官啊！"

的确，西塞罗天性就喜欢欢笑快乐和轻松诙谐，总是面带笑容表现出宁静的神色。但是笛摩昔尼斯总是一副忧郁不欢和深思熟虑的表情，很少放下严肃的态度，因此，连他自己也坦白，他的政敌们说他郁郁寡欢，态度不好。

从他们两人的几篇写作中，也可以明显地看出，当笛摩昔尼斯为了达到一些重大的目的而需要赞赏自己时，他总是做得非常正派得体，不会冒犯任何人，如果在其他场合下，他不仅谦虚而且还非常谨慎。但是西塞罗演讲时总是毫无尺度地自吹自擂，表现出自己对名利的强烈欲望，已经到达了无法控制的地步，还大声疾呼今后武器要服从长袍，征战的桂冠要让位于辩才[1]。最后，我们发现他不仅赞美自己的功绩和行为，还歌颂自己的演讲，包括那些口头的演讲和书面的讲词，仿佛还是个男孩子一样，要与雄辩家伊索克拉底（Isocrates）和安纳克斯米尼斯（Anaximenes）进行非常幼稚的比赛，看看谁讲得最好，而忘了自己的工作是指导，教导罗马人民：

---

① 这些是从西塞罗写的关于自己的诗句中翻译出来的：Cedant arma togz, concedat laurea linguae.

战士全副武装，
敌人胆战心惊。

事实上，对于一位政治领导来说，同时担任演讲家的角色也是必需的，但是对于任何人来说，像这样吹捧赞美自己的口才并不是什么光彩的事。就这方面而言，笛摩昔尼斯表现得更加严肃和端庄，他说自己在演讲方面的才能算不了什么，只不过是项小小的成就而已，也是长期刻苦练习的结果，演讲的成功还得依赖于听众们对他的好感和坦白，他还认为那些以此来赞美自己的人，根本就是卑鄙下流。

而在劝服和管理人民方面的才能，他们两人可以说是平分秋色，以致那些掌握兵权的将领们都需要他们的帮助与支持，比如查拉斯（Chares）、戴奥披昔斯（Diopithes）、李奥昔尼斯（Leosthenes）都要求笛摩昔尼斯给予帮助，而庞培和小恺撒都依赖西塞罗的支持，后者还在他赠给阿格里帕（Agrippa）和密西纳斯（Maecenas）的回忆录中承认确有此事，但是大多数人都认为，权力和地位最能表明和考验一个人的品行，因为这两者能激发人的热情，暴露人性的弱点，笛摩昔尼斯从未拥有过这两样东西，所以他的为人如何也无法从这些方面得知，此外，他也没有获得过显赫的官职，虽然他用自己的口才号召军队对抗菲利浦，但是也没有亲自率兵出征。另一方面，西塞罗曾出任过西西里的财务官，还担任西里西亚和卡帕多西亚的地方总督，当时贪污之风盛行，那些在国外担任指挥官和总督的人，认为偷窃之事是卑鄙可耻的，可以公开用武力打劫，所以在那些地方收受贿赂根本不算什么十恶不赦的事，只要不太过分还会受人尊重。在这样一个时代里，我们从他留下的大量的证据可以得知西塞罗是一个清廉、仁慈和善良的人。在罗马，他名义上是执政官，实际上却获得了对付喀特林以及其帮凶的独裁权，他证明了柏拉图预言的真实性：当一个国家有幸得到一位拥有至高无上的权力、聪明而又具有正义感的领导，那么国家遭受的所有苦难都将会结束[①]。

① 或者像他在《论共和国》中所提到过的“因此哲学家应该成为国家的领导人”。

据说，笛摩昔尼斯因为利用雄辩术来赚钱而遭到世人的责备；他曾私底下同时为同一件案子的原告和被告，福米昂和阿波罗多鲁斯，撰写辩词，因为他收了波斯国王的金钱而任其摆布，还因收取哈帕拉斯（Harpalus）的贿赂而受到谴责。即使我们认为那些历史家（为数并不少）针对他的叙述有失真之处，但是我们也不能否认笛摩昔尼斯会基于尊敬和感激对王室之人的礼物无动于衷，但是他所借巨额的海事高利贷也会让他拒绝那些财富吗？这我们就难下结论了。但是西塞罗在西西里担任财务官的时候，拒绝了西西里人民的礼物，在担任卡帕多西亚总督时，拒绝了国王的赠礼，即使是被驱逐时，也没有接受罗马人送给他的礼物，尽管那些送礼的人都力劝西塞罗接受。

笛摩昔尼斯因为受贿而被驱逐，这是非常可耻的，然而，西塞罗因为铲除国家败类而遭驱逐是何等的光荣。因此，当笛摩昔尼斯被驱逐时，没人搭理他，但是在西塞罗流放期间，元老院却为他改变装束穿上丧服，在召唤西塞罗回国的提议未通过之前，他们绝不讨论其他的议案。然而，西塞罗在马其顿流放期间，整日无所事事。而笛摩昔尼斯正是利用流放的那段时间为国家做了很多贡献，他走遍希腊的每一个城市，为了希腊人民的利益，参与到实际斗争中去，要将马其顿使者驱出希腊，比起提米斯托克利和亚基比德在面临同样遭遇时的表现，他的作为更加优秀。此外，在他回国后，还是全身心致力于这项政治目标，坚持要与安蒂佩特和马其顿人抗争到底。但是当胡须还没长齐的小恺撒违背法律规定，要求西塞罗前来竞选执政官的时候，西塞罗只是静静地坐在元老院里听着利留斯的谴责而无动于衷。布鲁图斯在写给西塞罗的书信中对他大肆批评，说他正在养育和培养的是一个比他所推翻的暴君还更加凶残的君主。

最后，我们还是对西塞罗的死深感惋惜与怜悯，当时他已经是一位老人，还被自己的仆人抬着东躲西藏，但最后还是难逃被谋杀的命运。笛摩昔尼斯，尽管起初还表露出一点哀求者的姿态，但是他还能提前准备好和藏好毒药，这一点我们还是佩服他的，但是更令我们佩服的是利用毒药来解脱自己。当神庙不再为他提供避难所，他竟然在一个更加强大的祭坛找到了归宿，让自己远离武器和追兵，还嘲笑安蒂佩特人的残酷无情。

恺撒传

苏拉执政后，便要求恺撒休掉妻子科尼莉娅（Cornelia），她是上一任共和国独裁者辛纳（Cinna）之女，但是不管是承诺给他好处或是恐吓他要没收科尼莉娅的嫁妆，都不能使恺撒屈服和同意他的要求。苏拉之所以对恺撒怀有敌意，是因为他和马留斯的关系，老马留斯娶了恺撒的姑姑为妻，之后又生下了恺撒的第一个表兄弟小马留斯。苏拉上台执政初期，由于要处决许多敌人，国务繁忙，无暇理会恺撒，年轻的恺撒不知道安守本分，竟以祭司候选人的身份出现在人们面前。苏拉对此虽没有公开反对，但是暗地里却采取措施不让他任职，等到商量是否要把他处死的时候，有人认为图谋杀死一个小子有点小题大做，苏拉回答他们竟没有意识到他是一个比马留斯还要厉害的角色。恺撒听到这些后就隐藏起来，长期潜藏并且经常更换藏身的地点，直到有天晚上，他为了休养，从一所房屋搬到另一所房屋，没想到却落入了苏拉的人手里，当时那些人正在附近区域搜查那些潜逃者，恺撒只好用两塔兰特的钱收买了带兵的队长科涅尼乌斯，获得释放后就马上登船出海，驶往比提尼亚，他在尼科墨德斯王的宫殿里待了一段时间后，就返回罗马，在途经法玛库萨时被海盗所掳，那时海盗们拥有大量的舰队和数不清的小船，在海域附近为非作歹。

一开始，海盗要求恺撒交出20塔兰特的赎金，恺撒嘲笑他们有眼不识泰山，不知道自己抓的是何等大人物，竟主动要求交50塔兰特。他立即派遣随行人员到几个地方去筹措赎金，而自己和一个朋友、两个随从则留在了世界上最凶残暴力的西利西亚人群中。恺撒竟一点也不把他们当回事，他想睡觉的时候就派人命令他们不要大声喧哗，在那38天里，他过着世界上最自由的生活，可以任意参加他们的运动和游戏，仿佛他们不是在看管恺撒，而是在保护他。他还写诗歌和演讲词，把他们当作他的听众，要是有人不赞赏他，他就说别人是文盲野人，还开玩笑说要吊死他们。海盗们反而很欣赏他的这种胆量，把他那种毫无忌惮的信口开河当作男孩子的天真无邪。一等到他的赎金从米利都送过来，获得释放后，便立刻把人员安置在几艘船上，从米利都港口出发去追捕海盗，袭击他们停在岛上的船只，逮捕了大多数海盗。他们的钱变成了自己的奖金，还把他们关押在帕加马监狱里，然后再与亚洲总督朱利乌斯联系，惩办海盗也是他的职责所在。朱利乌斯却一心打着那笔巨款的主意，于是告诉恺撒，等他闲下来有时间了，就会好好考虑如何处置他们。恺撒与他告别后就前往帕加马，把海盗们都押出来，钉死在了十字架上；这种惩处方式正好验证了他之前对海盗发出的威胁的话，只是他们没想到恺撒会来真的。

与此同时，苏拉的权势也日益衰落下来，于是恺撒的朋友建议他回罗马，而他却去了罗德岛，进入了摩隆之子阿波洛尼乌斯（Apollonius）的学院，阿波洛尼乌斯是闻名天下的雄辩家，西塞罗就是他的学生。据说恺撒天生就具备政治家和雄辩家的特质，他曾经努力学习，提高自己在这方面的才能，想在这些领域勇夺第一。后来他志不在此，因为他选择在军事和权力方面达到了登峰造极的地步，所以在雄辩才能方面并没有达到禀赋所要求的地步，他的注意力都转移到了帮他成就帝业的征伐和计谋上。他阅读西塞罗的《颂伽图》以后所做的答复中，请求他的读者不要把一位军人的老生常谈和一位演讲家的高谈阔论相提并论，因为西塞罗不仅天资聪明，而且一生都在研究那一门学问。

恺撒回到罗马后控告多拉贝拉执政不公。希腊的许多城市都有人来为他做证。尽管多拉贝拉最后被无罪释放，为了回报希腊人民对他的支持，当他们向马其顿执政官马可·卢库卢斯（Marcus Lucullus）检举普布利乌斯·安东尼乌斯（Publius Antonius）贪赃枉法时，恺撒就挺身而出担任他们的辩护律师。恺撒在这次审判中大获全胜，以致安东尼乌斯不得不向罗马保民官提出上诉，声称自己与希腊当地人打官司，是不可能得到公平的审判。恺撒在罗马的各种法律诉讼中，他的口才为他赢得了大量的信任和支持，他的行为举止和谈吐都显得十分亲切，都体现了他处世圆滑、考虑周到，远远超过了他那个年纪的办事能力，这些都获得了人们对他的喜爱，更何况他为人豪爽，善于应酬，再加上他显赫华丽的气派，已经逐渐在扩展和增强他的政治势力。他的政敌们起初并没有意识到这一点，还推定等恺撒的钱财耗尽，他的政治影响力也会随之衰败，可是在这段时间内，他的声势在民间却日益强大和昌隆。等到他的政权已经建立起来并变得不可动摇，公开提出改革政府体制的时候，他们才意识到，任何看起来并不起眼的开始，只要持之以恒，都会变成一股坚不可摧的势力。西塞罗是第一个怀疑他对政府图谋不轨的人，就像是一个好的引航员在大海最风平浪静时，也会担忧暴风雨的袭击，他说恺撒用和蔼可亲的态度来掩饰自己内心的阴谋，从他平日里的所作所为，就能看出他想独揽大权的野心，“但是当我看见他把自己的头发梳得整整齐齐，并用一根手指来调整时，我实在想不出这个人的心里竟然有颠覆整个罗马的念头”。不过这些都是后话。

人们对恺撒的好感可以从他的一次军事护民官的选举中看出来。在那次选举中，他竟然获得比盖约·波皮留斯（Caius Popilius）还要高的职位。还有一次，他在罗马广场公开发表了一篇感人肺腑的悼词，以此来赞颂自己的姑母茱莉亚，马留斯之妻，在茱莉亚的葬礼上，他竟然把已逝马留斯的肖像展示出来。自从苏拉掌握大权，宣布马留斯党派等人为国家公敌后，便没人敢那样做。当出席葬礼的人士开始批判恺撒的行为时，人们却为他鼓掌，拍手叫好，因为他把马留斯在这个城市湮没已久的荣誉重新由坟墓的深处挖掘出来，不禁让他们感到惊喜和满足。举行葬礼为已逝的年长妇女发表悼词演讲，赞美其美德，本来就是罗马的一种风俗习惯，但是从来没有人采取这样的方式去纪念年轻的夫人，直到恺撒的妻子去世，他就为自己的妻子发表悼词演讲。他的这种表现为他获得了人们的好感，大家都认为他是鹣鲽情深和心地善良的人。等他办好了妻子的丧事后，就以财务官的身份到西班牙，为一个叫维都斯的执政官做事，他后来也非常尊敬维都斯，当他自己担任执政官时，就任命维都斯的儿子担任财政官。当他的任期结束后，恺撒就与庞培亚，他的第三任妻子结婚，这时候他有一个女儿是第一任妻子科尼莉娅所生，后来嫁给了庞培大将军。恺撒出手非常大方，有时可以说是挥霍无度，以致在他担任公职以前就欠下了1300塔兰特的债务。许多人认为他为博取名声所付出的代价过高，用实际的财富去换取短暂而又难以确定的报酬，事实上，他是在用一些微不足道的东西去交换极其昂贵的荣誉。当他担任阿皮安大道工程的督察官时，除了公款以外，他还自掏腰包垫付了许多钱；等他担任行政官的时候，提供了许多的角斗士，为了娱乐人们还举办了320多场的单人搏斗，另外，在剧场表演、列队游行和公众宴会方面，他都表现出慷慨大方的气势，相比之下，之前那些行政官的所作所为都大为逊色，因此深得民心，每个人都想为他找到好的差事和新的荣誉，用以回报他的慷慨给予。

当时罗马有两大派系，一个是权势强大苏拉派，一个是散漫无力的马留斯派，恺撒想要恢复马留斯派的气势以便为自己所用，他在担任行政官期间，因为宏伟壮丽的表演而名气大增，于是趁此机会下令制作马留斯的雕像和胜利女神的雕像，他们的手中还拿着战利品，夜里偷偷地把它们搬进了朱庇特神殿。第二天早上，当人们看见那两座闪闪发光、制作精美的雕像时，上面还刻着字，叙述马留斯战胜金伯里人的战绩，人们都惊讶于这位策划者的勇气，但是不难猜出是谁。这件事很快就传开了，吸引了很多各地的人。有些人批判恺撒的这种企图恢复被元老院法律法令所抹杀的荣誉的行为是对现在政府的公然挑衅，并且强调他这种做法，用来探测人民的动向，他还为此准备了很久，如果人民非常驯服并愿意接受他的摆布，那么就会毫无反抗地屈从他的改革。另一方面，马留斯派的人士气大振，无数支持者的突然出现让人难以置信，他们欢呼着走进了朱庇特神殿。当看见马留斯的雕像时，许多人都喜极而泣，他们还高度赞扬恺撒，认为在马留斯的所有亲戚中，只有他没有辜负马留斯的厚望。元老院还为此事召开了会议，当时罗马的显赫人物之一的卡图卢斯·卢塔修斯站起来痛斥恺撒，还用这样的格言警句结束了自己的发言：恺撒现在已经不是暗中搞破坏了，而是公开地装置武器推翻政府了。但是当恺撒为自己辩护了一番后，元老院听了非常满意，那些拥护者都非常开心，还劝他不要为任何人改变自己的想法，自从他获得人们的拥护支持后，不久便胜过了所有的对手，成为了罗马共和国的头号人物。

这时，罗马的祭司长墨特卢斯去世了，卡图卢斯和伊索瑞库斯竞争他遗留下的职位，他们都是罗马极负声望的人，在元老院中也影响非凡。恺撒也不甘示弱，决议要在人民面前与他们一争高低。他们三位看起来势均力敌，卡图卢斯德高望重，生怕落选颜面尽失，于是派人贿赂恺撒，要求他退选，还会给他一笔巨款，而恺撒回答，他准备借贷金额更大的款项，表示他竞选的决心。竞选当天，恺撒的母亲含泪送他出门，拥抱过母亲后，“我的母亲”恺撒说，“今天你看到的我如果不是祭司长就是流亡者。”等到投票开始，经过非常激烈的竞争后，他获得了胜利，元老院和贵族们都深感担忧，怕他煽动人民做出各种莽撞无礼的事。皮索和卡图卢斯处处与恺撒作对，但是恺撒被怀疑参与喀特林叛国阴谋，因为他提出了许多对喀特林有力的建议，所以怕恺撒安然脱身。对于喀特林，他不仅暗地里策划推翻现有的政府体制，还打算颠覆整个罗马帝国，使局面陷入一片混乱之中，可是这样一个危害国家安全的人竟然逃走了，在他的最终目标没有浮出水面之前，指证他的证据也不够。他把伦图鲁斯和克特古斯留下来顶替他的位置继续这场阴谋，对于恺撒是否暗中支持帮助过他们，也还没有得到确切的答案。唯一确定的是他们全部已经被元老院定罪，执政官西塞罗就如何处置他们一事询问元老院议员的意见时，在恺撒发言之前的所有人都提议判处他们死刑；恺撒站起来发表精心推敲的演说，他说，不经过正式公平的审判就处死那些身份高贵的人不仅无例可循，也是不合法的，除非有绝对的必要，否则不可贸然行事。如果把他们关押在西塞罗提议的意大利的任何城镇里，直到抓到喀特林为止，接着元老院里一片寂静，人人都冷静下来想出最好的解决办法。

恺撒提出的建议体现了他仁慈博爱，再加上他说服力极强的辩解，不仅使那些在他之后发言的人表示同意，就连之前的那些人也改变自己的观点，转而支持他的提议，除了卡图卢斯和伽图，伽图强烈反对他的看法，在发言中还暗示对恺撒本人的怀疑，还非常急迫地要把那些犯人处以极刑。当恺撒走出元老院的时候，很多西塞罗的护卫便冲过去，拔出佩剑向他进攻。据说当时是杜瑞欧把自己的长袍披在他身上，才把他救走的。当那些护卫看着西塞罗寻求他的意思时，西塞罗示意不要杀恺撒，让他走，也许是害怕人民，或者认为这种谋杀既是不公平的，也是违法的。如果这是真的话，那为什么西塞罗在他叙述任执政官期间的书籍中对此事只字未提呢？后来，西塞罗因为没有利用这次机会杀掉恺撒而受到责备，好像是因为害怕人民的反抗，因为当时恺撒的确受到人民的爱戴和关心。过了一段时间，恺撒来到元老院澄清自己所背的罪名，可是人民都纷纷大声责骂反对他，发现如果元老院会议继续下去会发生意外的情况，便在一片叫嚣之中包围了会场，要求见恺撒，还要求元老院解除他的职务。自从那件事后，伽图就非常关注贫苦人民的动向，因为他们往往是第一个在人民中点燃怒火的人，还把他们的希望都寄托在恺撒身上，于是伽图劝服元老院每月都给这些贫苦民众派发谷物，这项权宜之计使得罗马共和国每年增加的750万德拉克马的额外开支并没有持续多长时间，但是非常成功地消除了当时的一大祸根，恺撒的力量也被大大削弱，当时他正在竞选执政官，只要他登上那个职位就更加难对付了。

在恺撒执政期间，除了他家里的一件丑闻，其他并没有什么动乱不安。普布利乌斯·克洛狄乌斯出身贵族，不仅富甲一方，口才雄辩，但是其放荡不羁和胆大妄为更是甚于当时的声名狼藉之徒。他爱上了恺撒的妻子庞培娅，而且庞培娅也不拒绝他的爱慕。但是她的住所戒备森严，加之恺撒的母亲奥瑞丽娅是个非常谨慎的人，经常在庞培亚的身边转悠，所以她要和其他人见面是件困难和危险的事。罗马人有一位名叫“波纳”的女神，希腊人称之为“琴昔西亚”，弗里吉亚人给了她一个特殊的头衔，说她是弥达斯的母亲。罗马人认为她是森林女神之一，嫁给了法乌诺斯。希腊人则断言她是酒神巴克斯的母亲，但是不知道她的名讳。为此妇女们要庆祝这位女神的节日，她们会在帐篷上搭满葡萄藤，根据寓言的叙述，再将一条神圣的蛇供奉在她旁边。按照规定，男子是不允许出现在举行仪式的房子附近，甚至是自己的家中，只有女人才能完成这神圣的职责，据说这个仪式和奥尔普斯的典礼一样庄严神圣。在庆祝节日的那天，不管是执政官还是法务官以及所有的男性都必须离开家，妻子则留下来照料一切，把房子布置整齐，而到了晚上才举行主要的仪式，那些妇女将聚在一起守夜，此时还有各种音乐萦绕在耳边。

当庞培娅正在家中庆祝节日时，克洛狄乌斯年轻没有胡须，便想偷偷地溜进她们家，于是假扮成一个女笛手的样子，以一个年轻女子的姿态前往恺撒家。到达后发现大门敞开着，在一位知道他和庞培娅奸情的侍女的引见下，很容易就蒙混进去了。那位侍女也马上跑去告诉庞培娅，但是她离开得太久了，克洛狄乌斯也等得焦急难耐，于是离开原来的位置，在府里到处走动，还得避免灯光的照射，直到奥瑞丽亚的女仆碰见他，并邀请他和她一起玩，就像当时的妇女们那样。克洛狄乌斯拒绝了她的邀请，于是她一把拉住他不让他走，问他叫什么名字，从哪里来。克洛狄乌斯回答他是在等庞培娅的侍女阿布拉，实际上他说的就是这位侍女的名字，同时他的声音也暴露了自己的男儿身。侍女一听就尖叫起来。跑到灯光照耀的人群当中，叫嚷着发现了一名男子，所有妇女都陷入一片惊慌之中。奥瑞丽亚马上把所有的圣洁的东西藏起来，停止仪式，下令关上大门，大家都拿着灯搜查克洛狄乌斯，最后在帮他混进府里的侍女的房间里抓到了他。在场的女人都一眼就认出他是克洛狄乌斯，把他赶出去了，她们回去当晚就把这件事告诉了各自的丈夫。第二天早上，全城上下都在讨论克洛狄乌斯所做的龌龊事，还商量应该怎么处置这个违法的人，他不仅冒犯了那晚出席仪式的女人们，也侮辱了公众和神明。一位保民官指控他亵渎了整个神圣的仪式，元老院的一些主要议员也联合起来，指证他不仅犯过其他可怕的罪行，还与自己的妹妹，也是卢库卢斯的妻子有过乱伦行为。人民为了对抗贵族，不让他们联手得逞，于是维护克洛狄乌斯，这种情况当然对克洛狄乌斯极为有利，法官们感到畏惧，害怕审判克洛狄乌斯会激怒大众。恺撒立刻休掉了庞培娅，当法庭传召他做证指控克洛狄乌斯时，却说对克洛狄乌斯没有任何指责。这让人们非常疑惑，当原告问他为什么要与妻子离婚时，他说："因为恺撒的妻子是不能被怀疑的。"有些人说那就是恺撒的真心话，但是其他人则说他这样说是想讨好民众，因为他们真心想解救克洛狄乌斯的人。总之，克洛狄乌斯最后还是逃过了法律的制裁，大多数法官在表示自己的意见时，故意把字写得模糊不清，以免宣判有罪人民会迫害他们，宣判无罪贵族们又不会放过他们。

与此同时，恺撒的法务官任期已满，接着又出任西班牙的总督，但是当他出行的时候，他的债主竟然找上门来，这让他感到非常难堪。于是他请求罗马的首富克拉苏帮忙，同时克拉苏也需要恺撒的热情和活力来帮助他对付庞培。所以克拉苏同意帮他偿还那些催索最急的债务，对于余下的830塔兰特将予以担保，这样恺撒才得以离开罗马去西班牙上任。在他跨越阿尔卑斯山的时候，途经一个野蛮小村庄，那里人口稀少，并且过着贫苦的生活，他的同伴用讽刺的口吻问道，"不知道在这里会不会有些竞选拉票、争夺权力和党派斗争之类的事情。"对此恺撒严肃地回答，"就我而言，我宁愿在这些人中做第一，也不愿在罗马排第二，宁为鸡头，也不做凤尾。"据说还有一次，他从西班牙的事务中闲下来，在阅读了亚历山大战史的一部分后，就坐在那里沉思，不一会儿就潸然落泪，他的朋友都感觉很奇怪，便问他为何如此，他说："我想到亚历山大在我这个年纪已经征服了那么多的国家，而我却是碌碌无为啊，一想到这，我就落泪了。"当他一进入西班牙就非常活跃，在几天之内，就在原有的20个军团的基础上增加了10个军团。他带领这些部队进攻卡拉西亚和卢西塔尼亚，并且征服了他们，接着趁势前进到遥远的海洋，征服了那些以前从没臣服过罗马的部族。在军事方面取得非凡成就后，他又处理民间事务，最后取得同样的成功。他还费尽心机在各城邦之间建立和睦友好的关系，调解债权人和债务人之间的矛盾，他规定债权人应拿出自己年收入的三分之二还给债务人，剩下的则由自己分配，直到他们还清所有的债务。这项规定使他在离开的时候大受赞扬，自己也因此变得富裕了，就连士兵也很富裕，他们都称他为"凯旋将军"，后来还变成君王的称号。

在罗马有这样一项规定，凡是想要举行凯旋式的将领必须留在城外，等候当局的批准。还有另外一项规定，凡是要竞选执政官的人必须本人亲自到达现场登记。而恺撒返回罗马时正值执政官选举，这两项规定使他不能鱼与熊掌兼得，于是向元老院提出请求，说他愿意遵守规定在城外等候，但是能否让他的朋友替他办理竞选相关事宜。小伽图支持法律的规定，必然反对恺撒的请求，后来得知元老院的大部分议员都被恺撒说动，同意他的请求，于是他发表了长达一整天的演讲，以此拖延时间使人无法提出抗议。恺撒得知此事后，毅然放弃凯旋式回归，力争竞选执政官。他一进城后就马上办理登记，同时还采取了一项策略，除了小伽图以外，其余人都被骗了。那就是调解罗马城最有权势的两个人克拉苏和庞培之间的矛盾。这两位曾经发生过争执，他现在让他们言归于好，借助他们两个人各自的优势来壮大自己的力量，在他表面看来善良贴心的伪装下，其实是想对政府进行重大的变革。大多数人认为是克拉苏和庞培之间的纠葛导致了内战的爆发，其实事实正好相反，不是他们的对抗而是联合才引发了战争，他们开始是想联手对付贵族阶级，可最后双方翻脸，闹得不可收拾。但是小伽图就经常预言说这种联盟最终都会不得善终，人们还说他性格阴沉、唯恐天下不乱，最后才知道他是个有先见之明的智者，但也是个不成功的参事。

在克拉苏和庞培的支持下，恺撒毫无疑问地成功当选执政官，和卡尔普纽斯一同当选。他上台执政时就提出一些法案，比起他这个执政官，有关问题由较大胆的护民官更为合适，他提议建立殖民地和分配土地，目的是要讨好普通民众。元老院里一些秉公职守的和最受人们尊敬的议员们对此提出反对，这样一来还正好合了恺撒的意，因为他长期以来都想获得可以哗众取宠的口实，于是他大声疾呼提出抗议，说元老院议员们的尖酸刻薄逼得自己走投无路，只得寻求人民的支持，今后也只得全力为人民谋福祉了。他匆匆走出元老院，来到人民的面前，旁边还站着克拉苏和庞培，询问大家是否同意支持他的提案。人们都纷纷表示支持，恺撒还请求人民帮助他对付那些用剑来威胁自己的人。人民也同意会助他一臂之力，庞培进一步表示他也会用自己的剑和盾去挑战敌方的武器。这些话让贵族们非常气愤，这既不符合庞培高贵的身份，也没有对元老院表示应有的尊重，倒像是小孩子的抱怨，或者是疯子的疯言疯语。然而人民对此却非常满意。为了巩固庞培的支持，恺撒把自己的女儿茱莉亚，原来已经和塞尔维利乌斯·昔庇阿定了亲，现在却许配给了庞培，还告诉塞尔维利乌斯·昔庇阿可以娶庞培的女儿，而庞培的女儿也订了婚了，早就许配给了苏拉的儿子浮斯图斯。没多久之后，恺撒就和皮索的女儿卡普莉亚结婚了，使得皮索成为下一年的执政官。小伽图对此高声反对，还用慷慨激昂的言辞表示抗议，说他们把政府职位当作人尽可夫的娼妓，这简直令人无法容忍，利用女人来加官进爵、掌握军权、瓜分行省，以及占据其他重要的职位。恺撒的同僚比布卢斯发现对付恺撒是件不容易的事，得罪他也没有什么好处，就像伽图一样随时担心自己会在罗马广场被杀害，于是整天把自己关在家里，不敢出门，直到他的执政官任期届满。庞培结婚后，就在罗马广场布满士兵，人民在他的帮助下顺利通过新的法律，协助恺撒取得高卢的统治权，其中包括阿尔卑斯山的两边地区，连同伊利里库姆在内，统治四个军团，任期五年。伽图立刻采取措施反对这些立法程序，不幸被恺撒抓住并送进了监狱，恺撒希望他会向护民官提出申诉。恺撒看着小伽图一言不发地走进去，不仅那些贵族们为此感到愤愤不平，连那些平民出于对小伽图美德的尊敬，也默默地跟在他后面，露出沮丧的表情，恺撒看到这种情形，也私下要求一名护民官去解救小伽图。至于那些元老院的议员们，也只有少数人出席会议，而另外的人出于对恺撒的厌恶，借故拒不出席。有一天，一位年事已高的议员亨斯·孔西迪乌斯告诉恺撒，那些议员之所以不出席会议，是因为他们惧怕你的士兵。恺撒问道，“那为什么你不待在家里，还要来参加会议呢？难道你不害怕吗？”孔西迪乌斯回答，我已经上了年纪了，这可以抵抗任何恐惧，时日不多的我又何必去担忧什么后果。恺撒在执政期间做过的最丢脸的事就是帮助克洛狄乌斯获得保民官的职位，克洛狄乌斯曾经玷污过他妻子的贞洁，破坏神秘的守夜仪式。他竞选护民官是要报复西塞罗，恺撒也是与他一起合作，联手把西塞罗赶出了意大利后才离开罗马的。

上述的恺撒的事情都是发生在高卢战争之前。在这之后，他好像洗心革面，开始新的生活，面对新的局势。他在征服高卢的整个战争期间，曾多次远征，这都体现了他是一位吃苦耐劳的士兵和运筹帷幄的将军，即使比起之前军队里那些最伟大的、最令人敬佩的指挥官们，他也毫不逊色。就算我们把他和同时代人费比乌斯、梅提拉斯以及西庇阿做比较，或者是稍早的一些名将苏拉、马留斯以及两位卢库拉斯，甚至是在战争中立下赫赫战功的、鼎鼎有名的庞培将军做比较，我们也会发现恺撒已经超过了他们所有人。作战的国度，就处境的困难而言，他远胜某一位将军；就征服的疆域范围而言，他也胜过某一位将军；就他击败的敌人的实力和数量而言，他更是比一些将军更加厉害；在对那些俘虏所表现出的人道主义和仁慈，他也超越了某一位将军；再者就他对自己士兵的赏赐和关心而言，他也是其他将军无法比拟的；所参加的战事之多和所杀掉的敌人之众，更是那些将军望尘莫及的。他在高卢作战不满10年，就先后攻占了800多个城市，征服了300个州，在所有战争中与他交锋对战的敌人有3百万之多，他杀掉了1百万人，另外的成了他的俘虏。

恺撒对自己的手下非常贴心和仁慈，所以那些士兵也愿意为他赴汤蹈火，即使是那些在战争中表现平平的人，只要碰到关系到恺撒荣誉的事，都会显示出不可战胜和难以抗拒的勇气。阿西留斯就是其中的一个，他在一次海战中，右手被敌人用剑砍断了，但是他用自己的左手拿着盾继续和敌人作战，用盾来攻击敌人的脸部，最后终于把敌人赶跑，登上他占领的战船以示胜利。还有一位就是卡西乌斯·斯西瓦，但当他在拉奇乌姆作战时，他的一只眼睛被敌人的箭射中，肩膀也被标枪刺伤，连大腿也被其他的武器弄伤，盾牌上也留下了130多个洞眼，于是他向敌人挥手，看上去像是在投降，可是等到两个敌人走到他面前，他就举剑砍伤了其中一个人的肩膀，另一个人的脸也受到重击，逼得他们只能后退，这时他的战友已经赶过来，协助他脱离险境。还有一次是在大不列颠，一些重要的军官不小心陷入一片四面是水的沼泽地，还被敌人袭击，当恺撒亲临现场督战时，他看见一位普通士兵马上投入到那片混乱之中，表现出十分英勇的行为，最后救出了那些军官，击退了敌人。可是自己却陷入了沼泽地中，行动十分困难，一半靠着泅水一半靠着徒涉，最后终于脱险，但是在那过程中却丢失了自己的盾。恺撒和军官们看见这个场景，非常敬佩那位士兵，都开心地走上前去迎接他，为他喝彩。但是他却是一副很沮丧的样子，流着泪跪倒在恺撒的面前，请求他原谅自己丢失了自己的盾牌。还有一次是在阿非利加的时候，西庇阿虏获恺撒一艘运输船，而新近任命为财务官的格拉纽斯·佩特罗当时也在那艘船上，西庇阿把其他人员交由自己的士兵自由处置，单单放过那位财务官。西庇阿说恺撒的士兵只是会宽恕别人，但从来不会请求别人的饶恕，于是他们都拔剑自刎了。

恺撒对自己的手下无论是金钱还是名誉，赏赐的时候都非常大方，这样能够激励并且培养出爱好荣誉的精神和高尚的志节，同时也向他们说明，在战争中所获得的财富不是为了自己的奢华生活，或者是满足个人的享乐，他把所有的收入都当成公共基金，用来奖赏那些表现英勇的人，他说奖赏那些有功的士兵也等于是在增加自己的财富。除此之外，他在面对任何危险时，都不曾胆小退缩过，在面对任何辛劳时，也绝不逃避。他的士兵从不疑惑或是惊讶他对危险的视若无睹，因为他们知道恺撒对荣誉的渴望给了他很大的勇气。但是让大家感到震惊的是他能忍受各种艰辛，而有些显然已经超过天赋的体能。他身体瘦小、皮肤柔软白皙，患有脑病和癫痫，偶尔会发作，据说第一次发作是在哥多华。但是他从没以身体虚弱为借口来寻求安逸，反而把战争当作是医治疾病最好的处方。他用不知倦怠的行军、粗粝不堪的食物、风尘仆仆的露宿以及永无休止的劳累，来与病魔做斗争，增强自己的体质，抵抗外感的袭击。他通常都是在战车或者轿里睡觉，这样在睡觉的时候也能锻炼自己的体能。白天他乘车前往城堡、驻防地和军营，一名仆人坐在他身边，记录他在沿途中的一言一行，还有一名士兵持剑站在旁边保护他。他的行军速度非常之快，当他第一次离开罗马前往高卢，在不到8天的时间内就到达了隆河。他从小就非常擅长骑马，他通常会两手握紧马背，这样使马儿能全速前进。由于经常练习，他在高卢战争中竟能在马背上口授信函，他还同时下令让两个人为他做记录，根据欧庇斯的说法，好像还不止两位。据说他是第一位用密码与自己的朋友通信的人，当时他事务繁忙、帝国又幅员辽阔，所以在有急事需要处理的时候，没有充足的时间和朋友商议，于是想出了这个办法。他对自己的饮食也从不讲究或是挑剔，从下面的例子可以看出来。有一次，华勒留斯·里奥在米兰款待他，其中有一道菜是芦笋，华勒留斯·里奥在上面浇了一种甜汁而不是橄榄油。恺撒在食用时非但没有丝毫的厌恶，反而在听到他的同僚抱怨挑剔时，还呵斥道：“对于不喜欢的菜，自己不吃就算了，要是做样来指责别人没有见过世面，那正说明自己毫无教养。”还有一次是在赶路的途中，遇到一场暴雨，只能躲到一个贫苦人家的茅舍里，但是他发现那里只有一个房间，只能容下一个人，于是他对自己的同伴说，荣誉的位置应该让给那些地位较高的人，而有需要的住所要留给身体虚弱的人，因此他命令身体不是很好的欧庇斯住进屋里，他和其他人则睡在门口的一个棚子下面。

恺撒在高卢的战役中，第一场战争是对抗赫尔维提人（Helvetians）和泰古瑞尼人（Tigurini），这两个部族已经烧毁了自己的12个城镇和400个村庄，准备通过在罗马的行省内部的部分高卢领地，向他们要迁移的地区前进，辛布里人和条顿人之前也这样做过。也许比起赫尔维提人和泰古瑞尼人，他们还没那么大胆，但是在人数方面都差不多一样，他们一共有30万人，其中战斗人员就有19万人。恺撒并没有参加与泰古瑞尼人的作战，他们在拉频努斯的指挥下，在阿拉尔河附近将他们击败。当恺撒率领军队前往一个结盟城市的途中，遭到赫尔维提人的袭击。然而他还是成功地退到一个坚固的阵地，在那里将士兵们召集起来做好迎战的准备，他的马也被牵到他面前，这时他说道：“当我赢了这场战争，要骑着这匹马去乘胜追击，现在就让我们前去迎战吧！”于是率领大家徒步进袭，经过长时间的艰苦作战，最后终于击退了敌方的主力，后来却在车阵和壁垒之间遇到了困难，因为在那里，不仅男人们奋起抵抗，就连妇女、儿童也都拼命自卫，直到他们咽下最后一口气；这场战争一直持续到午夜，才告一段落。整个作战行动已经赢得莫大的光荣，恺撒还取得了更为辉煌的成就，那就是他把那些在战争中逃过死劫的人召集在了一起，大约有十万人以上，强迫他们重新回到那些被他们抛弃和焚毁的城市。他这样做是因为，如果那些地区空在那里无人居住，那么日耳曼人就会乘虚而入占领它们。

第二场战争是对付日耳曼人，尽管他之前在罗马还与日耳曼国王亚里奥维斯都斯结为同盟。但是邻邦日耳曼国的行为实在是令那些在恺撒统治之下的人民难以忍受；而且一旦时机来临，他们就会反对拒绝现在的约定，进军占领高卢。但是恺撒发现自己的军官有些很胆小，尤其是那些年轻的贵族，他们当初跟随恺撒来到战场也是为了升官发财，于是恺撒把他们叫到一块，告诉他们，如果胆小怕事、毫无男子气概，当初又何必违背自己的意愿来到这残酷的战场呢，还不如回家算了；还说要率领第十军团出战，对抗那些蛮族人，他不认为即将面对的敌人会比辛布里人更难对付，而且他们也将会看到一个不逊于马留斯的将军。第十军团还派代表向他表示感谢，而其他的军团则责备自己的军官为何没得到恺撒的赏识，全军洋溢着旺盛的士气和高昂的斗志，之后便开始数天的行军，最后在距敌军不到200个弗隆的地方扎营，亚里奥维斯都斯一方的士气也因为恺撒的逼近大大减弱了，他从没预料到罗马人会攻击日耳曼人，即使是为了保卫自己的属地，也不会冒险挑衅日耳曼人，所以他对恺撒的行动极为惊讶，也看到自己的军队陷入一片惊恐之中。日耳曼国的圣女通过观察河水的漩涡、溪流的迂回蜿蜒和发出的声音，可以预知未来的事情，这次圣女做出的预言更使他们感到沮丧了，现在还警告日耳曼人，在下次新月出现之前不可以出战。恺撒得知这件事，同时也看到日耳曼人毫无动静，决定趁着他们现在乱成一片，与其等待有利于他们的时机还不如立即发起攻击。于是他率军逼近日耳曼人的要塞和扎营的小山，在那里向他们较真挑战，他们终于再也按捺不住心中的怒火，出城迎战。恺撒大获全胜，还追击了敌人400弗隆的距离，直抵莱茵河河畔，那里满地都布满了战利品和死尸。亚里奥维斯都斯带着少数残兵渡过莱茵河，据说他的军队损失了8万人。

获得胜利以后，恺撒把军队留在塞广尼实施冬营，为了方便管理罗马的事务，前往高卢的波河地区，那里也是他的管辖范围，卢比孔河把位于阿尔卑斯山这边的高卢与意大利其他领域分隔开来。他停留在那个地方，忙于讨好人民，许多人都络绎不绝地前来拜访他，对于他们提出的要求，恺撒也总是有求必应，他们常常都是满载而归，对于未来也怀抱更大的希望。在他忙于高卢战役的这段时间，庞培从没意识到恺撒一方面利用罗马的军队来完成军事征服，另一方面这些征服行动不仅让他获得了大量的财富，而且还博得罗马人民的爱戴。但是，当他听说贝尔京人（Belgae）已经叛变，贝尔京人是高卢势力最强大的部族，居住面积占全高卢的三分之一，还建立了数万人的军队，他立刻出发进行远征，攻击那些正在迫害他的盟友高卢人的敌人，很快就击败和驱散了最强大而且集中的部队。虽然他们人数众多，但是防御作战却很糟糕，因为沼泽和水深的河流都被尸体填满了，所以罗马步兵很容易就渡过去了。在那些造反的人中，住在沿海地区的部族都不战而降，因此恺撒就率军攻打最为凶狠好战的尼维人。他们居住在森林密布的地方，他们把子女和财产都安顿在深林深处，然后召集6万战士，趁恺撒正在扎营布置，出其不意地对他们发起进攻。他们很快就击溃了骑兵部队，包围了第十二军团和第七军团，杀死了所有的军官，如果不是恺撒抓住一面盾牌，从自己的士兵当中向着蛮族冲杀出去，如果不是第十军团看他身陷困境，从准备好的小山顶上的阵地，冲破敌方的列队才把恺撒救出来，罗马军队极有可能全军覆没，无人生还。但是现在，在恺撒大胆无畏的影响下，他们开始了一场超乎人类勇气限度的战争，虽然他们竭尽全力也未能把敌人驱出战场，只有在敌人防御时，尽情加以屠杀。据说在这场战争中，敌方的6万人中，只有不超过500人幸存，他们的400名元老也只有3个人存活下来。

当罗马元老院收到恺撒大获全胜的消息，就通过投票举行为期15天的祭祀酬神，在这之前，从未举行过那么长时间的祭祀。这么多的部族突然联合起来兴兵作乱，使他们感到面临重大的危机，人民对恺撒的爱戴为他的胜利再添光彩与荣耀。恺撒处理完高卢的事务后，就回到波河地区实施冬营，目的是为了继续他在罗马就已经着手的计划。所有谋求官职的人都需要他的帮助，恺撒为他们提供金钱，用来贿赂民众，收买选票，一旦他们当选，就会回报恺撒，尽其全力帮助恺撒，增强他的势力。但是更值得注意的是，当时罗马权势和地位最显赫的人都纷纷到卢卡（Lucca）来拜访他，庞培、克拉苏、萨丁尼亚总督阿庇斯（Appius）以及西班牙地方总督涅波斯，以至于同时聚集在那个地点，有120名扈从校尉和200多名元老院议员。在经过深思熟虑后，决定任命庞培和克拉苏担任下一年的执政官，恺撒因而又得到一笔财富，目前担任的职务再留任5年。从所有有思想、有理性的人来看，那些曾得到过恺撒资助的人，竟然再劝服元老院发给恺撒更多的预算，好像恺撒很缺钱似的，这似乎极为荒谬。事实上，与其说他们是请求劝服倒不如说是强迫元老院议员们通过他们的提案，因为元老院议员们是在很痛苦和不断叹息的情况下同意的。当时小伽图不在现场，他们特意安排他前往塞浦路斯，小伽图的一位热情的追随者弗浮纽斯（Favonius），而他的反对毫无效果，于是冲出元老院，向着人民大声抗议整个程序，但是没人搭理他，有些人出于对克拉苏和庞培的尊敬，便对弗浮纽斯持藐视的态度，大多数人把希望寄托在恺撒身上，为了讨好他只有保持沉默。

在这之后，恺撒再次回到高卢，他发现那里已经陷入了危险的战争中，日耳曼的两支强大的部族幽西皮人（Usipes）和延特瑞提人（Tenteritae），刚刚渡过莱茵河，准备征服高卢。关于这场战争，恺撒在他的《高卢战记》中有所叙述，那些蛮族派遣使者前来谈和，却趁谈判期间，袭击他一支行军中的队伍，由于骑兵部队完全没有料到他们的突袭，所以蛮族用800名步兵一举击溃了恺撒5000名骑兵，之后，他们又派另一名使者来与他们和解，企图像上次那样来个出其不意，结果恺撒拘留了那位使者，率兵对抗蛮族，他认为那些蛮族不讲信用，破坏协议，他这么做只是以其人之道，还治其人之身罢了。根据塔奴修斯（Tanusius）的说法，当元老院通过选票为这次胜利举行庆典和献祭，小伽图曾发言反对，主张将恺撒交由蛮族处置，因为他破坏了和平协议，以免给整个国家带来耻辱，让他来承担整件事的后果，毕竟他才是这件事的起因。在渡过莱茵河的蛮族人当中，就有40万人死于这场战争，只有少数人逃过一劫，躲到日耳曼部族苏刚布里人（Sugambri）。恺撒拿这件事作为借口，入侵日耳曼，同时还获得了第一位率领军队渡过莱茵河的荣誉。他为了过河，还修建了桥梁，尽管河面很宽，但是建桥的位置水流很急，漂来的树干和木头不断地冲击桥梁的根基，使之变得脆弱。于是他在桥梁上游的方向把巨木打到河的底部，截获和阻挡那些继续漂下来的树干和木头，同时也减弱了水流的力量，最后终于成功建好桥梁，任何看到那座桥梁的人都不会相信，那项工程只花了10天的时间。

在他率兵渡河的过程中，没有碰到任何阻拦，日耳曼部族里最好战的苏伊威人（Suevi）带着他们的家财纷纷躲进偏僻的、林木茂盛的山谷里去了。恺撒在日耳曼待了18天，烧毁了敌人所有的家园，以此慰勉那些对罗马人友善的部族，然后班师回高卢。他的大不列颠远征是他英勇行为的最好的、最著名的证明。因为他是第一位带领海军进军西部海域的人，或者是第一位指挥军队渡过太平洋去作战的将领。据说大不列颠的面积非常辽阔，以至于历史学家们都争议这个岛屿是否真的存在于这个世界上，许多人都怀疑他的名字和历史都是虚构的，他不是一个真实的地方，然而恺撒带领军队侵犯这座岛屿，可以说是把罗马帝国的疆域扩展到已知世界的范围之外。他从面对大不列颠的高卢地区两次渡海，和敌人打过几次，敌方损失相当惨重，可自己也没得到多少好处，因为那里的岛民非常贫穷，没有什么值钱的东西让他们抢劫。当他发现自己不能如自己所想的那样结束战争，便从国王那里挟持了若干人质，要求他们每年缴纳贡品，才放弃征服那个岛屿。当他回到高卢时， 就收到罗马朋友的来信，本来是要送到大不列颠的，从信中得知他的女儿死于难产。恺撒和他的妻子庞培娅都为女儿的死感到伤心难过，他们的朋友非常忧虑，这个纠纷不断的国家到目前为止能够维持和平的局面，完全依靠恺撒和庞培的联盟，但是恺撒的母亲刚去世没多久，女儿又死于难产，等于是宣告这个联盟已经瓦解了。尽管保民官们都反对，但是人民还是把茱莉娅的遗体运到战神教练场，举行了丧礼后，就把她埋葬在那里。

恺撒的军队现在的人数已经非常庞大，于是只能把他们分成几队在不同的地区实施冬营，而他本人就回到意大利，像他以往那样，在他离开的这段时间，高卢爆发了全面战争，他们的军队到处袭击罗马人的军营，试图占领整个堡垒工事。阿布瑞欧里克斯（Abriorix）率领一支强大的叛军，击败了科塔（Cotta ）和泰图流斯（Titurius），而另外一支6万人的叛军包围了西塞罗指挥的军队，通过强攻猛击几乎占领了他们的营地，那些罗马士兵伤亡惨重，即使已经耗尽所有的力量，也不后退，要与敌人奋战到底。在远方的恺撒一得知消息，就马上集结了7000名士兵，率领他们快马加鞭地前去解救西塞罗。那些包围西塞罗部队的叛军获得情报，马上出兵迎战，自恃可以轻而易举地歼灭恺撒那支兵力微小的部队。为了加强敌方的傲慢的心理，装出一副避战的样子，继续行军，直到他找到一个有利于以寡敌众的好地方，然后在那里扎营。他不让他的部队去攻击敌人，命令他们把防御土墙建高一点，在营门前面设置路障，让敌人觉得他们害怕参战，更加藐视他们，而后放松警惕。最后恺撒在敌人缺乏安全保障的状况下突然进行袭击，打得高卢人落荒而逃，伤亡惨重。

这场战争平定了高卢的大部分动乱，恺撒趁冬营期间，前往高卢各地巡视，警惕防范那些可能发生的叛乱。现在他新增加了3个军团来补充他所损失的人员，庞培为他提供了2个军团，而另一个是最近在波河地区募兵编成的。长久以来那些好战部族里最具权势的人一直秘密地到处散播种下战争的种子，即将引爆一场规模之大并且艰险无比的战争，他们从各个地方征集了为数众多的青年，他们身强力壮，也已经全副武装；还从那些实力雄厚的城市筹集到了大量的金钱，用来解决战争过程中遇到的困难。那时正值冬天，河流都结冰了，树木被积雪覆盖了，平原地区都涨洪水了，有些地方的道路都消失在深厚的积雪当中，还有一些地区，由于沼泽和河流都泛滥了，让人找不准路。面对这些困难，要采取任何措施攻击叛军，对恺撒来说几乎是难以想象的。许多部落联合起来一起造反，为首的是阿维尼人（Arverni）和卡努蒂尼人（Carnutini），其最高指挥官是维金托里克斯（Vergentorix），他的父亲因为涉嫌实施专制政体，而被高卢人判处死刑。

维金托里克斯把整个兵力分成几个团队，委派指挥官，分别部署在各个地区，阿拉尔河也包括在内，同时他也获得情报，得知恺撒在罗马对付反对势力，于是想趁此机会发起全高卢的战争。如果他能够迟一点再动手，等到恺撒忙于内战。意大利必定会陷入如当年辛布里人所造成的极度惊慌和恐惧中。但是恺撒比其他任何人拥有一种天赋，能够将战事中的一切事物加以合理的利用，特别善于抓住正确的时机，当他一听说反叛之事，就马上照原路返回，向敌人们展示了，即使在严寒的冬天，他的行军速度也是很快的，让他们知道他们即将面对的是一支不可战胜的军队。在那么短的时间内，即使恺撒要派出一位信差也不可能那么快达到，谁会料到恺撒竟然亲自率领大军出现。蹂躏抢劫蛮族的地区，摧毁他们的堡垒，占领他们的城镇，保护那些投效的人员。最后，自称是罗马人的兄弟而且受到尊敬的艾伊杜人（Edui），竟然宣称要与敌军一起对付恺撒，使得恺撒的大军士气大受打击。接着恺撒率军离开那里，经过黎格尼斯人（Lingones）居住的地方，想要到达塞广尼人（Sequani）的国土，他们是罗马人的朋友，居住在意大利的前方，像是一个阻拦高卢人进攻的天然屏障。敌人在那个地方向他们发起进攻，数以万计的兵力把他们包围的水泄不通，这时恺撒也想和他们决一死战，经过一段时间的战斗，牺牲了许多人的性命，最后大获全胜，尽管起初碰到一些困难，阿鲁维尼人（Aruveni）把一柄短剑悬挂在寺庙里，说是他们从恺撒身上截获的。当恺撒自己看到那柄剑的时候，也禁不住笑了笑，他的朋友都建议他拿下来，但是他没同意，因为在他看来，那柄剑已经奉献给了神明，不能轻易拿下，否则就是对神明的不敬。

高卢人战败后，大部分人和他们的国王一起逃到一个叫阿莱西亚（Alesia）的地方，尽管那里有许多高耸的城墙，还有许多人保护着他们，可以说是坚不可摧的，但是恺撒还是包围了那个地方，于是那些高卢人从一个没有防御的外墙给恺撒一个前所未有的突然袭击。因为高卢人从每一个部族选出了一些精明能干的人，组成一支精编部队，全副武装前来解救阿莱西亚，他们的部队有30万人，城内的兵力也不少于17万，于是恺撒就被夹在这两支队伍的中间，只得用两面城墙保护自己，一面面对阿莱西亚，一面抵御前来解救阿莱西亚的军队，他知道，如果这两股势力联合起来，那么他的毕生功业就会被彻底摧毁。恺撒在阿莱西亚所面对的困境出于多种原因，给他带来了极大的荣誉，给了他一次机会来显示自己的英勇，而且他在这场战争中的指挥能力也超过了以前所有的战役。有一件事令人很疑惑，那就是他与城外上万的敌人交战并且打败了他们，城内的人竟然不知道，就连那些防守着邻边高墙的罗马守军也不知情。直到他们听见那边传来的男子和妇女的叫喊声，看到罗马士兵从那里搬回大量镶有金银的圆盾、沾有血迹的腹甲以及高卢型式的杯子和帐篷，他们才知道恺撒又胜利了。这样一支庞大的军队就在眨眼之间像鬼魂或者梦一样消失了，许多人都是命丧战场。那些为自己和恺撒带来麻烦的阿莱西亚最后还是缴械投降了。发动战争的主使者维金托里克斯（Vergentorix）穿上他最好的盔甲，装饰了自己的战马，骑着它走出城门，在恺撒座位的前方绕了一圈，然后下了马，脱了盔甲，静静地坐在恺撒的脚前，最后恺撒的手下把他带了下去，等到凯旋式回归时作为战利品。

恺撒很久以前就打算推翻庞培，正如庞培所想的一样。过去他们一直因为克拉苏，所以才相安无事，等到克拉苏在帕提亚被杀，如果他们中有一个想独揽罗马大权，那就必须推翻另一个，如果他不想被打败，就必须赶在对方之前下手，解决他所畏惧的对手。庞培是最近才对恺撒产生猜忌，过去一直小瞧他，因为他认为要打倒自己一手扶植起来的人并不是一件难事。但是恺撒从一开始就计划要消灭他的对手，就像是一个专业的搏斗者，把自己的实力隐藏起来，为将来的搏斗做好充足的准备。把高卢战场作为他的操练场，他不仅因此增加了军队的实力，还凭借自己的英勇战绩提高自己的声誉，于是他成为人们心目中唯一一个能与庞培一决雌雄的人。他的优势不仅仅来源于庞培本身和意大利的时势，还有腐败的罗马政府，当时罗马的公职候选人毫无羞耻之心，公然贿赂人民，他们在收到钱财后，不仅用自己的选票去讨好自己的“恩人”，甚至用弓、剑和投石器为他效命。他们在很多次的选举现场都杀害过对方的人，那里到处都是血迹，最后他们只得离开那里，罗马便陷入无政府状态，就像一艘没有引航员的船一样，没人操作只能随波逐流。所有明智的人士都认为，如果专政体制能够结束这种无序混乱的局面，也未尝不是一件好事。有些人甚至公然宣称，政府已经无可救药，除了实施专制统治，而他们应该从一位温和的医生那里获得这剂良药，所指的就是庞培，庞培虽然假装拒接他们的重托，担任那个职位，实际上不遗余力地要成为独裁者。小伽图识破了他的阴谋，于是劝服元老院任命他为唯一的执政官，用一种合法的独裁体制来安抚他的野心。元老院通过投票，决定让他继续担任行省的总督，而西班牙和阿非利加由他的副将治理，行省的军队还是由他指挥，每年由国家付1000塔兰特的经费。

庞培得到这样的待遇后，恺撒也不甘落后，于是请求继续担任行省的执政官。庞培起初对此还不在意，但是马克卢斯（Marcellus）和伦图卢斯却极力反对，他们一直以来就看不惯恺撒的作为，现在更是采取各种合法的或是不合法的措施来羞辱和诋毁恺撒，他们还取消了恺撒在高卢地区的新建殖民地新考姆（Comum）人民的罗马公民资格；当时担任执政官的马克卢斯命令一位新考姆的元老院议员来到罗马，然后将他鞭打了一顿，还告诉那位议员，他之所以在他身上留下鞭痕，就是要提醒他已不再是罗马公民，还吩咐他回去后，要让恺撒看看那些伤口。当马克卢斯任期届满后，恺撒就利用他在高卢获得的财产大肆贿赂所有的公职人员，保民官古里欧借此还清了所有的债务，恺撒还送给了当时执政官包拉斯1500塔兰特，他就是用这笔钱在罗马广场旁边建造了一座富丽堂皇的法院，用以取代之前的弗尔维斯会堂。庞培看到这些也起了提防之心，于是和他的朋友公开采取措施来遏制恺撒，设法指派一位继承者去接替恺撒的位置，还要求恺撒归还之前在高卢战争中调给他的军队。恺撒立即就答应了，还送给了军队中每个人250德拉克马。带领军队回来的军官们，在人民中间到处散布对恺撒不公平和不利的传闻，还无中生有地说，恺撒的军队都渴望得到庞培的重用，以此来讨好庞培，尽管庞培受到别人嫉妒和政府腐败的影响，自己处理事务时也会碰到许多麻烦，但是军队仍然听命于他，只要他带兵进入意大利，恺撒的军队就会拥护他，因为他们已经厌倦了恺撒没完没了的征战，怀疑他想实施独裁统治。听到这些，庞培就变得傲慢起来，又不把恺撒当一回事，不做任何军事作战准备，好像自己的处境毫无危险，只是用演讲和选票来对付恺撒，而这些并没让恺撒感受到半点威胁和损失。据说有一次，恺撒派他的一位上校去罗马元老院大厅，当那位上校被告知恺撒休想再延长任期时，他拍了拍佩剑的把柄说："但是这个东西就能办到。"

恺撒提出的要求不仅合理而且公平，他提议如果要解除他的兵权，那么庞培也应该照做解除兵权，两人一起恢复平民的身份，还能期望国家对他们多年来立下的汗马功劳给予一定的报酬。但是那些建议解除恺撒武装的人，却同时建议保留庞培的一切兵权，这简直就是一方面遏制恺撒实施独裁统治，而另一方面却支持庞培建立专制政府。当古里欧以恺撒的名义将这些意见在市民大会上提出时，大家都鼓掌支持赞同，甚至有些人还向他扔花环，把他当成优胜的摔跤选手，送给他花冠。在执政官们的全力反对下，保民官安东尼还是拿出一封来自恺撒的信当众宣读。庞培的岳父西庇欧（Scipio）在元老院提出，如果恺撒没有在既定的时间内遣散军队，那么他就应该被视为公敌。庞培是否应该解散他的军队，还有恺撒是否应该遣散他的军队，执政官们表决结果只有极少的人赞成前一项提议，大多数人都投票赞成后一项提议。安东尼再次提议，他们双方都应该放弃自己的职位，几乎所有人都同意他的说法。西庇欧却对此表示强烈的反对，伦图卢斯也大声疾呼，他们要对抗强盗，需要的是武器而不是选票，见此元老院只好宣布暂时休会，大家都对这种不间断的纠纷争吵表示悲痛不已。

不久之后，恺撒又有书信来到，这次的态度看起来似乎更加温和，他愿意放弃其他一切，只希望能保留在阿尔卑斯山内的高卢、伊礼利孔的权力和两个军团，直到他再次当选执政官为止。刚从西里西亚回来的演说家西塞罗看到这种局面，便想方设法调解他们之间的矛盾，极力劝说庞培，缓和他的怒气，庞培愿意答应西塞罗的任何请求，就是不能容忍恺撒保留两个军团。最后西塞罗终于说服恺撒的朋友，他们代表恺撒接受保留高卢、伊礼利孔两个行省，但是只能保留6000名士兵的折中方案，才得以平息他们之间的纷争。连庞培都愿意让步，执政官伦图卢斯却不同意，还对着安东尼和古里欧大肆谩骂，并且把他们逐出元老院大厅，这样一来便给了庞培一个似乎合情合理的借口，以此来煽动他的士兵，向他们证明像安东尼和古里欧那样有名望和地位的人，都被逼的得穿上奴隶的衣服。坐在雇来的马车里逃命。因为他们只有化成奴隶模样，才能安全逃出罗马。

恺撒的身边仅仅只有300名骑兵和5000名步兵，而其余的部队全部留在阿尔卑斯山的另一边，那些军官已收到命令，即将把那边的士兵调遣过来。他认为实施计划的第一战并不需要多大的兵力，最主要的是要在对方毫无戒备时，打下出其不意的第一战，这样就能让敌人对他的大胆行动感到畏惧。他认为，比起用军事准备来警告敌人，然后用再规规矩矩的方法对付对方，还不如给敌人出乎意料的突击更能收到显著的成效。因此，他命令百夫长和军官们只能携带佩剑，不必使用其他武器，然后去占领高卢一个名叫阿里米隆（Ariminum）的大城市，但是要尽可能少地引起骚乱和流血事件。他把这支军队交由贺廷修斯统率，而恺撒自己在白天还是出现在公共场合，观看格斗士的表演，快到晚上的时候就更衣来到大厅和那些被他邀请来的客人寒暄，等到入夜以后，他就找了个借口离开现场，还请求客人们留下来等他回来，他在事前就私下吩咐自己的少数密友随他一起走，但是要分头行动，不能走同一条路线。他自己坐在雇来的马车上，起先是朝着另一个方向走，然后再调转方向，快马加鞭地向阿里米隆驶去。当他到达卢比孔河，它他山内的高卢和意大利的其余部分分割开来，他的想法开始有所改变，因为自己即将面对危险，想到为了完成这项伟大的事业，要把自己的生命都豁出去时，他的思想就摇摆不定了。他减低马车前行的速度，命令马夫把车停在路边，然后在那里一言不发，反复思考掂量。这段时间他的想法一直在变动，他也与自己的朋友们（阿西纽斯·波利奥就是其中的一位）商量过这件事，估算他渡过这条河后会给人类带来多少灾难，以及后人会怎样来评述这件事。最后他在激昂的情绪中，把任何可能的后果抛在一边，把自己交给命运来安排，然后说了每个人在开始冒险和大胆尝试时惯用的一句谚语："骰子已经扔出去了。"渡过了卢比孔河，他之后实现了远征中的一切不可能，竟然在天亮之前就达到了阿里米隆，并且占领了那里。据说在他渡河的前一晚，做了一个极其荒谬的梦，竟然梦见与自己的母亲发生乱伦行为。

可以这么说，当恺撒一占领阿里米隆，通向那里的要塞就像是全部打开了一样，战火充斥了陆地和海洋，行省的界限也被打破了，法律的约束力也荡然无存。在罗马以前的战争中，仅仅是男子和女人们从意大利的一个城镇在惊慌中逃到另一个城市，但是在这次的内战中，好像每一个城市都难逃劫数，彼此逃到对方那里寻求帮助。邻近城市的居民都纷纷逃到罗马城内，就像一股洪流一样势不可挡。不仅地方官员无法控制那个局面，而且任何演讲家也不能让他们平静下来，只能忍受这场暴风雨所带来的灾难。每一个地方都存在着两大对营之间的强烈对立和冲动情绪。那些对这场改革感到兴奋的人士，并没有隐藏他们的感情，在那样的一个大城市里，与对方阵营的那些害怕、沮丧的人员相遇是很平常的事，在那些时候他们总是大胆表露自己对事态发展的信心，这样一来就总是发生争吵。庞培本来已经有太多的烦心事，还要遭到别人的指责.有人说他有这一天也是咎由自取，因为他以前不断加强恺撒的兵力，才让恺撒今天有能力与自己和政府对立；还有些人认为当恺撒已经做了那么多的让步，还提出合理的解决方法时，庞培却任凭伦图卢斯大肆侮辱恺撒，实在是太不应该。弗浮纽斯请求他不如在地上跺脚，因为他曾经在元老院吹牛，劝大家不要为战争的准备事宜担忧，只要他跺一跺脚，意大利就会布满他的士兵。虽然当时庞培的兵力远远胜过恺撒的兵力，但是人们不间断的虚假传言和不实的警告，让庞培不能好好整理自己的思绪，好像恺撒的军队已经兵临城下，庞培也只能放弃自己的主张，在人们的叫嚣声中倒下。庞培颁布法令，宣布罗马进入无政府状态，要求所有的元老院议员随他一起离开，那些凡是热爱祖国和自由以及厌恶暴政的人都不能继续留在这个城市。

执政官们立即逃走了，都没有举行通常的祭献仪式，而大部分元老院议员也是如此，带着自己的财产匆忙离开，好像那些东西是从邻居家抢过来的一样。而那些之前拥护恺撒的人，看到这种普遍的惊慌恐惧场景，不免会放弃自己原来的态度，认为自己并不能从中得到任何好处，于是也随大众一起离开了。看着罗马城陷入一片骚乱动荡之中，是一件很令人痛苦的事，就像是一艘被引航员抛弃了的船，只能随波逐流，让命运来安排一切，尽管随时都有可能撞上礁石。虽然人民已经处于水深火热的境地，但是出于对庞培的尊敬，他们把流放之地当成自己新的国家，而罗马仿佛已经是恺撒的阵地了。拉比努斯（Labienus）曾经是恺撒最亲近的朋友，曾担任过他的副将，在高卢战役中与恺撒并肩作战，同生共死，但是如今却背弃恺撒，投靠到庞培一方。恺撒随后就派人给他送去了他所有的财产和一辆马车，接着率兵进攻科芬尼姆（Corfinium），那里由杜米鸠斯带领的30个步兵支队把守着。杜米鸠斯对防御恺撒，守卫城市已经绝望了，于是就向随从的医生索取毒药，吃了一剂后，就在那里等待死亡的来临。不久，他就听说恺撒对待俘虏非常仁慈，于是叹息自己的不幸，责备自己匆忙做出服毒自杀的决定。医生安慰他，还告诉他服下的是能让他安睡的药，并不是毒药，一听到这个，杜米鸠斯就开心地从床上跳了下来，立马去见恺撒，宣誓要效忠恺撒，可后来还是投靠庞培了。 等到这些消息传到罗马，安定了许多颗浮动的心，许多逃亡在外的人也纷纷返回家园。恺撒接管了杜米鸠斯的军队，只要他发现哪里在为庞培征召士兵，他就攻克哪里，现在他的兵力足够强大，达到坚不可摧的地步，他就立即亲自率兵对付庞培，而庞培并没有坐以待毙，而是逃到了布林迪西（Brundisium），事先也命令一批军队护送执政官们到达狄尔哈强（Dyrrhachium）。没过多久，恺撒就逼近布林迪西，庞培经海路逃走，这些情形在他的传记中已经有许多详细的说明。恺撒本打算立即进行追击的，但是缺少船只，所以只好返回罗马，在60天内，恺撒在没有引起一场血战的情况下，成为了意大利的主宰。等他到达那里的时候，他发现这个城市比他预料中的还要平静，许多元老院的议员都出来迎接他，他也非常尊敬他们，还礼貌地与他们交谈，希望他们能派人去与庞培协商，找到一个合理的解决方案，然后达成和平。但是没有人愿意照他的话去做，因为他们对已经被自己抛弃的庞培心存畏惧，或者他们认为恺撒口是心非，只是表面上讲些冠冕堂皇的话罢了。当护民官墨特卢斯阻止他从国库里拿钱，还举出一些法律条文控告他的时候，恺撒回应，武器和法律都有它们各自发挥作用的时候，还说道："如果我的行为让你感到不快。你可以离开这里；战争不允许言论自由，等我放下武器，和平实现的那一天，你再回来就可以随心所欲发表言论了，"接着又说道，"现在我告诉你，我这样做已经算对你很客气了，你和其他反对我的人已经落在我的手中，任我摆布，只要我乐意，怎么处置你们都不为过。"在说完这些后，恺撒就走到国库大门，但是没有找到钥匙，于是派人去请了一位开锁匠，强制打开大门，墨特卢斯再次反抗，旁边还有人在鼓励他，恺撒提高嗓门告诉墨特卢斯，如果他再从中阻拦的话，就要处死他。恺撒说："年轻人，你要知道，说出这些话比做这些事更让我感到不快，"这些话吓跑了墨特卢斯，从那以后，恺撒在作战供应方面提出的所有要求，大家都会很快为他办好。

现在恺撒要进军西班牙，决定要首先征服庞培的副将阿非拉纽斯（Afranius）和瓦洛（Varro），接管他们名义下的军队和管辖的行省，这样一来，就免除了后顾之忧，他能在确保自己的安全的情况下，全心全意地对付庞培。在这次远征中，他的人经常遭埋伏袭击，还常常缺乏生活物质，忍受饥饿，但是他还是没有停止追击敌人，激起他们应战的决心，建造碉堡围攻他们，最后终于借助主要兵力占领了敌营、征服了敌军，只有将领们逃脱了，奔投到庞培的阵营。

当恺撒回到罗马的时候，他的岳父皮索劝他派人去和庞培谈判，签订和平协议，但是伊索瑞库斯（Isauricus）为了讨好恺撒，故意反对这项提议。之后，元老院任命恺撒为独裁者，他召唤那些流放在外的人回国，关于那些在苏拉统治时期遭到迫害的人的子女后代，恺撒也恢复了他们的罗马公民的身份，还通过一项免除债务部分利息，以此来减轻债务人的负担，还通过了若干类似的法令，只是数量不多而已。但是11天后，他就辞去了独裁者一职，宣布自己和塞维留斯·伊索瑞库斯担任执政官，再次投入到战争中去。他的行军速度非常之快，以致除了精选的600名骑兵和5个军团外，其余的部队都被他远远地甩在后面，大约在1月初（相当于雅典人的波塞冬月），正值严冬季节，就率领军队渡过爱奥尼亚海，之后占领欧瑞孔（Oricum）和阿波罗尼亚（Apollonia），再派船队返回布林迪西接应那些落后的部队。那些在行军路上的士兵的身体都早已不如年轻时那般充满活力，在经历了那么多场战争后，早已经筋疲力尽了，难免会对恺撒发出怨言："这个恺撒到底要我们走到何年何月何地才让我们休息啊！这么多年来，他不断地把我们从一个地方带到另一个地方，好像我们永远都精力充沛，把再辛苦的工作都不当一回事，我们的刀剑就是用得很勤也会卷口，看着我们多年来手持矛盾、身穿腹甲，他难道就没有半点怜悯之心吗？别的什么都不说，那我们的伤口总该让他瞧瞧吧，让他明白他所率领的士兵不是神仙，只是一些会生老病死的凡人啊！就算是神仙也一样避不开严冬的折磨，也无法阻止那个季节的暴风雨，但是他还是一如既往地催促我们前进，好像我们不是在追赶敌人，而是在被敌人追赶。"那些士兵就边走边聊，慢悠悠地向着布林迪西前进。但是当他们抵达那里，发现恺撒已经先行出动，他们的想法又有所改变了，他们责备自己像是背叛将领的叛徒。现在竟责备自己的军官行军缓慢，他们坐在高山上，俯瞰海洋和伊庇鲁斯方向的动静，一直向着海天深处眺望，希望可以看到恺撒派来接运他们的船只。

与此同时，恺撒的军队驻扎在阿波罗尼亚，但是没有足够的兵力去对付敌人，而留在布林迪西的士兵又迟迟没有前来援助，使得他万分焦虑不知怎么办才好。最后，他只得破釜沉舟，决定冒险试一试，在任何人都不知道的情况下，登上一艘12只划桨的小船，前往布林迪西，那时的海面上布满敌人一支强大的舰队。傍晚的时候，他身穿一身奴隶衣服，登上小船，像一个穷光蛋一样躺在船底。阿纽斯河会带着他们的船只顺利出海，那里早上都会刮来的温和的陆风，把海面的波浪向外吹动，这样河口那里便十分平静，但是晚上就会刮起强大的海风，压制陆地的气流，于是河水边和涌入的海水相互碰撞，河口的海面更加狂暴，高涨的波涛使得河水倒流，以致船长也摸不清前进的道路，只得下命调转船头，照原路驶回。恺撒看到这种情况，便显露自己的身份，船长见到他感到十分的惊讶，恺撒握着他的手说：“啊！我的朋友，不要害怕，继续前进，恺撒在这艘船上，他会为你们带来好运的。”水手们一听到恺撒的话，便忘了暴风雨的恐怖，用尽全力划桨，尽最大可能顺着河流出海。但是一切还是无济于事，因为船里已经渗入了太多的水，恺撒发现把船停在河口会非常危险，虽然有些不甘心，但还是让船长掉转船头。当他登岸的时候，成群的士兵都前来迎接欢迎他，对他所做的冒险的事加以指责，对于恺撒认为单凭自己现在的兵力还不足取得胜利，所以才会忧心忡忡，还冒险来接这些没有到来的部队，士兵们都认为恺撒对他们失去信心，于是表现出很气愤的样子。

之后，安东尼率领军队从布林迪西赶过来，尽管庞培的营地占据了非常有利的位置，同时还能从海上和陆地获得大量的物资供给，而恺撒从一开始就粮食供应不足，后来又紧缺一些生活必需品，以致士兵们只能挖掘生长在那里的一种植物的根，和着牛奶一起吃，即使面对这些困境，但是恺撒还是鼓起勇气要和庞培决战到底。有时他们还会用它来做一种面包之类的食物，跑到敌人的基地，将面包扔过去，还告诉敌人，只要地球上还生长这种植物，那么他们就不会放弃攻打庞培。庞培用了很多方法不让这些扔面包的情景或者敌人的挑衅性话语传到他的士兵中去，以免军队士气受挫，将士们都对这场战争失去信心，因为庞培的人都把恺撒的人马当作是野兽，非常畏惧他们的凶残和顽固。在庞培的外垒线周围，经常发生一些小规模战斗，每一次恺撒都取得了胜利，除了有一次，那次他的人被打得落荒而逃，还差点失去了自己的营地。庞培的军队发动猛烈的进攻，以致没有一个人能坚守自己的阵地，战壕里全是尸体，在敌人的追赶之下，还有许多人死在防御土墙和堡垒上。恺撒遇见那些逃跑的士兵，命令他们回头再战，但是已经没有人听他的了。恺撒本想拿起战旗鼓舞斗志，但是那些掌旗手竟然把旗子扔在地上，以致敌人拿走了他们32面旗帜。连恺撒自己也险些遇害，当一位身强力壮的士兵从他面前跑过时，他想抓住他的手，命令他再去与敌人战斗，但是那个人已经被当时的险境吓住了，竟然举起自己的剑，欲向恺撒刺去，就在这时，恺撒的负甲者先一步把对方的手臂砍断了，才救了恺撒一命。当时发生的所有事情已经让恺撒陷入绝望之境了，但是不知道是庞培过分小心还是运气不好，他竟然没有趁此大好机会将敌人一举歼灭，而是把他们赶出了自己的营地就撤退了，恺撒见此状，就对他的朋友说："如果庞培拥有一位明智的将领，知道如何取胜，那么他们就会赢得今天的胜利。"当恺撒回到帐篷里休息时，却翻来覆去睡不着，对当前的形势感到十分困惑迷茫，最后认为是自己的指导出了差错。摆在他面前的是一片肥沃的土地，上面有马其顿和帖沙利一些富裕的城市，他应该把营地驻扎在那里，而不是在庞培拥有一支庞大的舰队的海滨地区，就因为这样，所以自己才会陷入缺粮的困境，而无法围攻敌人。他一整夜都在思考自己面临的困难和危难，第二天早晨，他就下令转换营地，率军前往马其顿，攻打西庇阿，这样一来，他就能把庞培引到一个不能像之前那样方便地得到海上的供给的地方，因为在西庇阿得不到支援，那么恺撒就很容易取胜了。

庞培的军队都误以为恺撒吃了败战，逃跑了，于是他们就乘胜发起追击，但是庞培不敢冒险打这一战，尽管他的军粮很充足，足够维持很长的时间，反之，恺撒的给养有限，他可以慢慢消耗恺撒的战斗力。虽然恺撒的精英部队经历过许多场战争，在战争中也表现出不可阻拦的勇气，但是这样不断地行军、变换营地、进攻碉堡工事以及长期夜间警惕，他们也变得疲惫不堪，更何况他们的年纪见长，他们的身体再也不能胜任艰苦的工作，随着体力的衰退，作战的勇气也开始低落。此外，听说有一种由于饮食不规律引起的传染病在恺撒的军队里传播开来，更严重的是，恺撒在金钱和粮食方面都得不到供应，这样看来，他的军队不久之后就会全面崩溃的。

出于上面所述的原因，庞培便不愿再与恺撒开战，除了小伽图，其他人都不赞成他的这种做法，小伽图之所以赞同，是因为他心怀仁慈，不愿看到自己的同胞们互相残杀，当他在上一次战争中看到恺撒那边的士兵惨死的尸体达1000具之多时，便转过脸去，流下了同情的眼泪。但是其他每一个人都责备庞培不愿开战，还给他取些绰号“阿格曼隆和万王之王，”以此来刺激他采取行动，还说庞培早就已经迫不及待地想要得到至高无上的权力，也很高兴看到那么多指挥官陪在他左右，经常出入他的帐篷。弗浮纽斯受到小伽图直话直说的风格的影响，刻薄地抱怨，都是因为庞培太依恋自己的统帅大权，所以他们今年又吃不到突斯库隆（Tusculum）的无花果了。阿非拉纽斯（Afranius）最近从西班牙回来，因为在那里惨败，所以被人怀疑接受了贿赂，出卖了自己的军队，他讥讽地问他们为什么不自己去和那个收买他的人作战呢！诸如此类的话语激怒了庞培，他违背自己的意愿，同意继续作战，于是追击恺撒的军队。恺撒在行军中碰到巨大的困难，因为没有一个地方愿意给他们提供粮食，他的声望也在上一次败战后下降了，但是在恺撒占领帖沙利的城镇戈菲（Gomphi）后，他不仅找到了充足的粮食，还获得了适当的医疗，大量充足的酒让他们得以尽情畅饮，即使是在行军的途中也能像庆酒神节那样欢饮作乐，这样一来，他们的病竟然不药而愈，也恢复到了以前的体质，焕然一新。

当恺撒和庞培的两大支军队进入法尔沙利亚（Pharsalia）地区后，就都在那里扎营，之后庞培又恢复了原来的想法，更多的是因为不断出现的不祥的预兆和他梦中的情景，他才更不愿意和恺撒开战。但是庞培身边的人都相信他这次一定会赢，甚至杜米鸠斯、司频泽尔（Spinther）和西庇阿就像已经打败了恺撒一样，竟然为了谁继承恺撒的祭司长职位而发生争执。还有许多人被派往罗马去为执政官和法务官安排适当的官邸，他们认为战争一结束，就能回到罗马出任那些职位。特别是骑兵部队，他们坚决出战，已经武装好了自己，喂好了马匹，骑士们显得十分英俊，在人数上也占有优势，他们共5000人，而恺撒只有1000名骑兵。而且双方的步兵人数也不均等，庞培有45000名步兵，而恺撒只有22000名。

恺撒把自己的人马召集到一块，告诉他们，柯芬纽斯正带着两个军团前来支援，还有卡勒努斯（Calenus）囤居在麦加拉和雅典的15个步兵支队也会支援，然后问大家是等援兵与他们会合，还是冒险出战。大家都高呼不要再等待了，而是尽可能快地与敌军决一死战。当恺撒向神明献祭为军队举行戒斋仪式，宰杀第一只牲畜时，占卜官告诉他三天之内他将会实施关键性的举动。恺撒问他是否从牲畜的内脏中看到好的结局，祭司回答："这个问题由你自己回答更好，神明显示当前的局势会发生巨大的改变，所以，如果你认为你现在转运了，那么就会有好的事情发生。"在会战的前一晚，恺撒在午夜巡视的时候，看见天空中一道明亮而灿烂的光芒，他从自己军营的上空划过，然后坠入庞培的营地，第二天早上，恺撒的哨兵在换班之际，发现敌军出现惊恐和混乱的现象，但是恺撒不想在那天交战，于是下令撤回营地，进军史科图萨（Scotussa）。

就在大家拆除帐篷的时候，恺撒的侦察员骑马前来告诉他，敌军要和他会战。恺撒听到这则消息，非常开心，等到他向神明祈祷以后，就把军队分成三大部分，列出会战队形。他派杜米鸠斯·卡维努斯（Domitius Calvinus）指挥中军，安东尼负责指挥左翼，而自己负责右翼，率领第十军团迎战。但是当他看到敌方的骑兵已经列好阵势，准备攻击他时，他感到非常震惊，那些骑兵都相貌英俊、数量庞大，于是私下从全军的后卫抽调了6个步兵支队，配置在右翼的后方，还教他们遇到敌方的骑兵时该如何应付。另一方面，庞培负责右翼，杜米鸠斯负责左翼，岳父皮索负责中军，还把所有的骑兵都集中在左翼，准备对敌方的右翼实施侧面攻击，击溃由主将领指挥的部队。他们认为没有一支那么坚固的步兵方阵能够抵挡住这样强大的攻击，骑兵部队的攻击必然将他们瓦解。当双方都准备发出开战信号时，庞培命令前面的步兵部队坚守自己的阵地，保持原来的队形，静静地等待敌人发起第一次进攻，直到他们进入标枪的投掷范围内。就这件事，恺撒认为庞培在指挥作战方面还是欠缺才干，好像他还不知道采用主攻的作战方针，用刺激的步伐能够增加打击的力量，同时也可以让士兵们满满的热情更加旺盛和激烈。恺撒正在调前队伍出战，自己也随着前进迎敌，这时他看见自己手下的一位将军，是一个身经百战、值得信任的老兵，鼓舞手下的弟兄要尽其最大努力杀敌。恺撒叫着他的名字说道："盖约·克拉辛纽斯（Caius Crassinius），你看我们有多少成把握能取胜？"

盖约·克拉辛纽斯伸出他的手向他行礼，大声说道："恺撒，我们会打一场漂漂亮亮的胜战，无论我今天的下场是死还是活，我都要获得你的赞赏。"他话一说完，就一马当先冲向敌军，手下120名士兵紧紧相随，冲破了敌人的第一道防线，仍旧奋勇逼近杀死了许多敌人，直到他被敌人用剑刺伤才退下来，那一剑是从他的嘴里戳进去，刺穿了他的脖子。

步兵部队加入了激烈的主力战斗，这时位于侧翼的庞培骑兵部队信心倍增，扩宽队形以便包围恺撒的右翼。但是他们还没来得及突袭之前，恺撒的步兵大队就冲出来攻击他们，他们并没有像以往那样接近敌方作战，从远处投掷标枪，或者是攻击他们的股或大腿，而是瞄准敌人的脸，猛刺过去。因为恺撒之前就是这么教他们的，恺撒认为年轻的骑士没有作战的经验，也没有受过战伤，他们都留着长发，正值青春，仪容俊美，更加害怕畏惧这种攻击，因为这不仅会有生命之忧，将来还有可能会破相。事实证明的确如恺撒所料，他们在面对敌方标枪的攻击时，甚至都不敢直视，而是把脸转过去，掩盖起来，以免被标枪毁容。于是庞培的军队就陷入了一片混乱，不久那些士兵就掉头逃跑，这样的可耻的行动毁掉了庞培所有的计划。恺撒的军队见此状，马上乘胜追击，从侧翼围攻步兵，先将后卫击溃，把敌人杀得片甲不留。庞培看到他的骑兵被击溃已经逃跑，便指挥另外一翼的部队，他好像忘记了自己是大将庞培，这时更像是一个被神明剥夺意识的人，一言不发地退回帐篷，坐在那里等待战争的结束，直到军队全军覆没，敌军出现在军营前面的工事上面，与那里的防卫士兵进行接近战斗。这时他好像才恢复意识，据说只说了一句话："发生什么事了，难道已经攻进营地了？"他立即脱下大将军的服装，换上一套便于他逃跑的衣服，然后偷偷溜走了。至于他接下来的命运如何，以及在埃及避难时遭到谋杀的过程，我们在他的传记中已经告诉你们了。

当恺撒获胜后，在巡视庞培的营地时，看到自己的许多敌人都倒毙在地，还有一些人正陷入垂死的状态，不禁感叹道："你们走到今天这一步，完全是自食恶果，我盖约·恺撒曾获得多少次胜利，你们怎敢要解散我的军队？还要控制我？"波利欧说，恺撒当时是用拉丁语说的那句话，而后用希腊文字写出来的；此外，在占领营地时被杀的人大多数都是奴隶，阵亡的不超过6000人。恺撒把大多数的步兵俘虏编入自己的军团，还赦免了许多有名望的人士，在这些人当中，有之后杀他的布图卢斯。战争结束以后，布图卢斯没有立即现身，据说这让恺撒十分焦虑，后来看到他活生生地站在自己的面前，感到非常高兴。

据说有许多奇怪的事情都预兆了恺撒的胜利，最著名是发生在特拉勒斯（Tralles）的那件事，在那个城市的胜利女神庙里有一座恺撒的雕像，它所在的地面天然地十分坚硬，上面铺设的石头更加坚固，据说就是在雕像的基座附近，竟然很快地长出了一棵棕榈树。帕都亚（Padua）有位非常出名的占卜师，名叫盖约·高乃留斯（Caius Cornelius），是历史学家李维的同乡和老友，战事发生的当天他正在进行鸟卜的观察。根据李维的记载，高乃留斯首先指出会战的时间，接着对他周围的人说，战争已经开始了，双方的士兵正在激战。当他第二次观察的时候，看到了预兆，像是被神明感召一样跳了起来，高声喊叫："恺撒，你已经是胜利者了。"旁边的人都感到非常惊讶，他把头上的花冠取下来，并发誓在他的预言被证实真实以前，他是不会再戴上的。李维宣称他的陈述就是真相。

为了纪念这次大捷，恺撒赐予了帖沙利人自由，然后又继续追击庞培。当他到达亚细亚的时候，为了讨好神话作家狄奥蓬波斯（Theopompus），解放了尼多斯人（Cnidians），还免除了亚细亚行省人民的三分之一的税金。之后又到达了亚历山卓（Alexandria），庞培已经在那里遭谋杀了，狄奥多都斯（Theodotus）把庞培的头颅交给他，他不忍检视，于是只带走了他身上佩戴的印章，还流下了眼泪。当庞培的许多朋友在埃及逃难时，都不幸被埃及国王拘留，现在恺撒都解救了他们，对他们非常友好。在写给罗马朋友的信中，恺撒说道，胜利给他带来的最大的快乐，是能够不断地挽救那些与他对立作战的同胞们的生命。至于在埃及的战争，有人说那是由恺撒对克丽奥佩特拉的爱慕所引发的一场危险的、可耻的战争、根本没有必要的。而另外一些人则把这场战争归咎于埃及的大臣们，尤其是宫廷中最得宠的宦官波瑟努斯（Pothinus），也就是他杀了庞培，驱逐了克丽奥佩特拉，又密谋杀害恺撒（为此，恺撒从那以后，便整夜难以入睡，借助通宵饮酒，来保护自己），同时他还公开在言语和行动方面冒犯侮辱恺撒。当恺撒的士兵吃一些发霉的、有害健康的谷物时，波瑟努斯说他们应该感到满足，因为他们是靠着别人的施舍度日的。波瑟努斯下令，他的餐桌上应该摆放木制的或是陶制的餐具，还说恺撒借用抵债之名拿走了他所有的金银餐具，因为当时的国王的父亲欠了恺撒1750万德拉克马，恺撒也曾经把剩下的债务转到先王的子女头上，所以现在要求国王偿还1000万德拉克马，用来当作自己的军用。波瑟努斯告诉恺撒，最好现在离开处理其他更加重要的事务，他以后会带着感激之心偿还剩下的债务。恺撒回答他并不想要一位埃及人教他该做些什么和不该做些什么，很快私下派人去接克丽奥佩特拉回来。

克丽奥佩特拉只带了一位亲信西西里人阿波洛多鲁斯（Apollodorus）回来，傍晚的时候在宫殿附近上了岸。为了不被人发现，最后她伸直身体躺在一条长的床罩上，阿波洛多鲁斯把床罩卷起来，背在背上走进恺撒府邸的大门。恺撒先是被克丽奥佩特拉的智勇双全征服了，她的美丽更让恺撒难以自拔，所以恺撒最后出面调解她和她王兄之间的矛盾，使他们言归于好，条件就是克丽奥佩特拉也有份管理整个国家。埃及的人民为了纪念他们重归于好，还举办了盛大的宴会，恺撒的理发师是一位非常胆小怕事的人，所以对每件事都打听得非常清楚，这次他竟然发现了埃及国王的军队大将阿基拉斯（Achillas）和宦官波瑟努斯正在密谋对付恺撒。恺撒一听到他的情报，就在设宴的大门前派兵监视里面的一举一动，还杀死了波瑟努斯。阿基拉斯马上逃回军队，发起了一场令恺撒头疼和为难的战争。对恺撒来说，自己在这儿的兵力薄弱，要对抗这么强大的国家以及这么庞大的军队的确不是一件容易的事。他面临的第一个难关就是缺水，因为敌人改了供水的渠道。还切断了他的海上交通线，他被迫放火烧自己的船只来转移危险，烧坏了船坞以后，大火蔓延开来，焚烧了亚历山卓大图书馆。第三个困难就是：有一次在法洛斯（Pharos）与敌人激战的时候，恺撒为了解救一名身陷困境的士兵，从堤道上跳到一艘小船里，那些埃及人民见此就从四面八方向他逼近，在这种情况下，他被迫跳进海里，克服了许多困难才游上岸的。根据故事的叙述，据说那个时候恺撒的手里还拿着许多名贵的作品底稿，尽管敌人不停地向他投掷标枪，他也只能把头埋进水里，尽管如此，为了不把底稿弄湿，他竟然一直用手把书举在水面之上，同时还得用另一只手划水前进。同时，他的小船已经快要沉水了。最后，埃及国王也加入了阿基拉斯的战队，一起对付恺撒，恺撒与他们激战后，将他们打败。许多人在那场战争中阵亡了，连国王也再没出现在人民的面前。此后，克丽奥佩特拉就成为了埃及的女皇，不久后还和恺撒生下了一个男孩，亚历山卓人称他为恺撒利昂（Caesarion），恺撒随后就去了叙利亚。

恺撒在从叙利亚前往亚细亚的途中，听说杜米鸠斯被米特拉达悌（Mithridates）的儿子法尔纳斯（Pharnaces）击败，带着一队人马逃离了本都（Pontus），法尔纳斯急于求胜，尽管他已经是比提利亚（Bithynia ）和卡帕多基亚（Cappadocia）的主宰，他还是不满足，还进一步计划占领小亚美尼亚（Lesser Armenia），这一举动激怒了所有的国王和领主，他们纷纷起来反抗法尔纳斯。恺撒也立即带领3个军团前往，在泽拉（Zela）与他会战，结果将敌人全部击溃，把法尔纳斯赶出了本都。当恺撒向他的一位在朋友罗马人杜米提乌斯（Amantius）讲述此事的时候，用三个词来形容了决战的速度之快：我来、我见、我征服，这三个词在拉丁文中也有相同的音节，非常简洁生动。

然后恺撒从本都渡海回到意大利，在年末的时候抵达罗马，那一年他再次被任命为独裁者，虽然那个职位之前从未持续一年，第二年又被推选为执政官。也有人说恺撒的坏话，那是因为有一次一些士兵叛乱，杀死了财务官科斯科纽斯（Cosconius）和伽尔巴（Galba），而恺撒对那些凶手只是轻轻地惩治了一下，称呼他们为“市民同胞”，而不是“士兵兄弟”。之后不仅在意大利分给了他们每人一块土地，还给他们每个人发了1000德拉克马。除此之外，恺撒还因为多拉贝拉的奢侈、阿曼鸠斯的贪婪、安东尼的淫荡、柯芬纽斯的挥霍受到人民的指责，柯芬纽斯还认为庞培的府邸不够豪华，竟然要拆除重建，所有的罗马市民都对他们的行为不满。而恺撒虽然知道他们的行为败坏，也不赞同他们的所作所为，但是他们对自己还有利用价值，为了达到自己的政治目的，他也只好睁一只眼闭一只眼。

在法尔沙拉斯会战后，小伽图和西庇阿逃到阿非利加，在国王尤巴的帮助下，得到了一支实力非常强大的军队，恺撒决定前去讨伐他们。因此，恺撒在冬至日左右抵达西西里，为了打消军官们延迟行动的念头，于是就在海边扎营，只要顺风一来，他就率领3000名步兵和少数骑兵出海。等到他们登陆以后，自己又偷偷地回来，因为他对后面的大队人马不放心，结果在海上就遇见他们了，于是就将他们带到同一营地。他在那里听说而来一个古老的预言：西庇阿家族永远都不会在阿非利加战败。在恺撒的军队里，有一个出身阿非利加尼氏族的人，他为人卑鄙，处处受人鄙视，但他是西庇阿家族的一员，名叫西庇阿・萨鲁提欧（Scipio Sallutio）。恺撒竟提拔了这个人（不知道他是为了嘲讽西庇阿的荒谬，还是想让自己这边也能沾点那个预言的光，这倒很难分清楚）好像他是一位将军，被迫与敌人交战一样。当时恺撒的军队既缺少粮食又缺乏马匹的粮草，所以只能用海藻喂马，他们用水把海藻彻底清洗一遍，除掉其中的盐分，再和一点草使味道好一点点。任何时候，都有大量的和善于骑射的努米底亚人投靠恺撒，恺撒就利用这些蛮族来统治大片领土。有一天，恺撒的骑兵们不用执勤，于是就观看一位非洲人跳舞，同时还吹奏出令人钦佩的笛声，他们都被婀娜的舞姿和生动的笛声给深深吸引住了，于是把自己的马匹交给一些男孩子们看管，这时敌人突然来袭，包围了他们，有一些人被杀了，其余人员逃回了营地，敌人在后面穷追不舍，幸亏恺撒和阿西纽斯・波利奥出来营救，中止了他们的逃败，那么这场战争在当时就结束了。在另一次会战中，敌人已经占据了优势，据说，恺撒抓住了一位正准备逃跑的掌旗官，抓住他的脖子不放，强迫他面朝敌方，然后说道："看！这是通向敌人的路。"

西庇阿最初对这次胜利感到高兴，有意发起一场决定性的战争。因此，他让阿非拉纽斯和尤巴的两支军队分别驻扎在相距不远的地方，然后自己率领军队前往塔普苏斯（Thapsus），打算在那里的湖对岸建立一个坚固的营地，当作作战行动的中心站，也可以为部队提供一个避难的要所。正当西庇阿实行这个计划时，恺撒快速地穿过浓密的深林和一片被认为无法通过的地区，切断了敌方的一支军队与外界的联系，然后再从正面攻击另一支军队。把他们全部击败以后，恺撒趁此机会，再取战果，在好运当头之下，占领了阿非拉纽斯的营地，接着抢劫努米底亚人，他们的国王尤巴还为自己幸免于难而庆喜，因此恺撒在短短一天之内就成为了三个营地的主宰，杀死了5万敌人，而自己却只损失了50名战士。上面所述只是一些作者对这场战争的叙述。另外一些人则有不同的说法，他们说恺撒其实并没有参加这场战争，因为他在部署军队的时候，他却被旧病缠身，全身发抖，他知道这会引起当前局势的重大变化，于是趁疾病还没模糊自己的意识之前，回到附近的堡垒里修养。战争结束以后，被俘获的一些执政官和财务官们都被恺撒处死了，还有一些在恺撒动手前就自杀了。

小伽图负责保卫乌提卡（Utica），因此没有参加上述战役。恺撒一直都想活捉小伽图，于是匆忙赶往那里，当得知小伽图已经自杀的消息时，恺撒感到非常惋惜，而关于其原因，每个人的说法都不一致。恺撒曾肯定地说："小伽图，我对你的死感到非常遗憾，因为你不让我拥有保全你性命的荣誉。"小伽图死后，恺撒还发表文章抨击反对他，似乎没有半点的慈善之心或者想要与小伽图和解的意愿。即使小伽图死了，恺撒还是对他不满，如果不是小伽图选择自行了断，恺撒又怎么可能就这样放过他呢。但是他对西塞罗、布图卢斯以及其他与他作对的人又是如此的宽容与仁慈，这样我们可以推断出，恺撒写那本书的目的不在于表达自己对小伽图的憎恨，而是在为自己辩护。西塞罗曾经写过一本赞颂小伽图的书，就是以《论伽图》命名。西塞罗是当时文学界的巨擘，而他《论伽图》一书由于选择了好的题材，所以这本书必将传遍每个人的手。这件事触怒了恺撒，他认为赞扬他的敌人，就是等同批判他本人，为此，恺撒写了一本《反伽图》来抨击小伽图的所作所为。这两本著作就像是恺撒和小伽图本人一样，都拥有各自的支持者。

恺撒回到罗马后，并没有忘记在人民面前夸耀自己的战绩，他所征服的地区每年可为罗马提供20万阿提卡的蒲耳式谷物和300万磅油。然后举行埃及、本都和阿非利加三个凯旋式，最后一项不是为了纪念打败了西庇阿，而是为了纪念战胜了尤巴王，据说尤巴王的小儿子在凯旋式中代表了他，他是有史以来最幸运的俘虏，虽然他是一个野蛮的努米底亚人，后来却也跻身希腊最博学多才的历史学家。凯旋式过后，恺撒奖赏自己的士兵，用宴会和表演款待人民。他还在一次宴会上招待了所有人民，摆了

22000桌酒席，还举办了斗角士的演出，以及海战的场景，他说以此来纪念自己的女儿茱莉亚，尽管她已经去世很久了。表演结束以后，恺撒就下令进行人口普查，发现市民的数目由原来的32万人减到了15万，仅仅在罗马内战中就损失了很多人，就更别提在意大利的其他地区和各行省所牺牲的人数了。

恺撒现在又被第四次选为执政官，随后前往西班牙攻打庞培的儿子。他们虽然年轻，但是已经组织了一个庞大的军队，可见他们勇气可嘉，都是大将之才，所以恺撒的处境还是非常危险的，他们的军队在穆达（Munda）镇附近交战，恺撒看到自己的军队受到沉重的打击，所做出的反抗也毫无力气可言，于是他从士兵的队列中穿过，高声向他们问道，如果把他交到那几个乳臭未干的黄口小子手里，他们不会感到羞愧吗？最后，恺撒的军队冲破重重困难，竭尽全力击退了敌人，杀敌3万，自己也损失掉了1000精兵。当他从战场上回来的时候，他告诉他的朋友，过去他都是为胜利而战，这是第一次为自己的性命而战。这次的战争是在酒神节那天取得胜利的，也是四年前庞培率军前往希腊的那一天。庞培的小儿子逃跑了，但是战役结束的几天后，狄迪斯却把庞培大儿子的头颅献给了恺撒。这是恺撒参加的最后一场战争，为了庆祝这次的胜利，还使得罗马人民极不满意，因为他不是击败了外国的将领或蛮族的国王，而是灭绝了罗马一位伟大人物的子女和家庭，那位伟大的人物是不幸的，这样一来，恺撒等于是在为国家的灾难而庆祝，他对自己所发起的战争，除了确有所需之外，也没有任何言辞可以向神明或者人民辩解。除此之外，他从没写过信或者派遣信使到罗马通知他的同胞们所取得的胜利，看来他自己也认为这并不是什么光彩的事，可能还令他羞愧。

尽管如此，他的同胞们对于他的好运也只能认命了，在经历过那么多的内战和苦难后，一个人主持国家大局也总能让他们有时间来休养生息，所以恺撒获得了终生独裁者的职位。这的确就是一个公开的专政了，因为现在恺撒的权力不仅已经至高无上了，而且也是永久的了。西塞罗是第一个向元老院提议，把这种荣誉授予恺撒，这并未超过一位普通人所能承受的极限，另外一些人在争夺名利，把自己捧得很高，以致那些平民们，为了赠给恺撒的头衔过于做作，反而还对恺撒起了厌恶之心。他的政敌们也像那些奉承者一样，也想促成这种非分之想。这样做便能使他们在对付恺撒的时候占据优势，这将是他们控告恺撒有所图谋的最合理的理由，因为自从内战结束后，他就没有其他什么事可供政敌们拿来挑事。因为他不仅宽恕了许多与他为敌的人，还赐予了他们一些荣誉和职位，特别是布图卢斯和克拉苏，他们现在都是财务官。庞培的雕像被人摧毁了，他又下令重建，对此，西塞罗说，他在修建庞培的雕像时，也在人民心中塑造了自己的形象。当他的朋友们建议他带一名随身侍从，还有人自愿效劳，但他就是不听，说他宁愿承受死亡，也不愿活在对死亡的恐惧中。他把人民对他的喜爱和爱戴看作最好的、最可靠的市委，所以公开设宴款待民众，发放谷物。为了取得军队的支持，他还特地建立许多殖民地，其中最出名的是迦太基（Carthage）和科林斯（Corinth），之前这两个城市在同一时间被毁灭，现在又开始重建，为人民提供住处。

对于那些上层阶级的人。恺撒许诺他们中的一些人将来担任执政官和财政官，然后用其他的职位和荣誉来安抚其他人，总之就是，他会让每一个人都怀有希望，这样他就能在全体一致的拥戴下主持国政了。马克西姆斯（Maximus）在他执政官任期届满的头一天去世，于是恺撒当天就任命卡尼纽斯·雷维留（Caninius Revilius）担任新的执政官，但是人气只剩下一天，当大家都前去祝贺这位新上任的执政官时，西塞罗说："让我们快点吧，不要等到我们到达那儿的时候，他已经下台了。"

恺撒一生下来就是干大事的人，一心热情追求荣誉，他之前得到的荣耀并不能使他安分下来，好好收获和享受过去的辛劳所创造的成果，反而成为他继续前进奋斗的动力，计划从事更伟大的事业，赢取新的荣誉，仿佛过去的荣誉都已经被他消耗完了。事实上他是在跟自己做斗争，好像过去的他与现在的是两个不同的人，他总是用未来的行动来超越过去的成就。为了实现这些想法，他决定向帕提亚人宣战，等到征服了他们以后，就穿过许卡尼亚（Hyrcania）沿里海前进直达高加所山脉，再绕过本都到达西叙亚地区，接着迅速侵占日耳曼极其邻近的地区，最后经高卢回到意大利，等到他围着自己构想中的帝国绕行一圈后，这个帝国将会被海洋包围着。当他在为远征做准备的同时，他还打算挖通科林斯地峡，任命阿尼努斯（Anienus）监管这项工程，他还计划将台伯改道，挖一条从罗马直通舍尔西（Circeii）的深渠道，在塔拉辛纳（Tarracina）附近入海，这样便能为所有前来罗马从事商业活动的人提供一条安全的、便利的通道。除此之外，他计划把明波提姆（Pomentium ）和塞提亚（Setia）附近沼泽的积水排干，为数以千计的农民提供足够的耕地。他还打算在离罗马最近的海岸筑堤，防止海水侵蚀陆地，然后清除掉奥斯夏沿岸的暗礁和浅滩，因为它们影响了船只安全通行，建造能容纳更多经常来往的船只的港口和码头。

但是上述的计划都没付诸行动，虽然恺撒为了修正时间的误差，实施历法改革，使用科学的、巧妙的运算方法，在完成以后发挥了很大的作用。因为在古代，罗马缺乏一种确定的计算公式，用来认识月份和地球公转的关系，以致他们的节日和祭典的日期逐渐地发生推移，最后竟然出现在与开始相反的季节，即使是到了今天，罗马人还是不知道计算太阳年的方法；只有祭司能够说出时间，他们有时也是没有经过仔细的观察，就随意说出一个名叫Mercedonius的闰月。努马是第一个提出闰月的人，但是这种方法治标不治本，并不能够修正年度周期所出现的岁差，我们在他的生平叙述中已有所叙述。恺撒召集了那个时代最优秀的哲学家和数学家来解决这个问题，根据已经研究出来的公式，制定了一套新的、更加准确的计算历法的方法，罗马一直沿用至今，在避免由运转周期所引起的误差方面，罗马人的这套计算方法比任何国家都要做得好。那些妒忌恺撒地位和权位的人更是拿这个来作为指责他的借口。雄辩家西塞罗在听见旁人说天琴座将会在第二天早晨升起时，西塞罗说道：“没错，和恺撒的法令完全符合。”好像恺撒控制了天体运行一样。

恺撒想成为帝王的欲望，成为人民公开的、极度的憎恨，民众第一次想和他打一架，也为那些一直暗中仇视恺撒的敌人提供了最好的借口。而那些想极力助他登上帝王的人却到处散播谣言，说是根据《西尔比神谕集》里的记载，罗马只能在一位帝王的领导下才能在与帕提亚人的战争中取得胜利。有一天，恺撒从阿尔巴回到罗马，有些人竟胆大包天地称呼他为国王，向他致敬，但是他发现民众对此很反感，就像讨厌他本人一样，所以他立马改口说他的名字是恺撒，而不是什么国王。大家听到他这样说后都保持沉默，他继续走着，看起来很不高兴、很不满意。还有一次，元老院授予他过分的荣誉，那时他坐在演讲台上，尽管元老院全体议员在执政官和财务官的陪同下，来到演讲台向他报告这则消息，但是恺撒并没有起身迎接，还表现得好像在面对一群普通老百姓一样，并告诉他们，他的荣誉应该减少而不是增加。他的这种做法不仅激怒了元老院的议员们，还惹火了民众，好像人们觉得对元老院的不敬就是对他们自己的侮辱，以致那些不想留下的人全都忧心忡忡离开了。恺撒意识到自己做得太过分了，于是立即回到家中，敞开领口，露出喉咙，还告诉他的朋友，任何想取他性命的人，他都愿意把自己的生命献上。之后，他对自己当日的行为辩解，说自己得了一种病，所以才没有起身迎接，患此病的人很容易心不在焉，如果站着讲话太久，就会头晕目眩、全身抽搐，然后失去理智。事实上，当他准备站起来迎接元老院的议员们时，他的一位幕僚，更准确地说是奉承者，高乃留斯·巴尔布斯（Cornelius Balbus）阻止他那样做，还对他说："难道你不记得了吗？你是恺撒，享受这样的尊荣是应得的。"

之后他冒犯侮辱护民官，又引起了新的状况，人民更加憎恨他。正是在举行逐狼节的时候，根据有些作者的说法，是牧羊人最早开始庆祝这个节日，之后又和阿狄卡亚的莱西人有关系。在节日期间，那些贵族和官员们，脱掉自己的上衣，在城市里跑来跑去，用皮鞭抽打遇见的人，把这当成一种游戏，有些妇女，甚至是来自上层阶级的贵妇们，故意站在路中间，伸出双手接受鞭打，就像在学校里受罚的学生，据说这样做可以让孕妇们顺利生产，而那些不孕的人则可以很快受孕。恺撒穿上凯旋式的服装，坐在演讲台上的黄金座椅上，观看这庆祝仪式。执政官安东尼也和那些人在街上跑来跑去，当他冲进罗马广场的时候，人们都为他让路，他走到恺撒的面前，献上了一顶用月桂叶编成的王冠。人群中发出了一阵叫喊声，但是是很轻微的，因为事先已经有人为此做好了安排，但是当恺撒拒绝接受王冠时，全体人民都鼓掌。安东尼再次献上王冠，还是有少数人在那里有气无力地喝彩，等到恺撒再次拒绝时，下面响起了雷鸣般的掌声。恺撒也意识到了不能接受这顶王冠，于是站起来命令下属把王冠送到朱庇特神殿。后来人们发现恺撒的雕像都戴着王室的冠冕。护民官弗拉维乌斯（Flavius）和马鲁拉斯（Marullus）立即赶到恺撒的雕像面前，摘下头上的王冠，还把那些称恺撒为国王的人抓起来，关进了监狱。那些跟在他们后面的人都在高呼喝彩，还称他们为布鲁图斯，因为布鲁图斯是第一个结束王位继承制度，把集中在一个人手中的权力转移到元老院和人民的手中的人。恺撒对此很是生气，于是撤了弗拉维乌斯和马鲁拉斯的官职，在控诉他们对自己的无礼的时候，不止一次称他们为布鲁提人（Bruti）和库密人（Cumaei），这无疑是对人民的一种讽刺。

这样一来使得人民把念头转到了马可·布鲁图斯（Marcus Brutus）的身上，他的身世，从父系来说，是首位布鲁图斯的后代，母系出身于塞维留底贵族家庭，除此之外，他还是小伽图的侄儿和女婿。恺撒曾给予他荣誉与帮助，所以他不想推翻恺撒的新兴的独裁统治，庞培在法尔沙拉斯战争中失败后，他就获得了赦免，还有许多朋友因为他的关系得以保住性命，而他是唯一一个特别受到恺撒信赖的人。当时马可·布图鲁斯是位阶最高的财务官，还打败了对手卡西乌斯（Cassius），被提名为接下来四年里的执政官候选人。据说在选举的时候，恺撒说过卡西乌斯具备优越的条件，但是还是敌不过布鲁图斯的关系。后来，当反对恺撒的阴谋活动正在进行的时候，有人在恺撒的面前告布鲁图斯的状，恺撒不相信他们所说的，还把手放在身体上，对那些告密者说道："不会的，他还在等我死的那一天。"暗指以布鲁图斯的德行资质，他有资格继承统治大权，并不需要为了达到那一目标就谋反，留下卑鄙、以怨报德的骂名。而那些希望改变政局的人，则把布鲁图斯看作唯一的、至少是最合适的人选，可以实现他们的期望，他们并不敢直接和布鲁图斯讨论这件事，而是在夜间把许多字条放在他的座椅上，他经常坐在上面处理案件，上面写着："布鲁图斯，你在睡觉。""布鲁图斯，你已经不是过去的你了。"卡西乌斯发现布鲁图斯的阴谋开始一点点暴露出来的时候，便比之前还要急切地鼓动他，他私下也非常憎恨恺撒，我们在布鲁图斯的生平介绍中提到了一些原因。恺撒也怀疑卡西乌斯的用意，还曾对自己的幕僚说："你们认为卡西乌斯的目的是什么？我不喜欢他那个样，看起来脸色苍白，毫无血色。"

当恺撒知道安东尼和多拉贝拉也在密谋杀害他，他说不要害怕那些肥胖的、奢侈的人，而是要担忧那些苍白瘦小的家伙，其实就是指卡西乌斯和布鲁图斯。

然而，就一个人的宿命而言，那些注定要发生的事总比偶然发生的还要多。据说在这件事发生前的很短一段时间内，出现过许多奇怪的预兆和一些特异的景象。天空中所发出的光亮、夜晚里传出的噪声、停留在罗马广场的野鸟，可能在这么重大的事情面前，这些现象都并不值得人们注意。哲学家斯特拉波（Strabo）曾告诉我们，许多人看见身上烧着火，还在那里互相残杀，还有一个士兵的仆人手里发出大量的火光，看见的人都认为他肯定被烧焦了，可结果却毫发无损。恺撒宰杀牲畜祭献，发现这头牲口竟然没有心脏，这是一个非常不祥的预兆，因为没有一头牲畜缺少心脏还能存活下来。许多人记载，当时有一位预言家恳求恺撒为3月望日的危险做准备。当那天来临的时候，恺撒来到元老院，在途中遇到那位预言家，用讽刺的口吻对他说："这一天已经来了。"那位预言家回答说："是的，已经来了，但是还没有过去。"在恺撒被暗杀的前一天，他与马可·雷比杜斯（Marcus Lepidus）共进晚餐，如往常一样，当他躺卧在桌子旁吃饭时要签署一些信件，突然他们转换了话题，讨论哪一种死法最好，其他人还没回答，恺撒就说："猝死最好。"

当天晚上，他与妻子躺在床上睡觉的时候，房间的门和窗突然间全部打开了，他被响声和传进房间里的光亮给惊醒了，立即坐了起来，看见月光照耀下的卡普莉亚仍然在熟睡，但听到她在说一些梦话，说得很模糊，还伴有低沉的呻吟声。她梦见自己在为恺撒哭泣，还抱着恺撒的尸体。有人说那不是她的梦，她梦见的是恺撒房屋上的小尖塔突然崩落下来，据李维说，那是元老院曾下令安装在他的房屋上面的，作为装饰和高贵的象征，所以她才哭泣和惊叫。天亮以后，她恳求恺撒，如果可能的话，就把元老院的会议延后，尽量不要外出，即使恺撒并不在意妻子的梦，但是为了让她安心，他借着献祭和其他方式来探究自己的命运。其实恺撒本人也产生了疑虑和恐惧，因为在这之前，他从没发现卡普莉亚相信那些女性意味的迷信，但是现在却如此惊慌。这时祭司们向他报告，说他们已经宰好了几头牲畜，但是都显示了凶兆，于是恺撒马上派安东尼去取消元老院会议。

就在这个关键时刻，德西穆斯·布鲁图斯（Decimus Brutus），别名阿比努斯（Albinus），恺撒之前很信任他，还列他为第二位继承人，可是他却背叛了恺撒，加入了另一个布鲁图斯和卡西乌斯的阴谋活动，他也害怕如果恺撒推迟会议，他们的活动可能走漏风声，所以他先嘲笑占卜师的大惊小怪，接着又责备恺撒，说他这样做无疑是不把元老院们放在眼里，因为他们是应他的号召才开会的，并且准备好一致同意任命他为除意大利以外所有行省的国王，不管他以后是走水路或是陆路到意大利以外的其他地方，都可以佩戴王冠，现在要是派人过去告诉他们暂时取消会议，等到卡普莉亚做一些吉祥的梦，到那时候再召开会议，他的政敌会怎么渲染这件事呢？就算他的朋友为他辩护，说他的政府并不是独裁专制统治，可是又有谁有那份耐心听下去呢？但是，如果他确实觉得那天是个不好的日子，他本人亲自去元老院通知他们，延后会议也更得体一点。当德西穆斯·布鲁图斯说这些的时候，他还拉着恺撒的手，牵着他往外走。恺撒刚走出家门没多远，就有一个人的奴仆朝他走过来，但是有很多人围在恺撒的身旁，所以他无法靠近恺撒，于是那个奴仆走进恺撒的家里，求见卡普莉亚，恳求他在恺撒回来之前，一定要保护好他，因为他有非常重要的事要向恺撒报告。

阿提米多卢斯（Artemidorus），尼多斯人（Cnidian），也是一位希腊逻辑学教师，他和布鲁图斯一伙人非常熟悉，知道了他们的阴谋后，为了揭发他们的阴谋，便把这些写成一小本回忆录，要当面交给恺撒。根据他的观察，恺撒收到这类文件的时候，总是会把它们交给身旁的随从，因此他尽可能地走进恺撒身边说："恺撒，不要让别人看到，自己一个人快速读一遍，这里面有关于你的重要的信息。"恺撒拿到以后，多次想打开来看看，可总是被那些前来和他说话的人打断，所以他一直把文件拿在手里，直到来到了元老院。有人说给他这份机密的另有其人，因为阿提米多卢斯被群众挡在外围，根本无法靠近恺撒。

也许上面所说的事情都是偶然发生的，但是恺撒被谋杀的地点就是元老院那天开会的地方，那里还塑着一尊庞培的雕像，整个建筑物都是庞培建造的，连同剧院一起奉献给公众使用，这明显显示了有一股超自然的力量在指导这次行动，安排谋杀事件发生在这个特定的地点。据说卡西乌斯在行动之前，还瞻仰过庞培的雕像，默默地乞求他的帮助，尽管他是伊壁鸠鲁（Epicuru）的崇拜者。然而在这种关键、危险的时刻，他早已丧失了自己所有的理智，这种想法也只是瞬间的灵感。至于安东尼，他很忠心于恺撒，而且身强力壮，但是他被布鲁图斯·阿比努斯拦在门外，还故意和他聊天聊了很久。恺撒一进门，元老院的议员们就站起来以示尊重，而布鲁图斯的一些同谋者走到他的椅子附近，或是站在他的后面，另外一些则前去迎接恺撒，假装为狄留斯·辛布尔（Tillius Cimber）求情，恳求他饶恕被放逐的兄弟，他们就这样跟在恺撒的后面，一直说个不停直到恺撒走到他的座位前。等他坐下来，就拒绝了他们的请求，这样一来他们逼得更紧了，恺撒便严厉地责备他们这样纠缠不休，这个时候狄留斯·辛布尔就用双手扯下自己脖子上的袍子，这就是刺杀的信号。首先是喀斯卡（Casca）在恺撒的脖子上刺了一刀，这一刀并不会产生致命的危险，由于他是第一个大胆实施行动的人，有些紧张不安也是正常的。恺撒立即转身，夺过他手中的匕首，紧紧握在手里，两个人同时大叫起来，受伤的恺撒用拉丁语喊道："可恶的喀斯卡，你这是在干什么?"而喀斯卡用希腊语对兄弟喊道："弟兄们，快来助我一臂之力啊！" 这次的刺杀活动就这样开始了，那些没有参加反叛活动的人，看到这个景象都感到恐惧和惊讶，以致他们既不敢跑开也不敢去帮助恺撒，甚至连一句话也不敢说。但是那些参与此事的阴谋者们都为此做好了准备，手里都拿着出鞘的匕首，从四面八方把恺撒团团围住。无论他转向哪一方，都会遭到攻击，看到他们的刀剑正对着自己的脸和眼睛，就像是落入网中的野兽，四面楚歌。那些谋杀者事先就达成协议，每个人都要刺恺撒一刀，用他的血来证明自己的忠诚，因此布鲁图斯用匕首刺了恺撒的腹股沟一刀，有人说恺撒奋力抵抗所有人的攻击，不停地闪躲来避开对方的刺杀，同时还高声求救，但是当他看到布鲁图斯拔出自己的剑时，便用袍子捂住自己的脸，不再做任何反抗，慢慢地倒下去，这也许是出于巧合，或者是那些谋杀者合力把他推向那个方向，恺撒正好倒在庞培雕像的基座上，随之他的血液便染红了整个底座。这样看来，好像是庞培在指导这场刺杀活动，报复自己的敌人，现在恺撒就躺在他的脚下，他们看见恺撒一共被敌人刺了23刀，倒在血泊中垂死挣扎。而那些刺杀恺撒的人在同时刺杀同一个人的时候，混乱之中还伤了自己人。

恺撒呼出最后一口气后，布鲁图斯走到前面，说明他们刺杀恺撒的原因，但是元老院议员们都不肯听他讲话，而是很匆忙地跑到门外，人民也是如此的恐慌和紧张，以至于有些人关起了家门，还有一些人离开柜台和商铺，全部在街上乱跑，不知所措，有些人跑到现场去看那悲惨的场面，还有些人看过后就回家了。恺撒最忠诚的两位幕僚安东尼和雷比达斯偷偷地离开现场，在朋友的家中躲了起来。布鲁图斯和他的追随者们还没有从刚刚轰轰烈烈的举动中醒过来，他们全部持着刀剑从元老院走到朱庇特神殿，脸上都是自信的表情，不像是要逃走的样子，他们边走还边号召人们恢复自己的自由权利，还邀请在途中遇见的地位显赫的人士加入他们的行列。有些人加入了他们的队伍，和他们一起前进，仿佛他们也参加过刺杀恺撒的阴谋，理应分享这份荣耀。例如盖约·屋大维（Caius Octavius）和伦图卢斯·司频泽尔（Lentulus Spinther）最后为自己的虚荣心付出了沉重的代价，后来被安东尼和小恺撒处死了，不仅没有得到自己渴望的荣誉，还丢了自己的性命，因为大家都不相信他们曾参与过刺杀恺撒的行动。而那些处罚他们的人也坦言他们知道真相，但是他们隐瞒事实，为了一己私利把他们处死了。布鲁图斯和其他人从朱庇特神殿下来以后，就向人民发表演说，那些听众们既没有表现出喜乐也没有表现出气愤的样子，但是他们用自己的沉默来表示对恺撒的惋惜和对布鲁图斯的尊敬。元老院通过议案，决定对过去的事不再追究，还采取措施调解社会各方面在这件事上的矛盾。他们还下令把恺撒当作神明崇拜，不得取消甚至是稍加更改他在任期期间所制定的任何法律。与此同时，他们还任命布鲁图斯和其追随者们担任行省的长官和其他举足轻重的职务。因此所有的人都认为一切问题都得以解决，获得圆满的结果。

但是当恺撒的遗嘱被公开后，大家才知道恺撒为罗马的每一位公民都留下了一笔可观的遗产，当他的尸体从罗马市民广场运过的时候，人民看到他那血肉模糊的躯体，再也无法保持安静和秩序了，他们把长椅、门窗和桌子全都推起来，然后把他的尸体放在上面进行火葬。最后从火堆里拿出一些仍在燃烧着的木条，有人前去烧掉那些阴谋者的家，另外一些人则在全城搜索杀人凶手，把他们撕成碎片，但是一个也没有找到，那些阴谋家早就找地方躲了起来。

恺撒有位名叫泰纳（Cinna）的朋友碰巧在前夜做了一个奇怪的梦。他梦见恺撒邀请他吃晚餐，他拒绝了，但是恺撒拉着他的手，强迫他去，尽管他一直不肯去。当听说恺撒的尸体正在罗马市民广场进行焚烧的时候，尽管那个梦让他很不安，而且他当时还发烧了，但是出于对恺撒的尊敬，他立即就下床，赶往市民广场。人群中有一个人看到他，便问旁边的人那是谁，得知名字后便又告诉旁边的人，就这样一传十，十传百，最后竟然传他就是阴谋家之一泰纳。在计划谋杀恺撒的人之中的确有一个叫作泰纳的人，而那是另外一个，但是却把他误认为阴谋家泰纳，便立即抓住他，当场就砍掉了他的四肢。

布鲁图斯和卡西乌斯都被泰纳的下场吓到了，于是在几天以后就离开了罗马。他们在那之后的作为、遭遇以及怎么去世的都在布鲁图斯的生平叙述中有所介绍。恺撒去世的时候56岁，只比庞培多活了四年多一点点。他花尽毕生精力、经历无数次的冒险所追求的权力、扩张的帝国领域，最后都如愿以偿了，但是他没有得到实质的成果，除了那些虚名和招人不满的荣誉。那位伟大的守护神在他生前对他一直照顾着、保护着他，就连在他死后，也为他报仇雪恨，走遍天涯海角去寻找那些谋杀凶手，最后终于杀掉了所有的阴谋家，曾经不管以任何方式参与刺杀行动的人，全都为自己的行为付出了惨重的代价。

卡西乌斯的遭遇是人世间最稀有、最怪诞的巧合，他在腓力比战败以后，竟然用他当初刺杀恺撒的那把刀自杀了。在恺撒死后，天空中也出现了奇特的景象：彗星在他死后的连续7天晚上出现在天空，发出夺目的光耀，最后就消失了，连那之后一年的太阳也变得暗淡无光，每天升起的时候也不会发出耀眼的光芒，散发的热力也很微弱。由于大气产生的稀释作用，空气变得潮湿浑浊。也是因为那样，水果也不能成熟，缺少热力，在还没有生长好之前就开始枯萎凋落。总而言之，出现在布鲁图斯面前的幽灵，向大家说明了谋杀的行为已经触怒了神明。整个故事就是这样的。

布鲁图斯带领军队从阿布杜斯（Abydos）渡海到达另一边的大陆，那晚他像平常一样躺在帐篷，他没有睡觉而是在思考自己的事业与自己的期盼。据说在军队的所有军官里，他是睡觉睡的最少的一个，拥有一种天生的特异功能，就是持续保持清醒，在不休息的情况下持续工作。他觉得自己听见帐篷的入口处有响声，于是借助灯光朝那个方向望去，看到一个恐怖的身影，像是一个身材高大的男人，面目狰狞。起初他还是有点害怕，但是那个人什么话也不说，就静静地站在他的床边，于是他问："你是谁？"那个幽灵回答说："我是布鲁图斯邪恶的一面，你会在腓力比看到我的。"布鲁图斯勇敢地回答："好吧，那我们到时候再见。"于是那个幽灵就消失了。后来，他与安东尼和恺撒在腓力比附近会战，他赢了第一场战争，击溃敌军，抢占了恺撒的营地。在第二场战役的前一天晚上，那个幽灵又出现在他的面前，还是一句话也没说。他立刻就明白自己的死期将近了，于是在战争中把自己置于所有的危险之中，可是他没死于战争，而是看着自己的军队被打败。他爬上一座山岩的顶峰，把自己的剑刺进自己裸露的胸膛里面，据说还有人在旁边帮他自杀，目睹了他的死亡。

安东尼传

安东尼的祖父是著名的辩护律师，因为曾加入苏拉的阵营而被马留斯处死。他的父亲也叫安东尼，别名“克里特”，在政治领域是个不出名的小人物，但是他是一个善良的、值得人们尊敬的人，他的慷慨大方尤其让人印象深刻，从一个例子中就能看出这一点。他并不富裕的妻子不允许他随意发善心，借给别人钱。有一次，他的一位朋友急需钱用，所以跑来向他借，尽管他当时手头没有现钱，但是他命令他的仆人用银盆给他打盆水，水打来后，他用水弄湿自己的脸，做出一副要刮胡子的样子，然后再找借口支开仆人，看到眼前没人，他马上就把盆子交给了他的朋友，叫他拿去卖掉好应急。后来家里发现银盆不见了，就到处搜寻，他的妻子非常气愤，于是就把所有仆人叫到面前，一个一个地拷问，最后他意识到自己错了，便请求她的原谅。

安东尼的母亲是恺撒家族的茱莉亚，她言行谨慎、举止端正，毫不亚于当时的任何一位女子。在她的教养下，安东尼接受了很好的教育，在安东尼的父亲去世后，她改嫁高乃留斯·伦图卢斯，他最后因为参与喀特林的阴谋而被西塞罗处死。这可能就是安东尼憎恨西塞罗最主要的原因。他说西塞罗不允许他们埋葬伦图卢斯，还是她的母亲向西塞罗的妻子求情才拿回伦图卢斯的尸体。也许这里有点夸大其词，因为在西塞罗担任执政官期间，任何遭到处死的人的尸体，都没有不许埋葬的规定。安东尼长大后英俊非凡，但是运气不好，交到了古里欧这种滥友。古里欧是一个纵情享乐的人，为了让安东尼更加依赖他，便带他整日花天酒地，使他挥霍无度，以致在很年轻的时候就欠下250塔伦特的债务。而古里欧就成为他债务的担保人，古里欧的父亲一听说这件事就把安东尼赶出了他们家。在那之后的一段时间，安东尼又和克洛狄乌斯混在一起，而克洛狄乌斯是当时张狂粗暴的政客，还经常煽动民众为他所用，专门破坏和扰乱社会秩序，没过多久，他就厌倦了克洛狄乌斯疯狂、不顾后果的做事态度，还得知有一股反对他的强大的势力正在形成之中，于是就离开了意大利，前往希腊，他在那里锻炼身体和学习雄辩术。他当时非常热衷于一种亚洲风格的演讲术，那在当时也是非常受欢迎的演讲风格，在很多方面都适合他那种浮夸、傲慢、热衷名利的性格。

在希腊停留一段时间后，安东尼就被曾出任过执政官的盖比纽斯（Gabinius）邀请和他一起远征叙利亚。起初他拒绝了他的邀请，不愿以私人身份随同前往，后来盖比纽斯任命他为骑兵指挥官，他才同意和他一起远征。他们的第一场战争对付的是教唆犹太人造反的阿里斯托布卢斯（Aristobulus），在这次会战中，他是第一个攀登到敌人最高堡垒上面的人，把他们从所有的工事里面驱逐出去，之后在一次对阵战中，他击溃了一支兵力超过他的部队很多倍的敌军，几乎把他们全部杀死了，俘获了阿里斯托布卢斯及其儿子。战役结束后，托勒密（Ptolemy）恳求盖比纽斯帮他复兴埃及王国，承诺给他1万塔兰特作为报酬。大多数的军官都反对这件事，盖比纽斯本人也不怎么愿意，尽管自己被那1万塔兰特的报酬给吸引住了。但是安东尼喜欢表现自己的英勇，所以讨好托勒密，帮助他劝服盖比纽斯接受他的请求。然而所有人都认为他们面临的最大危险就是前往佩卢姆西（Pelusium）的一段行程，他们必须经过一片广阔的沙漠，没有水喝，然后要途经阿克格里马（Ecregma）沼泽和塞波尼亚（Serbonian）沼泽（埃及人称那两个沼泽为泰丰的呼吸孔，那极有可能是红海残留的港湾，一个狭窄的地峡把红海和地中海分开）。安东尼奉命率领骑兵前往，他不仅占领了那条通道，还占领了重要城市佩卢姆西，俘虏了当地的驻军，这样使得进军更加安全，对将领来说，通往成功的道路更加宽阔。就连敌人也想从安东尼渴求荣誉的心态中捞点好处。托勒密进入佩卢姆西以后，愤怒和仇恨的情绪高涨，本来是要杀死所有的埃及人，但是安东尼阻止他那样做了。在所有大规模的会战中，安东尼都表现得很英勇，显示了自己的军事领导才能，特别是有一次，他从侧面迂回，袭击敌人的后卫部队，从而前面的攻击者才能取得成功，他还为此获得了很大的荣誉。他对阿奇劳斯（Archelaus）的死所表现出来的仁慈也给人们留下了深刻的印象，阿奇劳斯是他以前的朋友，但是后来在不得已的情况下与他交战，阿奇劳斯表现得很英勇，在阿奇劳斯死后，安东尼还找到他的尸体，用王室的礼仪埋葬了他。因此安东尼在亚历山卓人中留下了很好的名声，所有在罗马军队服役的人都把他当作是一位勇敢的士兵。

安东尼的仪表非凡，举止高贵，胡须长得很漂亮，前额很宽，还有一个鹰钩状的鼻子，这些让他具有了英勇的男性美，让人们想起了海勒克斯的画像和雕像的容貌。有一个古老的传说，安东尼家族是海勒克斯的后裔。安东尼与海勒克斯相貌相似，再加上服装的样式，以此证明自己的确就是海勒克斯的后代。因此，他在大众面前总是穿着束腰外衣，佩带一把大刀，披着一件大的、粗糙的斗篷。有些行为让人无法忍受，他喜欢自吹自擂、开玩笑，当众饮酒，当旁边的人都吃饭时，他就坐在旁边，有时还站在士兵桌子的旁边和他们一起吃饭，这些行为却深得士兵们的喜爱。在爱情方面，他也总博得姑娘们的喜爱，他还因为帮助别人追求爱情而交到许多朋友，别人拿他的风流韵事开玩笑，他也不介意。他出手也很大方，可以说是挥金如土，对自己的朋友和战友都非常慷慨，这对他以后升官加爵有很大的帮助，之后他受到无数愚蠢行为的打击后，也能保住自己的财产。关于他的慷慨大方，我举个例子。有一次，他吩咐自己的管家付给他的朋友25万笛纳或100万塞斯退司，就是罗马人所称的decies，这位管家对于这么大一笔钱感到很疑惑，便把所有的银币堆在一起，假装不在乎的样子。安东尼看见堆起的银币，便问他是怎么回事，管家回答："这是你命令我给你朋友的钱啊！"安东尼发现他居心不良，便告诉他："我原本以为一个decies的钱应该有很多，可怎么才那么一点点啊，再加一倍吧！”这些都是之后发生的事情。

当罗马政府最终分裂成两大派系的时候，贵族派支持庞培，而平民们则向远征高卢的恺撒求助，安东尼的朋友古里欧也投靠到恺撒一派，还拉拢安东尼。古里欧辩才的影响力加上恺撒提供的物质支持，使得安东尼先是出任护民官，然后再是占卜官。安东尼一上台就为恺撒提供了很大的帮助。首先，当执政官马克卢斯提出建议，让庞培率领已经征集好的军队，还授予他可以征募新兵的权力，安东尼极力反对，同时提出自己的意见，让这些军队立即前往叙利亚，支援正在与帕提亚人战斗的比布鲁斯（Bibulus）人，还有任何人都不能听从庞培的安排。接着，元老院拒绝接受和阅读恺撒送来的信件，安东尼则运用自己的权力公开宣读恺撒的信件，这样做取得了很大的效果，许多人都改变了自己的看法；恺撒在信中所提出的要求很公平合理。最后，元老院里出现了两个议案，一个是庞培是否应该解散自己的军队，另一个是恺撒是否应该遣散自己的军队；只有少数人赞成解散庞培的军队，大多数人都主张遣散恺撒的军队。这时安东尼提议如果庞培和恺撒都交出军队的指挥权，是否会更好呢。这次元老院的成员们都很赞成这项提议，还为他高声欢呼，并且要求投票决定。有几位执政官不同意安东尼的提议，这时恺撒的幕僚们又提出公平的、平等的新建议，但遭到小伽图的强烈反对，连安东尼也被伦图卢斯命令离开元老院。所以，他走出元老院的时候还诅咒他们，穿一身奴仆的衣服把自己伪装起来，然后和昆图斯·卡西乌斯（Quintus Cassius）雇了一辆马车离开罗马，前去投靠恺撒。当他们到达恺撒的阵营以后，就宣称现在的罗马政府已经陷入无秩序、一盘散沙的状态，连保民官都没有在元老院发言的权利，而他为了主持正义而被赶出元老院，还差点丢了自己的性命。

基于这种情势，恺撒率领军队进军意大利。因此，西塞罗在演讲中大肆批判安东尼，说他是内战的导火线，就像是特洛伊战争中的海伦一样。其实这还是带点恶意中伤的意味。恺撒不是那种意气用事的人，不会因为一时的冲动而贸然行事，如果不是之前做好充足的准备，不可能看到安东尼和卡西乌斯穿着奴仆的衣服，跑到自己的军营避难，就立即发动一场内战。对恺撒来说，他只是缺少宣战的借口，而安东尼就为他提供了合理的托词；但是促使他发动战争的真正动机，与从前亚历山大和居鲁士（Cyrus）对全人类开战的动机相似，那就是无法控制的对权力的渴望，以及想成为世界上最伟大的人的野心，对恺撒来说，只有推翻庞培才能实现。恺撒很快就攻占了罗马，把庞培赶出了意大利，接着计划攻打庞培在西班牙的军团，还下令在他不在的这段时间准备好一支舰队，等到西班牙战事结束后，就渡海去对付庞培，同时让财务官勒比杜斯暂时掌管罗马政府，而护民官安东尼则负责指挥所有的军队和意大利。没过多久，安东尼获得了士兵的拥戴，因为他和士兵们一起参加集训，大部分时间都和他们在一起，并且尽其所能送给他们许多礼物。不过，当他与其他人交往时，却不能这样受人喜爱，这主要是因为他天性懒惰，根本不注意那些前来申诉的人士的抱怨，也没有耐心去聆听别人的请求，同时他还因为与别人的妻子有染而传出不好的名声。简而言之，恺撒的政府（就恺撒自己的行为而言，绝不是一个专制的政权）因为他的一些幕僚而声名狼藉。而在这些幕僚中，恺撒托付给安东尼的责任最重，而他所犯的错误最大，所以他难辞其咎。

然而，当恺撒从西班牙班师回朝后，完全不理会人们对安东尼的指控，因为安东尼在战争中表现英勇过人，还有军事指挥才能，这些都是无可厚非的。恺撒本人在布林迪西上船，率领一部分军队渡过爱奥尼亚海（Ionian Sea），然后将船只遣回，命令安东尼和盖比纽斯上船，全速前往马其顿。盖比纽斯不敢直接渡海，因为当时正值冬季，天气严寒，所以打算率领他的军队从漫长的陆路绕道前往。另一方面，安东尼却担心恺撒敌不过人数占优势的敌人，于是先去攻打率领一支舰队在布林迪西港口进行封锁的黎波，用大量的小船攻击他的战舰，将他击退后，才有机会让2万名步兵和800名骑兵登船，向东航行。敌人发现他的行动，便派遣舰队在后面追击，幸亏这时突然刮起一阵猛烈的南风，掀起很高的海浪，敌人的船只无法前行，安东尼他们才侥幸逃过一劫。但是他们自己的船只也遭到暴风的袭击，撞向一个悬崖绝壁的海岸，几乎没有逃脱的希望，就在这时风向有所转变，南风变成东南风，从陆地吹向海洋，就这样安东尼的舰队才得以安稳前行，还看到海岸边敌舰的残骸。追击他们的舰队被狂风吹到那里，其中很多还被岩石撞得粉碎。安东尼因此俘获了很多敌人，获得了大量的金银财宝，还占领了黎苏斯，大量援军的到来给恺撒的军队带来了很大的鼓励。

接下来又发生许多次会战，安东尼每次都表现优秀，还有两次，当他的军队被击退时，他竭力阻止，军队又再度与敌军开战，最后取得胜利。就是因为这些，他在军队里的名气仅次于恺撒。在法尔沙拉斯的最后一场战役中更是体现出恺撒对安东尼极高的评价，在战役中，恺撒自己指挥右翼，任命安东尼为左翼指挥官，把他视为手下能力最强的将领。在战争结束后，恺撒成为独裁者，亲自率领军队追击庞培，派安东尼返回罗马担任骑士团团长，他的职位和权力仅次于恺撒，现在恺撒不在罗马，他就是罗马权力最大的人，相当于是唯一的行政首长。恺撒就任后，除了保民官以外，所有其他的地方法官都要停止在罗马行使任何职权。

然而，保民官多拉贝拉还是一位年轻人，期望做出一些改变，提出一项废除债务的议案，还要求他的幕僚安东尼给予支持，和他站在同一立场，才能推动任何受人民喜爱的举措。阿西纽斯（Asinius ）和特里比纽斯（Trebellius）却不赞成他的提议，也劝告安东尼不要与他合作，正巧当时安东尼也怀疑多拉贝拉和自己的妻子有染，因此对此事很是烦心，还和妻子离婚（她是安东尼的表妹，盖约·安东纽斯的女儿，盖约·安东纽斯与西塞罗一起担任过执政官），然后加入了阿西纽斯的阵营，公开与多拉贝拉为敌，而多拉贝拉在罗马广场想要通过武力来通过议案时被抓了。后来元老院投票决定用军队来镇压多拉贝拉时，安东尼就趁此机会率兵前去对付他，杀死了多拉贝拉的一些手下，自己也损失了一些人，而他的这些行为让他失去了民心。就如西塞罗所说的那样，那些地位较高的和品德优秀的人士都厌恶他的生活方式，甚至反感，因为他经常酗酒纵饮、挥霍无度、纵情荒淫，白天不是睡觉就是到处闲逛，而晚上就参加宴会或是观看戏剧，或者是参加喜剧演员或者逗乐小丑的婚礼。据说，安东尼在喜剧演员西皮阿斯（Hippias）的婚宴上喝了一整夜的酒，第二天早上又要在市民大会上做演讲，他一走到讲台上面，就对着人们呕吐不止，他的一位朋友用自己的长袍遮住安东尼。在他的众多朋友当中，对他影响力最大的是名角塞基乌斯（Sergius），还有从事相同行业的花旦塞舍瑞斯（Cytheris），也深得安东尼的宠爱，当他外出巡游的时候，就让她随他同行，其排场并不亚于他的母亲，而且，每个人都在议论他随身携带的由黄金打造的酒杯，与其说那是他在旅途中喝酒的器具，还不如说是巡视队伍的一个装饰品，在野外建造亭子，在河边的树林之中摆出奢华的早餐，他的战车都是由狮子拖曳的，他还把一些不三不四的妇女和歌妓安置在正经人家的屋里。正当安东尼在罗马花天酒地地享受生活时，恺撒却在意大利境外征讨那些残余的敌军，风餐露宿，不辞辛劳，不惧危险，继续完成那场没结束的战争，而其他人却在恺撒权力的庇护之下，整日骄奢放纵，损害公民的利益，实在是荒谬至极。

他们鼓励那些士兵到处为非作歹，抢劫财物，种种做法加剧了罗马各派系之间的矛盾。当恺撒回到罗马后，宽恕了多拉贝拉的行为，恺撒还第三次被选举为执政官，这次他推荐勒比杜斯而不是安东尼为他的同僚。后来庞培的府邸被公开出售，安东尼买下了它，可是等到付钱的时候又大声抱怨。他自己说，他之前没有跟随恺撒进军利比亚，就是因为认为自己以前立下的功劳没有得到应有的报酬，所以他才拒绝和恺撒一起出征。对于他的控告，恺撒用宽容的态度处理了他所犯下的错误，成功地使安东尼改掉之前的愚蠢行为和挥霍浪费。安东尼就此告别了以前的生活方式，还与政客克洛狄乌斯的遗孀弗尔维娅结婚。弗尔维娅天生就不善于管理家事，也不满足于掌控自己的丈夫，而是打算控制一个城邦的管理者，或者是向那些有权有势的将领发号施令，所以克丽奥佩特拉应该好好感谢这位女强人，是她把安东尼驯服得那么听话，等安东尼到了她的手里，马上就是温顺乖巧的丈夫了。安东尼为了讨弗尔维娅的欢心，还常常像小男孩似的，做出一些玩笑行为。例如，当恺撒获得胜利，从西班牙班师回朝途中，安东尼前去迎接，这时却传来谣言说恺撒被杀，敌军正在向意大利进军，于是安东尼马上返回罗马，在晚上打扮成仆人的样子来到弗尔维娅面前，说是安东尼给她带了一封信。弗尔维娅非常着急，还没等他拿出信，就问他安东尼现在是否安全，他没有回答，而是把信交给了她，当她正打开信的时候，安东尼就抱住脖子，开始吻她。这类似故事有许多，我只举一个。

恺撒从西班牙班师回朝时，罗马所有的人都要走几天的路程去迎接他，但是安东尼是最受恺撒宠爱的人，一路上都与恺撒同坐一辆马车，而布鲁图斯·阿比努斯（Brutus Albinus）和屋大维则跟随其后。屋大维是恺撒侄女的儿子，后来还承袭了他的名字，统治了罗马很长一段时间。恺撒第五次当选为执政官后，马上就选择安东尼为他的同僚，而恺撒却打算把自己的职位让给多拉贝拉，他向元老院提出辞职。安东尼对此极力反对，还说了许多中伤多拉贝拉的话，而多拉贝拉也毫不客气地恶言相向，直到恺撒再也不能忍受他们的粗鲁无礼，决定稍后再议论辞职一事，他们才停止相互谩骂。之后，恺撒又在市民大会上宣布放弃职位，任命多拉贝拉为执政官，安东尼却大声哭诉，说这样做会带来不祥，最后恺撒也只得放弃原来的打算，多拉贝拉对安东尼的行为感到非常愤怒。事实上，恺撒对他们两个都同样厌恶。后来有人告诉恺撒要提防安东尼和多拉贝拉两个人，他却回答说："我所害怕的不是那两个肥胖的、留着长发的人，而是那些脸色苍白，像是很饥饿的样子的人，"他所指的是布鲁图斯和卡西乌斯，他就是死在他们两个的阴谋之中。

关于那场刺杀恺撒的阴谋，是安东尼自己在不知不觉的情况下提供了最好的借口。当时罗马市民正在庆祝"逐狼节"，恺撒也穿着凯旋式的衣服，坐在罗马广场的演讲台上，观看市民们庆祝节日。他们庆祝节日的方式就是：贵族和官员们，身上涂满油膏，手里拿着皮鞭，在街上跑来跑去，鞭打遇到的每一个人。安东尼也和他们一起跑来跑去，但是他的手里没有拿着皮鞭，而是用月桂叶编织成的王冠，他跑到演讲台上，由他的同伴们把他举起来，然后把王冠戴在恺撒的头上，好像用这种方式来宣告恺撒为王。恺撒装模作样地拒绝了，向旁边移动了一点，人民看到恺撒这样做都鼓掌高呼。安东尼再次献上王冠，他又拒绝接受。他和安东尼就这样反反复复了好几回。虽然安东尼恳切要求恺撒接受他的好意，但是只有几个人在那里为他鼓掌，恺撒的拒绝赢得了广大人民的掌声，这是一种非常奇怪的现象，罗马人民有耐心接受帝王的统治，同时却又恐惧统治者的帝王称号，仿佛那样会剥夺他们自由的权利。恺撒对刚刚的情形感到心烦意乱，于是从座位上站起来，露出自己的脖子，然后说道，不管谁想要他血溅五步，他随时都愿意接受这致命一击。而安东尼赠予他的王冠最终戴在了他的雕像上面，后来又被一些护民官取下来了，人民还跟在那些护民官的后面高呼。恺撒对那几位的行为非常生气，最后免除了他们的职位。

那几名护民官的下场给了布鲁图斯和卡西乌斯很大的鼓励，他们计划选择一批忠实的朋友来密谋对付恺撒，还考虑过是否邀请安东尼参加。除了特里朋纽斯（Trebonius）以外，大家都很赞成拉拢安东尼，特里朋纽斯说他上次和安东尼在去迎接恺撒的路上，同住在一个帐篷里面，他谨慎地试探了一下安东尼对这件事的意思，当时安东尼非常明白他的用意，却没有鼓励他这样做。另一方面，他并没有在恺撒面前提及这件事，又等于是在帮他们保守秘密。于是那些阴谋家提议把安东尼和恺撒一块杀了，但是布鲁图斯极力反对，他认为任何维护正义和法律的行为都不能被玷污，应该保持纯洁。大家都认为安东尼身强体壮、地位崇高，是个很难对付的角色，最后决定在恺撒进入元老院后，派几个人在外面假装有事要与安东尼谈话，以此来绊住他，这样他们在行动的时候就没人从中阻止了。

全部的计划都在顺利进行，恺撒在元老院倒下后，安东尼就马上换上奴仆的衣服躲了起来。在知道那些阴谋分子在朱庇特神殿召开会议，并无意对付其他人，他就劝他们下来，还把自己的儿子交给他们作为人质。那天晚上，卡西乌斯在安东尼家用餐，而布鲁图斯则借宿在勒比杜斯家。接着，安东尼又召开元老院会议，提议不再追究恺撒被刺杀一事，还任命布鲁图斯和卡西乌斯为行省总督。元老院通过了他的提议，同时还决定恺撒在位时所制定的任何法令都不容修改。这样一来，当安东尼走出元老院后，就是罗马最显赫、声望最高的人物，因为他运用自己的智慧阻止了一场内战，在处理当前最棘手和困难时具有政治家的风范。人民对安东尼的拥戴很快就让他变得野心勃勃，打消了温和妥协的念头，他认为只要推翻布鲁图斯，自己就能成为罗马的最高统治者。当恺撒的尸体运到坟地的时候，他根据习俗要在罗马广场发表悼词演说，他预料人们肯定会被他的演讲所影响，情绪也会变得激动，于是就在赞美恺撒的同时还加上一些悲伤的语句，对恺撒被杀一事感到极其愤怒，等演讲快要结束时，就掀起了死者的内衣，让人们看见衣服上的血迹以及被刀剑所戳的洞眼，还声称那些凶手都是些恶棍、嗜血鬼。这些话都激起了民愤，大家都不愿再等下去，马上从广场附近找来许多桌椅板凳，堆起来火化恺撒的尸体，每一个人手中都拿一根燃烧着的木棒，跑到那些阴谋分子的家里，攻击他们，为恺撒报仇。

布鲁图斯和他的余党听到风声便立即逃跑了，恺撒的朋友们投靠到安东尼。恺撒的妻子卡普莉亚（Calpurnia）把大部分的财产都交由安东尼保管，一共值四千塔兰特，同时还拿到了恺撒的全部文件，其中包括恺撒对他过去所做的事的详细记载以及他起草的各种议案。安东尼把这些文件加以利用，按照自己的意愿委派一些官员和元老院的议员，召回那些被流放的人士，还释放一些关押的犯人，声称自己是按照恺撒的遗愿办事。罗马人民都用嘲讽的语气称那些得到便宜的人为“卡戎派（Charonites）”，因为如果要证明他们的确可以得到的优待，就必须从恺撒的文件中找寻证据。简而言之，安东尼在罗马可以说是独揽大权，不仅自己担任执政官，而且他的两个兄弟也位居高位，盖约担任财务官，而卢契乌斯担任护民官。

这时，小恺撒屋大维，即恺撒的侄女的儿子，也是恺撒遗嘱的继承人，得知自己的叔叔被杀后就从阿波洛尼亚赶回罗马。他回到罗马第一件事情就是拜访安东尼，把他当作是父亲的朋友般对待，还和安东尼谈论由他保管的恺撒的钱财，以及恺撒在遗嘱中说到要给每一位罗马市民75德拉克马的钱。安东尼起先觉得，像他这样一位年轻人，竟然口气如此之大，还感到非常可笑，还嘲讽地说希望他的健康没有问题，要他明白作为恺撒的继承人将要承担很大的负担与责任，要坐稳恺撒的位子不是一件容易的事，他需要的是一些明智的判断和忠实的朋友。屋大维并不愿意接受安东尼的这番劝诫，坚持要求他把钱交出来，而安东尼却继续在言语和行为上伤害他，反对他当选护民官，当屋大维按照元老院通过的议案奉献出恺撒的黄金座椅时，安东尼还威胁他，如果再不停止这样讨好人民的作风，就把他关进监狱。面对安东尼的咄咄逼人，屋大维只好求助于西塞罗和那些憎恨安东尼的人士，他们把他推荐给元老院，同时屋大维自己也极力博得人民的好感，还从各个殖民地招来士兵，这时安东尼才感到畏惧，愿意同屋大维在朱庇特神殿协商，经过一番谈话后，双方的矛盾得以化解。

当晚安东尼做了一个不祥的梦，他梦见自己的右手被雷击了。过了几天后，他被告知屋大维正在计谋取他性命。虽然屋大维为此解释了一番，但是安东尼并不相信他，以致他们之间的矛盾变得更加尖锐，两个人都忙着在意大利各处奔走，用丰厚的报酬招募分布在各个殖民地的旧兵，还极力争取从那些还没有遣散的军队获得帮助与支持。

在当时的罗马，西塞罗是举足轻重的大人物，影响力非常之大。他用尽一切手段煽动人民对付安东尼，最终劝服元老院宣布安东尼为国家公敌，还给屋大维送去棍棒、斧头以及其他作为财务官的荣誉标权，还命令担任执政官的希尔提乌斯（Hirtius）和潘萨把安东尼赶出意大利。两边的军队在墨德纳（Modena）附近交战，屋大维还亲自率兵应战。安东尼的军队被击溃，但是那两位执政官都牺牲了。安东尼在逃跑途中，遇到了各种困难，最痛苦的就是忍受饥饿。但他在面临灾难时，却表现得比其他任何时候都还要优秀，他一旦遭遇逆境，又会表现出有道德的样子。普通人也是如此，在身陷重大危难时，却总能分清是非，知道什么该做，什么不该做；只有极少数人在穷途末路的时候能够遵守自己的判断力去做应该做的事情，更难避免做出一些使情况更加恶劣的事情，很多人都太过懦弱而任自己的习惯摆布，没有能力运用自己的心智。安东尼这一次为他的士兵做出了很好的榜样。他摒弃了以前那种奢侈的生活方式，而现在却很轻松地喝着污水，吃着野果和草根。据说他们还吃过树皮，在翻越阿尔卑斯山的时候，还拿之前连碰都不愿碰的野兽当果腹的食物。

安东尼计划与阿尔卑斯山另一边的军队会合，那支军队由勒比杜斯指挥，他认为勒比杜斯是他的盟友，因为他曾帮助过勒比杜斯在恺撒那里得到很多好处。安东尼到达那里以后，就在附近扎营，而发现勒比杜斯并没有向他示好，于是他决定孤注一掷。他的头发很长，没有整理所以显得很蓬乱，自从战败后也没有刮过自己的胡须，他就以这样的形象，再披上一件黑色的斗篷，就来到勒比杜斯的战壕，开始对那些士兵讲话。不管是他的打扮，或者是他的言语都感动了许多人，但是勒比杜斯不喜欢那样，于是下令吹响号角，这样士兵们就听不到他在说什么了。士兵们都对安东尼的处境感到同情，于是决定派利留斯（Ladius）和克洛狄乌斯私底下和安东尼见面，他们两人都穿上女人的衣服。他们建议安东尼不要再耽搁时间了，马上攻击勒比杜斯的营地，还保证很多人都会支持他，如果他愿意的话，也可以除掉勒比杜斯。然而，安东尼并没想过要杀死勒比杜斯以绝后患，第二天一早他就率领军队渡过隔开两支军队的河流。他自己是第一个下河的人，在朝对岸走去的时候，他看到许多勒比杜斯的士兵都伸出援助之手帮助他，摧毁工事给他让路。他攻占了敌营后，拥有了绝对大权，这时他对勒比杜斯还是很有礼貌，与他谈话时，还称他为神父，尽管他掌管一切事物，但是还是保留了勒比杜斯的将军称号。他的这种仁慈宽厚的态度，使得当时率领一支庞大军队，驻扎在不远之处的穆纳鸠斯·普兰库斯（Munatius Plancus）甚是钦佩，于是打算投靠安东尼。在这样强大的兵力下，他又再次越过阿尔卑斯山，带领17个军团和1万名骑兵进入意大利，除此之外，他还有6个军团驻留在高卢，由他的好友及伙伴瓦留斯（Varius）负责，他还有个绰号叫“科特隆（Cotylon）”。

屋大维意识到西塞罗想要让人民拥有自由的权利，便不再对他表示尊敬，还派他的朋友与安东尼见面，希望和他冰释前嫌，言归于好。他们两个人和勒比杜斯在一座小岛上秘密协商了三天。很快整个罗马帝国就被他们瓜分了，就像在分祖传的产业一样。然而他们面临的最大麻烦就是应该处死哪些人，每个人都想消灭掉自己所有的敌人而保护自己的朋友。但是最后，他们对亲戚的尊敬以及对朋友的忠诚都被自己的仇恨泯灭了，屋大维因为安东尼的坚持而牺牲了西塞罗，而安东尼又放弃了自己的舅舅卢契乌斯·恺撒（Lucius Caesar），勒比杜斯则接受谋杀自己兄弟包卢斯（Paulus）的条件，换而言之，就是出卖自己的兄弟。我相信世界上没有什么比他们的协议更加残忍、更加残暴，因为这种“血债血偿”的交易，不仅让他们杀死那些投降被捕的人，还要把自己的亲戚朋友交给敌人处置，这些人的死都是可悲的、不公平的。为了使这次的和解更加完美，军队还要求他们用联姻来巩固自己的盟友关系，因此屋大维娶弗尔维娅的女儿克洛狄娅为妻，弗尔维娅是安东尼的妻子。他们同意这项要求以后，就公开宣布处死300人。安东尼下令给要砍下西塞罗的头颅与右手，因为西塞罗就是用那两样东西写出大量批判他的文章；所以当手下把西塞罗的头颅和右手带到他面前的时候，他非常高兴，但实际上是忍不住大笑起来，当自己看够了、满足了后，就命令属下把它们送到罗马广场，然后挂在演讲台的上方，认为这样可以侮辱死去的西塞罗，实际上是在暴露自己的狂妄和傲慢，他根本就没有资格拥有运道所带给他的权力。他的舅舅卢契乌斯·恺撒在敌人的追踪下，躲到他的妹妹家中避难，那些追兵撞开他妹妹家的大门，正要冲进她的卧室时，她张开双手把他们拦在门外，一再高声叫道："你们要杀卢契乌斯·恺撒，就先杀了我吧，然后再从我尸体上走过去，但是别忘了，我是你们的将领安东尼的生身之母！"这样一来，她才成功地解救了她的弟弟，保住了他的性命。

罗马人民对三头政治深痛恶绝，安东尼是造成这种局面的罪魁祸首，特别是他比屋大维要年长，而权力又大于勒比杜斯，等到他的事务处理完后，又马上恢复了过去奢华的生活方式。他平日里的行为本来就让他声名狼藉了，可他还要住进庞培大将的府邸，人们又更加讨厌他，庞培品德高尚、沉着冷静，表现民主风度，曾获得三次凯旋式的荣誉，所以罗马人民都很敬仰他。一直以来都有一些高官、名流和使节住进那所房子，他们都严词拒绝，而现在那些演员名角、玩杂耍的人和醉鬼奉承之徒却住在里面，凭借靠着暴力和残酷手段而得到的钱财，在里面过着养尊处优的日子。他们还没收那些被处死者的财产，欺骗他们的遗孀和家属，他们对此还不满足，还用尽一切手段来提高税收，欺压百姓；当听到有些外国人和罗马市民将大量的金钱存放在女灶神的手里，他们就强迫那些人把钱取出来，然后上交给他们。当人们意识到安东尼是个贪得无厌的人，屋大维最后提出重新划分势力范围。他们把军队平均分配以后，就各自率自己的军队进军马其顿，向布鲁图斯和卡西乌斯宣战，而勒比杜斯则留下来处理国家事务。

然而，当他们渡海之后，着手准备作战，把营地设置在敌人的前方，安东尼对抗布鲁图斯，同时屋大维对抗卡西乌斯。在此次战争中，屋大维并没有做出什么伟大的事，所有的成功和胜利都是安东尼一个人的。在第一次会战中，屋大维的军队全军覆没，连他自己也差点丢了性命，幸亏逃跑保住了一命。正如他在自己的回忆录中所阐述的那样，他在会战之前就撤退了，完全是因为他的一位朋友做了一个梦。另一方面，安东尼打败了卡西乌斯，尽管有些作者写到安东尼实际上并没有参加过会战，仅仅是在会战后带领军队追击逃跑的敌军。逃跑的卡西乌斯并不知道布鲁图斯战胜了，就请求和命令他最信任的一位自由奴隶潘达努斯（Pindarus）结束了自己的生命。几天之后，他们又展开另一场激战，这次布鲁图斯战败了，自杀身亡，屋大维由于生病未能出战，所以几乎胜利的所有荣誉都归安东尼所有。安东尼站在布鲁图斯的尸体上，说了几句谴责的话，因为之前布鲁图斯在马其顿为了替西塞罗报仇，而下令杀了自己的兄弟盖约；但是他马上又把盖约的死怪在赫廷修斯（Hortensius）的头上，所以下令把赫廷修斯带到盖约的坟墓面前杀死以祭他在天之灵，然后将自己那件价值非凡的深红色的斗篷盖在布鲁图斯的尸体上，还让他的一位自由奴负责处理布鲁图斯葬礼的相关事宜。后来安东尼才知道，那名自由奴并没有把那件斗篷和布鲁图斯的尸体一起埋葬，而是自己保留了它，不仅如此，他还私吞了葬礼的大部分费用，最后安东尼把他处死了。

病重的屋大维被士兵们抬回到罗马，大家都以为他活不了多久了。安东尼为了让东方各行省向他们进贡，便率领一支庞大的军队前往希腊。在出征之前，三人还承诺战后会给每位士兵5000德拉克马，所以现在必须采取严厉的手段，征收税款，才能筹出所需军费。然而，安东尼在开始的时候对希腊人民很宽容，他还去旁听那些博学的人士的辩论，观看表演，出席宗教仪式，以此来满足自己的嗜好；在审判案件时也表现出公正的态度，很喜欢被人称他为“热爱希腊的人士”，还被称呼为“热爱雅典的人士”，为此他还向那座城市馈赠了很多礼物。麦加拉的市民希望给安东尼展现一些可以与雅典相媲美的东西，于是邀请他参观他们的元老院大厅。等他观赏完后，那里的人民问他这里怎么样，他说：“这建筑物不是很大，却是极其破旧。”与此同时，他还对阿波罗神殿做了一番测量，好像打算整修神殿，后来他的确向元老院宣布他要进行施工，修整阿波罗神殿。

然而，没过多久，他就把卢契乌斯·申索瑞努斯（Lucius Censorinus）留在希腊，自己前往亚细亚，把那里聚集的大量财富弄到自己的手中，那些国王都在他的门口等候，王后们还竞相向他献上礼物，并且在他面前展现最迷人的一面，想要博得他的欢心。这段时间，身居罗马的屋大维在叛乱和战争的困扰下，身体一天不如一天，而安东尼什么都不用做，就在亚细亚享受和平，逐渐把他带回以前那种骄奢淫逸的生活。一大批竖琴和风笛手，比如安纳克森诺（Anaxenor）和祖苏斯（Xuthus）。舞蹈家梅特罗多鲁斯（Metrodorus），还有一些亚细亚的表演艺人，都进入他的宫廷，仗着他的权势到处为非作歹，远远超过那些跟随他从意大利来到这儿的败类们，所有国王的钱财都被这些人白白浪费了，事情的发展已经不能让人容忍了，整个亚细亚就像索福克利（Sophocles）笔下所描写的那个城市：

空气中弥漫着香薰的味道，
到处都是欢乐的歌声、绝望的哀叫。

当他进入以弗所（Ephesus）境内时，所有的妇女都打扮成酒神的样子，男人和孩子们则装扮成森林精灵和牧神，放眼望去，整个城市到处是都缠绕着常春藤的长矛、竖琴、长笛和七弦琴，他们都热烈欢迎安东尼的到来，他们把安东尼看作恩赐快乐和仁慈的酒神。也许对于一些人来说，他的确是为他们带来了快乐，但是对于大多数的人来说，他是残酷的吞食者和野蛮人。因为他经常剥夺人们尊敬的和品德高尚的人士的财产，拿来满足那些恶棍和阿谀之徒，他们有时还捏造活生生的人已死的伪证，这样安东尼就能把那些“亡者”的财产分给他们。有一次，安东尼仅仅因为他家里的厨师做了一顿丰富可口的晚餐，就把一位马格尼西亚市民的房子赏给他，最后，当他向亚细亚各城市执行年度第二次征税的时候，布里阿斯（Hybreas）鼓起勇气，代表亚细亚各城市向他提出意见：“如果每年要收两次税，那你能保证让我们每年都有两个夏天，和两个收获的季节吗?”他很大胆地说出这些话，这一点甚得安东尼的赏识，接着他还说亚细亚人民已经向他缴纳了20万塔兰特：“如果你还没有收到的话，那就向租税承包商要去吧！如果你已经收到了但是花光了，那我们就是一群倒霉鬼了！”这些话很快点醒了安东尼，他竟然不知道有些人打着他的旗号在外面胡作非为，这不是由他的懒惰造成的，而是他过分信任身边的人。这主要是因为他的性格太过豪爽，不容易发现自己的错误，但是只要他发现是自己的错，就会马上悔改，请求那些被他伤害的人的原谅；他在赔偿别人的时候非常慷慨大方，但是他处罚犯错的人也十分严厉，但总的来说，他的慷慨大方还是超过了他的严厉；他会用尖酸、侮辱的话来嘲笑别人，这样做也并不会让人难堪，因为别人可以反唇相讥；他喜欢表现出嬉笑怒骂的姿态，也不介意别人这样对他。这种自由的、毫无限制的交谈的确为他带来了不少的麻烦。他无法想象那些在开玩笑时极其胆大的人竟然也在办理公事时奉承和欺骗他，他还不明白那些寄生虫通常会在阿谀奉承时说出一些冒犯的言辞，这就跟糖果商要在糖果里放一些辛辣的东西的道理一样，免得别人吃多了反而腻了。他们在用餐时，总是故意说一些粗鲁无礼的话，目的就是要让人们觉得他们在会议中的一味服从，不是为了讨好谁，而是出于自己的信念。

安东尼的性情大致就是如此，而他一生中犯的最后的、也是最严重的一项错误就是爱上了克丽奥佩特拉（Cleopatra），他对克丽奥佩特拉的爱不仅唤醒了还点燃了他本性中已经停滞的欲望，最后还遏制和败坏了本来可以发挥抵制作用的善良和明智的判断力。最终沉迷于克丽奥佩特拉的美色，不能自已。事情是这样的：当他在为帕提亚战争做准备的时候，克丽奥佩特拉受人指控说她在上一次战争中，曾给卡西乌斯提供过帮助，于是他派人去通知克丽奥佩特拉到西里西亚与他见面，对此项罪名给出一个合理的解释。信使狄留斯（Dellius）一看到克丽奥佩特拉的容貌，再加上她口齿伶俐，就马上断定安东尼不会为难这么一位美丽动人的女人，相反，她还会成为安东尼最喜爱的人。所以狄留斯马上献媚讨好这位埃及女王，还用荷马的诗句劝她穿上“美丽的衣服”去西里西亚会见安东尼，还叫她不要畏惧安东尼，他是一位最温和、最善良的士兵。她对狄留斯的话半信半疑，但是她更相信自己的魅力，因为这种魅力就曾迷惑了恺撒和年轻的格乃乌斯·庞培（Cnzus Pompey），现在她更有信心让安东尼拜倒在她的石榴裙下。她征服恺撒和格乃乌斯·庞培的时候，还只是个无知的小女孩，而现在与安东尼见面的她已经处于一位女人最年轻貌美的时段，其智慧也完全成熟。她为这次的旅行做了很多的准备，她倾尽一个王国的财力，带来了许多钱财、礼物和一些贵重的饰物，而最大的礼物就是自己的美貌。

安东尼和他的一些朋友都写信给克丽奥佩特拉，召她前往，但是克丽奥佩特拉根本不理会这些命令，最后好像是为了嘲笑他们，她乘坐一艘豪华的皇室游艇，镀金的船尾，还有全部展开的紫色的船帆，银色的船桨配合着长笛和竖琴的节拍划动，顺着塞德努斯河划行。克丽奥佩特拉则躺在一个由金线织成的华盖下面，打扮得像维纳斯女神一样，而那些俊男们打扮得像画家笔下的丘比特，站在她的两边为她扇风。她的侍女们就像是海上的仙女和美丽的女神，有的在船尾掌舵，有的在操纵缆绳。他们身上散发的香味从船上飘到岸上。岸上都挤满了人，一部分人还沿着河的两岸随着船只行走，还有一些人从城市里跑出来观看这一景象。罗马广场上空无一人，唯独留下安东尼坐在法官席上，与此同时，人们还传出维纳斯为了所有亚细亚人民的利益，将要和酒神举办宴会。她一到达罗马后，安东尼就派人请她共进晚餐，克丽奥佩特拉认为还是请安东尼到她那里更合适，安东尼为了表示自己的善解人意，只有应邀前往。等他到达克丽奥佩特拉那里后，发现她为了迎接他的到来做了很多准备，迎接的场面非常盛大，最让人钦佩的就是那些数不清的灯光；突然间许多盏灯具，布置得非常巧妙，有些排成方形，有些排成圆形，整个情景构成一幅无与伦比的画面。

第二天，安东尼又邀请克丽奥佩特拉共进晚餐，非常想在欢迎场面的豪华和设计的独特方面超过她，但是最后还是输给克丽奥佩特拉。安东尼在开始的时候讲一些笑话，卖弄嘲笑自己的贫乏的智慧以及庸俗笨拙的语言。克丽奥佩特拉在意识到安东尼嘲弄的言辞粗俗易懂，就像是一个文盲士兵，而不像是出身高贵的将军后，她就马上用同样的语言风格和他交谈，没有任何不自在的感觉。据说，她的美貌其实并不像传说中的那么天下无双，或者是能够迷倒任何一个男人，但是她的仪表姿态的确是独一无二。与她相处，更是能体会到她那种无可抗拒的魅力，美丽的容颜加上优雅的谈吐，言行之间所表现出的高贵气质，的确是令人着迷。仅仅是听她那甜美动人的声音就能令人愉快，就像是一件弦乐器发出的声音一样委婉动听。她能从一种语言立刻转换到另一种语言，所以她在与一些蛮族人士讲话时，都不需要翻译，很多时候都是用对方的语言直接交谈，无论对方是伊索皮亚人、特罗格洛迪特人、希伯来人、阿拉伯人、叙利亚人、米底人、帕提亚人还是其他民族的人，这的确让人感到惊讶，因为在她以前的埃及国王都不愿学习自己的母语，其中还有几位连马其顿语言都不精通。

安东尼彻底被她的美貌与智慧所迷倒了，这时他的妻子弗尔维娅为了维护他的利益，正在罗马和屋大维做斗争。帕提亚军队在拉频努斯（波斯国王的属下已经任命他为统帅）的领导下，正在美索不达米亚集结，准备进攻叙利亚，而安东尼却跟克丽奥佩特拉前往亚历山卓，像过节的孩子一样在那里玩耍嬉戏，浪费大量的时间金钱与克丽奥佩特拉欢愉，正如安提奉所说的最宝贵的时间。他们两个还组织了一个社交协会，还为它取了一个特别的名字“极乐会”。协会成员们每天轮流设宴狂欢，其花费的金钱无法估量，超乎人们的想象。一位来自安斐沙（Amphissa）的医生斐洛塔斯（Philotas），他当时正在亚历山卓学习医术，常常和我的祖父兰瑞普阿斯（Lamprias）谈起当时的一些事情，他说他认识宫廷里的一位御厨，有一次那位年轻的御厨邀请他去看看准备一顿晚餐所需材料的奢华程度。之后，他被带进宫廷的厨房，一进去便被各种食材的数量和种类吓到了，尤其当他看到野猪，不禁问道：“你们今天一定有很多客人来访吧！”那位厨师笑他竟然如此天真，还说今天的客人还不到12位，但是每道菜在端上去的时候都不能出现任何差错，如果火候稍有不对，那道菜就报废了，他说：“而且安东尼用餐的时间又没个准，也许是现在，也可能还要等一会儿，或许要先喝酒、谈事情，那么上菜的时间就得延后，所以他们必须要做好一切准备，”他继续说道：“因此，我们准备的不是一顿晚餐那么简单，而是在准备多场饮宴，因为我们根本就猜不到安东尼什么时候用餐。”这就是斐洛塔斯所讲的往事。接着他又说起另一件事，之后他成为安东尼长子的私人医生，他是弗尔维娅所生的，斐洛塔斯了解到，要是他不与自己的父亲安东尼一起用餐，他就会邀请很多朋友和他一起吃饭。有一次，另一位医生说话很大声，打扰到他和朋友聊天了，于是斐洛塔斯运用三段论法的诡辩术堵住了他的嘴，斐洛塔斯当时是这样说的：“发烧的病人要喝凉水，任何患上热病的人都会发烧，所以患上热病就要喝凉水。”听了他的话后，那位医生便再也不说话了，安东尼的儿子见此状非常高兴，大声地笑了出来，还指着布满金银器具的桌子对斐洛塔斯说：“斐洛塔斯，你做得太棒了，我这些你所看到的东西全部送给你。”斐洛塔斯非常感谢他，但是仍然不敢相信这样的一位年轻人竟然把这么贵重的东西送人。没过多久，一位仆人就把刚刚安东尼的儿子送给他的东西全部拿到了他的面前，要求他画押做记号，但是他不敢接受这么多贵重的礼物，便把它们推开了，那位仆人说：“你这个人是哪里有病吗？你不知道这些东西是安东尼的儿子送给你的吗？他有权利赠送任何人礼物，如果你愿意听听我的意见，我会建议你让我们把这些东西全部换成现金再给你，因为这里面有几件著名的、价值非凡的古董，安东尼或许不会轻易送人。”我的祖父告诉我们，这些就是以前斐洛塔斯经常讲的趣事。

现在让我们回到克丽奥佩特拉的事情上，柏拉图提到过阿谀奉承有四种方式，但是克丽奥佩特拉却有一千种献媚讨好的花招。不管安东尼摆出一副严肃的样子，还是想找点乐子，她都能随时创造出新的欢乐和展现出新的魅力来讨好安东尼；无时无刻不待在安东尼的身旁，不管是白天还是黑夜，都绝不让安东尼离开她的视线。她陪安东尼玩骰子作乐、陪他饮酒狂欢，还和他一起狩猎，即使是安东尼在操练军队的时候，她也要跟着去观看。到了晚上她就和安东尼一起在街上乱逛，在平民百姓的门窗前打闹，妨碍他们睡觉，如果安东尼穿上男仆的衣服，那克丽奥佩特拉就打扮成女仆的样子来应和他，就是因为这样，安东尼常常被别人辱骂，有时还会被暴打一顿，尽管有人猜出他们是安东尼和克丽奥佩特拉。然而，亚历山卓人却很喜欢他这种独特的作风，还和他一起愉快亲切地嬉戏打闹，他们非常感谢安东尼现在在他们面前表演喜剧，给他们带来很多快乐，即使他过去在罗马扮演悲剧的角色。他所做过的愚蠢搞笑的事数不胜数，但是钓鱼一事值得一提。有一次，他和克丽奥佩特拉一起去钓鱼，但是等了很久，都没有鱼儿上钩，又因为他的女神克丽奥佩特拉在旁边，所以觉得很丢脸，于是私下命令渔夫潜入水底，把早已捕获的鱼放到他的鱼钩上，因为他很快就钓到了很多鱼，所以克丽奥佩特拉看出了其中的“奥秘”。她假装不知情，还告诉每一个人安东尼的钓鱼技术多么精湛，还邀请他们第二天来观看安东尼钓鱼，所以第二天很多人登上渔船，安东尼刚把鱼竿抛出去，克丽奥佩特拉的一位仆人在渔夫下水之前潜入河底，把一条从本都运来的咸鱼挂在安东尼的鱼钩上。安东尼感觉到鱼竿在动，于是马上起竿，正如克丽奥佩特拉计划的一样，大家都捧腹大笑，克丽奥佩特拉说："将军，把你的鱼竿交给法洛斯（Pharos）和坎诺帕斯（ Canopus）那些可怜的渔夫吧！你的目标是城市、行省和王国。"

就在这段逍遥的日子里，安东尼一共收到了两份急件，一封是来自罗马，说他的兄弟卢契乌斯和弗尔维娅在多次争吵之后，竟然和好如初一起对抗屋大维，但是战败了，逃出了意大利；另一封急件也没带来什么好的消息，帕提亚人在拉频努斯的领导下占领了亚细亚，从幼发拉底河和叙利亚以及远至利底亚和爱奥尼亚都被他控制了，安东尼这时才如梦初醒，放弃醉生梦死的生活，马上率兵出发攻击帕提亚人，进展顺利直至腓尼亚；但是这个时候他又收到弗尔维娅一封充满悲痛的信，于是立即跳转方向率领200艘战舰前往意大利。在前往途中，他接待了一位从意大利逃跑出来的朋友，从他那里了解到弗尔维娅就是战争的始作俑者，弗尔维娅天性暴躁又胆大包天，她这样做就是想在意大利挑起战火，这样一来安东尼就必须离开克丽奥佩特拉，回到意大利。但是没有料到的是，弗尔维娅在赶来会见安东尼的途中，身染重病死于西塞昂。这样一来，安东尼和屋大维就能更顺利地和解了。当他到达意大利时，屋大维并没有为难他，而是把所有的错误归结到弗尔维娅的身上，双方的幕僚都不愿他们再浪费时间来计较谁是谁非了，而是先和好，再划分整个帝国的统治区域，他们谈好将爱奥尼亚海划为边界，东部的行省归安东尼管理，西部的则归屋大维治理，阿非利加则由勒比杜斯统治。最后还达成一项协议：当他们自己不愿担任执政官时，就由他们认为合适的幕僚轮流出任。

双方都很满意这些条款，但是人们更加期待他们之间更紧密的合作；刚好上天给了一次机会。屋大维有一位同父异母的妹妹屋大维娅（Octavia），因为他的母亲是阿提娅（Attia），而她是安查利娅（Ancharia）所生。据说，他的这位妹妹深得他的喜爱，在各方面都很出色。她的丈夫盖约·马克卢斯（Caius Marcellus）不久前去世了，而安东尼在弗尔维娅死后也成了鳏夫，尽管他承认自己对克丽奥佩特拉的感情，但是不承认自己和她的婚姻关系，所以就这一点来说，他的理智正与那位埃及女王的魅力做斗争。每个人都想方设法促成他与屋大维娅之间的婚姻，他们都认为凭借屋大维娅的美貌、尊贵和睿智，一旦与安东尼成亲，必定会赢得他的欢心，这样一来，他和屋大维之间也能相安无事。于是双方都对这门亲事非常满意，达成协议后，他们都前往罗马庆祝婚礼，元老院也为此废除了一项法律：女子在丈夫去世十个月后才能再出嫁。

当时，色克都斯·庞培乌斯（Sextus Pompeius）占领了西西里，他的船队在门纳斯（Menas）的指挥下，配合内克拉底（Menecrates）一帮海盗经常侵扰意大利沿海一带，以致那些普通船只都不敢驶进那些海域。色克都斯之前对安东尼还是很友善，款待过安东尼的母亲，当时她和弗尔维娅正在逃亡。所以安东尼决定和他签订和平协议，双方在麦西侬（Misenum）的海角见面，在港口的防波堤谈判，庞培乌斯的船只停泊在附近的海面，安东尼和屋大维则把军队沿着海岸排列开来。谈判结果决定色克都斯管理西西里和萨丁尼亚，但是前提条件是要赶跑所有的海盗，并且每年必须向罗马进贡定额的谷物。

协议达成之后，他们相互设晚宴款待对方，经抽签决定由庞培乌斯第一个设宴，当安东尼问他晚宴的地点是哪儿时，庞培乌斯指着那艘有六排桨座的大划艇说："就在那里，那是我父亲留给我的唯一的产业。"他这样说是在指责安东尼，因为当时庞培的府邸被安东尼霸占了。庞培乌斯的划艇停泊好了之后，搭起一座浮桥直抵海角，非常热烈地欢迎安东尼他们的到来。在畅饮之后，他们都互相开玩笑，还拿安东尼和克丽奥佩特拉的风流韵事当作笑料，海盗门纳斯低声对庞培乌斯说："如果我现在砍断船的缆绳，你将不仅是西西里和萨丁尼亚的主人，而是整个罗马帝国的国王了，你看这怎么样？"庞培乌斯思索了一会儿说："这件事你不必征求我的意见，现在我们已经达成协议，我不能背信弃义。"在轮流接受了另外两位的款待之后，庞培乌斯就返回西西里了。

合约签署以后，安东尼就派遣温狄迪斯（Ventidius）前往亚细亚，制止帕提亚人的进一步扩张，以此同时，他自己为了获得屋大维的好感，接受了已死的恺撒遗留下来的祭司长一职。他们共同处理国家政务和军事，彼此都表现得很体贴、很友好。但是令安东尼烦恼的是：在所有的娱乐活动中，不管是在技术方面还是运气方面，屋大维总是赢家。安东尼的身边有一位埃及占卜师，占卜技术很是高超，不知道他是受克丽奥佩特拉的指使，还是卜算的结果确实就是如此，他坦白地对安东尼说，尽管他的运道非常好，但是遇到屋大维就黯然无光了，建议他要远离屋大维，还说："因为你的守护神畏惧屋大维的守护神，你的守护神在独处的时候孤傲而勇敢，但是一遇到屋大维的守护神就会变得胆小沮丧了。"事实也证明那位占卜师所说并不无道理。安东尼和屋大维为了乐趣，不管是抓阄、掷骰子赌输赢，安东尼总是输给屋大维，当他们斗鸡或是斗鹌鹑，屋大维也总是占上风。这样一来安东尼自然心生不满和愤怒，进而更加器重和相信那位占卜师所说的话。后来，他把自己的家务事交给屋大维处理，自己带着屋大维娅离开意大利，前往希腊，屋大维娅在不久之前为他生下了一个女儿。

当他在雅典过冬时，收到温狄迪斯在帕提亚战争中获胜的消息，知道温狄迪斯已经杀死了海罗德国王手下最优秀的两位将领拉频努斯和法纳帕迪（Pharnapates）。为了庆祝这次大捷，安东尼公开设宴款待所有的希腊人，还亲自主持雅典赛事，还把之前担任将军的标志和杖仪放在家里，身穿长袍和白鞋，手里还拿着主持人的权杖出现在公众的面前，等到参赛者搏斗到不相上下的时候，他就出来执行自己的任务，抓住他们的脖子把他们分开，以免出现事故。

当安东尼准备前去作战的时候，他从神圣的橄榄树上摘下一只花环，按照神谕的指示，他用容器装满克勒普西德拉（Clepsydra）圣水，并随身携带。在这期间，帕提亚国王的儿子帕科努斯（Pacorus）正率领大批军队进军叙利亚，温狄迪斯立即出兵迎战，双方在塞里斯蒂卡（Cyrrhestica）展开激战，温狄迪斯击溃敌军，帕科努斯一方损失惨重，帕科努斯本人也死于这场战争。这场胜利是罗马人最出名的成就之一，完全为克拉苏战败雪耻了，帕提亚在遭到连续三次失败以后，便迫使他们自己留在米底亚和美索不达米亚的边界以内。温狄迪斯也不愿再次攻打帕提亚来展现自己的好运道，生怕这样会招来安东尼的不满与妒忌，于是转而攻击那些背叛罗马帝国的民族，把他们一一征服，最后重新归顺罗马。在这些民族中，温狄迪斯曾在萨摩萨塔（Samosata）围攻康玛吉尼（Commagene）的国王安蒂阿克斯（Antiochus），安蒂阿克斯当时愿意献出1000塔兰特来请求他的原谅，还承诺以后都服从安东尼的吩咐。但是温狄迪斯告诉他，他必须被押到安东尼的面前，而此时安东尼正在来往的途中，而且安东尼还告诉温狄迪斯不得与安蒂阿克斯达成任何协约，他还希望无论如何这次的胜利应该归于自己的功劳，不能让别人觉得所有的胜利都是靠温狄迪斯获得的。然而，这次围攻作战的时间过长，安蒂阿克斯等一干人的请求又遭到拒绝，于是他们奋起反抗，直到最后安东尼发现并没有获得什么好处，所以为当初拒绝安蒂阿克斯的请求而感到羞愧和后悔，最后只得答应安蒂阿克斯出300塔兰特和解。在对叙利亚的事务做了若干的指示以后，安东尼就率军返回雅典，温狄迪斯也获得了应有的荣耀，回到罗马时还接受了凯旋式的荣誉。他是唯一一位因为战胜帕提亚人而获得凯旋式荣誉的人，他出生卑微，但是通过与安东尼的交情得到了展现自己能力的机会，成就了一番伟大的事业，而他的屡战屡胜也证实了当时关于屋大维和安东尼的看法，那就是他们本人率兵出征，并没有手下的副将表现出色，比如安东尼的副将索修斯（Sossius）同样也取得了巨大的成果，还有安东尼留在亚美尼亚的坎纳地斯（Armenia），他不仅征服了那里的民族，还击败了阿尔巴尼亚人和伊比利亚人的国王，最后直接进军高加索，就是因为这样，安东尼的军队才在蛮族里建立起很大的声望。

安东尼受到一些不真实的谣言的影响，对屋大维产生不满的心结，于是率领300艘战舰前往意大利，在遭到布林迪西的驻守军队的拒绝后，他又前往塔伦屯。他的妻子屋大维娅也和他同行前往，还获得安东尼的许可去拜访她的弟弟屋大维，这个时候她已经为安东尼生下了两个女儿，现在还有孕在身，她在途中遇见了屋大维和他的两位部将格里帕（Agrippa）和密西纳斯（Maecenas），于是把他们两个叫到一旁，带着请求和悲伤的语气告诉他们，她被人们认为是世界上最幸福的女人，因为她是安东尼的妻子，也是屋大维的姐姐，但是现在的她却可能会成为这个世界上最不幸的人，如果安东尼和屋大维冲动行事，那么谈和就是不可能的事了，战争也就会随之爆发，她说：“那么我就会陷入无可挽回的悲惨处境，不管哪一方取得最后的胜利，我都是失败者。”屋大维被自己姐姐的这番话给感动了，于是带着和平的心情前往塔伦屯和安东尼谈判，他把数量庞大的军队排列在岸上，那个场面甚是庄严，战舰停泊在海港，双方并没有做出任何敌对行为，只是像朋友一样相互问候寒暄，表现出喜悦和亲切的态度。安东尼还首先设宴款待屋大维，屋大维也看在他姐姐的分上做出让步，接受要约，最后达成和平协议：屋大维为了帕提亚战争应该交给安东尼两个军团，安东尼也要礼尚往来回送屋大维100艘战船，另外，屋大维娅又让安东尼送给他的弟弟20艘轻型帆船，屋大维就此回送了他1000名步兵。就这样，他们如朋友一样道别了，屋大维立即动身和庞培乌斯开战，征服西西里。安东尼把自己的妻子和孩子，以及前妻弗尔维娅所生的孩子全部交给屋大维照管，自己前往亚细亚。

安东尼对克丽奥佩特拉的热情经过很长的时间已经完全冷淡了，由此酿成的祸患似乎也被他的理智消失殆尽了，但是就在他快到叙利亚的时候，他对克丽奥佩特拉的激情又开始复燃了，最后就如同柏拉图所说的那样，人的灵魂就像一匹难以管束、不受驯服的马，扔下所有的、好的有益的忠告，偏要一意孤行，安东尼派遣丰提乌斯·卡庇多（Fonteius Capito）把克丽奥佩特拉接到叙利亚。等她到达以后，安东尼就送给了她一份大大的惊喜，把腓尼亚、内叙利亚、塞浦路斯、西里西亚的大部分地区、朱迪亚生产香油的地区以及在阿拉伯半岛向外延伸的纳巴萨，全部作为礼物送给她，这让罗马人很不满。虽然安东尼曾经利用私人关系，授予一些平民治理行省或是掌管一些王国的权力，还掠夺一些国王的领土，比如朱迪亚的安蒂阿克斯就被他下令斩首（他是历史上第一个被斩首的国王），但是没有什么比他赐给克丽奥佩特拉的荣耀还要令罗马人民气愤。因为安东尼承认克丽奥佩特拉为他生下了一对双胞胎，还分别取名为亚历山大和克丽奥佩特拉，同时还把太阳和月亮当作自己和克丽奥佩特拉的别名。所以罗马人民对他就更加不满了。但是安东尼知道如何为自己的行为做辩护，他经常说罗马帝国的伟大之处在于给予而不是索取，要让罗马的贵族血统扩展到全世界的唯一办法就是在每一个地方栽培成群的后裔和帝王之才，他还认为自己的祖先就是海克力斯所生的，但是海克力斯并不把希望全部寄托在一个女人身上，也不在意梭伦法典中任何有关管制生育的规定，而是顺其自然，所以才留下了很多家族后裔。

弗拉阿狄（Phraates）杀了自己的父王海罗德后，自立为帝，许多帕提亚人离开自己的祖国，在这些人当中，身份显赫和权势很大的摩尼西斯（Monacses）投靠了安东尼，在他那里寻求庇护。安东尼认为摩尼西斯和提米斯托克利的情况非常相似，于是他效仿波斯国王的宽宏大量，把拉立沙（Larissa）、阿里苏萨（Arethusa）和之前被称为班比西（Bambyce）的海拉波里斯（Hierapolis）这三个城市交给摩尼西斯管理。但是当帕提亚国王召他回国，保证他会安全地返回祖国时，安东尼也没有勉强他留下来，他这样做是想让弗拉阿狄感到惊讶，相信和平是可以持续下去的，但是他提出一个条件：归还克拉苏战败时被他们抢去的军团旗帜，释放至今还活着的罗马俘虏。将这件事处理好以后，安东尼就送克丽奥佩特拉返回埃及，然后率军经过阿拉伯和亚美尼亚，这时他的军队已经全部集结起来，并且和许多联盟国家（他有许多盟国，其中兵力最强大的是亚美尼亚国王阿塔伐斯德（Artavasdes），他带来了6000骑兵和7000步兵）的军队会合，由安东尼主持检阅。受检阅的军队有6万罗马步兵，以及视为罗马主力的1万西班牙和高卢骑兵，另外还有其他国家的3万骑兵和步兵。这样的阵势不仅让巴克特里亚边界的印度感到惊慌，还让整个亚洲为之一震，我们得知，安东尼因为克丽奥佩特拉的缘故没有好好运用这批庞大的军队。因为他想和克丽奥佩特拉一起过冬，于是提前发动战争，他的所作所为欠缺考虑，就像一个在某种药物或者魔法的操控下，无法控制自己的人一样，他的心里全是克丽奥佩特拉，他的目标是赶紧结束战争，回到克利奥佩特拉的身边，而不是打赢这场战争。

首先，他的军队在长达至少8000弗隆的行军路程后，早已经筋疲力尽，应该在亚美尼亚实施冬营，以便士兵们恢复体力，这样在开春之际，便可以在帕提亚军队尚未完成冬营之前，抓住大好机会侵犯米底亚，但是安东尼再也没有耐心等下去了，于是把亚美尼亚留在左翼，就向阿特罗佩提尼（Atropatene）发起进攻，然后肆意糟蹋整个地区。其次，他的行军速度太快，以致把由300辆马车编成的纵队甩在了后面，他们运载着攻城所需要的所有机械和装备，其中还包括一辆长80英尺的攻城撞车，这些器具连同所有的装备，一旦丢失或是损害，都不可能修补，因为在上亚细亚地区生长的树木的硬度和长度都不足以制造出这些东西。然而安东尼却把他们远远地留在了后面，为了不妨碍自己的行军速度，还委派纵队指挥官史塔蒂阿努斯（Statianus）率领一支分遣队负责那些器具。他亲自率军围攻米底亚的主要城市弗拉阿塔（Phraata），国王的妻子和儿女都居住在那里。当实际的需要证明他把攻城纵队丢在后面犯下多大的错误之后，在无计可施的情况下，只有靠着城墙堆起高高的土丘，这项工程耗费了大量的劳动力和时间。与此同时，国王弗拉阿狄率领一支庞大的军队前来反击安东尼，在得知他们的攻城纵队还在后面时，他马上派出一大批骑兵攻击史塔蒂阿努斯，结果连同史塔蒂阿努斯在内的1万人被杀，攻城的所有器具也遭到破坏，许多人被抓获，其中还包括国王波勒蒙（Polemon）。

战争刚一开始就遭到严重的挫折，这难免会打击士兵们的士气，亚美尼亚的国王阿塔伐斯德认为罗马军队的气数已过，于是便带领他的军队撤离了，尽管他是这场战争的主要元凶。帕提亚人在取得胜利后士气大增，来到围城的罗马军队前多次进行挑衅，安东尼害怕再这样按兵不动下去，整个军队只会越来越沮丧和恐慌，于是带领所有的骑兵、十个军团以及由重步兵组成的三个禁卫队出去搜寻食物，还打算借此机会吸引敌军前来会战。他领导军队走了一天的路程，发现帕提亚人一直在附近盘旋，准备在他们前进途中袭击他们，于是安东尼下令在营地挂出会战的信号，同时还拆除帐篷，假装放弃作战，率领军队回国；当他率领军队经过敌军阵营时，发现他们已经排成新月形的战线，于是他马上下令等到敌军一靠近，可以给予支援的时候，骑兵部队就马上开始出击支援。当罗马军队前行进军时，一旁观看的帕提亚人都大吃一惊，佩服得五体投地，因为罗马军队纪律严肃，队伍一排一排隔着相同的距离前进，井然有序，寂静无声，士兵的手中都拿着长矛。一收到开战的信号，骑兵部队马上掉转方向突击帕提亚人，同时发出很大的呐喊声，帕提亚人英勇迎战，但是距离太近，使得弓箭派不上用场，然后罗马的军队也参与到战争中来，他们的高喊声和武器的碰撞声吓到了帕提亚人的马匹和士兵，以致他们再也守不住自己的阵地，只得撤退。安东尼穷追不舍，希望这次胜利能够结束这场战争，步兵追击了50弗隆，而骑兵则是150弗隆的距离，可结果他们只俘获了30名敌军，杀死了80名敌人。罗马军队充满了沮丧和失望，因为他们认为自己在取得胜利的时候，所获得的战果竟然如此微不足道，然而一当他们战败，却遭到极其惨重的伤亡。就如战争开始时所遭受的损失一样。

第二天，安东尼的军队把一切军用行李准备好后，返回弗拉阿塔的营地，在途中遇到一些散漫的敌军，当他们越往前走，碰到的敌军就越多，最后竟然和敌军的主力相遇，他们精力充沛，队伍井然有序，向安东尼的军队挑战，从四面八方围攻他们，他们只能边行军边抵抗攻击，历经千辛万苦才抵达营地。到达营地以后，安东尼发现自己的军队在遭到米底亚人的攻击后陷入一片惊恐之中，竟然还放弃好不容易堆起的土丘，于是他决定对失职的人处以“十一之刑”就是将士兵分成十人一组，用抽签的方法处死其中的一位，至于那些保住性命的人，下令将他们的粮食由小麦改成大麦。

这场战争使作战双方都担惊受怕，如果再这样拖延下去，对安东尼更加不利。而且现在还面临着饥饿的威胁，每次出去搜寻粮食都会损失大量的人员。另一方面，弗拉阿狄深刻意识到，如果罗马军队一直这么打包围战，他的部下很可能抛下他自行离去，因为当时秋分已过，天气也渐渐转寒，他们不怕战争的辛苦，可就是无法在室外度过严冬。为了阻止这一切事情的发生，他采取了如下的诡计：他命令那些与罗马士兵相识的部下，当罗马士兵们在搜寻食物的时候，不要太靠近他们，而是让他们带走一些食物，而且还要称赞他们的英勇，说是帕提亚国王把他们看作这世界上最勇敢的人。如果还有机会的话就再靠近他们一点，把马匹停在罗马士兵的旁边，开始辱骂安东尼的顽固不灵，因为弗拉阿狄非常希望和平，和平可以拯救许多勇敢士兵的性命，而安东尼却拒绝所有友好的提议，继续围城，等待最恐怖的两个敌人降临，那就是严冬和饥饿，那时，即使帕提亚人愿意出手相助，他们也很难逃脱厄运。安东尼从许多人的口中得知了那些消息，开始抱着和解的态度，但是他并没有派信使去和帕提亚国王和解，直到他从那些友好谈话的帕提亚人打听清楚，他们之前所说的那些是不是奉国王的命令而说的。那些人坦白地回答他，那的确是国王的意思，并且请他相信他们，于是安东尼派了几位幕僚去与帕提亚国王见面，要求其归还战旗和之前抓到的俘虏，他这样做不为别的什么，而是让人感觉他的目的并非只是安全撤离。帕提亚国王，至于战旗和俘虏的事情，不要再提出这样的要求来烦他，如果他想撤退的话，随时都可以让他们安全地离开。几天之后，安东尼的军队整理好辎重拔营而去。尽管安东尼是他那个时代著名的演讲家，能够运用自己的铜牙铁齿来稳定军心，但是这次，他出于羞愧和伤心，发现自己不能亲自在士兵们面前演说，于是委派杜米鸠斯·伊诺巴布斯（Domitius Enobarbus）代表他发表讲话。有些士兵相当反感他这样的做法，他们认为安东尼这是在鄙视他们；但是大多数人还是知道真正原因的，为安东尼感到惋惜，他们认为在这种情况下，他们应该比平时更加尊敬和服从安东尼。

安东尼原本打算按照原路返回，要穿过一片无树的平原地区，但是一位马迪亚人（Mardian）（马迪亚人非常熟悉帕提亚人的作战方式，在罗马军队失去自己的攻城器具时，他也对罗马军队不离不弃，表现自己的忠诚）建议安东尼沿着右手边的山区撤退，不要把自己的重装兵部队暴露在一片辽阔的、空旷的、易于骑兵部队行动的平原，以免遭到大量骑兵和弓箭手的突然袭击。这位马迪亚人还说弗拉阿狄在劝安东尼放弃围城之前，就做好了准备，因为他料到安东尼一定会按照原路返回，这样他就能轻而易举地切断他的退路；但是马迪亚人也说，如果安东尼愿意的话，他将会带领大家走捷径，那条路上还有丰富的食物可供士兵们食用。安东尼听了他的一番话后，开始认真考虑最好的办法，一方面，他不愿在与帕提亚人签订合约后，再做出任何怀疑他们诚意的事情；另一方面，正如那位马迪亚人所说的那样，走距离较短而且人口较密集的途径的确是最好的办法。最后安东尼要求那位马迪亚人保证会带领他们回到亚美尼亚，而且在这之前安东尼要把他捆绑起来。前两天，在马迪亚人的带领下，安东尼的军队顺利前行，但是到了第三天，安东尼松懈了对敌人的一切防御，军队如一盘散沙，懒散地前进，这时马迪亚人发现河堤被人拆毁了，大量的河水流到路面上，即将淹没他们必须经过的道路，他马上意识到是帕提亚人在搞鬼，想借此来阻止安东尼的军队撤退；于是他建议安东尼马上提高警惕，因为敌人已经在迅速接近。安东尼一开始整列军队，投石手和长矛兵保持适当的间距以便使用自己的武器，大量的帕提亚人就如洪水般从四面八方涌过来，想对他们进行围攻，安东尼的军队陷入一片混乱与惊恐之中。罗马的轻装部队马上发动反击，但是他们还是抵挡不了帕提亚人的弓箭，最后损失惨重，同时帕提亚人也受到了投石者和长矛兵的攻击，许多人受了伤，最后他们只好撤退。没过多久，帕提亚人经过整顿再次对安东尼的军队发起进攻，这次又被大批的高卢骑兵击退，自从那天就再也没有露过面。

在熟悉了敌军的作战方式后，安东尼也拟好了作战计划，不仅把投石手和标枪兵作为后卫队，还同时用他们来压住两翼的阵脚，还以方队前进，命令骑兵对付前来攻击的敌人，但在敌军撤退时，不能长距离地追击。因此帕提亚人在接下来的四天里所遭受到的损失比他们加之于罗马军队的伤害更大，他们的士气无疑也受到影响，士兵们也纷纷抱怨严冬将至，应该立刻返回。

第五天，一位勇敢活跃的将领弗拉维乌斯·加卢斯（Flavius Gallus），他也带领了一支庞大的军队，这时他来到安东尼的面前，请求他从后卫队和前锋拨给他一些轻装步兵和骑兵，他会好好加以运用，取得更大的成果。当安东尼如数把士兵调给他，他在敌军进攻的时候果然将他们击退，但是他并没有像往常一样撤退，而是带领大量重装兵乘势追击敌军，继续英勇作战。指挥后卫队的军官在意识到弗拉维乌斯·加卢斯距离军队主力太远后，立即警告他不要再追击敌军，马上撤退与大军会合，但是弗拉维乌斯·加卢斯并没有听取他的警告。据说财务官提鸠斯（Titius）一把抓住军旗，命令他们掉头，责备加卢斯竟然把这么多的英勇的战士置于危险之中。加卢斯不仅不听劝告，反而讥笑提鸠斯的胆怯，还命令自己的部下坚守阵地，不许撤退，提鸠斯只好单独撤离，加卢斯率领军队攻击前面的敌人，但是不料自己的后卫队却被敌人包围了，最后只好派人回去寻求支援。重兵部队的指挥官们，其中包括最受安东尼宠信的坎奈狄斯（Canidius），似乎在派人增援弗拉维乌斯·加卢斯的时候犯了一个大的错误。他们并没有派出全部的兵力前去支援，而是派出了一小队人马前去，当支援队被击退时，他们又派出小部分兵力，周而复始，再这样下去全部的兵力都会被消耗殆尽的，如果不是安东尼亲自率领第三军队从前方赶来，穿越向后逃跑的士兵，攻击敌军，这样才阻止了他们发起进一步的追击。

在这次会战中，罗马军队损失了3000名士兵，还有5000名受伤士兵被运回营地救治，这其中也包括加卢斯，他身中四箭，最后不治而亡。安东尼亲自挨个地慰问那些受伤的士兵，每次见到他们都忍不住掉眼泪。但那些士兵却脸带笑容，握着安东尼的手，叫他照顾好自己的身体，不要为他们担心，还称安东尼为“凯旋将军”，还说只要他做得好，那么所有士兵就都是安全的。总而言之，当时所有的军队就属安东尼率领的军队最优秀，不论是在能力和年纪方面，或者吃苦耐劳等方面，他的军队都表现得比别的军队更出色，尤其是他们对将军的服从和尊敬，全军上下不分年龄大小，不管是军官或者是普通的士兵，都把安东尼的称赞看得比自己的生命还要重要，在这些方面，即使是那些古代罗马军队，也很难超越他们。正如我前面所说的，他们之所以对安东尼那么忠诚是有很多原因的，比如安东尼出身贵族家庭，拥有不错的口才，性格直率，为人慷慨大方，与每个人亲切交谈，而现在，他又去探望、慰问受伤的士兵，分担他们的痛苦，还给他们提供所需要的所有物资，因此那些伤患的士兵比那些身体健全的士兵更愿意为安东尼效命。

敌军本来已经筋疲力尽，无力再追击，但是这场胜利激起了他们继续奋战的激情，忘却了之前的烦心与疲惫，转而藐视罗马军队的战斗力，他们整夜都埋伏在安东尼营地的附近，等待合适的机会抢夺他们的帐篷和行李，他们断定罗马军队在战败逃跑的时候一定会丢下那些东西，第二天早上大批的敌军赶来，结果敌方的人数增加到骑兵至少有四万之多，为了确保这次的胜利不出任何差错，国王还派遣专门保护自己的军队出门作战，他自己并没有参加此次战争。安东尼打算发表演讲以激起士兵的斗志，本想穿一身白色的丧服，这样可以更加感动士兵，但是他的朋友们劝他不要这么做，于是他穿上将领的深红色的战袍在士兵面前发表讲话，赞扬那些战胜的士兵，指责那些逃跑的士兵，前者回答是他们一定可以获得最后的胜利，后者就为自己的行为道歉，还告诉安东尼他们愿意承受“十一之刑”的惩处或者其他任何惩罚，只是请求安东尼不要再为了他们所犯下的错误烦心。这时安东尼高举双手，向天上的神明祈祷，如果因为他过去得到的恩惠太多，现在必须要承受这样的苦难来平衡之前的恩赐，那么请把所有的苦难全部落在他一个人的身上，让他的士兵们能够获得胜利，平安返家。

第二天，罗马军队以更好的、更安全的队形继续行军，帕提亚人看到之后，不禁想要后退，因为他们的目的是抢劫而不是战斗，等到他们靠近罗马军队，却受到大量投射武器的攻击，这时才发现安东尼军队的士兵并没有灰心丧气，而是振作精神，奋起迎战。这样一来，帕提亚军队难免会丧失信心。最后他们聚集在一个斜坡上，那里是安东尼军队撤离的必经之路，等到他们行军速度慢下来的时候，就命令弓箭手朝他们放箭，打他们一个措手不及。但是那些全副武装的步兵部队转过身来，将里面的轻步兵掩护起来，第一列的士兵屈下一膝，把盾牌举在前面，第二列的士兵又把盾牌举在第一列士兵的头上，以此类推，就这样一排一排地摆好，就像是屋顶上的瓦片，或者是剧院里的座椅，形成了一个应付弓箭手的坚不可摧的防御体系，箭射在上面，只是轻轻地划过，造不成任何伤害。帕提亚人看到罗马士兵屈下一膝，还以为他们过度劳累，于是放下他们的弓箭，拿起长矛，使劲戳敌人的盾牌，罗马士兵发出呐喊声，一跃而起用自己的标枪近身迎敌，杀死那些站在最前面的帕提亚人，后面的帕提亚士兵吓得落荒而逃。以后的每天都会发生这样的情况，这为安东尼军队行军造成了很大的麻烦，除此之外，军队又面临饥饿的威胁，他们只能得到极少的谷物，而且还必须经过战斗才能获得，另外，他们也缺少磨碎谷物、制作面包的器具。因为那些工具在之前就丢失了，如今一些驮负行李的马也死了一些，还有一些都用来运载那些伤员。军队里的谷物非常缺乏，以致一个阿提卡夸特的小麦要卖50德拉克马，大麦做的面包也需要相同重量的银两才能买到。所以他们只好吃一些野菜和根茎植物，但是他们发现平时吃的种类都非常稀少，所以他们只能吃找到的东西，这其中有一种有毒的草本植物，要是不小心吃了它会丧失所有的理智和判断力，会不记得世界上的一切事物，只会用尽全身力气去搬石头，把它们从一个地方搬到另一个地方，还非常热心地去做，把搬石头当成最重要的工作。所以整个军营里，什么都看不到，就只是看到士兵们在挖掘和搬运石头，从一个地方搬到另一个地方。喝酒可以解除这种毒，但是如果失败的话，中毒的人就会呕吐胆汁，最后气绝身亡。安东尼看到那么多的士兵都中毒死亡，帕提亚人又穷追不舍，士兵们多次听见他高声叫道："啊！想想那1万名士兵吧！"好像是在赞美那些色诺芬率领的希腊军队，他们曾经从巴比伦撤退，历经更长的路途，面对更加强势的敌人，最后依然冲破重重难关，安全返回祖国。

帕提亚人发现他们无法分离罗马军队，也不能在会战中突破他们的战线，此外，自己的军队也经常损失惨重，所以他们又派人去与那些出来寻找食物的罗马士兵套交情，他们手里拿着没有装上弓弦的弓，走到罗马士兵的面前，告诉他们自己即将返回家园，结束这场无休止的报复追击战，只有少数的米底亚人的军队会再继续跟着他们走两三天，他们不是为了骚扰对方，而是要保护前方的村庄不受侵犯。说完这些，那些帕提亚人就向罗马士兵真诚地致敬，然后非常热情地拥抱告别。这样一来，罗马军队又重拾信心，安东尼听到这些，有意决定改道走平原撤离，因为有人告诉他，走山区会很难找到水源。但是正在他准备做出这样的决定时，一位名叫米塞瑞达狄（Mithridates）的人来到安东尼的军营，这个人是摩尼西斯的表兄弟，我们之前提到过他，他曾在罗马寻求过安东尼的庇护，安东尼还把三座城市交由他管理。米塞瑞达狄到了军营以后，希望能和一位懂得叙利亚语或者帕提亚语的人交谈，安东尼的幕僚把安提阿德亚历山大带到他的面前，他向亚历山大说明自己的身份，并且说明此行的目的是代表摩尼西斯报答安东尼昔日的恩情，然后用手指着远处的高山，告诉亚历山大说道："那里的高山与平原相连，所有的帕提亚军队都在那里埋伏你们，因为他们断定你们会相信他们的话，然后改道走平原。的确，走山区会面临缺水的危险，会经历之前的疲劳，但是如果你们走平原的话，安东尼就会遭受和克拉苏一样的下场。"

据说，米塞瑞达狄走后，安东尼极度恐慌，马上召集幕僚开会商议方案，还找来了那位马迪亚人，他和米塞瑞达狄的想法完全一样。他告诉他们，不管有没有敌人在那里埋伏，走平原没有一条固定的路线，很可能迷失方向，仅凭这一点就不能走平原；然而山路虽然崎岖不平，难以行走，还会面临缺水的威胁，但是只有一天的路程。听过他的一番分析后，安东尼改变了之前的决定，当天晚上就率领军队沿山路前进，还吩咐每一个人自备所需的饮水，然而大多数的士兵都没有盛水的器具，最后只好用自己的头盔或者由动物的皮做成的袋子装水。他们刚一前进，帕提亚人就得知了他们的动向，然后就改变之前惯用的作战方式，一晚上都跟着他们，等到天一亮就袭击后卫队，因为罗马士兵一晚上都在行走，又缺少睡眠，所以已经筋疲力尽，无力再做出反抗。他们一晚上就走了250弗隆的路程，也没有料到敌军竟然就在自己的脚后跟后面，这大大打击了他们的士气。此外，这样边行军边作战的方式使得他们更加饥渴。那些罗马军队的前锋来到一条小河的岸边，看见河水极其凉爽和清澈，因为有毒的关系，所以带着咸味，一喝下去就会引起肚子痛，而且变得更加口渴。马迪亚人之前就警告过他们，叫他们不要喝，但是他们实在忍受不了饥渴，只要有人上前阻止他们，就会挨揍，不顾一切还是要喝。安东尼到处奔走，请求他们再忍耐一会儿，说前面不远处就有一条河流，那里的水就可以饮用，但是这剩下的路程非常不利于马匹前行，所以敌人不会冒险再追击他们了，说完这些后，安东尼下令吹响号角，召回那些战斗的士兵，搭好帐篷，这样至少可以为士兵们遮阳，好让他们休息一下。

罗马军队纷纷搭设帐篷，而此时帕提亚人如同以往一样开始撤退，这时米塞瑞达狄又来到他们面前，告诉上次和他谈话的亚历山大，叫他建议安东尼不要在那里停留太久，休息够了，军队士兵的体力恢复了，就尽快继续前行，直到下一条河流，因为帕提亚人只会追击到那里，是不打算过河的，亚历山大把他的话转告给了安东尼，安东尼还送给了米塞瑞达狄大量的由黄金打造的盘子作为报酬，他也收下了安东尼的馈赠，尽量把它们藏在衣服下面就回去了。听取了他的建议后，安东尼立即下令拔营启程，尽管还是大白天，全军继续前行，在此期间帕提亚人并没有来骚扰他们，但是到了晚上，他们却自乱阵脚，使整个夜间的情况变得不可收拾。有些士兵开始杀死和抢劫那些他们认为有钱的人，还洗劫他们的行李，拿走其中的钱财。最后，他们竟然还打安东尼的主意，打碎了他所有的贵重的桌子和酒具，这样他们就能均匀地分割金银了。安东尼听到帐篷外面的吵闹声和喧嚣声，还以为是帕提亚军队又来侵袭他们，还击溃了他的军队，于是找来一位名叫拉姆努斯（Rhamnus）自由奴，当时负责保护他的安全，要他当场立誓，无论什么时候只要安东尼给他下达命令，他就用剑刺进安东尼的身体，并把他的头颅给割下来，这样他就不会落入帕提亚人的手中，别人也认不出他的身份。当安东尼感到惊慌失控，他的幕僚们也都落泪时，马迪亚人又来到他们面前，带给了他们新生的希望。他告诉安东尼他们，根据现在的空气的凉爽和潮湿程度，他相信他之前所说的河流应该就在不远处，按照到达那里的时间来计算，结果也和他估计的一样，因为夜晚即将过去，就在这个时候，下面的人传来消息说外面的骚动全是由内部人员的暴动和抢劫造成的，并不是敌军来袭。为了平息这场动乱，让那些发疯的士兵们恢复秩序，安东尼下令发出停止前行的信号。

天亮以后，安东尼的军队又恢复了之前的安宁和秩序，这时帕提亚人的箭如雨点般射在了后卫队士兵的身上，安东尼命令轻步兵前去迎战。重装步兵在后面给予支援，就像之前描述的一样，他们用盾牌前后相互掩护，大家一起英勇应战，使得敌军不敢再继续前进，这样一来，军队的前锋就能很轻松地继续行进，在看到河流的时候，安东尼命令骑兵部队在河岸列队迎战，然后让那些伤患士兵先行渡河。这时连那些与敌军交锋的战士都能有好好喝水解渴的机会，但是当那些帕提亚人看到河流的时候，竟然放下自己的弓箭，还告诉安东尼们可以放心地渡河，他们也不会再为难阻止他们，还赞扬他们的英勇行为。平安渡河后，安东尼他们稍作休息，然后又马上启程赶路，他们并不完全相信敌人所说的话。在那次会战的六天之后，安东尼的军队到达了阿拉克斯（Araxes）河，那是米底亚和亚美尼亚的分界线，但是那条河流很深，而且水流很急，要渡河是件非常危险的事。与此同时，军队里还流传着一则消息，说是帕提亚人已经埋伏在那里，准备在他们渡河之时发起进攻。他们竟然安全到达彼岸，进入亚美尼亚境内，好像就是历经暴风雨后，看见大陆一样欢喜，他们喜极而泣，亲吻着大地，彼此拥抱在一起。他们经历千辛万苦、饱受饥饿后，到达亚美尼亚这个物产丰富的国家，难免会大吃一顿，以补偿这段时间的营养缺失，以致许多人得了水肿和痢疾。

安东尼在那里检阅自己的军队，发现自己损失了2万名步兵和4000名骑兵，其中大部分是因为得病而死，并不是死在敌军的刀剑之下。在离开弗拉阿塔之后，他们行军长达27天之久，在这期间，他们曾18次击败帕提亚人，但是因为他们不能追击敌人，所以这些胜利都没有产生重大的效果和持久的效应。从这其中，我们看得出是阿塔伐斯德让安东尼承受了那么多的损失，因为他带领1.6万名骑兵从米底亚逃走，而那些骑兵拥有和帕提亚人一样的武器装备，以及使用和他们一样的作战手法，如果他们没有撤离，那么等到罗马军队击败帕提亚人时，他们便可以乘胜追击，这样一来，敌军就不可能在每次战败后，又有精力重新袭击他们。因为这个原因，全军上下都迫切希望安东尼采取军事行动报复阿塔伐斯德。安东尼再三考虑之后，决定暂时不计较阿塔伐斯德当初的背信弃义，还要像以前那样以诚相待，因为当时的罗马军队已经疲惫不堪，急需生活物资。然而，在进入亚美尼亚境内后，安东尼曾多次邀请和提出保证，要求阿塔伐斯德出来与他相见，等他来到他的面前时，安东尼就抓了他，把他捆绑起来，带到了亚历山卓，展示在凯旋式的游行行列中；最让罗马人民感到不爽和反感的是：安东尼为了讨好克丽奥佩特拉，竟然将属于自己国家的荣誉和庄严交到埃及人的手中。

但是无论怎么样，这都是之后才发生的事情。目前，安东尼正在暴风雪的严冬快马加鞭地行军，他已经损失了8000名人马，现在只有少数人马跟着他来到一个叫白村（White Village）的地方，介于昔登（Sidon ）和贝莱都斯（Berytus）之间，位于沿海地带，他在那里等待克丽奥佩特拉的到来。因为她在途中多次耽搁，所以迟迟没有到达白村，安东尼便极其难耐只能借酒消愁，所以经常吃饭吃到一半的时候，就突然跑出去看看克丽奥佩特拉是否已经来了。最后，克丽奥佩特拉终于和他见面了，给士兵们带来了不少的衣物和钱财，不过有人说她只是为安东尼带来了一些衣物，而那些钱财是安东尼的，只不过是以她的名义分发给士兵们的。

正在此时，米底亚的国王和帕提亚的弗拉阿狄发生了争吵，据说是因为没有平均分配从罗马掠夺过去的战利品。米底亚人害怕失去自己的国土，于是国王派遣使者和安东尼见面，说他愿意提供帮助，和他一起对付帕提亚人。安东尼听到他们这样说，非常惊讶，因为之前没有击退帕提亚人就是由于缺少骑兵和弓箭手，所以马上就接受了他的建议，开始准备返回亚美尼亚，在阿拉克斯和米底亚人会合，重新对帕提亚人开战，一雪前耻。而这时住在罗马的屋大维娅非常想见安东尼，于是要求屋大维准许她前去见见安东尼，屋大维马上就同意了，根据大多数学者的看法，说是屋大维同意自己的姐姐前去，并不是完全为了满足姐姐的心愿，而是在为对安东尼开战寻找合适的借口，如果屋大维娅在安东尼那里受了委屈，那么他就得逞了。屋大维娅一到达雅典，就收到了安东尼的来信，他在信中说，他现在正在远征，希望屋大维娅在雅典等待他回来。尽管屋大维娅当时很不高兴，也不知道他这样做的真正目的，但是她还是写信告诉安东尼，她为他带来了许多的生活物品，现在应该送到哪些地方去？其中包括为他的士兵带来的一些衣物，为他的幕僚和军官带来的行李、牲口和钱财，还有由经过精心挑选的2000名士兵所组成的卫队。这封信是由奈杰带给安东尼的，奈杰是安东尼的幕僚，他对屋大维娅的称赞非常高。克丽奥佩特拉知道这位情敌即将到来，感到十分恐慌，因为屋大维娅的品德高尚，还有屋大维这个弟弟在背后撑腰，如果她来到安东尼的身边，和他朝夕相处，那么自己将永远也赢不了她。于是她假装很爱安东尼，把他看得比自己的性命还要重要，拼命节食来保持自己的身材，每当安东尼一走进屋，她就装出一副开心的样子，默默地看着他，当他离开的时候，就装出一副楚楚可怜的模样。她还煞费苦心地让安东尼看见自己落泪，等到安东尼看到的时候，她又假装很快地把眼泪擦干，好像不想让他看见。就在克丽奥佩特拉对安东尼使出这些招数时，安东尼正在准备与米底亚人一起攻击帕提亚人，而克丽奥佩特拉的手下也在一旁旁敲侧击，责备安东尼竟然如此铁石心肠，竟然忍心看着对自己一往情深的女人就这样日益消瘦下去。他们说尽管屋大维娅是他的妻子，但是他们的婚姻是建立在政治利益上的，也可以说她嫁给安东尼是为了自己的弟弟，但是克丽奥佩特拉是很多民族的女王，这样一位身份尊贵的人竟然心甘情愿地做他的情妇，而她所希望的就是天天都可以看见安东尼，和他长相厮守，并不是为了什么名誉，如果安东尼要离开他，那么她的希望就破灭了，也就无法再生存下去了。在这些克丽奥佩特拉走狗的游说下，安东尼最终还是动摇了，深信如果抛弃克丽奥佩特拉，她就会活不下去，于是他推迟对帕提亚开战的时间，返回亚历山卓，把与米底亚合作对付帕提亚的作战计划推到第二年的夏天，尽管那时传来消息说，帕提亚由于内部人员发生争执，现在整个国家已经陷入一片混乱之中。没过多久，为了联姻，安东尼还是去了米底亚，因为他与克丽奥佩特拉的儿子将与米底亚国王的女儿定亲，国王的女儿年龄还太小，所以只是定了亲，等他回来以后，便一心一意要打一场内战。

当屋大维娅从雅典赶回来的时候，屋大维认为她受到了伤害，安东尼没有给予她应有的重视和关心，便吩咐屋大维娅搬出安东尼的府邸，单独居住，但是她拒绝了，还请求屋大维如果是因为其他的动机要与安东尼开战，那是另外一回事与她无关，但是千万不要仅仅因为她的原因就与安东尼翻脸，那是令人无法忍受的事，因为他们是世界上最伟大的两位指挥官，一位是因为要保护自己的情人，而另一位则是要保护自己的亲人，就这样使罗马人民遭受内战所带来的苦难实在是不应该。屋大维娅用自己的行动来证明自己的判断并非胡言乱语，她继续住在安东尼的府邸，不管是自己的孩子，还是安东尼和前妻弗尔维娅所生的孩子，她都用心照顾，无微不至。并且热情招待那些来罗马谋职或是办事的安东尼的朋友，还尽力向屋大维提出他们的要求，而屋大维娅没料到的是，她的这些热情与关心竟然损害了安东尼的声誉，尽管她的本意并非如此；那些受到屋大维娅恩惠的人，都谩骂安东尼不知道珍惜这样一位体贴大方的妻子，实在是令人讨厌。安东尼在亚历山卓，对于他与克丽奥佩特拉所生的儿子，给予的待遇和头衔，更是令人反感，那似乎是一种对藐视国家利益的戏剧性表演。他把当地的市民全部集中在训练场上，在银制的高坛上设置两个黄金宝座，一个是自己坐，另一个是克丽奥佩特拉坐，而他们的儿子的座位较低。安东尼在那里宣布克丽奥佩特拉为埃及、塞浦路斯、利比亚和内叙利亚的女王，和恺撒里昂共享王位，恺撒里昂是恺撒和克丽奥佩特拉的遗腹子。还册封自己和克丽奥佩特拉所生的儿子为万王之王，把亚美尼亚、米底亚和即将征服的帕提亚交由亚历山大管理，而托勒密则管理腓尼亚、叙利亚和西里西亚。亚历山大身穿米底亚服装出现在人民的面前，头戴三重冠和下垂的头饰，托勒密则身穿靴子、斗篷和头戴马其顿人的帽子，因为他要打扮成亚历山大继承者的样子，而另一个则是米地人和亚美尼亚的样子。等到他们向父母致敬的时候，托勒密得到一批马其顿卫队，而亚历山大则得到了一批亚美尼亚的军队。至于克丽奥佩特拉，则如往常出现在公众面前一样，身穿伊希斯的服饰，让人民来拜见这位丰姿女神。

屋大维在元老院说出安东尼这些损害国家尊严的事情，还经常在人民面前抱怨安东尼，以此来煽起人民对安东尼的不满。安东尼也同样责备屋大维，以下是他指控屋大维的主要原因：第一，他从庞培乌斯那里占领西西里后，并没有分给他一小块领地；第二，他为了作战向他借用的船只，到现在还保留在自己的麾下；第三，在罢黜他们的幕僚勒比杜斯后，将勒比杜斯的军队、领地和赋税全部占为己有；第四，几乎将整个意大利的土地都分给了自己的士兵，什么都没有给他的士兵留下。屋大维对安东尼的指控做出以下辩述：勒比杜斯被免职完全是他咎由自取；只要安东尼愿意把在亚美尼亚的战利品分他一份，他就愿意将获得的领土分给安东尼；至于安东尼的士兵没有分得意大利的土地，那是因为他们已经占有了米底亚和帕提亚，那两个国家都是他们在将领的领导之下，经过英勇的战斗为罗马增加的疆域。

当屋大维做出此番辩解的时候，安东尼正在亚美尼亚，听到这些，他立即派遣坎奈狄斯（Canidius）带领16个军团开往沿海地区，自己在克丽奥佩特拉的陪同下前往以弗所，他的船只也正在从各处赶往那里，形成一支庞大的海军部队，其中包括800艘战舰，克丽奥佩特拉提供了200艘，她另外筹措了2万塔兰特的军费，供应全军在战争期间使用。安东尼在杜米鸠斯和其他一些人的劝告下，命令克丽奥佩特拉返回埃及，在那里等候战争的结果；但是她害怕屋大维娅会想尽办法让屋大维和安东尼言归于好，于是用大量的钱贿赂坎奈狄斯，要他在安东尼的面前为她说情，让她留下来，于是坎奈狄斯向安东尼指出，克丽奥佩特拉为这次战争付出了很多，如果不让她参与到战争中，对她来说是很不公平的，这也会让那些参与作战的埃及水师们很失望的，再者，他觉得克丽奥佩特拉的智慧并不比参与这次战争的任何一位国王逊色；因为她长期独自一人管理一个庞大的国家还是有一定实力的，同时她与安东尼相处了那么久，对治理政府拥有宝贵的经验。这些说理都发挥了很大的作用（看来命中注定，一切全部都要落入屋大维的手中）；等到所有的军队都集结完后，他们便一起乘船前往萨摩斯，还在那里大肆庆祝。叙利亚、米奥提斯湖、亚美尼亚和伊里亚范围内的所有国王、君主和行省总督，包括所有的民族，全部都接到安东尼的命令，负责为这次的战争提供所有的必需品，与此同时，所有的演员和艺人都接到命令来到萨摩斯，因此，当整个世界都在呻吟和哀号时，就只有这一个岛屿充满了管乐之声，剧院里高朋满座，合唱表演也不绝于耳。每个城邦都送来一头牛作为祭祀用，那些陪同在安东尼身边的国王们也互相争胜，比谁的宴会最丰盛，谁的礼物最奢华，人们都开始反思，现在还没开战就摆出这么盛大的宴会，那真是不敢想象以后庆祝胜利的宴会会有多少花样。

这些宴会结束以后，安东尼给那些演员普里恩（Priene），让他们定居在那里，然后前往雅典，接着又在那儿忙于各种娱乐和戏剧活动。克丽奥佩特拉非常妒忌屋大维娅过去在这里获得的荣誉（雅典人民非常喜欢屋大维娅），所以用尽各种方法讨好民众。为了报答她，雅典人民通过投票向她致敬，还派遣代表团到她的住所觐见，安东尼也是他们其中的一个，因为他也是雅典公民，就是安东尼作为代表发言的。安东尼派人前往罗马，下令要屋大维娅搬出他的府邸。据我们所知，她和她的孩子们一起离开了，但是不包括弗尔维娅所生的长子，他那时候和安东尼在一起，屋大维娅整日以泪洗面，痛不欲生，认为自己就是这场战争的导火线。但是罗马的人民都深感惋惜，不是为屋大维娅，而是为安东尼，尤其是那些见过克丽奥佩特拉的人，都认为不管是论年龄或是容貌，她都比不上屋大维娅，而安东尼竟然为了她抛弃了屋大维娅。

安东尼军事准备的速度之快和规模之大，都让屋大维感到恐慌，他担心今年的夏天就得被迫开战。但是他还没有准备好，没有备齐战争需要的必需品，而人们也因为赋税的事情怨声载道，市民们被迫交出自己财产的四分之一，自由奴也要交出自己收入的八分之一，所以人们都对他滋生不满，整个意大利出现骚动。这也是安东尼忽略的最重要的一个开战机会。因此屋大维便有了充分的时间来做好准备，同时还得平息民愤。当市民们被迫拿出自己的血汗钱时，心里都非常狂暴而且容易产生叛意，等到事实已成定局，无力挽回时又平静了下来。安东尼的幕僚提鸠斯（Titius）和普兰库斯（ Plancus），都是具有执政官身份的人，因为曾极力阻止克丽奥佩特拉参加此次战争，所以被克丽奥佩特拉视为眼中钉，最后提鸠斯和普兰库斯投靠屋大维，还向屋大维透露安东尼的遗嘱的内容，他们非常熟悉其中的内容。据说那份遗嘱在灶神女祭司那里，她们拒绝交出遗嘱，还派人带话给屋大维，如果他愿意的话，他可以亲自来拿走遗嘱，屋大维照办了，拿到遗嘱以后，屋大维仔细地阅读了一遍，特别注明那些对自己发起战争有利的句子，然后召集元老院开会，并且当众把它宣读出来。大多数议员都不看好屋大维的这种做法，他们认为要一个人在生前为了死后的愿望而受到责备是不合理的，也是不公正的。于是屋大维特别强调了安东尼在遗嘱中关于他自己葬礼的要求，他在遗嘱中说道，即使自己死在罗马，遗体在抬着经过市民广场后，最终要送到亚历山卓交给卓克丽奥佩特拉。屋大维的一个亲信卡维休斯（Calvisius）就安东尼和克丽奥佩特拉的行为，另外提出很多的指控：安东尼将帕加姆斯（Pergamus）图书馆送给克丽奥佩特拉，其中包括20万典藏书籍；在一次隆重的宴会中，许多贵宾在场的情况下，他竟然为了兑现一项承诺或是打赌，竟然当着那么多人的面，亲自给克丽奥佩特拉按摩脚；他还允许以弗所的居民称她为女王；很多次他在公开接见国王和君主的时候，收到写在玛瑙和水晶上的淫秽的信息时，竟然就在接待现场公开把它们读出来；还有一次，当罗马的一位法学权位和口才了得的辩护律师弗纽斯（Furnius）正在为一件案子做辩护时，正巧克丽奥佩特拉的轿子从旁边经过，安东尼一看到她，就站了起来，丢下审理到一半的案件，跟在她轿子的旁边，和她一起回家了。

然而，卡维休斯被看作在散播谣言，是他自己编造了这些丑闻。安东尼的朋友们就在全城上下到处奔走，为他争取人民的支持，他们还派其中的一位名叫杰米纽斯（Geminius）的人去见安东尼，要他时刻注意自己的行为，不能让一些不检行为成为对他不利的证据，这样人民就会通过投票免除他的职位，还会宣布他为国家公敌。但是当杰米纽斯来到希腊，想向安东尼提醒，却被人当作是屋大维娅派来的奸细，每一次晚宴的时候，他总是遭到别人不断的嘲讽，也总是被安排坐在最不起眼的位置；他忍辱负重，只是希望可以和安东尼好好谈一谈。在一次晚宴的时候，有人问他此次来此的目的何在，他回答他要等到安东尼头脑清醒的那一天，但是无论自己是否喝醉，都可以断言只要克丽奥佩特拉回到埃及，那么一切事情就会好起来。安东尼听到这些非常生气，克丽奥佩特拉则说："杰米纽斯，你做得非常好，不用我们怎么逼你，你就自己承认了。"几天之后，杰米纽斯找到合适的机会就逃回罗马了。安东尼的许多朋友都被克丽奥佩特拉身边的走狗们的傲慢无礼的态度吓跑了，其中包括马可·希拉努斯（Marcus Silanus）和历史学家迪流斯（Dellius）。迪流斯曾经说过，他很担心自己的性命不保，因为医生格劳库斯（Glaucus）曾提醒过他，克丽奥佩特拉正在设计谋害他。而克丽奥佩特拉之所以这么恨他，是因为他说安东尼的幕僚们只能喝一些劣质的酒，而在罗马，连屋大维的侍童萨门都喝的是法勒瑞（Falernian）的葡萄酒。

屋大维做好作战准备后，就下令对克丽奥佩特拉宣战，还解除了安东尼的指挥权，因为他让一个女人代替他的位置。屋大维还说安东尼过度服用一些药剂，已经失去了意识，因为他这次作战的主要对象是：太监马狄昂（Mardion）、克丽奥佩特拉的梳发侍女波瑟努斯（Pothinus）和伊拉斯（Iras）、安东尼的首席政治顾问查米昂（Charmion）。

据说有很多奇怪的现象预示着战争的到来。安东尼在亚得里亚海岸所建造的殖民地披绍努姆（Pisaurum），在一次地震中被海浪淹没了；还有在阿尔巴的一座安东尼的大理石雕像一连几天总是流汗，尽管经常擦拭，但还是不停地冒汗；当安东尼自己在佩特里（Patrae）城市的时候，海克力斯神庙就被雷电所击，而在雅典的时候，酒神巴克斯的雕像就被狂风吹出了"神与巨人之战"的行列，落到了下面的露天剧场；这两位神仙都和安东尼有着密切的联系，之前安东尼说自己是海克力斯的后裔，而他模仿巴克斯神极爱饮酒的生活方式也为他赢得了"在世的巴克斯神"的称号。雅典的狂风也摧毁了树立在攸门尼斯（Eumenes）和阿塔奴斯（Attalus）的巨大的雕像，它们上面还刻着安东尼的名字，但是其他的雕像都相安无事。而克丽奥佩特拉的一艘名叫“安东尼号”战舰同样也发生了一些不祥的预兆，本来有一批燕子在船的末端筑巢，但是这时又来了另一批燕子，它们赶走了先来的燕子，还毁坏了它们建筑的巢穴。

当安东尼参与战争的所有军队集结完后，他拥有不少于500艘的战舰，其中还包括许多安装了至少八至十排桨架的巨型战舰，装饰得非常漂亮奢华，像是在庆祝胜利一样。他有10万步兵和12000名骑兵，还有许多诸侯国的国王助他一臂之力，包括利比亚的包克斯（Bocchus），上西里西亚的塔康迪穆斯（Tarcondemus）、卡帕多西亚的阿奇劳斯（Archelaus）、帕夫拉果尼亚的费拉德法斯（Philadelphus）、康玛吉尼的米塞瑞达狄（Mithridates）以及色雷斯的萨达拉斯（Sadalas）；还有本都的波勒蒙、阿拉伯的玛尔克斯（Malchus）、犹太的希律王（Herod）以及黎卡奥尼亚（Lycaonia）和盖拉夏（Galatia）的国王阿明塔斯（Amyntas），以及米底亚的国王，他们都派来大批军队援助安东尼。而屋大维只有250艘战舰和8万步兵，只有骑兵数量和安东尼的大致相当。安东尼的国土领域从幼发拉底河和亚美尼亚延伸到爱奥尼亚海和伊利里亚；屋大维的领域则是从伊利里亚向西直到大洋，再从那里扩展到托斯坎海和西西里海。屋大维还拥有阿非利加的沿海地带，意大利、高卢、西班牙直接延伸到海克力斯之中，而安东尼则拥有从塞伦（Cyrene）到衣索匹亚（Ethiopia）所有的行省。

所以现在安东尼完全依附于克丽奥佩特拉，虽然他的陆军实力远远强过屋大维，但是为了讨好自己的情人，他希望由海军取得这次的胜利，因此当他缺乏水手的时候，就在希腊全城到处征集水手，不管是普通的旅行者、驴夫、收割的农民和那些男孩子们都被他抓去充当水手，但是还是不能满足舰队的需要，大多数的船只都人手不够，而且划桨技术也很差劲。另一方面，屋大维的战舰虽然规模小、装饰简单，但是很实用，而不是一些华而不实的作战船只，那些水手们划桨也划得很好；屋大维从他在塔伦特和布林迪西的总部派人给安东尼传话，告诉他不要拖延开战时间，立即率兵出击，同时还会为他的舰队提供安全的泊船港口，为了让他的陆军部队安全登陆并且扎营，屋大维会将他的部队从海滨地区后退骑兵一天的路程。另一方面，安东尼对于屋大维的让步，同样以豪迈地语气回复他，尽管他年长屋大维许多，但是还是想和屋大维单挑，如果遭到拒绝，他也愿意和屋大维在法尔沙拉斯战场决斗，他们曾经在那里会战过。当安东尼的战舰停靠在阿克兴（Actium）的时候，现在在奈科波里斯（Nicopolis），屋大维抓住机会渡过爱奥尼亚海，占领了伊庇鲁斯一个叫Ladle（长柄勺）的地方，这时安东尼的队伍受到阻扰，离他的水师部队还有一段距离，所以安东尼感到十分惊慌，这时克丽奥佩特拉却用嘲讽的语气说道："的确，如果屋大维用他的长柄勺打我们的话，我们是应该感到害怕。"

第二天早上，安东尼看见屋大维的舰队正在朝自己这边驶来，因为他的船只缺少战斗人员，害怕会全军覆没，于是就将所有的划桨手武装起来，然后站在甲板上面摆出阵势，好像已经做好了随时出战的准备；所有的桨已经准备就绪，似乎只在等开船的命令；而那些船只就面对着敌军排列在阿克兴海峡的两侧，仿佛战斗人员已经就位，准备与敌人开战。屋大维果然被他的诡计所骗了，马上率领船队撤退。安东尼决定挖掘一排排的战壕，筑成对垒线，这样也可以切断敌军的水源，特别是那里的水源不是很丰富，而且还很不健康，这样看来，安东尼还是有一些作战手段的。再者，安东尼背着克丽奥佩特拉，对杜米鸠斯很宽容。因为杜米鸠斯在发烧的时候，却乘坐一艘小船逃走了，尽管安东尼很讨厌他这样做，但还是把他的所有行李、幕僚们和仆人送过去；因此全世界的人都认为杜米鸠斯是个冷血的叛徒，他自己也感到追悔莫及，没多久就死了。原来有许多国王支持安东尼，但是现在阿明塔斯和戴奥塔卢斯（Deiotarus）却参加到屋大维的阵营。而安东尼的水师一直作战不利，无法掌握所有战斗的主动权，所以安东尼又把希望寄托在陆军部队上。陆军部队的指挥官坎奈狄斯看到情势有变，便改变之前的看法，建议安东尼立即命令克丽奥佩特拉回埃及，然后撤退到色雷斯和马其顿，在那里和敌军决战生死。因为杰提（Getae）的国王迪米科斯（Dicomes）已经答应派大批军队前来支援他，何况把海洋让给屋大维也不是什么丢脸的事，因为屋大维在西西里的战争中经历了长期的磨炼，所以非常擅长水上作战。相反地，安东尼是世界上最厉害的、最有经验的陆地作战指挥官，可他竟然没有好好运用自己那批严于律己、庞大的步兵团，而是把他们分散在个别的战船上，白白浪费了这么强大的军力，真是可笑愚蠢至极。可是克丽奥佩特拉还是觉得海战才是关键，主张用水师作战，而安东尼又完全听命于她，虽然克丽奥佩特拉已经在部署军队，但她这样做不是为了获取胜利，而是在一看到失败的预兆时方便自己安全逃走。

从营地有两道高墙一直延伸到船只停泊的位置，安东尼经常在这之间来回走动，也没有发生过什么危险的事。但是屋大维的一个下属提出建议，当安东尼再从那里过的时候，就袭击他，这也不是什么困难的事，于是屋大维派人埋伏在那里，但是他们动手太早了，只抓到那些走在前面的护卫，安东尼见状就跑了。

安东尼决定和屋大维在海上决战以后，他们的埃及船只被烧的只剩下60只，然后安东尼又从这剩下的60只战舰里挑选出最好的和最大的船只，再在上面安装3～10排的桨座，最后在配置2万名全副武装的士兵和2000名弓箭手在上面。据说那个时候，有一位和安东尼一起经历过许多战事的百夫长高声叫道："啊！我的大将军啊，我们身上的伤痕是怎么让你不满意了？以致你要把希望全部寄托在这些破船上，让埃及人和腓尼基人在海上决战去吧，陆地才是我们施展实力的地方，不管最后是输还是赢。"安东尼对此没有做任何的回答，只是用眼神和手势示意他要鼓起勇气，向前冲，其实那时的他也没有抱什么希望，因为当船长把船帆留下来的时候，他却命令他们将这些东西放在船上，还说："因为我们不会让任何一个敌人逃出我们的手掌心。"

但是就在当天和接下来的三天里，海面上波涛汹涌，以致他们无法进行海上战争。等到第五天的时候，海洋一片平静，于是他们终于开战了。安东尼和波利普科拉（Publicola）负责右翼，西留斯（Ccelius）指挥左翼，留下马可·屋大维乌斯（Marcus Octavius）和马可·英斯提乌斯（Marcus Instelus）指挥中央的部队。在屋大维这一方，负责左翼的是阿格里帕（Agrippa），而他本人则指挥右翼。至于陆地上的战事，屋大维派出坎奈迪斯担任指挥官，陶鲁斯（Taurus）负责屋大维的陆军部队，两边的军队都沿着海岸排列开来。安东尼乘坐一只小船一一访问各艘战舰，鼓舞士兵勇敢作战，命令他们要坚守阵地，就像在陆上作战一样。他还命令各个船长即使受到敌军的攻击，也要稳定船只，就如同停泊时那样稳定，还要一直把船只停留在港口的入口处，因为那里非常狭窄，难以通过，所以易守难攻。另一方面，屋大维则在天还没亮的时候，就离开帐篷去拜访各艘战船，在途中他遇到一位赶驴的人，便问他叫什么名字，那个人回答："我叫幸运，我的驴叫征服者。"后来，屋大维将战船的撞角收集起来放在那个地方，以此来纪念自己的胜利，同时还为那位驴夫和他的驴子建立了铜像。屋大维检阅完舰队以后，就乘船去指挥右翼，当看到敌方的战船停在海峡那里一动不动的，就如已经下锚一样，屋大维感到非常疑惑。有很长一段时间，他都以为那些战舰处于停泊的状态，于是命令自己的舰队停在离敌军舰队的8弗隆以外。大约在中午的时候，海上刮起了一阵阵微风，安东尼的部队已经等了很久，但是就是不见敌军前来，难免有些不耐烦，相信他们的船只在规模大小方面占据了优势，仿佛是不可战胜的，就这样得意忘形以致忘了安东尼的叮嘱，开始向敌军的左翼前进。屋大维看见他们按捺不住了，非常高兴，便命令自己的右翼舰队向后退，希望把敌军的船舰尽量地引到海上，然后再转一圈，这样自己的轻装便利和人员充足的船只就能袭击敌军的大舰船，因为敌方的船只庞大笨重而且人员不足，所以行动起来非常困难和难以操作。

虽然双方已经开战，但是都没有用自己的船只去撞击对方的船只，安东尼之所以没有这样做是因为他的船只的体积较庞大，不能够达到直行撞击的速度；另一方面，屋大维不仅不敢用自己的船首去撞击敌方的船首，因为敌军船只的船首上面钉着很厚的铜板和铜钉，也不敢撞击它们的侧面，因为侧面都是由很大的方形木材，用铁螺丝固定连接起来的，这样撞上去自己的船首的撞角是很容易被撞碎的。所以说这场海战打得特别像陆战，说得更确切一点就是，像一个戒备森严的城邦正在进行攻击和防守战斗，因为总是屋大维的三四艘战船在那里围攻安东尼的一艘庞大的战舰，他们用长矛、标枪、撑杆和各种投射武器发起攻击，安东尼的士兵也不示弱，就从木制的角楼上面，用弩炮向敌军发射出大量的箭矢。左翼指挥官阿格里帕命令舰队从侧翼包围敌军，波普利科拉被迫出来迎战，渐渐地与中央舰队分离开来，而中央舰队受到阿隆鸠斯（Arruntius）的攻击，现在已经陷入一片慌乱和惊恐中。但是谁输谁赢还不一定，因为他们势均力敌，但是就在这时，克丽奥佩特拉的60艘战舰突然升起船帆，离开交战的船只朝着海面逃走，本来那些船只是在交战的大船的后面，但是他们逃跑时是从中间冲出去的，所以现在中间的那些船只完全被扰乱了，阵势也被打散了。敌人看到那些船只迎风朝着伯罗奔尼撒半岛驶去，感到非常震惊。然而在这重要的关头，安东尼却向全世界宣布，他已经不会再被任何将领或是士兵的思想和动机以及个人的判断力激起自己的战斗力了，曾有人用开玩笑的口吻说过，恋爱中的人的灵魂都是附在另一半的身上，而安东尼的所作所为正好证明了这一点。好像安东尼天生就是克丽奥佩特拉身体的一部分，不管她走去哪儿，他都要紧紧相随，所以安东尼一看见克丽奥佩特拉的舰队逃跑，他马上便抛弃那些正在为自己拼命战斗的人，自己登上一艘5排桨座的大船逃走了，只带走了叙利亚的亚历山大和西利阿斯（Scellias），去追随那个已经开始毁灭他的女人，后来更是被她完全摧毁。

克丽奥佩特拉一知道安东尼跟上来，就发出信号让他登船，所以安东尼的船只一追上他们，马上就被接到她的那艘船上。但是安东尼没有去见她，也不愿让她看见自己，他一个人走到船头，坐在那里，一言不发，只是用自己的双手捂着自己的脸。与此同时，屋大维的一些体型小、行动方便的黎布里亚（Liburnian）帆船追上来了，但是安东尼并没有吩咐加快前行，而是命令掉转船头，直面敌舰，但是除了拉克尼亚人（Laconian）尤里克丽（Eurycles ）仍然逼近以外，所有的船只都后退了，尤里克丽站在甲板上面，手里挥舞着一根长矛，似乎要朝着安东尼投掷过去，安东尼站在船头，问道："是谁在追击我安东尼？"他回答道："我是拉查利斯（Lachares）的儿子尤里克丽，现在借助屋大维的运道为我的父亲报仇。"拉查利斯曾因被指控犯了抢劫罪而被安东尼下令斩首示众。然而，尤里克丽并没有攻击安东尼，却用他的船用力撞击另一艘战舰（因为当时一共有两艘），使得船身转过去打横，然后他便俘获那艘旗舰和另外一条船，还可连通上面的大量的贵重的器皿和家具。尤里克丽离开以后，安东尼又恢复之前的姿势，静静地坐在那里，连续在船头坐了三天，尽管他对克丽奥佩特拉的背叛非常生气，但是也不愿意过分地指责她，最后船只停靠在提纳鲁斯（Taenarus）。在那里，克丽奥佩特拉的随身侍女终于成功地让安东尼和克丽奥佩特拉说话了，然后在一起吃饭、睡觉。这时，几艘运输船和安东尼的一些幕僚陆续赶来，他们带来消息说舰队已经全军覆没了，但是陆军部队仍在浴血奋战，坚守自己的阵地。于是安东尼派人前往战场告诉坎奈狄斯马上率领军队撤退，经由马其顿达到亚细亚。而他自己则打算离开提纳鲁斯前往阿非利加，在离开之前，他将一艘装载了许多金钱和属于皇家的贵重的金银器皿的运输船送给了自己的朋友们，希望他们分了它，然后再找个安全的地方躲起来。他们含着眼泪拒绝了安东尼的好意，安东尼还很亲切仁慈地安慰他们，并且请求他们离开他，同时代表他们还写信给科林斯的管家狄奥非拉斯（Theophilus），吩咐他为自己的这些战友提供安全隐匿的住所，直到他们和屋大维讲和的那一天。狄奥非拉斯是希帕科斯（Hipparchus）的父亲，希帕科斯是安东尼最信得过的自由奴，但是他却是第一个背叛安东尼，投靠屋大维的人，之后定居在科林斯，这些就是安东尼当时的一些情况。

安东尼的战舰在阿克兴（Actium）还是和屋大维的战舰战斗了许久，但是后来受到狂风巨浪的袭击，损失极其惨重，一直到下午的四点钟，他们才放弃了抵抗，总共损失差不多5000名士兵，但是却有300艘战舰被俘获，这些都是屋大维自己记载的。当时只有小部分人知道安东尼已经逃跑了，被告知这条消息的人一开始都不敢相信会发生这样的事，因为安东尼的旗下可是有19个军团和12000名骑兵，这样实力强大的将领怎么会放弃一切临阵逃脱呢？更何况安东尼久经沙场、经验丰富，早就习惯了这种战斗的场面。然而，他的将士们仍然没有放弃自己的希望和期待，他们相信安东尼随时都可能出现，还对他表现出忠诚，等到他们已经确定安东尼已经逃跑的事实后，还是继续团结一致，和敌军奋战长达7天，对于屋大维的招降政策置之不理。最后，当他们看见自己的长官坎奈狄斯也在夜间逃走时，意识到所有的军官都已经抛弃他们了，这才放下自己的武器，向屋大维投降。在这之后，屋大维启程前往雅典，还与雅典各城邦签订了协议：关于安东尼在此征收的所有军用谷物，把其中遗留下来未动的部分发给当地政府，当时这些城市的境况非常凄惨，所有的金钱、奴隶、马匹和用来运东西的动物都被安东尼的军队抢劫空了。我的曾祖父尼查克斯（Nicarchus）曾经提到过，说我们这个城市的所有居民都被迫把定额的谷物扛到安蒂塞拉（Anticyra）附近的海滨，还有人站在旁边监工，用鞭子鞭打他们。当他们刚刚扛过一趟已经称好重量的谷物，并准备扛第二趟的时候，安东尼战败的消息便传来了，这样才解救了所有的奇罗尼亚人民的性命，安东尼的征粮官和士兵一听到消息，便拔腿就跑，他们就把那些留下来的谷物分给了大家。

当安东尼到达阿非利加的时候，就命令克丽奥佩特拉从帕西托尼姆（Paraetonium）返回埃及，然后自己在阿非利加过着孤单寂寞的生活，这也是他自己所希望的，同时还有两位朋友陪他到处走走，一位是希腊雄辩家亚里斯多克拉底（Aristocrates），另一位是罗马卢西留斯（Lucilius），我们在之前有提到过他。他曾经在腓力比会战中扮成布鲁图斯的样子，故意让追兵抓住自己，这样布鲁图斯就有时间逃走了。最后安东尼饶了他一命，自从那时他便留在安东尼的身边报答恩情。

但是当安东尼手下一名负责指挥阿非利加军队的指挥官带领全部的士兵缴械投降于屋大维的时候，安东尼决定自杀，最终被自己的朋友们劝下来了。安东尼来到亚历山卓，发现克丽奥佩特拉正忙于各种大胆冒险的事业。有一小块陆地把红海和埃及附近的地中海分割开来，那是大家公认的亚洲和非洲的分界线，最狭窄的地方只有300弗隆，而克丽奥佩特拉则计划把她的战舰拖上岸，然后再拖到海峡的另一边，放到阿拉伯湾的海面，再凭借她的兵力和财富，前往埃及以外的地方找到一个安身之所，那里远离战争和奴役，可以享受太平的生活。但是第一批拖到岸上的战舰就被佩特拉（Petra）的阿拉伯人（Arabians）烧毁了，这时候安东尼以为他的陆上部队还在阿克兴作战，所以克丽奥佩特拉放弃原来的计划，派人在所有通往埃及的道路上防卫敌军，但是安东尼离开了这个城市，也不再和他的这位朋友说话了，在法罗斯附近的海面建筑了一个防波堤，再将自己的住所建在上面，在那里过着与世隔绝的生活，还说他自己就想过着泰蒙（Timon）

那样的生活，的确他和泰蒙的经历很相似，都是因为朋友的背叛和伤害才会使得他们憎恨和不相信整个人类。

我们可以从亚里斯托法尼斯和柏拉图的喜剧中得知泰蒙是雅典的一位公民，大约生活在伯罗奔尼撒战时期，在喜剧中，他都是被描绘成憎恨和仇视人类的公敌。他不愿与任何人亲近，也讨厌每个想要靠近他的人，但是他很喜欢亚基比德，每次都很热情地拥抱他、亲吻他，但是亚基比德还是狂热任性的青年。阿皮曼都斯（Apemantus）对他这样的反应非常吃惊，便问泰蒙为什么这么喜欢亚基比德，他回答说这个年轻人将来必定会为雅典带来灾难。他从来不允许任何人进入他自己的生活圈子，除了偶尔和阿皮曼都斯来往，这个人和他一样是个怪胎，还经常模仿他的生活方式。他们两个有一次一起参加酒神节的祭典，阿皮曼都斯对泰蒙说："今天的宴会真是令人愉快啊！"但是泰蒙却回答说："如果你离开现场的话，这场宴会会更加令人愉悦。"有一天泰蒙在市民大会上走上演讲台，下面一片死寂，人们看见他的举动都非常吃惊和疑惑，他说："雅典的市民们啊！在我家的土地上长着一棵无花果树，有很多公民曾在那里上吊自杀，看来那里是寻死者最爱的地方，而现在我将要在那里建一座房子，所以我现在在这里公开通知那些想在那寻儿死的人，一定要趁我砍掉它之前行动啊！"他死后被埋在哈利（Halac）的海滨，等他下葬以后，坟前的陆地不断地受到海水的侵蚀，以致他的坟墓都被海水围绕着，这样一来，人们都无法走到他的墓前拜祭。他的墓碑上还刻着下面的碑文：

这儿就是我的家
我的一生多苦难
千万别问我是谁
诅咒每个来访者

这是他在世的时候写的墓志铭，另外还有大家更加熟悉的出自凯利马克斯（Callimachus）的绝句：

泰蒙本是厌世者
我身份低下
怎能拜祭他
只能作为旅行者走开

还有许多关于泰蒙的事情，但是就说这么多了吧。坎奈狄斯现在亲自来到安东尼的面前向他报告陆军部队在阿克兴全被击溃的情况，然后安东尼又收到消息，朱迪亚的希律王已经率领他的军队和卫队投降，还有其他的一些国王和君主也背弃了安东尼，现在除了埃及的兵力已经没有任何兵力支撑安东尼的地位了，然而所有的这些事似乎都没有让安东尼感到担心，反而还很高兴放弃所有的希望，这样他就能抛弃所有的烦恼，然后离开那个被他称为泰蒙尼姆（Timoneum）的海滨附近的那个住所，最后克丽奥佩特拉把他接进皇宫，全城所有的人都享受了一段欢快的时光，天天宴会不断、饮酒作乐还互赠礼物。恺撒和克丽奥佩特拉所生的儿子已经成年，则需要办理相关的手续，而安东尼和弗尔维娅所生的安特拉斯（Antyllus）虽然已经成年，但还是要穿上没有紫色镶边的长袍，为了庆祝这两件事，亚历山卓的公民们连续多日举行宴会，狂欢作乐。他们自己下令解散了以前的“极乐会”，用另一个名叫“偕亡会（Diers together）”的组织代替它，其豪华程度、奢侈场面毫不逊于“极乐会。”那些自称愿意和安东尼与克丽奥佩特拉的共赴黄泉的人都参加了那个组织，而现在就忙于参加一系列的宴会，狂欢作乐。克丽奥佩特拉这个时候却忙于收集、研究各种的毒药，试图找出一种在服下后带来最少痛苦的药物，她在那些被判死刑的人身上做实验。经过多次的研究对比后，她发现那些药力迅速的毒药都会带来很大的痛苦，反而那些药效发作很慢的药只会引起极少的痛苦，然后她又用那些含毒的动物做实验，观察那些有毒动物之间互相残杀的景象。这些就是她每天都做的事，最后她发现没有什么比毒蛇的药效更让人满意，被那种毒蛇咬了以后，人不会抽搐呻吟，只是会感到很困，脸上还会微微出汗，然后昏睡过去，神志不清，看起来没有任何痛苦，就像一个无法被唤醒的酣睡者。

与此同时，他们还派遣使者前往亚细亚觐见屋大维，克丽奥佩特拉提出要把埃及王国传给自己的儿女的要求，而安东尼则希望他可以像普通人一样在埃及生活，如果屋大维认为他要求过分的话，那么请求屋大维让他返回雅典。由于安东尼这个时候已经没有什么可以值得信任的朋友，于是便派遣他儿子的家庭教师优弗罗纽斯（Euphronius）到屋大维面前为他说情。过去在罗马的时候，拉奥狄西亚（Laodicea）的亚力萨克斯（Alexas ）在经过泰玛吉尼斯（Timagenes）的引见后成为安东尼最信任的人，克丽奥佩特拉却利用亚力萨克斯劝服安东尼一次次地放弃一些有利于屋大维的想法，后来安东尼还派他去劝说希律王不要背叛他，但是他却违背安东尼的旨意，和希律王站在统一战线，还自以为有希律王为其撑腰，便大胆地讨好屋大维讨好。结果，却被带上了脚链手铐，被遣送回国家，被屋大维下令处死，连希律王也不敢为他求情。这就是叛徒亚力萨克斯的下场，那时安东尼还在世。

屋大维愿意听安东尼的任何要求，但是他是这样答复克丽奥佩特拉的请求，如果他将安东尼处死或者逐出埃及，她将会得到意想不到的好处。同时他还派遣自由奴特尔苏斯（Thyrsus）随同使者一起回到埃及，特尔苏斯深谋远虑，是为年轻有为的将军传话给自负美貌和魅力女子传信的最佳人选。特尔苏斯来到埃及时，受到克丽奥佩特拉的特殊待遇，还和她交谈了许久，这些都激起了安东尼心中的怒火，于是安东尼抓了特尔苏斯痛打一顿再遣送回屋大维的身边，还叫特尔苏斯为他带给屋大维一封信，里面说他当时处于逆境难免会心情烦躁，特尔苏斯的傲慢冒犯了他，还说：“如果我这样做冒犯了你，反正我的自由奴希帕科斯（Hipparchus）在你那里，你可以把他吊起来进行鞭打，这样我们就扯平了。”之后，克丽奥佩特拉为了消除安东尼的嫉妒，证明自己的清白，无微不至地照顾他。当她自己过生日的时候，坚持一切从简，节约经费；可是到了安东尼生日的那一天，却极其浪费，大摆筵席，其场面非常豪华奢侈，虽然许多贵宾送的礼物都不贵重，但是却都能满载而归。同时，屋大维不断收到来自阿格里帕的书信称现在的罗马非常需要他。

所以这场战争延后了一个季节。冬天过去后，屋大维就开始准备行军；自己率领部队从叙利亚前进，而自己的部将从阿利非加出兵。关于佩卢西姆被攻陷一事另有一项传闻，说是守将塞疏卡斯（Seleucus）事前就得到克丽奥佩特拉的允许，把佩卢西姆拱手让给屋大维。但是克丽奥佩特拉拒绝承认此事，为了证明自己的清白，她竟然把塞疏卡斯妻子和孩子交给安东尼处死。克丽奥佩特拉在伊希斯神庙建造了几座高大精美的陵墓和纪念碑，她把自己所有的财产、金银、翡翠、珍珠、乌木、象牙和肉桂都搬到那里，另外还准备了大量的火炬木和拖绳。屋大维得知后，非常担心克丽奥佩特拉绝望之时，会放火烧毁所有的财富；所以，他在率兵进军那里的时候，一路上都在向她提出新的、善意的保证。等到屋大维的军队列在圆形赛车场的时候，安东尼发起突围，打败屋大维的骑兵部队，把他们赶回战壕，然后得意扬扬地回到皇宫，一见到克丽奥佩特拉就上前拥抱亲吻，连身上的盔甲都没来得及脱下来，还在她面前赞扬自己部队里的一位士兵，他在战场上表现优秀，最后克丽奥佩特拉赏给他一套金制的胸甲和头盔；但是那个人在拿到赏品的晚上就投靠了屋大维。

在这之后，安东尼再次向屋大维挑战，要和他进行一对一的决斗，屋大维却回复说，他有很多方式可以结束自己的生命，而安东尼则认为没有什么比战死沙场更值得人们尊敬的，最终他决定同时派出陆军和海军作战。据说在开战之前的一次晚餐的时候，他吩咐自己的仆人给自己多斟一些酒，因为很有可能明天他们就要伺候新的主子了，因为那个时候他已经战死沙场，成为了一具死尸。他身边的朋友们听他这样说，都潸然泪，他却告诉他们说，明天的战役是为了自己的光荣而战，不是为了安全和胜利，所以他们不会被牵扯进去。据说当晚的午夜时分，全城上下一片寂静，将士们都情绪低落，期待着第二天的到来，就在这时突然响起了各种乐器的旋律和配合的歌声，一大群人在街上大声喊叫跳舞，像是酒神的信徒。这群骚乱的队伍从城市中央穿过，来到距离敌人最近的城门，在那里他们的声音达到最大，然后又突然静下来。那些调查过此事的人都认为这是预示着安东尼一直以来模仿和效法的酒神，现在也都抛弃他了。

第二天天一亮，安东尼就率领步兵出城，把他们安排在一座小山上，在那里他可以观看自己的舰队和敌舰的作战情况。他站在那里期待战争的结果，但是自己的船只一靠近敌舰时，他的船员就举桨向屋大维的船员们致敬，在屋大维的手下做出回应后，双方的舰队便会合在一起了，然后排成一排进攻城市。安东尼刚刚看到这一幕，转而又看到骑兵部队缴械投降，他的步兵也被击败了，最后安东尼只得退回城中，大声哭诉克丽奥佩特拉出卖了他，而他是为了克丽奥佩特拉才与敌人交锋。克丽奥佩特拉害怕安东尼在暴躁和绝望之时会做出对自己不利的事情，于是逃到她之前所建造的墓陵，放下悬吊的垂门，拉起坚固的门闩，然后派人告诉安东尼她已经死了。安东尼听到这个消息后，大声哭喊："现在，安东尼你还有什么理由苟活在世呢？命运已经把你活在世界上的唯一借口和希望夺走了。"然后回到自己的房间，脱掉全身的盔甲，还说："克丽奥佩特拉，我现在并不因为失去你而感到伤心，因为我很快就又能和你在一起了，但是令我不堪的是我堂堂一个大将军竟然没有你一个妇道人家有勇气。"安东尼的身边有一位名叫厄罗斯（Eros）的忠诚的奴仆，他在之前就命令厄罗斯在必要的时候杀掉他，以免落入敌军之手，而现在就是时候了，于是把他叫到面前，命令他杀死自己。厄罗斯拿起剑，看似要杀安东尼，可是突然把剑指向自己，然后自杀了。厄罗斯最后倒在安东尼的脚下，安东尼说："做得好，厄罗斯，你已经指点你的主人去做你所不愿做的事情。"于是他把剑刺进自己的肚子，然后倒在卧榻上。然而，他那一剑并不足以致命，当他一躺下的时候，血就没有流出来，不久就恢复知觉了，于是他请求身边的人帮他，结束他的痛苦，但是那些人全部都跑了，只留下他一个人在房间里大声哭喊和挣扎，直到克丽奥佩特拉的大臣戴米德（Diomede）受命把他带到陵墓里。

当安东尼听到克丽奥佩特拉还没死的消息，就急切地命令奴仆把他带到陵墓门口，然后他们就用臂膀把他抬到陵墓的门口。克丽奥佩特拉不愿意开启大门，而是从一个窗口往下望，丢下绳索，把安东尼捆住，再和她的两位侍女一起拉安东尼上来，克丽奥佩特拉只带了两位侍女和她一起进入陵墓。在场的人都说没有什么场面比那个更加凄惨了，因为安东尼当时全身都是血，像是要死的样子，就在被人用绳索往上吊的时候，还用双手向克丽奥佩特拉打招呼。的确，要把安东尼拉上来，对三个女人来说并不是一件容易的事，克丽奥佩特拉用尽全身的力气抓住绳索，一面探望安东尼的位置一面用力拉，下面的人大声叫喊鼓励他们，不仅着急还很担心克丽奥佩特拉的身体。最后终于成功把安东尼拉上来了，然后把他放在床上，克丽奥佩特拉脱下自己的外衣盖在他的身上，用自己的手打自己的胸口，撕破自己的皮肤，把安东尼身上流出的血抹在自己的脸上，称他为自己的主人、丈夫和皇帝，好像已经完全忘记自己的不幸，只知道关心照顾安东尼。安东尼尽力劝她不要再悲伤了，还向她要酒喝，也许是因为口渴，或者是因为他想借酒消愁，减轻自己的痛苦。当喝够酒后，安东尼就劝告克丽奥佩特拉要在不伤害自己尊严的情况下，把自己的事情处理好，保全自身，还告诉她，在屋大维的所有幕僚中，只有普罗库留斯（Proculeius）值得依靠和信任，还叫她不要因为他最后的厄运而为他感到可惜，而应该为他过去的成就高兴，记得他曾经是世界上最显赫、最有权势的一位人物，只是结局不怎么光荣，因为他这个罗马人是被另一个罗马人打败的。

正当安东尼徘徊在生死边缘的时候，普罗库留斯从屋大维的营地赶来，因为当安东尼把剑刺进自己腹部，被奴仆抬到克丽奥佩特拉身边时，他的一位名叫德西提乌斯（Dercetaeus）的侍卫捡起了安东尼自杀的剑，并把它藏了起来，然后抓住机会跑到屋大维的营地，告诉他安东尼已死的消息，还把那柄血淋淋的剑展现给他看。屋大维听到安东尼已死后，就回到自己的帐篷内，为他的死落泪哭泣，因为安东尼曾是他的姻亲，他们一起治理国家，还一起在战场上出生入死很多次，最后屋大维来到他的幕僚们面前，公开宣读他之前和安东尼来往的书信，是要让他们知道，他每次写信给安东尼都是非常客气亲切的，但是安东尼的回信总是充满个人的高傲自满。然后屋大维派遣普罗库留斯前往埃及，尽其最大努力把克丽奥佩特拉活着带回他的营地，再把她控制在自己的势力之下，因为屋大维担心她会毁了一大批金银财宝，同时如果活捉克丽奥佩特拉，那么他的凯旋式将增添一份光彩。然而，克丽奥佩特拉非常谨慎小心，不想落入普罗库留斯的手中，所以她没有打开陵墓的大门，而是站在门后直接和普罗库留斯对话，因为大门和地面处于同一地平线，拴着很牢靠的门闩，所以他们能够很清楚地听到对方在说什么，她要求要把埃及王国传给自己的孩子，普罗库留斯劝她可以放一百个心，相信屋大维的处事能力。

在仔细观察了陵墓的位置后，普罗库留斯马上就回去报告屋大维，屋大维又派加卢斯（Gallus）前去和克丽奥佩特拉谈判，加卢斯来到陵墓的门前，看似和她谈判，其实是在拖延时间，好让普罗库留斯把云梯搭在她们曾经把安东尼拉上去的窗子上面，普罗库留斯率领两个人进入陵墓以后，直接来到加卢斯和克丽奥佩特拉谈话的门边。其中一位侍女看见普罗库留斯，大声叫喊："可怜的克丽奥佩特拉啊！你已经成为他们的俘虏了。"克丽奥佩特拉一听就转过身，看见普罗库留斯站在自己的面前，于是马上拿出自己的短剑准备自杀，幸好普罗库留斯反应快，马上就跑到她的跟前，用自己的双手抓住了她，说："克丽奥佩特拉啊！你这样做简直是在侮辱自己，这样不仅夺去了屋大维表现自己仁慈的机会，还会让世人相信这样一位善良的将领竟然如此冷血和不仁不义。"然后抢走了她手中的短剑，还抖了抖她的衣服，看看她有没有藏些毒药在衣服里。之后，屋大维又派他的一位自由奴伊帕弗罗迪都斯（Epaphroditus）前去嘱咐普罗库留斯一定尽可能用温和有礼的态度对待克丽奥佩特拉，小心谨慎地看管她，以免她找机会自杀。

与此同时，屋大维率领军队进军亚历山卓，哲学家阿瑞乌斯（Areius）陪伴在他左右，他握着阿瑞乌斯的手，亲切和蔼地和他交谈，他这样做是想让他的同胞们看见他给予了阿瑞乌斯多大的荣誉，大家应该把他看作学术界的伟大人物。之后他走进运动场，登上专门为他建造的讲坛，一开始就命令那些公民站起来（因为他们都非常害怕屋大维，所以在这之前都是趴伏在地上的），告诉他们他会赦免所有有错的亚历山卓人，首先是看在这座城市的建造者亚历山大的面子上，然后是为了城市本身的发展，这座城市是如此的美丽和广大，最后是为了让自己的朋友阿瑞乌斯满意。

阿瑞乌斯从屋大维那里得到了莫大的荣誉，通过他的说情，许多人都保住了自己的性命，这其中包括逻辑学家斐洛斯特拉都斯（Philostratus），尽管他是所有逻辑学家中最擅长即席演讲的人，但是还是欠缺自称学院派哲学家的资格。屋大维非常讨厌他为人处世的特点，所以拒绝了他所有的请求。因此，他就留着长长的白胡须，穿一身黑色的袍子，跟在阿瑞乌斯的后面，高声朗读出这两行诗句：

只有君主明智
才能保住智者

在听到这些后，屋大维就原谅了他，而他这样做不是因为他对斐洛斯特拉都斯产生好感，而是为了阿瑞乌斯不会因为这个受到世人的谴责。

在安东尼的所有子女中，只有他和弗尔维娅所生的安特拉斯因自己的家庭教师狄奥多鲁斯（Theodorus）出卖而被处死，当士兵们正准备砍下他的头颅时，狄奥多鲁斯试图偷摘下戴在安特拉斯脖子上的一串珍贵的珠宝，放进自己的口袋，尽管他之后否认这件事，最后还是难逃一死，被钉死在十字架上。屋大维派人严密看管克丽奥佩特拉的孩子与随从们，但是并没有在生活方面亏待他们。被世人当作克丽奥佩特拉和恺撒的儿子恺撒里昂被克丽奥佩特拉送走了，还带走了大量的金银财宝，克丽奥佩特拉叫他取道伊索皮亚（Ethiopia）前往印度，但是他的家庭教师罗敦（Rhodon）和狄奥多鲁斯一个德行，劝告恺撒里昂回去，说是屋大维打算封他为王。据说当屋大维正在考虑怎样处理他的时候，阿瑞乌斯读了下面的诗句：

领袖如太多
必定埋祸根

所以，当克丽奥佩特拉被处死以后，恺撒里昂也被杀死了。

许多国王和将领都请求屋大维把安东尼的尸体交给他们，让他们为安东尼举行葬礼仪式；但是屋大维不愿意把安东尼的尸体和克丽奥佩特拉分开，所以克丽奥佩特拉会经手办理安东尼的葬礼，其豪华程度完全和皇家的仪式一样，屋大维还允许克丽奥佩特拉可以任意使用葬礼需要的物品。而克丽奥佩特拉此时感到悲痛欲绝，胸部也因为之前的捶打，所以溃烂发炎，还发了高烧。克丽奥佩特拉很高兴发生这样的事，因为这样一来她就有借口不吃饭了，不受到别人的干扰而死去。她对自己的医生奥林普斯（Olympus）说了真话，还请求他帮助她结束自己的生命，奥林普斯在他的作品中讲述了这件事。但是屋大维识破了她的诡计，于是用她孩子的性命威胁她，克丽奥佩特拉怕连累自己的儿女只能就犯，放弃自己的计划，还得接受服侍人员给她带来的饮食和医药。

几天之后，屋大维亲自来看望和安慰她。那时候她正躺在简陋的床铺上，身穿一件常见的长袍，他一进门，克丽奥佩特拉就从床上跳下来跪倒在他的脚下，她面无血色，头发也凌乱不堪，连说话的声音也颤抖不已，双眼向内凹陷。而由她自己造成的胸口的伤痕也清晰可见，总的来说，她灵魂所受到的折磨比身体上所受到的折磨要多好几倍。尽管如此，青春魅力所带给她的美丽并没有完全消失，虽然她现在的境况非常凄惨，但是她美丽的容貌依然反射出内心的光彩。屋大维要她躺回床上休息，然后坐在她的旁边，克丽奥佩特拉抓住机会向屋大维澄清自己之前的所作所为，说自己是迫不得已，因为她很害怕安东尼；但是屋大维都一一驳回了她的辩解，克丽奥佩特拉发现这招行不通，于是就马上转换语气请求他的饶恕，仿佛又想在这个世界上活得更久一点。最后，她列出一张自己的财产的清单，然后交到屋大维的手里，这时她的一位管家塞疏卡斯（Seleucus）站在旁边，看到清单后，竟向屋大维透露那上面并没有囊括完她所有的财产，指责她隐藏不报，克丽奥佩特拉一听就火了，立刻从床上下来，抓住他的头发，在他脸上狠狠甩了几个耳光。屋大维微笑着阻止了她，克丽奥佩特拉说："这实在是太令人难堪了，以我现在的处境，你还能屈尊来看望我，而我的仆人却指责自己把一些属于妇女用的饰品藏了起来，何况我留下那些东西并不是为了打扮自己，而是想把它们当成礼物送给屋大维娅和莉维娅（Livia），希望她们可以在你面前为我说情，使得你能宽恕我。"屋大维非常开心听到她这样说，因为他可以从中得知她还是想继续活下去。因此，屋大维告诉她，她可以任意使用自己留下来的东西，而他对她的处置方法也必定会超过她的期望，然后屋大维就走了。他还非常满意自己已经说服了她，然而是自己又一次被克丽奥佩特拉给骗了。

屋大维的同伴中有一位年轻有为的人，名字叫高乃留斯·多拉贝拉。

他早已对克丽奥佩特拉暗生情愫，现在在克丽奥佩特拉的请求下，私自为她通风报信，说屋大维即将取道叙利亚返回祖国，而她和她的孩子们要在三天之内先行遣送。她知道屋大维的计划后，就请求屋大维让她在临走之前祭奠一下安东尼；屋大维同意了她的请求，于是她命令自己的仆人把她抬到安东尼的墓前，在她的侍女的陪伴下，她抱着安东尼的坟墓，痛哭流涕，然后说："啊！我亲爱的安东尼，没多久之前，我用自己的双手亲手将你埋葬，现在我已经不再自由了，我是一个俘虏，现在是最后一次来祭奠你，旁边还有人在监管我，因为他们担心我近日来伤心过度，损害了这副俘虏的身体，这样他们凯旋时就会失色不少。你也不要再期待我会再次来祭奠你，这是克丽奥佩特拉最后一次对你的纪念，因为她即将被送到其他地方，远离你。在活着的时候，没有什么能让我们分开，但是现在死亡似乎将我们永远分离。一位罗马出生的你竟然埋葬在了埃及，而我这个埃及人虽然想埋在这里，可是事实却要让我在罗马入土为安。要是现在和你在一起的冥界神仙真正显灵的话（因为天上的神仙已经抛弃了我们），请不要让你活在世上的妻子被人遗忘，也不要让我走在凯旋时的队伍里丢你的脸，但是请把我埋在你的身边，我一生中所承受的所有不幸，都比不上你离开我的这些日子让我悲痛。"

克丽奥佩特拉一番哭泣后，在安东尼的坟墓上放了几个花圈，还亲吻了他的墓碑，最后命令仆人为她准备洗澡水，洗完澡后享受了一顿丰富的盛宴。接着有位乡民为她送来了一个小篮子，看守她的侍卫不让他进去，还问篮子里装的是什么，那位乡民就把放在最上面的叶子拨开让他们看，结果里面就只是放满了无花果，无花果肥大而漂亮，守卫们都惊叹不已，乡民笑了笑，叫他们拿一点，守卫们拒绝了，也没有再怀疑，便让他进去了。克丽奥佩特拉用完餐后，就派人把之前写好密封的信交给屋大维，然后她屏退四周的人，只留下两个侍女，然后关上陵墓的大门。屋大维打开信后，发现她是在请求在她死后和安东尼合葬，他很快就猜到了发生什么事了。一开始他打算亲自去救她，但是最后改变了心意，便派人前去看看。克丽奥佩特拉用很快的方法结束了自己的生命。等那些人赶到的时候，却发现守卫们竟然一点也没有察觉到，马上命令他们打开门，这才看见克丽奥佩特拉的尸体已经僵硬了，躺在黄金打造的床上，穿戴皇家的服装和饰物，她的侍女伊拉斯倒在她的面前，另一位查米昂已经摇摇欲坠，几乎不能抬起自己的头，还在为克丽奥佩特拉整理王冠。有位在场的人生气地说道："查米昂，看你干的好事！"她回答道："真是太好了，只有这样的死亡方式才配得上她帝王后裔的身份。"说完她就倒在了金榻的旁边。

有些人说那条毒蛇是混在装无花果的篮子里，用叶子遮住的，克丽奥佩特拉还安排好了，要让毒蛇在她不知情的时候爬到她身上，当她拿出一些无花果就会看见它，说："它在这儿。"于是伸出自己裸露的手臂让它咬。也有人说那条毒蛇是藏在一个花瓶里的，克丽奥佩特拉就用一根金纺锤去逗弄它，惹它发火，这样就会缠住她的手臂不放了。但是没人知道真正的情况是怎样的。因为也有人说她把毒药放在一根空心的束发针里，别在头上，谁也发现不了，可是在她死后，身上并没有出现任何有毒的症状，而且在墓陵里也找不到那条毒蛇，据说只是在靠近窗口的海滨沙滩上发现一些类似蛇类爬行的踪迹。有人说在克丽奥佩特拉的臂膀上发现了两个模糊的小孔，屋大维似乎也相信这种说法，因为在他凯旋时的队伍中，克丽奥佩特拉的画像上有一条毒蛇缠绕在她的身上。以上的这些说法就是关于这件事的种种传闻。屋大维对她的死感到惋惜，但是却很钦佩她的那种伟大的精神，于是下令把她埋葬在安东尼的旁边，同样也是按照皇家的仪式举办葬礼。追随她一起死去的两位侍女也得到屋大维的恩惠，举办了体面的葬礼仪式。克丽奥佩特拉享年39岁，期间担任女皇22年，其中和安东尼一起执政14年。至于安东尼，根据一些权威人士的说法，他享年53岁，但是根据其他人的说法，他去世时是56岁。他死后，他的全部雕像都被摧毁，克丽奥佩特拉的雕像保留了一些，因为她的一位朋友阿契比乌斯（Archibius）送给了屋大维2000塔兰特，使得她的一些雕像免遭和安东尼雕像一样的下场。

安东尼留下了3位妻子和7个孩子，其中除了长子安特拉斯被屋大维处死以外，其余的都被屋大维娅收养了，和自己的孩子一起成长。克丽奥佩特拉的女儿也叫克丽奥佩特拉，后来嫁给了最有成就的国王朱巴；安东尼与弗尔维娅所生的儿子安东尼受到很高的赞扬，在屋大维心中阿格里帕排第一，莉维娅的儿子们排第二，毫无疑问地，安东尼排第三。屋大维娅与她的第一任丈夫马克卢斯生了两个女儿，还有一个名叫马克卢斯的儿子，后来过继给屋大维了，和屋大维的女儿成婚了；屋大维娅把自己的一个女儿嫁给了阿格里帕。但是马克卢斯在婚后不久就去世了，屋大维娅意识到屋大维很难找到合适的人来当他的女婿，于是她第一个建议，先让阿格里帕和自己的女儿离婚，然后再和他的女儿茱莉娅成亲。屋大维和阿格里帕先后都同意这项安排；之后阿格里帕便成了屋大维的女婿，屋大维娅把女儿嫁给了小安东尼。至于屋大维娅与安东尼所生的两个女儿，一个嫁给了杜米鸠斯·伊诺巴布斯（Domitius Ahenobarbus），另一个是安东尼娅（Antonia），她不仅美貌出众，而且擅长耍心机，最后与莉维娅的儿子，即屋大维的继子德卢萨斯（Drusus）结婚。安东尼娅和德卢萨斯所生的两个儿子：日耳曼尼库斯（Germanicus ）和克劳迪斯（Claudius），克劳迪斯后来成为一代君主，在日耳曼尼库斯的所有儿女中，盖约在位时政绩突出，后来连同妻子和儿女一起被杀；日耳曼尼库斯的另一个女儿阿格里萍娜（Agrippina）与伊诺巴布斯生了一个儿子，名叫卢契乌斯·杜米鸠斯（Lucius Domitius），但是阿格里萍娜后来又嫁给了克劳迪斯，克劳迪斯收养了杜米鸠斯，给他取名为尼禄·日耳曼尼库斯（Nero Germanicus）。尼禄·日耳曼尼库斯就是我们这个时代的皇帝，是安东尼第五代的后裔，他不仅杀死了自己的母亲，因为他的疯狂和愚蠢的行为，连整个罗马帝国都差点毁在他的手里。